Kurt Röttgers
Kultur

Grundthemen Philosophie

Herausgegeben von
Dieter Birnbacher
Pirmin Stekeler-Weithofer
Holm Tetens

Kurt Röttgers
Kultur

—

DE GRUYTER

ISBN 978-3-11-124598-0
e-ISBN (PDF) 978-3-11-124669-7
e-ISBN (EPUB) 978-3-11-124726-7
ISSN 1862-1244

Library of Congress Control Number: 2024940907

Bibliografische Information der Deutschen Nationalbibliothek
Die Deutsche Nationalbibliothek verzeichnet diese Publikation in der Deutschen Nationalbibliografie; detaillierte bibliografische Daten sind im Internet über http://dnb.dnb.de abrufbar.

© 2025 Walter de Gruyter GmbH, Berlin/Boston
Coverabbildung: Martin Zech

www.degruyter.com

Inhalt

1 Vorbemerkung —— 1

2 **Subjekte und Kultur —— 3**
2.1 Das Problem des Ausdrucks —— 3
2.2 Das Ereignis —— 6
2.2.1 Heidegger —— 7
2.3 cultura —— 9
2.4 Kritik der Subjektzentrierung —— 11
2.5 Bedeutsamkeit —— 14
2.6 Anthropozentrik —— 19
2.6.1 Der Text der Kultur —— 19
2.6.2 Die Kulturphilosophie von Ernst Cassirer —— 24
2.7 Das „Wir" —— 27
2.7.1 Hegel —— 28

3 **Kritik der „Was-ist-Frage" hinsichtlich von Kultur und der Ableitung von Kultur aus höheren „Werten" —— 34**
3.1 Die Entgegensetzung von Kultur und Natur, bzw. des Übergangs von der Natur zur Kultur (oder umgekehrt?) —— 34
3.1.1 Mondo civile vs. Mondo naturale —— 34
3.1.2 Rousseaus Rückkehr zur Natur —— 36
3.1.3 Kultur/Natur zu Beginn der Kulturphilosophie —— 40
3.1.3.1 Heinrich Rickert —— 40
3.1.3.2 Max Scheler —— 42
3.1.3.3 Plessner —— 43
3.1.4 Hortikultur —— 44
3.1.5 Die Nachahmung der Natur durch die Kunst / τέχνη —— 50
3.1.6 Kultur im Spannungsfeld von Unmittelbarkeit und Vermittlung —— 51
3.2 Kultur vs. Gewalt —— 54
3.3 Politik und Kultur – die Kulturpolitik —— 58
3.4 Kultur und Zivilisation —— 61
3.5 Kultur und Versittlichung, bzw. Domestizierung —— 63
3.6 Takt —— 64
3.7 Kultur und Ökonomie – Kulturprinzip vs. Ökonomieprinzip —— 66
3.8 „Weibliche Kultur" —— 70
3.8.1 Alle Kultur ist weiblich —— 70

3.8.2 Die Kultur der Differenz —— 72
3.8.2.1 Die männliche Kultur und die weibliche Kultur —— 72
3.8.2.2 Luce Irigaray —— 74
3.8.2.3 Diotima —— 77
3.8.3 Kultur jenseits der Differenz —— 79
3.9 Die Tragödie der Kultur —— 80
3.10 „Kulturelle Tatsachen" —— 83
3.11 Musealisierung —— 84

4 Konstitution eines kulturellen „Wir" —— 86
4.1 Modell: Identitätsstiftung —— 86
4.2 Modell: Sitten und Gewohnheiten —— 89
4.2.1 Traditionen —— 89
4.2.2 Wiederkehrende Feste —— 91
4.2.3 Nationalität —— 93
4.3 Modell: Das soziale Band (Normativität durch kulturelle Verbindungen?) —— 96
4.4 Modell: Reflexion und Paradoxie —— 98
4.5 Modell: Objektiver Geist —— 101
4.6 Modell: Diagrammatik —— 106
4.7 Interkulturalität / Multikulturalität —— 110

5 Paradigmen und Figuren, unter der Perspektive postmoderner Kultur —— 116
5.1 Das animal symbolicum als Paradigma des Kultur-Wesens —— 116
5.2 Am Ursprung der Kultur: Arbeit oder Muße? —— 118
5.2.1 Kulturelle Leistungen und das Leistungsprinzip —— 119
5.2.1.1 Exkurs: Der Sinn von Arbeit —— 120
5.2.1.2 Müßiggang (Nichtarbeit) —— 121
5.2.2 Muße —— 121
5.2.3 Spiel —— 122
5.2.4 Verführungen —— 124
5.3 Vermischungen —— 127
5.3.1 Metaphorik —— 128
5.3.2 Melangen der Sinnlichkeit – Kulinarik —— 129
5.3.3 Gastlichkeit —— 133
5.3.4 Rassenmischung —— 134
5.4 Zeitlichkeit —— 135
5.4.1 Vergehende Kultur —— 135
5.4.2 Anschlüsse —— 142

5.4.3 Ungewissheit, Rätsel —— **143**
5.4.4 Spruch und Widerspruch: Dialektik —— **147**
5.5 Im Labyrinth der Kultur – und: der labyrinthische Tanz —— **152**
5.6 Figuren und Figurationen in kulturellen Prozessen —— **161**
5.6.1 Distanzierung und Differenzkultur —— **161**
5.6.2 Vom Scheitern zur Zielerreichungsvermeidung —— **167**
5.6.3 Umkehr, Perkolationen —— **168**
5.6.3.1 Klassische Theorie der Zeit —— **169**
5.6.3.2 Wiederholungen —— **169**
5.6.3.3 Zeit-Wendungen —— **170**
5.6.3.4 Zeit gibt es gar nicht —— **171**
5.6.3.5 Die Anregung durch Lukrez —— **171**
5.6.3.6 Hindernisse im Fluss —— **173**
5.6.3.7 Die Faltung —— **174**
5.6.3.8 Die labyrinthische Vermeidung methodischer Zielstrebigkeit —— **177**
5.6.3.9 Rhythmus —— **178**
5.6.4 Die biedermeierliche Angst vor der Unruhe —— **182**

6 Kulturen der Fremdheit – die fremden Kulturen —— 186
6.1 Der „Wilde" als Herausforderung für das okzidentale Selbstverständnis —— **186**
6.2 Das Fremde im Eigenen —— **200**
6.3 Die unverständliche fremde Kultur —— **204**
6.4 Wege zum Fremden —— **208**
6.5 Der Verlust des Fremden —— **210**

Literaturverzeichnis —— 212

Personenregister —— 223

Sachregister —— 226

1 Vorbemerkung

Über Kultur heute philosophisch zu sprechen oder zu schreiben, muss dreierlei Voraussetzungen machen:
1. Kultur ist kein Gegebenes, das für eine philosophische Reflexion vorfindlich wäre, kein Zusammenhang dinglicher, objektiver Sachverhalte. Da ihr Ensemble kein objektiv Vorgegebenes ist, wird ein objektivierendes Denken der Eigenart des Kulturellen nicht gerecht. Das gilt auch für Vergangenes; Kultur ist nicht in Erinnerungsbemühungen repräsentierbar; aber Vergangenes und die historischen Kultureffekte können in Re-präsentationen zur Präsenz, d. h. in einen gegenwärtigen Text z. B. eingeholt werden. Das Museum, das Bilder aus der Vergangenheit des Kulturprozesses als Gegenwart präsent hält, ebenso wie die Wiederaufführung eines Musikstücks, eines Schauspiels oder einer Oper, sowie die Bibliothek alten Schrifttums re-präsentieren nicht den vergangenen Kulturprozess, dieser ist in der Tat vergangen und perdu; sondern sie erzeugen, wenn es denn lohnend und fruchtbar ist, einen gegenwärtigen kulturellen Prozess, etwa der Aneignung. Søren Kierkegaard hat anschaulich gezeigt, dass eine Wiederaufführung eines Schauspiels keine Wiederholung eines Vergangenen sein kann.[1] Die Nichtobjekthaftigkeit von Kultur muss gedacht werden vor dem Hintergrund der postmodernen Verabschiedung eines Denkens in vermeintlich objektiven Substanzen, von Dingen und Sachverhalten, und der Ersetzung durch ein Denken in Relationen und Prozessen. Identität erscheint nun als ereignishafte Funktion von Verknüpfungen im Prozess.[2]
2. Kultur ist keine Sphäre solitärer Zuwendungsprozesse. Sowohl der Entstehungsprozess kultureller Ereignisse als auch die Partizipation an diesen sind soziale Prozesse; insbesondere verweisen sowohl Entstehungen als auch Aneignungen im Medium der sozialen Prozesse aufeinander: Lesen ist (auch) Nach-Schreiben, und Schreiben ist (auch) Auf-Lesen; kein Schreibender schafft aus dem Nichts, und kein Lesender weiß von nichts, die Darbietung von Musik ist immer auch ein (Mit-)Hören. Und das Sehen eines Gemäldes zeichnet im Sehen die Bewegungen des Bildes nach. Insofern sind nicht einsame Individuen, vielleicht sogar Genies der Entstehungsort von kulturellen Ereignissen, noch entäußert sich ihr Inneres irgendwie in ein Äußeres hinein. Individuen, vielleicht Subjekte ergeben sich als Zurechnungs-Subjekte im kulturellen Prozess; sie stehen nicht zunächst im Außen der Kultur und wirken von dort in sie

---
1 Søren Kierkegaard: „Die Wiederholung", in: ders.: *Die Krankheit zum Tode u. a.*, hrsg. v. Hermann Diem u. Walter Rest. München: dtv 1976, 327–440.
2 Ernst Cassirer: *Substanzbegriff und Funktionsbegriff.* Hamburg: Meiner 2000.

hinein. Zwar gibt es immer ein Außen der Kultur, aber dieses ist kein Ursprung von Kulturellem. Weder hat Kultur einen Bekenntnis- und Ausscheidungscharakter, noch steht sie im Zeichen der Erbauung oder der Verdauung, weil Subjekte nicht für Kulturelles verantwortlich gemacht werden, sie sind Begleitmomente der kulturellen Prozesse, die sich performativ durch Anschlüsse fortsetzen und moderieren statt von außen angestoßen werden zu müssen.

3. Nun positiv gewendet, lässt sich sagen, dass Kultur insgesamt, d. h. der kulturelle Totalprozess eine Sinn-Figuration und -Bearbeitung ist. Auf diese Weise gibt sich der soziale Prozess im Zwischen der Menschen eine Gestaltung und Transformation. Solches ereignet sich sowohl in der Sinn-Dimensionen (Perspektivierungen und Normierungen), als in der Zeit-Dimension (Traditionen und Utopien) als auch in der Dimension der Intersubjektivität (Selbstverständnisse und -Deutungen und Wahrnehmungen und Deutungen durch den Anderen). Diese Prozessualität des Sozialen in den Dimensionen von Zeit, Intersubjektivität und Sinn darf „kommunikativer Text" genannt werden.[3] Ich werde dieses Konzept in den folgenden Kapiteln sowohl in systematischer als auch in historischer Perspektive zur Interpretation der kulturellen Prozesse im Zwischen (Medium als Mitte) nutzen.

4. Daraus ergibt sich folgender Gang der Darstellung: Es werden zunächst diejenigen Theoretisierungen von Kultur kritisch dargestellt, die ihren Ausgang von dem Begriff eines Kultur schaffenden Subjekts nehmen und die in dieser Subjektzentrierung Kultur als Ausdruck von Subjekten begreifen wollen. Dann wird übergegangen zur Kritik von Wesensdefinitionen von Kultur als einem komplexen Ganzen und den in ihr manifestierten „Werten" und Erzeugungen kollektiver Identitäten. Nach diesen mehr kritischen Kapiteln wird die Frage nach dem „Wir" in kulturellen Prozessen und Ereignissen erneut aufgenommen und in verschiedenen Modellen und Paradigmen erprobt, insbesondere unter dem Aspekt einer kulturellen Postmoderne. Abschließend wird die Frage nach der fremden Kultur und der Fremdheit von Kultur angesprochen.

---

[3] Zu diesem Begriff s. Kurt Röttgers: *Das Soziale als kommunikativer Text*. Bielefeld: Transcript 2012; sowie ders.: *Das Soziale denken. Leitlinien einer Philosophie des kommunikativen Textes*. Weilerswist: Velbrück 2021, bes. 12–28.

2 Subjekte und Kultur

2.1 Das Problem des Ausdrucks

Wenn man kulturelle Prozesse,[4] wie es oft geschieht, mit dem Begriff des Ausdrucks zu deuten versucht, d.h. wie ein Aus-drücken in Analogie zu Geburts- oder Exkrementierungsvorgängen, dann setzt ein solcher Deutungsversuch die Differenz eines Innen und eines Außen voraus: Dann scheint es so, als drücke ein Ausdruck etwas aus dem Inneren in ein Äußeres heraus. So glaubte man früher, dass man Individualität im Stil eines Werks ablesen könne, weil sie dort als Ausgedrückte sichtbar werde.

Aber so ist es nicht, wie man sich leicht überzeugen kann. Ein Gesichtsausdruck, z.B. des Zorns setzt nicht einen im Inneren irgendwie vorhandenen Zorn voraus, der sich dann im Minenspiel äußere; sondern der Zorn ist beim Objekt des Zorns, er ereignet sich im Zwischen von Subjekt und Objekt (oder anderem Subjekt), er ist nicht erst da (im Inneren) und dann dort. So sagt z.B. Pierre Bourdieu: „Der Leib glaubt, was er spielt. ... Er stellt sich nicht vor, was er spielt, er ruft sich nicht die Vergangenheit *ins* Gedächtnis, sondern er *agiert* die Vergangenheit *aus*."[5] Schon der Leib also drückt nicht innere Vorgänge aus (heraus), d.h. in sein Außen, auch ist er nicht Spiegel eines Inneren, sondern so wie das Innere im Leib präsent ist, so ist auch der Leib in seinem Ausdrücken stets bei der Sache. Individuen oder Subjekte als Ausdrückende zu konfigurieren, ignoriert, dass doch vielleicht kulturell manifestierter Sinn Teil eines vorab bestehenden Sinns übergeordneter Zusammenhänge sein kann, sich also schon von daher dem Subjektivismus des Ausdrückens entzieht.

Vielleicht ist es aber auch möglich, den Begriff „Ausdruck" von den substantialistischen Konnotationen zu befreien, dann nämlich, wenn man allein auf die abstrakte Figur, die darin enthalten ist, achtet, wie es die strukturalistische Linguistik von Louis Hjelmslev getan hat.[6] Dann ist nämlich „Ausdruck" nichts anderes als die „Verlängerung" eines Elements in weitere Bereiche hinein. Eine Linie beispielsweise ist eine „Verlängerung" eines Punkts in die zweite Dimension. Dann ist der Aus-druck nicht mehr die Exkrementierung eines Inhalts aus den Innereien in ein Äußeres. Ja, es gibt auch nicht mehr so oder so bestimmte Inhalte, die exkre-

---

4 Wenn hier allgemein von kulturellen Prozessen die Rede ist, dann entspräche das in etwa dem, was Burkhard Liebsch das „kulturelle Leben" nennt, wenn nicht der Lebensbegriff durch die Lebensphilosophie ramponiert worden wäre und man unversehrt Hegelianer bleiben könnte. Burkhard Liebsch: *Gastlichkeit und Freiheit*. Weilerswist: Velbrück 2005, 21 ff.
5 Pierre Bourdieu: *Sozialer Sinn*. Frankfurt a.M.: Suhrkamp 1987, 135.
6 Louis Hjelmslev: *Prolegomena to a Theory of Language*. Madison: University of Wisconsin 1961.

mentiert werden könnten, es muss lediglich die abstrakte Möglichkeit von Inhalt unterstellt werden, so wie ja die konkrete Linie sich nicht als Verlängerung eines bestehenden Punktes ergäbe, wenn der Punkt ein Nichts wäre, eine solche Linie wäre eine virtuelle Linie. Die abstrakte Inhaltlichkeit ist nichts anderes als das Bestehen einer Differenz, deren Verkettungen eine Linearität erzeugt. So ließe sich von Ausdruck sprechen, auch wenn kein konkretes Etwas als Inhalt zugrunde liegt. Ausdruck so gefasst, ergibt einen Unterschied zu Produktion, in der ein präexistentes Etwas hervorgebracht (pro-duziert) wird. Ähnliches ließe sich aus naheliegenden Gründen vom Ein-druck sagen, der damit aufhörte, eine, wie auch immer vergeistigte, Alimentation zu sein. In der abstrakten Form wäre dann der Eindruck nichts anderes als die Eigenschaft der Linie, etwa bei Kreuzung mit einer anderen Linie in einen Punkt einzugehen: in der Kreuzung zweier Linien spielen beide Punkt, so als wäre die eigene Linearität „vergessen". Tatsächlich ist es die je andere Linie, die zur Punktualität zwingt, weil sie selbst im Schnittpunkt als Punkt erscheinen muss.

Überträgt man diese abstrakte Begrifflichkeit auf das Verhältnis von Seelenleben und Gesellschaftsleben,[7] so ist es nicht mehr länger einsichtig, dass sich die Seele in der Gesellschaft aus-drückt, die Gesellschaft sich aber in die Seele eindrückt. Vielmehr wird man nun im Sinne des skizzierten Strukturalismus sowohl vom Seelenausdruck als auch vom Gesellschaftsausdruck, also von Termini sprechen müssen. Beiden zugrunde liegt dann eine Ausdrucksform der Dimension *n-1* zugrunde; denn sowohl die Seele als auch die Gesellschaft sind Gestaltungen des Anderen, der im kommunikativen Text auf ein Selbst bezogen ist. Der grundlegendere Begriff ist daher der Ausdruck des Selbst im Text, der die Position des Anderen zuweist.

Nun aber wird schlagartig klar, dass Ausdruck und Eindruck im Übergang von der Dimension *n* zur Dimension *n+1* und umgekehrt nichts anderes ist als die Bezeichnung für die Übergangsformen in die Dimensionen des kommunikativen Textes: Ausdruck als Linearität ist die Öffnung auf die Zeitdimension des kommunikativen Textes, Eindruck als Kreuzung nichts anderes als die Öffnung auf die soziale Dimension des kommunikativen Textes – oder umgekehrt. Nunmehr ergeben sich ganz andere als bloß substantialitätsaverse Gründe, der Redeweise zu misstrauen, die Seele drücke sich kulturell in die Gesellschaft aus. In sozialen Zusammenhängen erscheint der Ausdruck nun als Macht, d.h. als Möglichkeit des Anschlusses und der Fortsetzbarkeit des sozialen Prozesses, der Eindruck als ereignishafte Begegnung.

---

[7] Wolfgang Mack / Kurt Röttgers: *Gesellschaftsleben und Seelenleben. Anknüpfungen an Gedanken von Georg Simmel.* Göttingen: Vandenhoek 2007.

In der Musikphänomenologie von Gisèle Brelet dagegen erscheint „Ausdruck" als das Zusammen von Subjekt und Objekt in der musikalischen Tonalität – kein Innen, kein Außen.[8] Ebenso ist in der Gestik die Geste nicht Ausdruck von etwas oder für etwas, sondern Inszenierung. Wenn aber überhaupt Ausdruck als Innerlichkeitsäußerung verstanden werden sollte, dann erschiene in dieser Perspektive das sogenannte „Innere" als kontingent und unendlich wandelbar von Augenblick zu Augenblick, also gerade nicht mehr als Garant einer vereindeutigten Ausdrucksfunktion.

Kultur entsteht genau dort, wo das Verhältnis Inneres/Äußeres fraglich geworden ist, bzw. sich als permanente Verschiebung und Metaphorisierung ereignet. Unmittelbar kann sich „Inneres" nicht ausdrücken, die Mittelbarkeit (Medialität) ist der Modus kultureller Prozesse. Ähnliches gilt auch für die Körperlichkeit, die doch im Vergleich zu „Seelischem" für ein Äußerliches gehalten wird, und selbst als ein sich seiner selbst bewusster Leib kann dieser Leib sich nicht im Kulturellen unmittelbar ausdrücken. Er zeigt sich inszeniert z.B. in Gesten der leiblichen Verführung oder in erotischer Verführung kulturell überformt.

Wenn etwas Phänomenales als „Ausdruck" gewertet oder interpretiert werden soll, dann bedarf es offensichtlich der hinzutretenden Fiktion einer Innerlichkeit, von der wir jedoch nichts anderes wissen, als was im „Ausdruck" präsent ist, so dass diese Wertungen tautologisch verfahren: „Seelisches" erscheint im Nicht-Seelischen, dem dann eine Seele zusätzlich zugesprochen wird. Es mag sein, dass eine solche Supposition vielfach unvermeidbar sein wird, so dass wir umgangssprachlich unbefangen von einer Seele reden dürfen, die in dem Körper hockt, von dort Signale sendet (Ausdruckssignale) und einer klassischen Überzeugung zufolge in diesem Körpergefängnis dermal einst auf eine Befreiung hoffen darf.

In Kommunikationen, im kommunikativen Text als Medium kultureller Prozesse, geschehen nicht wechselseitige „Äußerungen", sondern die Kommunikationen sind Einbettungen von Funktionspositionen (Selbst, bzw. Anderer) in einen fortgehenden Prozess: sie sind nicht Ausdrückungen von Innerlichkeiten, sondern Einbettungen und Verknüpfungen im Prozess kultureller Äußerlichkeiten.

Daher sind die Bühne und das Theater diejenigen Formen des Kulturellen, in denen die Innerlichkeitsreduktion und die Form des Ausdrückens deutlich vollzogen wird. Der Schauspieler spielt, wie er nach Maßgabe des Skripts und der vorgesehenen Maske im Zusammenspiel mit den anderen Schauspielern auf der Bühne zu agieren hat. Würde er seine persönliche Innerlichkeit ausdrücken und zur Schau stellen wollen, misslänge sein Spiel. Insofern ist die Bühne der Rahmen, in dem die Inszenierung von Kultur sich unabhängig von Befindlichkeiten von Subjekten ent-

---

8 Gisèle Brelet: *Le temps musical*. Paris: PUF 1949, 69.

faltet. Die Rolle macht den Schauspieler aus, nicht seine Innerlichkeit jenseits der Rolle. Er muss z. B. Todesangst spielen, nicht fühlen.[9] Seine Vermummung oder Maske drückt nichts aus – oder wenn man doch so reden dürfte, wäre das Ausdrückende der soziale Sinn, nicht irgendeine Idiosynkrasie eines Individuums. Der soziale Sinn hat die Gestalt von Relationen im Medium des kommunikativen Textes. Ein Ausdrücken setzte einen „Text" vor/hinter dem Text voraus, der sich im Ausdrücken der Äußerlichkeit präsentierte; aber diesen Hypo-Text gibt es gar nicht. Im Text schließt sich Textsegment (verständnisvoll?) an Textsegment an, ohne eine Garantie eines Jenseits-des-Textes im Göttlichen oder in einem individuellen (z. B. genialen) Hypo-Text. Der vermeintliche „Ausdruck" von Individuellem abseits jeglicher Textualität muss scheitern. Das sinnhafte Bedeuten im textuellen Prozess wird ihm auferlegt; Selbst im Text ist eine auferlegte Position, kein substantielles, dirigierend einwirkendes Etwas.

2.2 Das Ereignis

Der erste, der diesen radikalen Übergang zur Postmoderne, d. h. die Verabschiedung des Ausdrucks-Konzepts, ausgesprochen hat, war Arthur Rimbaud mit seinem Manifest „ICH ist ein anderer". Gemeint ist der Satz als eine poetologische Programmatik. Entfaltet ist diese in zwei Briefen an Freunde und Lehrer aus dem Jahre 1871. Im Jahr der Commune fordert Rimbaud, dass man sich sehend machen müsse, um zum Unbekannten, d. h. dem Neuen, vorzudringen. Das angesprochene Sehertum ist nicht als eingeschränkt visuelles Sehen zu verstehen, vielmehr impliziert es eine „Zügellosigkeit aller Sinne".[10] Die seherische Zügellosigkeit verabschiedet den spätromantischen Gedanken des Genies, das angeblich aus seinen seelischen Tiefen heraus Neues zutage fördern soll oder gar in einem Schöpfertum das Neue selbst erschaffen möchte, aber – so die kritische Diagnose – nichts anderes hervorgebracht hat als die unendlich wiederholte Leier von Gefühlsplagiaten. Wie zuvor Lichtenberg und Nietzsche stellt auch Rimbaud das „Ich denke" infrage: „Es ist falsch zu sagen: Ich denke, man müsste sagen Man denkt mich."[11] Das Vertrauen in die alte, reiche und tiefe Seele, die originär denkt und fühlt – selbst wenn sie als ineffabile apostrophiert worden ist[12] – und die eine Anknüpfung an Altes und Be-

---

9 So Denis Diderot: „Das Paradox über den Schauspieler", in: ders.: *Ästhetische Schriften II*. Westberlin: Aufbau-Verlag 1984, 481–538.
10 Arthur Rimbaud: *Prosa über die Zukunft der Dichtung*. Berlin: Mathes & Seitz 2010, 27.
11 l. c., 21.
12 Goethe in einem Brief an Lavater vom 20.9.1780, s. dazu Fotis Jannidis: „Individuum est ineffabile", in: *Aufklärung* 9 (1996), 77–110.

währtes ermöglicht haben sollte, dieses Vertrauen ist zerstoben. Es kommt nur noch als Wiedergänger vor und blockiert die Zukunft, d.h. das wirkliche und umwälzende Neue. Rimbauds poetologisches Programm ist positivistisch in seiner Affirmation von Sinnlichkeit, und es ist phänomenologisch in seiner Epochè jeglichen Subjektivismus.[13] Indem dieses neufigurierte Ich offen ist, quasi nur ein Durchgangspunkt für alle und alle möglichen Erfahrungen, gilt es auch als ein „Fortschrittsvervielfältiger".[14] Dieses Ich, das ein anderer ist, ist selbst objektiv und damit in seiner Porosität ein Gegenstand der phänomenologischen Beobachtung. Es heißt eben nicht „Ich bin ein anderer", also z.B. ein Unverstandener oder Unerwarteter, sondern es heißt: Ich *ist* ein anderer. Also folgt das Modell dieser Beobachtung des Denkens nicht mehr der Figur der Reflexion. Das Ich wird von dem anderen, der ich bin, beobachtet. Das ist kein Rationalismus mehr, aber noch weniger ein Irrationalismus. Die Entregelung aller Sinne ist eine kontrollierte Entregelung, um die Durchlässigkeit für die Erfahrung des Neuen zu bahnen, eine protophänomenologische Offenheit für die Welt.

2.2.1 Heidegger

In seinen „Schwarzen Heften" attackiert Martin Heidegger allemal das Alltagsgerede, z.B. der allgemeinen Wahrheiten, etwa dass das Tun und Lassen der Menschen („jedes Werk, jede Leistung") „Ausdruck ‚des Lebens'" sei. Mit dieser Berufung auf „das Leben" ist impliziert eine Dienstbarkeit gegenüber den „Machenschaften".[15] In seinem Brief über den „Humanismus" hatte er gesagt: „Die Sprache ist ihrem Wesen nach nicht Äußerung eines Organismus, auch nicht Ausdruck eines Lebewesens", vielmehr so sagt er, „Sprache ist lichtend-verbergende Ankunft des Seins selbst."[16] M.a.W. geht es darum, die menschliche Existenzweise abzuheben von allen „Lebe-Wesen", und diese Differenz ist die Sprachlichkeit, die allem „Gewächs und Getier" abgeht. Tiere haben ihre Umwelt, in die sie „eingespannt" sind, sie sind „weltlos", nicht wie der Mensch Welt-offen; Heidegger spricht es so aus, sie stehen nicht in der „Lichtung des Seins". Wenn das so ist, dann ist Sprache nicht ein beliebiges, arbiträres Zeichensystem, sondern sie gehört zum Wesen des Menschen, in ihr bekundet sich seine, ja die Wahrheit des Seins: Lich-

---

13 Zu der Vorbereitung der Phänomenologie durch den Positivismus s. Manfred Sommer: *Husserl und der frühe Positivismus.* Frankfurt a.M.: Klostermann 1985.
14 Arthur Rimbaud: *Prosa über die Zukunft der Dichtung,* 31.
15 Martin Heidegger: *Gesamtausgabe Bd. 95.* Frankfurt a.M.: Klostermann 2014, 401f.
16 ders.: *Gesamtausgabe Bd. 9.* Frankfurt a.M.: Klostermann 1976, 326.

tung, qua Öffnung auf Welt, aber zugleich verbergend, weil die Geworfenheit unhintergehbar ist: Lichtung ist eben nicht Offenbarung.

Was bleibt, wenn wir die Kategorie des Aus-drückens als Bewegung der Kultur verabschiedet haben? Im Folgenden ist also zu prüfen, ob die Kategorie des Ereignisses geeigneter erscheint, nach der kulturelle Prozesse sich ereignen, nicht gemacht werden. Nebenbei betont: Kulturelle Ereignisse sind nicht gemeint als kulturelle Events; denn diese sind ja organisiert, gemacht. Vielmehr ist der abgründige Unterschied des Ereignisses von den Events herauszuarbeiten. Das sei vollzogen mithilfe eines Rekurses auf Heideggers Begriff des Ereignisses, wie er sich in den *Beiträgen zur Philosophie (Vom Ereignis)* vollzieht, dem zweiten großen Hauptwerk Heideggers.[17] Das Ereignis ist einzig, es betrifft das Dasein fundamental: „Vollends kann nun aber das Ereignis nicht wie eine ‚Begebenheit' und ‚Neuigkeit' *vor*-gestellt werden."[18]

Zum Ereignis aber gehört der Abgrund, die abgründige Zerklüftung inmitten des Seienden, also in einem ursprünglichen Wortsinn das Chaos: das Gähnende, die Kluft. Diese chaotische Kluft im Zwischen eröffnet den Ort des Ereignisses:[19] Das „abgründige Inmitten des Zwischen zum Nichtmehr des ersten Anfangs [der Philosophie bei den Griechen, K.R.] und seiner Geschichte und zum Nochnicht der Erfüllung des anderen Anfangs."[20] Dieser Abgrund des Neuen stellt dieses nicht in eine Reihe mit den Innovationen der „Machenschaften" der Seinsverlassenheit, sondern wiederholt und steigert auf seine Weise die Radikalität des ersten Anfangs. Der Abgrund wird so inmitten des Seienden der gründende Grund für die Wahrheit des Seyns: „Der Grund gründet als *Ab-grund*."[21] Als Bild des Übergangs empfiehlt sich daher der Sprung, aber eben nicht *über* den Abgrund, sondern *in* den Abgrund, nämlich als Ur-sprung. „Die Heutigen ... flüchten sich in ‚neue' Inhalte und geben und verschaffen sich mit der Anbringung des ‚Politischen' und ‚Rassischen' einen bisher nicht bekannten Aufputz der alten Ausstattungsstücke der Schulphilosophie."[22]

Der Augenblick dieses den Abgrund aufbrechenden Ereignisses inmitten des Seienden „... ist niemals wirklich feststellbar, noch weniger zu errechnen. Er setzt

---

17 ders.: *Beiträge zur Philosophie (Vom Ereignis). Gesamtausgabe Bd. 65.* Frankfurt a. M.: Klostermann 1989.
18 l. c., 256.
19 l. c., 285.
20 l. c., 23.
21 l. c., 29.
22 l. c., 18 f.

erst die Zeit des Ereignisses."[23] Die Konsequenz ist auch in den „Schwarzen Heften" (1938/39) ausgesprochen: „*Das Seyn* ist ‚tragisch' – d.h. es fängt aus dem Untergang als Ab-grund an ..."[24] Und: „Tragisch' ist, was aus dem Untergang seinen Aufgang nimmt, weil es im Ab-grund eine Gründerschaft übernommen [hat]."[25] Und Untergang, das erläutern die *Beiträge*, ist nicht wie das Untergehen eines Schiffes als Scheitern zu verstehen, sondern so wie das Unterher-Gehen etwa einer Unterführung, Untergang ist also eine Subversion, die den neuen, den anderen Anfang ermöglichen soll. Der Untergang ist der Gang nach unten in den gründenden und in den grundlegenden Abgrund. Solcher Untergang hat zwei Aspekte. Einerseits: „Der Untergang bedeutet hier zunächst, daß das Seiende aus der Herrschaft über das Sein herabstürzt..."[26] Solcher Untergang ist der Sturz in den anderen Anfang. Aber der Untergang hat noch eine zweite Bedeutung, nämlich: „Die Erfahrung des Anfangs als Untergang."[27] Das hat zur Grundlage, dass das Unter, zusammen mit lat. inter, auch gebraucht wird als Zwischen oder Inmitten, z. B. in solchen Wendungen wie „unter Menschen zu sein", aber auch in der „Unterführung" etwas Subversives, wie z.B. als „Unterlaufen der geschehenen Gründung, um sie dem Ab-grund gemäß zu halten..."[28]

2.3 cultura

Nachdem hier der handlungstheoretisch begründete Kulturbegriff dekonstruiert wurde und ein Ereignisbegriff an seine Stelle gesetzt wurde, gilt es nun, sich einem Einwand zu stellen, der sich aus der Wortgeschichte von Kultur herleitet. Dann wird man gewahr, dass lateinisch cultura von dem Verbum colere abgeleitet ist, was

---

23 l. c., 20; eine ganz ähnliche eschatologische Figur der Unberechenbarkeit des Ereignisses werden wir bei Walter Benjamin wiederfinden, s. u. Und natürlich ist Henri Maldineys Philosophie der Zeit eine des Ereignisses: die Ereignisse ereignen sich nicht in der Zeit, sondern die Zeit gründet in den Ereignissen. Und die Ereignisse finden nicht in der Welt statt, sondern sie eröffnen eine Welt; sie sind plötzlich und erstmalig. Dadurch sind sie von einer „incomparable nouveauté". Henri Maldiney: „L'irréductible", in: *L'Irréductible*. Grenoble 1993 (= Revue EPOKHE, Nr. 3), 11–49, hier 41.
24 Martin Heidegger: *Überlegungen VII–XI (Schwarze Hefte 1938/39) (Gesamtausgabe Bd. 95)*. Frankfurt a. M.: Klostermann 2014, 417.
25 l. c., 418.
26 Martin Heidegger: *Über den Anfang. Gesamtausgabe Bd. 70*. Frankfurt a. M.: Klostermann 2005, 86.
27 ders.: *Das Ereignis. Gesamtausgabe Bd. 71*. Frankfurt a. M.: Klostermann 2009, 280.
28 ders.: *Überlegungen XII–XV (Schwarze Hefte 1939–1941)*. Frankfurt a. M.: Klostermann 2014, 19; cf. zu dem Komplex auch Kurt Röttgers: „Gründe und Abgründe", in: Petra Gehring, Kurt Röttgers, Monika Schmitz-Emans (Hrsg.), *Abgründe*. Essen: Die Blaue Eule 2016, 19–26, bes. 22–26.

primär ein ackerbaulicher Begriff ist: colere heißt, einen Acker bestellen. Agrikultur ist in diesem Sinne der Ursprung von Kultur. Zu der indoeuropäischen Wurzel *kᵘel- (sich drehen, sich herumbewegen) zu der auch griechisch πέλειν (in Bewegung sein) und πόλος (Achse, Drehpunkt) gehören, leitet sich lateinisch colere (emsig beschäftigt sein, bebauen) ab, und davon wiederum cultura (Pflege des Bodens. Ackerbau).

Cicero war es, der für das aus dem Griechischen stammende φιλοσοφία (Liebe zur Weisheit) lateinisch philosophia einsetzt und als Austauschbegriff dafür von einer cultura animi sprach.[29] Philosophie ist also hier identisch mit Pflege der Seele, des Geistigen. Damit ist eine ganz bestimmte Akzentuierung im Philosophieverständnis eingeführt. Der Akzent liegt hier als cultura auf der *Bemühung* um Weisheit, auf dem *Streben* nach Weisheit, nicht aber wie anderwärts, auch schon teilweise in der griechischen Antike, auf bestimmten Lehrinhalten (als der Weisheit selbst). Cicero gab so dem Begriff der cultura animi gemäß der Grundbedeutung von colere die Ausrichtung auf das Bemühen, auf die Pflege des Seelischen und auf die Ausbildung des Geistigen, es ist ein dynamischer Begriff und nicht das Ensemble bestimmter Gehalte des Geistigen. Damit ist der Kulturbegriff auf kulturelle Prozesse und Bildungsprozesse festgelegt und entzieht sich der Musealisierung. Aber, und das ist im Hinblick auf die vorhergehenden Abschnitte wichtig, er fügt sich auch noch nicht einem subjekt- oder handlungstheoretischen Paradigma, wie es dann die Moderne ausgebildet hat.

Cultura animi gehorcht damit eher einem rhetorischen Stilideal, dem es um die Valenz des Prozesses der Rede geht, nicht so sehr um ganz bestimmte Inhalte.[30] Zugleich imitiert diese cultura die der Agrikultur, dem es ja um Pflege, Verbesserung und Bebauung des Ackers geht, nicht primär um die dann anzubauenden Feldfrüchte.

Die Pflege des Ackers beinhaltet, wie folgend der Grundbedeutung von colere in der Bewegung des Pflügens, die stetige Wendung.[31] So ist auch der kulturelle Prozess allgemein keine lineare Bewegung, sondern folgt wie das Pflügen der steten Hin- und Rückwendung: Auch die cultura animi ist charakterisiert durch Kehren, Zurückbeugungen (Reflexionen) und Metaphorisierungen. Die kehrende Bewegung kann jedoch nicht nur im Bilde des Pflügens eines Ackers gedeutet werden, sondern

---

29 Marcus Tullius Cicero: *Tusculanae disputationes / Gespräche in Tusculum*. Stuttgart: Reclam 1997, II, 5.
30 Andreas Hetzel: *Die Wirksamkeit der Rede*. Bielefeld: transcript 2011, 298; Marcus Tullius Cicero: *Orator*. München, Zürich: Artemis 1994, 122.
31 Dazu sehr erhellend die phänomenologischen Analysen bei Manfred Sommer: *Von der Bildfläche*. Berlin: Suhrkamp 2016, 66–191.

auch in den Kehren eines Labyrinths: Kultur hat dann die Gestalt eines Labyrinths, freilich eines ursprünglichen minoischen Einweglabyrinths; in ihm sind keine handlungstheoretisch rationalen Entscheidungen fällig, sondern die Kehren und Wendungen bewirken, dass das Subjekt seine autonome Macht verloren hat, sich vielmehr in der Bewegung und an die Bewegung verliert. Das Labyrinthische ist ursprünglich ein hochkomplexer Tanz[32] und ein Grundparadigma von Kultur.

2.4 Kritik der Subjektzentrierung

Mit der Ablehnung einer Subjektzentrierung des Kulturellen kann nur der spezifische Begriff von Subjekt gemeint sein, wie ihn die Moderne, insbesondere dann als autonomes Subjekt ausgeprägt hat. Es kann nach der Moderne nicht darum gehen, wie mancher geglaubt hat und vom „Tod des Subjekts" geredet hat, das Subjekt abzuschaffen – was könnte das überhaupt heißen? Aber es kann und muss im Hinblick auf die Kultur darum gehen, eine sich in der Moderne herausgebildete Subjektzentrierung aufzuheben. Für die Anschlüsse im kulturellen Prozess gibt es kein diskriminierendes Subjekt, vielmehr werden Subjekte durch Ein- und Ausschlüsse im Prozess erst definiert und etabliert.

Der Anfang der Subjektzentrierung ist bei Descartes und im Cartesianismus gemacht mit der ontologischen Aufspaltung von Subjekt und Objekt als res cogitans und res extensa. Das führte im weiteren Verlauf der Moderne bei Kant und seinen Nachfolgern dazu, das Subjekt für das Originäre und das Objekt für das Abgeleitete zu halten. Diese Subjektzentrierung sprach dann von der Selbstgesetzgebung (Autonomie) des Subjekts und gab nun dem Objekt sein Gesetz vor. Das aber ist eine radikale Umkehr des ursprünglichen Sinns der Begriffe – man nannte es auch die kopernikanische Wende. Ursprünglich hat sub-jectum den Sinn des Unterworfenen. Jetzt aber in der Subjektzentrierung der Moderne trat es als das Unterwerfende auf. Solche Umkehrung hatte Konsequenzen für den Kulturbegriff. Das autonome Subjekt machte nun, gestaltete die Kultur, das dieser gegenüberstehende Nichtunterworfene bezeichnete man nun als Natur und setzte es der Kultur entgegen.

Wenn in der Postmoderne vom Ende des Subjekts die Rede ist, dann kann eigentlich nur das Ende der Subjektzentrierung gemeint sein, das Ende der Autonomie des Subjekts. Es käme nun darauf an, in anderer Weise vom Subjekt zu reden, z. B. das Unterworfensein zu thematisieren. Für die Kultur hätte das die Konse-

---

[32] Hermann Kern: *Labyrinthe*. 3. Aufl. München: Prestel 1995; zur philosophischen Ausdeutung s. Kurt Röttgers: „Arbeit am Mythos des Labyrinths", in: Leila Kais (Hrsg.), *Das Daedalus-Prinzip*. Berlin: Parerga 2009, 13–37.

quenz, dass sie nicht länger als Produkt eines autonom handelnden Subjekts ausgegeben werden kann, sondern dass nun der Blick auf die je einmalige und ereignishafte Vorgegebenheit des Kulturellen auch für das Subjekt fallen kann.[33]

Radikal hat Walter Benjamin diesen Gesichtspunkt eines Antisubjektivismus entwickelt. In seinem *Passagenwerk* strebte er dazu, nichts eigens auszusagen, sondern Literatur sich vielmehr bloß zeigen zu lassen. Von Benjamins Essays sagte Theodor W. Adorno: „Eigentlich denkt der Denkende gar nicht, sondern macht sich zum Schauplatz geistiger Erfahrung..."[34] Das ein Sagen tuende Subjekt hat sich aufgelöst. Seine Identität ist nicht fest-stellbar, Identität wird zum flüchtigen Ereignis. Jenseits aller Souveränitätsvorstellungen hatte Sigmund Freud das Ich, von dem er gleichwohl noch sprach, als „die eigentliche Angststätte" bezeichnet.[35]

Wenn daher die Sozialphilosophie des kommunikativen Textes vom „Selbst" spricht statt vom (autonomen) Subjekt, dann verweist sie damit auf die rein funktionale, substantiell unbestimmte Stelle im fortlaufenden Text des Sozialen. Sie vollzieht damit die Dezentrierung des Subjekts in seinen verstreuten Vollzügen. Und diese Dezentrierung hat Folgen für das Konzept von Kultur; so konnte etwa Clifford Geertz sagen: „Die Kultur eines Volkes besteht aus einem Ensemble von Texten, die ihrerseits Ensembles sind..."[36]

Vorläufig zusammenfassend gesagt: Subjekt ist nichts Substantielles, es entzieht sich jeder Gegebenheit. Subjekt ist eine der Interpretationen der Funktionspositionen im kommunikativen Text des Sozialen. Ironischerweise kehrt heute in den Überwachungs- und Beobachtungsstaaten und -gesellschaften das Subjekt als ein Unterworfenes wieder. Bar aller Autonomie ist es nun das potentiell Unzuverlässige, das beobachtet und verwaltet werden sollte. Das Soziale und mit ihr das Kulturelle wird totalisierend. Über dem sich illusionär als autonom, d. h. selbstgesetzgebend, glaubenden Subjekt, als Individuum unteilbar und unverantwortlich, erhebt sich nun seit Rousseau jenes Kollektivsubjekt, das von einer volonté générale beseelt ist. Wenn das Subjekt (bei Kant usw.) die Struktur ist, sie *allen* Weltverhältnissen erkennend und handelnd zugrunde liegt, dann kann es nur ein einziges Subjekt geben, weil es keine anderen Weltverhältnisse neben ihm geben kann. Intersubjektivität ist dann dem Begriff nach ausgeschlossen, bzw. bloßer Schein. Das

---

33 Käte Meyer-Drawe: *Illusionen von Autonomie*. München: Kirchheim 1990; Hanna Meißner: *Jenseits des autonomen Subjekts*. Bielefeld: Transcript 2010.
34 Theodor W. Adorno: „Noten zur Literatur", in: *Gesammelte Schriften XI*. Darmstadt: wbg 1988, 21.
35 Sigmund Freud: „Das Ich und das Es", in: ders.: *Werkausgabe in zwei Bden*, hrsg. v. Anna Freud u. Ilse Grubrich-Simitis. 2. Aufl. Frankfurt a. M.: S. Fischer 1979, I, 369–401, hier 400.
36 Clifford Geertz: „Deep Play. Bemerkungen zum balinesischen Hahnenkampf", in: ders.: *Dichte Beschreibung*. Frankfurt a. M.: Suhrkamp 1987, 209–260, hier 259.

weltbegründende Subjekt kann, als wäre es ein Säkularisat des Einen, monotheistischen Gottes, kein anderes Subjekt neben sich dulden. Niklas Luhmann hat darauf aufmerksam gemacht, dass zugleich mit der Einzigkeit des Einen Subjekts, gewissermaßen kompensatorisch, in der Romantik die Idee des Doppelgängers auftaucht.[37] Das ist vermutlich so, weil das Eine Subjekt, sobald es auf sich reflektiert, im Reflektierten sich selbst als seinem eigenen Doppel begegnet. Eine mögliche Alternative wäre es, Subjektivität von Anfang an, also im Begriff schon, als Intersubjektivität zu verstehen, d.h. das Subjekt in seiner Einzigkeit des Weltverhältnisses zu depotenzieren. Oder man entschärft den Begriff des Subjekts derart, dass man mit Judith Butler oder Jessica Benjamin sagt, „Subjekt" sei nichts anderes als eine sprachliche Position: Subjekt ist dann nichts anderes als eine Bezeichnung für den, der „Ich" sagen darf. „Kein Subjekt ist sein eigener Ausgangspunkt."[38] Daher kann der kommunikative Text kultureller Prozesse den Subjekt-Begriff qua Kommunikation im Zwischen nicht als begründenden verwenden. Der Text löst das begründende, statisch begriffene Subjekt auf in den Prozess des Werdens. In diese Richtung verlief bereits Herders Kritik der Kantischen Philosophie: Kritik der Vernunft kann und muss historisch wiederholt und überholt werden.

Für die Kultur lässt sich das am Beispiel des Theaters und des Bühnengeschehens als privilegierten Orten der Präsenz und der Präsentation zeigen. Hier ereignet sich der Text selbst vorrangig im Zwischen der Schauspieler, ja im Extrem gedacht auch ohne die Schauspieler, rein als Text der Kultur. Die Personen („dramatis personae") im Text bezeichnen nur Funktionspositionen, die von Schauspielern in wechselnder Besetzung erfüllt werden können: Es ist für das Bühnengeschehen der Aufführung relativ gleichgültig, welche Subjekte (Menschen oder Marionetten oder beides gemischt) die Rollen des Textes spielen/ausfüllen. Für theatrale Präsentation ist die Intersubjektivität, genauer das formale Zwischen, das Primäre. Die Ableitung der Kultur durch das Subjekt wird so stets zu einem Sekundäreffekt.

Auch für Heidegger, um darauf zurückzukommen, entspringt das Denken nicht in für sich isolierten Autoren, sondern ist stets das Zusammenwirken der Denkenden. Dass Neues geschieht und nicht eine endlose Repetition desselben, liegt folglich nicht in der quasi moralischen Verantwortung einzelner Subjekte, das Ereignis tritt vielmehr in der Textualität auf, bricht so mit den Machenschaften der Handlungssubjekte. Kulturelle Ereignisse in diesem Sinne sind weder Ergebnisse

---

37 Niklas Luhmann: „Die Tücke des Subjekts und die Frage nach dem Menschen", in: Peter Fuchs / Andreas Göbel (Hrsg.), *Der Mensch – das Medium der Gesellschaft?* Frankfurt a. M.: Suhrkamp 1994, 40–56.
38 Judith Butler: *Psyche der Macht. Das Subjekt der Unterwerfung.* Frankfurt a. M.: Suhrkamp 2001, 41; Jessica Benjamin: *Der Schatten des Anderen.* Frankfurt a. M., Basel: Klostermann 2002.

einer bemühten Kulturphilosophie noch gar Produkt einer Kulturpolitik. So kann sich Heidegger gegen die Vorstellung wenden, dass das „Volk" nur eine lebende Masse sei, der eine „Kultur ausgestockt wird".[39] Jetzt, so sagt er 1938, „trieft Alles von ‚Kultur'". Wenn man Kultur pflegt, einer Kulturpflege unterwirft, also im wörtlichen Sinne Kultur der Kultur, dann entspricht das der Herrschaft „des auf sich selbst eingerollten ‚Subjektums'..."[40] – Dagegen hilft nur, Kultur nicht als machbar, d.h. als Teil der Machenschaften, zu konzipieren, sondern sie als Ereignis zuzulassen.

2.5 Bedeutsamkeit

Bedeutsamkeit ist eine Kategorie, die sich der subjekt-handlungstheoretischen Fundierung des Kulturellen entzieht. Denn bedeutsam sind nicht Dinge oder Sachverhalte als solche, sondern bedeutsam werden sie für ein Bewusstsein von Welt. Aber auf der anderen, noch wichtigeren Seite sind es nicht Subjekte, die in freier Entscheidung Dinge oder Sachverhalte für bedeutsam erklären könnten. Bedeutsamkeit ergibt sich im Zwischen von Dingen und Subjekten, wobei ja eigentlich schon der Begriff des Bewusstseins eine solche Relationiertheit beinhaltet; denn Bewusstsein ist nicht zu denken als etwas, was isoliert etwa in einem Kopf hockte und auf Inhalte wartete. Bewusstsein ist immer schon relationiert, ist Bewusstsein-von.

Damit unterwandert Bedeutsamkeit das Ausdrucksparadigma von Kultur. Der Begriff, seit dem 18. Jahrhundert belegt, ist die Figur, unter der sich die Geisteswissenschaften, später Kulturwissenschaften genannt, aus der methodischen Vormundschaft des naturwissenschaftlichen Positivismus des 19. Jahrhunderts befreien konnten. Hans Blumenberg hat die Bedeutung der Bedeutsamkeit untersucht.[41] Hatte die Aufklärung dekretiert, dass es Schluss sei bzw. sein müsse mit mythischem Denken, so widersprach die Romantik, indem sie eine Verbindung von Mythischem, bzw. Poetischem mit philosophischem und wissenschaftlichem Denken für möglich hielt, explizit forderte und ansatzweise realisierte. Denn „wir besitzen keine andere Wirklichkeit, als die von uns ausgelegte."[42] Selbstbewusst akzentuiert Erich Rothacker dieses neue Selbstbewusstsein in dem „Satz der Bedeutsamkeit": „Ohne

---

39 Martin Heidegger: *Gesamtausgabe Bd. 94*. Frankfurt a.M.: Klostermann 2014, 501.
40 ders.: *Gesamtausgabe Bd. 95*. Frankfurt a.M.: Klostermann 2014, 322f.
41 Hans Blumenberg: *Arbeit am Mythos*. 5. Aufl. Frankfurt a.M.: Suhrkamp 1990, Kap. III: ‚Bedeutsamkeit', 68–126.
42 l.c., 72.

erlebte Bedeutsamkeit keine Wahrnehmung."[43] Das will besagen, dass der Mensch immer selektiv wahrnimmt, und zwar gesteuert durch das Kriterium, was für ihn bedeutsam ist, ihn etwas angeht. Hans Blumenberg folgert daraus: „Bedeutsamkeit ist bezogen auf Endlichkeit. Sie entsteht unter dem Diktat des Verzichts auf das *Vogliamo tutto*, das der geheime Antrieb zum Unmöglichen bleibt."[44] Hinsichtlich des Bedeutsamen kann man zwar fragen, *was* etwas bedeutet, aber der Clou ist, dass Bedeutsamkeit ohne ein Was auskommt. So wird für Blumenberg der Mythos und sein Fortleben nach der Aufklärung die „Bedienung des Bedürfnisses an Bedeutsamkeit."[45]

Aber Bedeutsamkeit ist weder den Dingen der Welt als solchen oder allein unter einander zu eigen, noch wird sie von den Subjekten in einem freien Akt an sie verliehen. Sie kommt vielmehr wie eine Begeisterung über ein Subjekt, also wohlgemerkt nicht aus ihm. Das Erlebnis der Bedeutsamkeit drängt sich auf. Hugo von Hofmannsthal sagte in seinem *Buch der Freunde*: „Was Geist ist, erfaßt nur der Bedrängte."[46] Geistige Bedeutsamkeit drängt sich auf. Und Ludwig Binswanger interpretiert den Sachverhalt so, dass die ergreifende Bedeutsamkeit etwas Passivisches ist. Es geht in ihr mehr um „ein Sichaufdrängen einer Bedeutsamkeit als [um] das Erschließen und Verstehen einer bestimmten Bedeutung."[47]

Heinrich Rickert nennt in seiner Bestimmung der Unterschiede von Kulturwissenschaft und Naturwissenschaft die Welt der Kulturobjekte eine bedeutsame Welt, weil sie ihm etwas bedeutet und ihn etwas angeht.[48] Und Max Weber bestimmt die Bedeutsamkeit des Kulturellen durch die Beziehung auf Werte, die einen bestimmten Weltausschnitt bedeutsam macht.[49] Allgemein gesagt, sind Dinge durch Zurechnung bedeutsam; denn kein Ding ist ohne menschliche Weltdeutung an sich bedeutsam. Aber diese Zurechnung ist der subjektiven Willkür entzogen, so dass man sagen darf, dass Dingen oder Sachverhalten nur im Rahmen von Weltdeutungen Bedeutsamkeit zukommt; aber Welt ist immer eine gedeutete Welt. Da nun

---

43 Erich Rothacker: *Probleme der Kulturanthropologie*. 2. Aufl. Bonn: Bouvier 2008, 118.
44 Hans Blumenberg: *Arbeit am Mythos*, 77.
45 l. c., 108; s. auch Barbara Merker: „Bedürfnis nach Bedeutsamkeit. Zwischen Lebenswelt und Absolutismus der Wirklichkeit", in: Franz Josef Wetz / Hermann Timm (Hrsg.), *Die Kunst des Überlebens*, Frankfurt a.M.: Suhrkamp 1999, 68–98., sowie Gunter Scholtz: „Bedeutsamkeit: Zur Entstehungsgeschichte eines Grundbegriffs der hermeneutischen Philosophie", in: ders.: *Zwischen Wissenschaftsanspruch und Orientierungsbedürfnis*. Frankfurt a.M.: Suhrkamp 1991, 254–268.
46 Hugo von Hofmannsthal: *Reden und Aufsätze III*. Frankfurt a.M.: Fischer Taschenbuch 1980, 260.
47 Ludwig Binswanger: „Über den Satz von Hofmannsthal ‚Was Geist ist, erfaßt nur der Bedrängte'", in: *Ausgewählte Vorträge und Aufsätze II*. Bern: Francke 1955, 243–251.
48 Heinrich Rickert: *Kulturwissenschaft und Naturwissenschaft*. Stuttgart: Reclam 1986 (= 6. Aufl. Tübingen: Mohr 1926).
49 Max Weber: *Gesammelte Aufsätze zur Wissenschaftslehre*. 2. Aufl. Tübingen: Mohr 1988, 194.

Weltdeutungen als Rahmen für Bedeutsamkeitszuschreibungen sich historisch wandeln, ändern sich auch Bedeutsamkeiten. Das kann historisch akkumulierend eine Zunahme, aber auch entgegengesetzt eine Abnahme von Bedeutsamkeit sein. Kultur ereignet sich in solchen Bedeutsamkeiten qua Zuerkennung von Sinn. Die Sinndimension des sozialen Textes ist der Ort von Bedeutsamkeiten. Wenn Hans Blumenberg von den *Wirklichkeiten, in denen wir leben* spricht, stellt er der vorgegebenen Bedeutsamkeit eine, in der Phänomenologie begründete „Disziplin der Aufmerksamkeit"[50] an die Seite. Das heißt dann aber, Bedeutsamkeitszuschreibungen nicht in einem historischen Relativismus als Unvermeidlichkeiten einfach hinzunehmen; anders gesagt: Kultur ist, auch wenn ereignishaft, doch auch gestaltungsfähig. Cultura als Pflege erfordert auch, sich an Bedeutsamkeiten abzuarbeiten.

Ohne den Begriff zunächst eigens zu verwenden, charakterisiert Georg Simmel die Leistung von Bedeutsamkeit als die „Möglichkeit, aus jeder Einzelheit des Lebens die Ganzheit seines Sinns zu finden."[51] Und diese Sinnbezogenheit, als Dimension des sozialen Prozesses macht aus Bedeutsamkeit eine echte Alternative zur bloß subjektiven Ausdrucksbezogenheit. Die Sinnfiguration des Kulturellen macht aus kulturellen Phänomenen – asubjektiv – etwas „Objektives". Allerdings erscheint solcher Sinn jeweils in seiner Eigenheit in Differenz zu anderem Sinn. So steuert Sinn über bearbeitete Bedeutsamkeiten Bedeutungen und Wertungen. Die Differenz von Bedeutsamkeiten kann sowohl historisch als auch durch die Art sozialer Gemeinschaften ausfallen. Welten sind je verschieden bedeutsame Welten. In seinem Buch *Lebensformen* von 1921 nennt Eduard Spranger das, was hier als Sinndimension bezeichnet wurde, als Geist und unterscheidet Geist scharf vom Seelischen, bzw. Psychischen der Subjekte. Als Aufgabe seines *Rembrandt*-Buches bezeichnet Georg Simmel, „von dem unmittelbar Einzelnen, dem einfach Gegebenen das Senkblei in die Schicht der letzten geistigen Bedeutsamkeiten zu schicken."[52] Die Metapher des Senkbleis lässt an eine Substruktur des Kulturellen denken, die aus „letzten geistigen Bedeutsamkeiten" besteht. Damit wird Bedeutsamkeit bei Simmel aufgewertet von einer stummen Bedeutsamkeit der Dinge, die in einem Amalgam von Sinn und Sinnlichkeit bestünde und die gemäß Erich Rothackers „Satz der Bedeutsamkeit"[53] jegliche Welt-Wahrnehmung steuert bzw. kanalisiert, zu einem (quasi-) metaphysischen Garanten für Welt-Wahrnehmung

---

50 Hans Blumenberg: *Wirklichkeiten in denen wir leben*. Stuttgart: Reclam 1993, 5.
51 Georg Simmel: *Gesamtausgabe Bd. 6*. Frankfurt a.M.: Suhrkamp 1989, 12.
52 ders.: *Gesamtausgabe Bd. 15*. Frankfurt a.M.: Suhrkamp 2003, 305–515, hier 309.
53 Erich Rothacker: *Geschichtsphilposophie*. München: Oldenbourg 1971, 98; ders.: *Probleme der Kulturanthropologie*. Bonn: Bouvier 1948, 172.

überhaupt. Daraus ergibt sich dann die berechtigte Frage: Ist „Bedeutsamkeit" eine transzendentale oder eine immanente Qualität der (kulturellen) Sachverhalte?

Den Vorrang der Funktion vor dem Gehalt hat Ernst Cassirer im Begriff der „symbolischen Form" eingefangen, in ihr sind der geistige Bedeutungsgehalt und das konkrete sinnliche Zeichen innerlich verbunden. Dabei legt Cassirer den Akzent auf den Vorgang der Bildung von Form und der Formgebung, also auf die Prozessualität. Damit ist für ihn Kultur nichts irgendwie oder irgendwo Gegebenes, sondern in ihr dokumentiert sich die Fähigkeit zur Formgebung.[54] Für Cassirer leistet es der Begriff der Bedeutsamkeit, eine Integration von verschiedenen Deutungen eines kulturellen Sachverhalts zu bieten und Schichten der Bedeutung zu erschließen. Auf diese Weise wird „Bedeutsamkeit" zu einem metatheoretischen Begriff, der es ermöglicht – wie Simmels „Senkblei" –, die kontingente Vielfalt von Deutungen und Bedeutungen zu überschreiten und so Welterschließung zu ermöglichen. Solches lässt nun sowohl den relativierenden Historismus als auch einen naiv-realistischen Präsentozentrismus hinter sich. Die Bedeutsamkeiten „sind somit nicht verschiedene Weisen, in denen sich ein Wirkliches dem Geiste offenbart, sondern sie sind die Wege, die der Geist in seiner Objektivierung, d.h. in seiner Selbstoffenbarung verfolgt."[55] Ein solches Programm, inspiriert durch den Neukantianismus, entscheidet die Frage Transzendentalismus vs. Immanentismus ganz eindeutig: Bedeutsamkeiten sind Transzendentalien der philosophischen Kultur. Darin folgt Cassirer Simmel, der mit seiner Rede vom „Senkblei" ebenfalls die philosophische Gesetzlichkeit der kulturellen Bedeutsamkeiten meinte herausarbeiten zu können. Ralf Konersmann spricht in seiner Cassirer-Interpretation sogar von Cassirers Bestreben, „an das Regelwerk kultureller Prozeßbewegungen heranzukommen."[56]

Entgegen dem Neukantianismus von Simmel und Cassirer muss jedoch die Frage offen gehalten werden, ob die Suche nach der ultimativen Bedeutung hinter all den Bedeutsamkeiten sinnvoll oder nötig ist. Heidegger bezeichnete Welt als „Ganzes von Bedeutsamkeit, in deren Verweisungsbezügen das Besorgen als In-der-Welt-sein sich im vorhinein festgemacht hat."[57] Im übrigen ist festzuhalten, dass Heidegger eine vorherrschend negative Einstellung zu „Kultur" hat, weil er sie als Kulturbetrieb wertet. Die Deutschen, einstmals als Volk der Dichter und Denker apostrophiert, ist nach Heidegger nurmehr im Sinne einer machenschaftlichen

---

54 Ursula Renz: *Die Rationalität der Kultur.* Hamburg: Meiner 2002.
55 Ernst Cassirer: *Philosophie der symbolischen Formen. Tl. 1.* Darmstadt: wbg 1977, 9.
56 Ralf Konersmann: *Kulturelle Tatsachen.* Frankfurt a.M.: Suhrkamp 2006, 140–146, hier 146.
57 Martin Heidegger: *Sein und Zeit. Gesamtausgabe Bd. 2.* Frankfurt a.M.: Klostermann 1977, 201, ebenso 147: das umsichtige Sichverweisen gründet „in einem vorgängigen Verstehen der Bedeutsamkeit."

Kulturpolitik degeneriert zu einer Förderung und Alimentierung von Kulturschaffenden. Er neidet diesen nicht ihr Auskommen (ihre Einkünfte) und den Rezipienten (dem „Volk") nicht „eine gut eingerichtete Erlebnisversorgung."[58] Diesem „Volk" wird so eine Kultur „aufgestockt". Zugrunde läge die irrige Vorstellung, dass Kultur „Gesichtskreis" und „Leistungsfeld" des Menschen geworden sei, dann wird die Erhaltung der Kulturwerte zu einem erstrebenswerten Ziel; so aber pervertiert diese Einstellung dazu, Kultur als ein Mittel der Unterhaltung des Vergnügens zu sehen. *„‚Kultur' ist die Veranstaltung von ‚Erlebnissen'."*[59] Hinter einer solchen Erlebnis-„Kultur" (heute sagen wir: Management von Events) steht insgeheim das Ziel, „die Besinnung auf das Seyn durch das Betreiben des Seienden überflüssig zu machen und die Besinnungslosigkeit als Zustand der allgemeinen Zufriedenheit anzustreben."[60] Heideggers Sichtweise beruht darauf, dass er das Denken in Substanzen und Subjekten für eine fragwürdige Missdeutung hält und an seine Stelle die Besinnung auf die „Wahrheit des Seyns" setzen möchte, weil es nicht um „pflegbares Vorhandenes" gehen dürfe.[61] Für Heidegger wirft das auch die Frage auf, ob Philosophie im strengen Sinne der Kultur zugerechnet werden dürfe, oder ob nicht umgekehrt Philosophie „nicht schon in sich das Wesen der ‚Kultur' verneint – bzw. an ihm einfach vorbeigeht."[62] Die Kultur „wird als politische Kultur die Grundform der Erlebnisbewerkstellung und Planung der vollendeten Subjektivität."[63]

Kultur als Ereignis, d.h. als diskontinuierlichen kulturellen Prozess zu verstehen, bedeutet eine Absage einer Orientierung an einem Ursprung ebenso wohl wie an einem Denken in Zielen. Es gibt nicht den *einen* Ursprung (ἀρχή) der Kultur, ebenso wenig wie das *eine* Ziel (τέλος), auf das hin Kulturelles ausgerichtet wäre, seien diese auch noch so hehre Ziele wie Freiheit oder Glück. Sehr wohl aber gibt es viele Ursprünge, in jedem kulturellen Ereignis steht ein Ursprung, und ebenso perkoliert der kulturelle Prozess in viele Ziele. In einem sehr wörtlichen Sinne ist Kultur daher an-archisch und a-teleologisch.

---

58 Martin Heidegger: *Gesamtausgabe Bd. 94*. Frankfurt a.M.: Klostermann 2014, 501.
59 l. c., 499.
60 ibd.
61 l. c., 502.
62 Martin Heidegger: *Gesamtausgabe Bd. 95*. Frankfurt a.M.: Klostermann 2014, 43.
63 l. c., 150.

2.6 Anthropozentrik

Der Lehre von Kultur als subjektivem Ausdruck steht assistierend zur Seite eine Anthropozentrik, die es als notwendig ansieht, Kulturelles und allgemeiner Soziales auf den „Menschen" und konkreter dann auf Menschenbilder zu beziehen. Demgegenüber hatte beispielsweise Heidegger schon 1931 den Vorsatz verkündet, „das Getue um den Menschen zum Verschwinden" zu bringen.[64] Für ihn ist das Vorherrschen der Anthropologie die „Vorkehrung, derzufolge der Mensch sich dahin bringt, *nicht* mehr wissen zu wollen, wer er sei..." und an die Stelle dieser Selbstbesinnung die Sach-Frage zu setzen, „was der Mensch sei."[65] Diese Ersetzung fasst die Frage nach dem Wesen des Menschen als Frage nach seiner Seiendheit, d.h. ihn objektivierend als besondere Sorte von Tierheit zu begreifen. Ihm wird so der Bezug auf sein Sein genommen, und das nennt Heidegger ironisierend die „Vermenschlichung des Menschen".[66]

Nicht Heidegger folgend, soll hier aber im Rahmen der Erörterung der Fragen nach den Quellen des Kulturellen nicht die Seinsfrage aufgeworfen werden, sondern es soll der Frage nach der Textualität des Sozialen allgemein und näher hin des Kulturellen nachgegangen werden.[67]

2.6.1 Der Text der Kultur

Die Kultur als einen Textprozess zu begreifen, stellt das Soziale des kulturellen Prozesses in den Mittelpunkt und verabschiedet sich damit von allen vorherigen, d.h. modernen und spätmodernen Versuchen, das Soziale von anderswoher, z.B. vom Subjekt, vom Individuum o.ä., zu begründen. Das Soziale und mit ihm das Kulturelle ist ein Zwischen, ist reine Relationalität oder als Mitte reine Medialität. Diese Mitte, dieses Medium also, wird dann des weiteren begriffen in seiner Gestalt als kommunikativer Text. Das soll heißen: es ist dreifach dimensioniert, nämlich als Zeitlichkeit, als Sozialität und als Sinn. Je zwei dieser Dimensionen bilden ein Komplexum: Sinn und Zeitlichkeit die Textualität, Sinn und Sozialität die Kommunikation und Zeitlichkeit und Sozialität die Geschichte. Wirklich aber sind sie nur in der Konkretheit des kommunikativen Textes in seinen drei Dimensionen der Zeit, der Sozialität und des Sinns. In der Postmoderne sind es nicht mehr als handelnd

---

64 Martin Heidegger: *Gesamtausgabe Bd. 94.* Frankfurt a.M.: Klostermann 2014, 19.
65 ders., *Gesamtausgabe Bd. 95.* Frankfurt a.M.: Klostermann 2014, 23.
66 l.c., 82.
67 Das folgt weitgehend den Leitlinien, die ich entworfen habe in: *Das Soziale denken.* Weilerswist: Velbrück 2021.

unterstellte Subjekte, sondern es ist die Medialität als solche, die unsere Aufmerksamkeit herausfordert. Und wenn wir in dieser Hinsicht ausreichend konsequent sind, dann werden wir auch in der Sozialphilosophie nicht mehr vom Menschen[68], oder vom Subjekt[69], oder von der Person oder vom Individuum (lauter eigentlich sorgfältig voneinander zu unterscheidende Kategorien) ausgehen, sondern vom kommunikativen Text, d.h. vom Zwischen.[70]

Eine postmoderne Kulturphilosophie auf der Grundlage des Konzepts des kommunikativen Textes versucht einerseits, der Funktionspositionalität z.B. von Selbst und Anderem, sowie von Drittem im Text (Sprecher, Hörer und Beobachter oder Störer) von der Medialität her gerecht zu werden, wobei anders als in Kommunikationssituationen die Identifizierung von Selbst und Anderem nicht eindeutig ist: in lebendiger Kultur lassen sich Selbst und Anderer (Produzent und Rezipient) nicht mehr eindeutig feststellen: jeder Produzent kann ein solcher nur sein, wenn er zugleich auch Rezipient ist, war oder sein könnte, und jede Rezeption ist zugleich immer auch produktiv. Andererseits ist das Medium in Kultur nie leer, wie z.B. die ökonomische Zirkulation von Geld, bzw. Verschuldungen im Medium des Tauschs.

Ein Problem ergäbe sich, wenn man wie in der Moderne stark auf Anthropozentrik setzen würde, was aber in der Postmoderne nicht mehr zeitgemäß wäre. Denn Sozialphilosophien, die auf starken anthropologischen Annahmen beruhen, sind deswegen problematisch und leicht angreifbar, weil wir ja – wenn wir so ehrlich sind, es zuzugeben – im Grunde gar nicht wissen, was das „Wesen des Menschen" ist, um dessen glückliche Erfüllung es zu gehen hätte, so dass Erhebungen über Glück und Unglück sehr stark mit den Mentalitäten der Völker korrelieren, d.h. sehr subjektiv sind, und wir keine Chance haben, diese Angaben durch Rückbezug auf das „Wesen des Menschen" zu objektivieren. In den Anthropologien, die dem abzuhelfen versprechen, indem sie das „Wesen des Menschen" fixieren, erhält sich oft etwas, was eher den Meinungen der Leute als einer haltbaren Philosophie entsprechen würde, was man also als eine „philosophy" zu bezeichnen berechtigt ist, nämlich Überzeugungen, die weder begründungsfähig noch als bloße Meinungen begründungsbedürftig sind, weil ihnen gegenüber unter zivilisierten Bürgern Toleranz angesagt ist.

---

68 cf. Niklas Luhmann: *Soziologische Aufklärung VI: Die Soziologie und der Mensch*. Opladen: Westdeutscher Verlag 1995.
69 cf. l. c., 155–168: „Die Tücke des Subjekts und die Frage nach dem Menschen".
70 Anregungsgeber in dieser Hinsicht sind: Niklas Luhmann: *Die Gesellschaft der Gesellschaft*. Frankfurt a.M.: Suhrkamp 1998; Maurice Merleau-Ponty: *Das Sichtbare und das Unsichtbare*. München: Fink 1986; Louis Hjelmslev: *Prolegomena to a Theory of Language*. Madison: University of Wisconsin 1961; Ludwig Wittgenstein: *Philosophische Untersuchungen*. Frankfurt a.M.: Suhrkamp 1967; Bernhard Waldenfels: *Das Zwischenreich des Dialogs*. Den Haag: Nijhoff 1971.

Wegen der Medialitätszentrierung des Ansatzes einer postmodernen Kulturphilosophie anstelle einer Subjektzentrierung oder gar Anthropozentrismus fragt sich natürlich, was eigentlich ein Medium ist. Klar ist: ein Medium ist eine Mitte, aber wo eigentlich, bitte schön, ist die Mitte?

Aus diesem Grund soll hier eine radikale Perspektivenänderung vorgeschlagen werden, die darin besteht, nicht zuallererst nach irgendwelchen Seienden zu suchen, die für Prozesse und Relationen die Ursachen nach dem Ursache-Wirkungs-Schema sein könnten. Der Ausgang besteht vielmehr in der Medialität selbst. Ein solcher Vorschlag ist nicht ganz neu, sondern liegt eigentlich seit Jahrhunderten vor, ohne dass er jedoch eine vorherrschende Perspektive hat werden können. Einer der Anknüpfungspunkte für eine solche Perspektivenänderung liegt begründet im Begriff des Feldes, zunächst als Magnetfeld, dann als elektromagnetisches Feld und schließlich in Übertragung auf die Sozialwissenschaften im Feldbegriff der Psychologie von Kurt Lewin und schließlich verallgemeinert in der Übertragung der strukturalistischen Denkweise auf Soziales und Kulturelles, zunächst bei Claude Lévi-Strauss und Roland Barthes, dann unter Einbeziehung des Historischen bei Michel Foucault und Hans Blumenberg. Das Spezifische dieser Perspektivenverschiebung ist, dass nicht mehr von Substanziellem ausgegangen wird, das erst sekundär in Beziehungen eintritt und Medien bildet, sondern von dem Zwischenbereich des Medialen, um von dorther zu schauen, welche Funktionen, welche Relationen dort herrschen und dem Medium seine spezifische Struktur geben. Diese Perspektivenänderung charakterisiert den Übergang von der subjektzentrierten Moderne und Spätmoderne zur medialitätszentrierten Postmoderne. Diese Epochenschwelle ereignet sich nicht primär als ein Theorieereignis, sondern lässt sich diagnostisch allenthalben in der Gesellschaft der Gegenwart beobachten. Eine kaum zu übersehende Tendenz ist z. B., dass sich die Akzeptanz der massiv zunehmenden allseitigen medialen Überwachung der Individuen zuungunsten der Insistenz auf der Freiheit des Individuums zunimmt, was sich in der Aussage ausdrückt: „Ich habe nichts zu verbergen". Und wer etwas zu verbergen hat, ist eo ipso verdächtig und eine Bedrohung der Sicherheit aller anderen; schon allein durch diesen Verdächtigen, der etwas zu verbergen hat, gilt die allseitige Überwachung durch Kundenkarten, Mobiltelefon-Ortung und -Abhören, durch Tracking und Profilbildung im Internet, durch Überwachungskameras und Nacktscanner als legitim, ja der Exhibitionismus der nichts verbergenden Transparenz ist in den (a-)sozialen Medien zur Normalität geworden. Und dann ist seinerseits erwünscht und willkommen, dass z. B. Amazon aufgrund der Consumer-Überwachung und Profilbildung meine Wünsche schon errät, bevor ich sie selbst noch bewusst hätte. Und dass mein Mobiltelefon jederzeit und überall ortbar ist, auch das kann mir nur willkommen sein; denn mir könnte ja im tiefen, tiefen Wald, der Heimat von Räubern und Bären, ein Überfall oder Unfall zustoßen, und dann wird man anhand meines

Telefons meinen Leichnam auffinden können. Das sind die Segnungen der allseitigen Überwachung. Ihre Akzeptanz ist Signum des Epochenwandels von der Subjektzentrierung zur Medialitätszentrierung.[71]

Eine der vielleicht wichtigsten Veränderungen im Übergang ist, dass das Gedächtnis nirgendwo mehr eine durch besondere, ausgezeichnete Individuen bereitgehaltene und realisierte Funktion in der Gesellschaft ist, sondern eine durch und durch kollektive Veranstaltung geworden ist, manifest in Datenbanken und Online-Bibliotheken. Begleitet wird diese Entwicklung von der Entstehung weltumspannender Kommunikationsstrukturen, die nicht mehr auf der Basis individuellen Bewusstseins von sterblichen Menschen ruht, sondern die als Strukturen fast ausschließlich rein technisch bestimmt sind. Wollen wir diese neue Medialität angemessen denken, so ist jedenfalls die Vorstellung von Urhebern von Kommunikation als Handlungssubjekten ganz und gar unpassend geworden. Es wird in diesen globalen Kommunikationsstrukturen nicht deshalb kommuniziert, weil ein autonomes Subjekt sich dazu entschlossen hätte, sondern es wird kommuniziert, was kommunizierbar ist. Nicht mehr Verursachung, Mitteleinsatz und Zweckerreichung können die Leitbegriffe zur Interpretation solcher Prozesse sein, sondern die Rekursivität von Funktionen. Entsprechend ist auch nicht mehr der Überblick von einem überlegenen Standpunkt aus die Garantie des Gelingens, sondern die effektive Anschließbarkeit im kommunikativen Prozess und die Fortsetzbarkeit von Kommunikationen, anders gesagt, die Vernetzung von Perspektiven und Gesichtspunkten. Es gibt keinen Algorithmus, der die Richtigkeit eines anderen Algorithmus auf logische Weise beweisen könnte, sondern man muss es einfach ausprobieren. Im Medium gleicht Problemlösung nicht mehr der Auffindung eines Oberbegriffs und der Identifizierung der spezifischen Differenz, und auch nicht mehr dem Schema der nomologisch-deduktiven Erklärung mittels allgemeiner Gesetze und spezifischer Randbedingungen. Im Medium des kommunikativen Textes hat Problemlösen die Struktur von Mustererkennung und gleicht dem Knacken eines Codes oder eines Passworts. Das heißt, es ist strategisch und nicht mehr axiomatisch.

Für die Interpretation von Kommunikation besagt diese Veränderung folgendes. Die sogenannten Individuen „sagen" d.h. „meinen" nicht etwas, bevor sie kommunizieren; sagen und „meinen" können sie nur etwas in Kommunikationen;

---

[71] Bemerkenswert ist in dieser Hinsicht Dieter Henrichs Interpretation des Hegelschen Subjektbegriffs, die sich quasi nur eine Handbreit vor diesem Übergang ansiedelt: „The *subject* for Hegel is, however, nothing but the active relationship to itself. In the subject there is nothing underlying its self-reference, there is *only* the self-reference. For this reason, there is only the process and nothing underlying it." Es wäre nur noch ein kleiner Schritt jetzt zu sagen, dass der Prozess nicht das Subjekt *ist*, sondern dass er *zwischen* den Subjekten ist, d.h. als kommunikativer Text. D. Henrich: *Between Kant and Hegel*. Cambridge/Mass., London: Harvard University Press 2003, 290.

niemand, nicht einmal sie selbst könnten wissen, was sie „meinen" würden, bevor sie in den sozialen Prozess des kommunikativen Textes eingetreten wären. Stellen wir uns jemanden vor, der sein Leben lang etwas „meinte", aber es nie sagte; dieser Meiner ist das Urbild der Souveränität des autonomen Subjekts: er war so souverän, aus seiner Autonomie heraus zu meinen, was er wollte. Wozu sollte dieses autonome Subjekt – Legitimationsgestus des Genies auf dem Höhepunkt der Moderne –, da es als Individuum in seinem Inneren sowieso ineffabile war, sich an Kommunikation verschwenden. In dieser Form ist das autonome Subjekt der Moderne eine aporetische Struktur.

Wenn wir aber die Perspektive in der vorgeschlagenen Weise verändern, dann werden wir auch gewahr, dass an Kommunikation nie der „ganze Mensch" beteiligt ist, sondern nur bestimmte Funktionalitäten, die mit seiner Position im kommunikativen Text zusammenhängen. An Vertragsverhandlungen über ein bestimmtes Wirtschaftsprojekt könnte austauschbar jeder teilnehmen, der die Prokura der betreffenden Firma hat, unabhängig von der für seine Person vielleicht viel wichtigeren Frage, ob die Beziehung zu seiner Frau eine glückliche ist. Noch radikaler ist die Durchstreichung der Eigenschaften eines bestimmten Menschen, wenn man etwa an die fiktive Neukonstruktion von Personalität in Chaträumen o. ä. im Internet denkt. Dort gilt nicht mehr, was die Rollentheorie des soziologischen Interaktionismus formuliert hatte, wir alle spielen Theater, sondern dort gilt: das Theater spielt (mit) uns.

Eine am Netz und an Medialität orientierte Kulturphilosophie braucht keine anthropologischen Grundlagen. Die Postanthropologie ist darum nicht gleich als transhumanistisch oder gar antihumanistisch zu beargwöhnen. Die Möglichkeit einer humanistischen Praxis ist nicht daran gebunden, dass ihr eine anthropologische Theorie zur Grundlage dient. Erst unsere Postmoderne konnte denn auch den theoretischen Mut aufbringen, die inzwischen faktisch eingetretene Dezentrierung des Menschen anzuerkennen und die Zentrierung des Menschen, die nach Michel Foucault vielleicht erst 300 Jahre gewährt hat, aufzugeben, ohne zugleich in den Verdacht der praktischen Inhumanität zu geraten. Im Gegenteil sind es ja die fundamental angelegten Menschenbilder, die ideologisch-imperialistisch dazu anleiten, gewisse Andere nicht oder nicht im vollen Sinne als Menschen anzusehen und zu markieren. So ist praktische Humanität nicht ausgeschlossen, und die Praxis eines solchen Denkens ist nicht unmoralisch, sondern ein solches Denken erübrigt lediglich das imperiale gute Gewissen, das sich selbst als gut weiß, den Anderen aber als böse oder dumm, obwohl auch er gut sein könnte, wenn er mit etwas Bemühung so wäre wie wir, d. h. vernünftig. Eine postanthropologische Kulturphilosophie geht nicht mehr von *dem* Menschen aus und einem Wissen über *den* Menschen als Bedingung jeglicher Kulturphilosophie.[72] Die Moderne, inklusive der Spätmoderne, war niemals vom Sozialen ausgegangen, weil sie mit der Menschenbildorientierung immer noch in Resten eines Substantialismus befangen war. Mittlerweile jedoch könnten wir gelernt haben, vom Zwischen, vom Medium, her zu denken. Ein solches Denken will die Menschen nicht abschaffen, ist nicht transhumanistisch, sondern es verweist lediglich den Menschen theoretisch auf seinen Platz im kommunikativen Text.

Indem wir eher von Ereignissen denn von Intentions-Verwirklichungen sprechen müssen, erscheint das Geschehen eher prinzipienentbunden, d. h. an-archisch. Die Prinzipien, vernunftbegründet und -geleitet, bezeichneten in der Moderne das, was einen Prinzeps ausmacht. Aber das an-archische Geschehen der kulturellen Prozesse hat eher die Merkmale eintretender Ereignisse. Ereignisse haben kein Telos – anders als die ziel- oder zweckgerichteten Handlungen transzendental freier Handlungssubjekte. Die Zeitstruktur von Ereignissen ist weder Sukzession noch Kausalität, sondern Proliferation; und die Begrenzung ist dann nicht durch Zielerreichung gegeben, sondern durch die Einrichtung von Möglichkeitsräumen und Einräumung von Fristen für Geschehensabläufe.

2.6.2 Die Kulturphilosophie von Ernst Cassirer

Auch Ernst Cassirer gehörte zu denjenigen, die das Begründungsverhältnis problematisierten, der zufolge das autonome Subjekt aus seiner kreativen Gestaltungskraft als Individuum die Kultur erschaffen hätte; vielmehr gilt für ihn ebenso sehr, dass die Kultur den Menschen (er)schafft, m. a. W. der Mensch *ist* seiner Natur nach ein Kulturwesen.

Der Neukantianismus, dem Cassirer der Ausbildung nach entstammt, hatte die Kulturwissenschaften als ideographisch, d. h. das Einzelne beschreibend, dargestellt und sie so den nomothetischen, d. h. auf allgemeine Gesetze führenden und erklärenden, Naturwissenschaften entgegengesetzt. Diese Konzeption konnte jedoch zunächst den Bezug auf ein schöpferisches und ausdrückendes Individuum nicht aufgeben. Das gelang erst dem sich aus diesen engen neukantianischen Konfinien befreienden Ernst Cassirer. Ihm diente der von ihm geschaffene Begriff der symbolischen Form zu dieser Emanzipation.[73] Und an die Stelle des kantianisch/neukantianischen Vernunftbegriffs setzte er konsequent den Kulturbegriff. Die Kon-

---

72 Über die Konzeption eines Menschlichseins, einer praktischen Humanität also, ohne ein (Wissen vom) Wesen des Menschen bei Bataille cf. Martin Crowley: *L'homme sans*. Fécomp: Lignes 2009, 39–55.
73 Ernst Cassirer: *Philosophie der symbolischen Formen*. Darmstadt: wbg 1973ff.

stitution des Weltverhältnisses, bei Kant den transzendentalen Kategorien anvertraut, wird nun an die symbolischen Formen überwiesen, also Sprache, Kunst, Mythos und Erkenntnis. Der Begriff der symbolischen Form genügt der Medialität des Kulturellen. Medien, allgemein gesprochen, haben die doppelte Funktion, eine Distanz zur Unmittelbarkeit des Lebens und Erlebens von Welt aufzubauen und vermittelt und reflektiert diesen Bezug zur Weltlichkeit zu begründen.[74]

Im Begriff der symbolischen Form akzentuiert Cassirer vor allem den Aspekt der Formgebung, der Formung anstelle einer transzendenten Vorgegebenheit von Form, wie sie sich etwa in Kants Begriff der Anschauungsformen findet. Die symbolischen Formen sind somit auch einem historischen Wandel ausgesetzt, zwar sind sie dem Einzelnen vorgegeben, aber nicht als logisches Apriori, sondern wandelbar in der Gestalt eines historischen Apriori. Georg Simmel hatte von einer Tragödie der Kultur gesprochen und meinte damit den unweigerlichen Hiatus zwischen lebendigem kulturellem Schöpfertum einerseits, der Erstarrung zum objektiv dann gegebenen und musealisierbaren Werk andererseits. Im fertig vorliegenden Werk ist von der Kreativität des Neuen nichts mehr aufzufinden. Das begegnet dem Schöpfertum als Tragödie: die Kreativität kann sich im Werk nicht erhalten, sie geht verloren und ist vergeudet. Einem solchen „Pessimismus" Simmels widersprach sein Schüler Cassirer. Diesen Riss in jeglicher Kultur – ein Riss zwischen ἔργον und ἐνέργεια – möchte Cassirer mit seiner Konzeption der symbolischen Formen aufheben: sie sind stationäre Form und Formgebung zugleich.

Die symbolischen Formen verbinden einen Bedeutungsgehalt mit einem sinnlichen Zeichen. Eine solche Konzeption nimmt etwas vorweg, das später im Strukturalismus als die Doppeltheit des Zeichens thematisiert werden sollte: significans und significatum. Seiner Unterscheidung von Substanz und Funktion in seiner frühen Schrift folgend, spricht Cassirer später in seiner Aufsatz-Sammlung zur *Logik der Kulturwissenschaften*[75] von der Differenz in den Gegenstandsbezügen zwischen einer dinglichen Substanzwahrnehmung im „Es" einerseits und einer Zuwendung zu einem „Du" andererseits, die nur als relationale Funktion auftreten kann. Andersheit in den Bezügen kann so einerseits als aliud, als alter ego andererseits begegnen. Im Unterschied zu den Sachbezügen objektiver Erkenntnisse ist die Sprache das Medium der Intersubjektivität. Sprache bildet eine Welt der Gemeinsamkeit. Kulturelles ist eben nicht primär Dingliches (das Werk bei Simmel), sondern gehört primär zur Dimension des Sinns. Kultur gehört auch nicht zur Sphäre der Natur und zur Zuständigkeit der Naturwissenschaften. Diese müssen von der Sinndimension ganz absehen, sie kennen kein „Ich" und kein „Du".

---

74 ders.: *Zur Logik der Kulturwissenschaften.* Darmstadt: wbg 1971 (zuerst 1942), 25.
75 ders.: *Substanzbegriff und Funktionsbegriff.* 6. Aufl. Darmstadt: wbg 1994.

> Beide können jetzt nicht mehr als selbständige Dinge oder Wesenheiten beschrieben werden, als für sich daseiende Objekte, die gewissermaßen durch eine räumliche Kluft getrennt sind und zwischen denen es nichtsdestoweniger, unbeschadet dieser Distanz zu einer Art von Fernwirkung, zu einer actio in distans, kommt. Das Ich wie das Du bestehen vielmehr nur insoweit, als sie ‚füreinander' sind, als sie in einem funktionalen Verhältnis der Wechselbedingtheit stehen. Und das Faktum der Kultur ist eben der deutlichste Ausdruck und der unwidersprechlichste Beweis dieser wechselseitigen Bedingtheit.[76]

Kultur ist medial, das schließt auch aus, sie oder ihre Erscheinungen in metaphysischer Deutung als etwas Substantielles anzusehen. Darin folgt Cassirer auch später noch den neukantianischen Vorgaben, indem er eine kritische Kulturphilosophie – kritisch im Sinne der Metaphysik-Kritik Kants – vorsieht. Für diese sind dann „Ich" und „Du" keine Gegebenheiten substantieller Natur, die als Wirkungen Kultur quasi kausal erzeugen könnten. Wenn man mit Cassirer auf der Medialität der Kultur besteht, erhebt sich schnell die Rückfrage, woraus denn das Medium besteht, eine Frage, die für die objektivierenden Medien in den Naturwissenschaften präzisierbar ist. Bei der Beantwortung der Frage nach der Substanz des Mediums der Kultur gerät man aber leicht in Schwierigkeiten, bzw. auf Abwege. Denn weder der klassische Mythos eines Volksgeistes oder einer überindividuellen Seele vermag noch zu überzeugen. Für Cassirers kritische Kulturphilosophie, werden gerade nicht Substanzen, sondern nur Relationen in Anschlag gebracht. Wenn weder „Ich" noch „Du" fertige Gegebenheiten sind, braucht auch für das Medium keine Substanz unterstellt zu werden. „Ich" und „Du" in ihrer wechselseitigen Bezogenheit erzeugen keine Substanz zwischen sich, sondern das Medium ist eben nichts anderes als diese Bezogenheit. In die oben angeführte Sozialphilosophie des kommunikativen Textes übersetzt, heißt das nichts anderes, als dass Selbst und Anderer Funktionspositionen des Textes sind, deren Ausgestaltung dem Text obliegt. Bei Cassirer liest sich das so:

> Es zeigt sich vielmehr, daß in diesen Formen und kraft ihrer die beiden Sphären, die Welt des ‚Ich', wie die des ‚Du' sich erst *konstituieren*. Es gibt nicht ein festes, in sich geschlossenes Ich, das sich mit einem ebensolchen Du in Verbindung setzt und gleichsam von außen in seine Sphäre einzudringen versucht.[77]

Das entspräche einer naturwissenschaftlichen, objektivierenden Sicht.

> Aber sobald wir nicht vom Ich und Du als zwei substantiell getrennten *Wesenheiten* ausgehen, sondern uns statt dessen in den Mittelpunkt jenes Wechselverkehrs versetzen, der sich zwi-

---

[76] ders.: *Zur Logik der Kulturwissenschaften*, 49.
[77] l. c., 50.

schen ihnen in der Sprache oder in irgendeiner andren Kulturform vollzieht, so schwindet dieser Zweifel. Im Anfang ist die Tat: im Gebrauch der Sprache, im künstlerischen Bilden, im Prozeß des Denkens und Forschens drückt sich je eine eigene *Aktivität* aus, und erst in ihr finden sich Ich und Du, um sich gleichzeitig voneinander zu scheiden. Sie sind in- und miteinander, indem sie sich in dieser Weise im Sprechen, im Denken, in allen Arten des künstlerischen Ausdrucks Einheit bleiben.[78]

Diese Wechselwirkung vollzieht sich als Kommunikation, als Sinnbildung und als Gegenwartsgestaltung. Die Frage nach dem Medium beantwortet sich also schlicht folgendermaßen:

In der Teilhabe an einer gemeinsamen Sprachwelt besteht der wahre Zusammenhang zwischen ‚Ich' und ‚Du', und in dem ständigen tätigen Eingreifen in sie stellt sich die Beziehung zwischen beiden her. … Im Sprechen und Bilden teilen die einzelnen Subjekte nicht nur das mit, was sie schon besitzen, sondern sie gelangen damit erst zu diesem Besitz. Kommunikation ist nicht Austausch und Mitteilung des schon Gehabten, sondern in Rede und Gegenrede die Bildung eines gemeinsamen Textes. Und in diesem Doppelprozeß baut sich erst der Gedanke selbst auf. … Das Denken des einen Partners entzündet sich an dem des andern, und kraft dieser Wechselwirkung bauen sie beide, im Medium der Sprache, eine ‚gemeinsame Welt' des Sinnes für sich auf.[79]

So bildet sich Kultur als eine von Anbeginn an intersubjektive Welt, in der die Subjekte in einem gemeinsamen kommunikativen Text eingebunden und durch ihn definiert sind und durch den die symbolischen Formen (Sprache, Kunst, Mythen und Erkenntnis) zu einer gemeinsamen Formwelt integriert sind. Aber entgegen der Emphase des Ideographischen in der südwestdeutschen Schule des Neukantianismus hält Cassirer daran fest, dass es in Kultur nicht primär um Einzelheiten geht, sondern um die Gemeinsamkeit. Daher geht es seiner kritischen Kulturphilosophie um das Verständnis der Prinzipien der Formgebung der symbolischen Formen. Das aber heißt auch, dass Kommunikation nicht auf der Ausdrucksfunktion eines Subjekts in ein anderes beruht, sondern auf der Mit-Teilung (Partizipation) der Konstitution einer gemeinsamen Welt.

2.7 Das „Wir"

Cassirer sprach von dem gemeinsamen Aufbau einer gemeinsamen Welt: die Philosophie vor ihm hatte diese gemeinsame Kulturwelt als Garant einer kollektiven Identität, eines „Volksgeistes" oder einer überindividuellen „Seele" verstanden.

---

78 l. c., 51.
79 l. c., 53 f.

Setzt man aber, Cassirer folgend, so sehr auf Relationalität des Kulturellen, dann verbietet sich eine solche Zuschreibung auf fiktive Entitäten, wirft aber andererseits die noch unbeantwortete Frage nach dem Status dieser Gemeinsamkeiten auf, also die Frage nach dem „Wir" „unserer" Kultur.

Dass wir der Sinn sind, hat mit aller Deutlichkeit Jean-Luc Nancy herausgearbeitet.[80] Er betont, dass wir Sinn nicht „haben", dass das Sein keinen Sinn „hat", sondern dass Sinn zirkuliert, und zwar als Miteinander-Sein, im Zwischen unserer Singularitäten. Anders gesagt, Sinn ergibt sich als Dimension des kommunikativen Textes. Ein irgendwie substantiell bestimmtes Wir, das eine kontinuierliche, sei es individuelle, sei es kollektive Identität hätte, gibt es ebenfalls nicht, weder als Gemeinschaft noch als Gesellschaft. So ergibt sich, dass das Wir, wofür ein Selbst im Text repräsentativ zu sprechen beabsichtigen möchte, also ein repräsentiertes Wir, nur im Miteinander-Sprechen existiert. In einem als Wechselrede von Selbst und Anderem strukturierten Text, in dem auch als Wechselrede die Besetzung der Positionen permanent wechselt, ist das Wir genau dieser Beziehungs-Zusammenhang von Selbst und Anderem. Aus dieser Relationalität ergibt sich, dass ein so konstituiertes Wir nicht jedem Text-Teilnehmer einen ihm übereigneten Sinn verleihen könnte. Denn es ist der im Zwischen stattfindende Prozess, der das Transzendentale ausmacht.

Der Frühromantiker Friedrich Schlegel war es, der den Begriff des transzendentalen Wir (als Ergänzung bzw. Überschreitung des Ich bei Fichte) gefunden hat. In diesem Konzept hört das Subjekt auf, Bezugspunkt der Einheitsbildung zu sein. Es stellt sich vielmehr heraus, dass das sogenannte Ich selbst auch in sich kommunikativ strukturiert ist. Kultur kann sich folglich nur auf jenes Zwischen (der Subjekte) beziehen – Kultur ist Kommunikationskultur.

2.7.1 Hegel

Wie bereits erwähnt, gehört Kultur nicht zu den Grundthemen Heideggers; ebenso wenig ist der Begriff der Kultur für Hegel prägend, wenngleich nicht ablehnend wie bei Heidegger. Und so sagte der Hegel-Forscher Christoph Jamme in dem *Handbuch Kulturphilosophie* lapidar: „Hegel ist kein Kulturphilosoph".[81] Das muss nicht unwidersprochen bleiben. Pirmin Stekeler-Weithofer etwa stellt aus praxisphiloso-

---

80 Jean-Luc Nancy: *Singulär plural sein.* Berlin: diaphanes 2004, 19–24.
81 Christoph Jamme: „Georg Wilhelm Friedrich Hegel", in: Ralf Konersmann (Hrsg.), *Handbuch Kulturphilosophie.* Stuttgart, Weimar: Metzler 2012, 90–93, hier 92.

phischer Perspektive dar, wie unser Kulturbegriff dem Hegelschen Begriff der Sittlichkeit (=Ethos) entspricht.[82] Aber wenn, wie noch zu zeigen sein wird, Kultur nicht über die Verwendung des Begriffs zu erschließen ist, sondern über ihre Prozessualität, dann kommt Hegel in den Darstellungen von Kultur eine prominente Rolle zu. Wie Andreas Hetzel beispielsweise gezeigt hat, ist es der Begriff der Differenz (und bei Hegel als Negation), über den sich bei Hegel Kulturalität erschließen lässt.[83] Im zu sich selbst kommenden Geist ist die kulturelle Differenz aufgehoben, wie sich an entscheidenden Passagen der *Phänomenologie des Geistes* zeigen lässt. D. h. hier soll parallel zu Stekeler-Weithofer gezeigt werden, dass sich auch in Hegels Begriff des Geistes das wiederfindet, wofür heute der Begriff der Kultur stehen darf.[84] In diesem vermittelten Verständnis stehen die Hegelschen Begriffe der „Sittlichkeit" und des „Geistes", und zwar gerade in ihrer Dynamik, für das ein, was heute als kulturelle Prozesse zu bezeichnen wäre.

Hegel geht in seiner Philosophie des Subjekts zunächst von einer Absetzung von Spinoza aus, für den das Wahre als Substanz bestimmt ist – doch die Absetzung ist eine Erweiterung: „… eben so sehr als *Subjekt*" als Bestimmung des Wahren. In der spinozistischen Bestimmung von Gott als der Einen Substanz – das haben die Spinoza-Kritiker bemerkt – ist das Selbstbewusstsein „nur untergegangen, nicht erhalten."[85] Aber es gibt auch jene anderen, die das „Denken als Denken" festhalten, als eine unbewegliche Substantialität, die Allgemeinheit, und die damit der Allgemeinheit und damit der Wahrheit als Subjekt ebenfalls nicht gerecht werden können. Ein dritter Aspekt ergäbe sich, wenn das Denken das Sein der Substanz mit sich vereint und demnach die Unmittelbarkeit oder die reine Anschauung als Denken statuierte. Hegels Bedenken gegenüber dieser dritten, der sympathischsten Position ist, dass es darauf ankomme, dass die intellektuelle Anschauung „nicht wieder in die träge Einfachheit zurückfällt, und die Wirklichkeit selbst auf eine

---

[82] Pirmin Stekeler-Weithofer: „Die Seele der menschlichen Gesellschaft. Staat und Kultur als Momente der Idee bei Hegel", in: Andreas Arndt / Jure Zovko (Hrsg.), *Staat und Kultur bei Hegel.* Berlin: de Gruyter 2010, 25–43, hier 25.
[83] Andreas Hetzel: *Zwischen Poiesis und Praxis. Elemente einer kritischen Theorie der Kultur.* Würzburg: Königshausen und Neumann 2007, 7–19, 162–170; zuvor Herbert Schnädelbach: „Geist als Kultur? Über Möglichkeiten und Grenzen einer kulturtheoretischen Deutung von Hegels Philosophie des Geistes", in: *Zs. f. Kulturphilosophie* 2 (2008), 187–207: wenn Kultur „im Sinne des Ganzen der Menschlichen Lebenswelt" verstanden wird, dann entspricht das möglicherweise dem, was Hegel als „Geist eines Volkes", bzw. dessen „sittlicher Substanz" verstanden hatte, 197, mit Bezug auf Georg Wilhelm Friedrich Hegel: *Phänomenologie des Geistes. Werke III.* Frankfurt a. M.: Suhrkamp 1969.
[84] So auch Andreas Arndt: „Kultur, Geist, Natur", in: *Staat und Kultur bei Hegel*, 93–104.
[85] Georg Wilhelm Friedrich Hegel: *Werke III.* Frankfurt a. M.: Suhrkamp 1970, 23.

unwirkliche Weise darstellt."[86] Für das Kulturelle können wir demnach festhalten: Weder das Aufgehen des Kulturellen im Substantiellen, noch in der Allgemeinheit, noch in der Unmittelbarkeit der intellektuellen Anschauung ist die Kultur aufzufinden, nur unter der Maßgabe der „Bewegung des sich selbst Setzens, oder die Vermittlung des sich anders Werdens mit sich selbst ist."[87] So darf man interpretierend wohl sagen, dass Kultur das Subjekt ihrer selbst ist, d.h. auch: keines anderen Kultur produzierenden oder vollziehenden Subjektes bedarf. Ein solches „holistisches Kulturverständnis"[88] kennt kein Innen und kein Außen, sondern beide sind im Geist als der Gestalt des wahren Ganzen aufgehoben.

Subjekt ist also weder eine „ursprüngliche Einheit als solche, oder unmittelbare als solche"[89], sondern: die „sich *wiederherstellende* Gleichheit oder die Reflexion im Anderssein in sich selbst." Genau diese Figur des Sich-selbst-Findens im Durchgang durch die Negation (Differenz) Subjekt ist so das „Werden seiner selbst" der Kultur. Dafür steht als Modell der Kreis, der nicht als abstrakt Gegebenes wirklich ist, sondern nur durch die Ausführung vom Anfang zum Ende *wirklich* ist. Die Form ist also nicht selbstgenügsam, sondern erst im Werden der entwickelten Form ist das Subjektive der Kultur wirklich die Wahrheit der Substanz. Wenn das Subjekt aber nicht das vorauszusetzende Einfache ist, sondern zugleich „die reine *einfache Negativität*", dann ist das Subjekt von vornherein gespalten, es ist mit sich entzweit, d.h. in sich verdoppelt. Aber das allein reicht nicht; denn die bloße Verschiedenheit des Verdoppelten ruht nicht in sich, sondern treibt in ihren Gegensatz hinein, so dass in der Figur der Negation der bloßen Verdopplung zugleich der Bedarf der sich wiederherstellenden Gleichheit auftritt. Das führt zu dem zitationsfähigen Satz „Das Wahre ist das Ganze". Mit diesem „Ganzen" kann nunmehr nur gemeint sein das „durch seine Entwicklung sich vollendende Wesen."[90] Nur so ist es Subjekt; Subjekt meint also „Sichselbstwerden", in dem impliziert sind ein Anderswerden und seine Vermittlung, seine Rückkehr in sich selbst. Insofern ist die Vermittlung

---

[86] ibd.
[87] „Die lebendige Substanz ist ferner das Sein, welches in Wahrheit *Subjekt* oder, was dasselbe heißt, welches in Wahrheit wirklich ist, nur insofern sie die Bewegung des Sichselbstsetzens oder die Vermittlung des Sichanderswerdens mit sich selbst ist." ibd.; Oskar Daniel Brauer hält diese Formulierung für eine, die „als Paradigma genommen werden kann." O. D. Brauer: *Dialektik der Zeit*. Stuttgart-Bad Cannstatt: Frommann 1982, 108; er folgert: „Die Erfahrung der eigenen Subjektivität ist die Grundform des Geistes..." (109).
[88] Herbert Schnädelbach: „Geist als Kultur? Über Möglichkeiten und Grenzen einer kulturtheoretischen Deutung von Hegels Philosophie des Geistes", 201, auch „spekulativer Kulturalismus", ibd. ; nach der Kantischen Devise, daß allein der kritische Weg noch offen ist, beschränkt Schnädelbach den Kulturalismus auf einen methodischen Kulturalismus, 207.
[89] ibd.
[90] l. c., 24.

nichts anderes als „die sich bewegende Sichselbstgleichheit", eben kein statisches sich selbst gleich zu sein, sondern die Bewegung darin. Oder: „Reflexion in sich selbst". Für Hegel ist also Subjekt nur eine durch ein Werden bestimmte Reflexion. Reflexion, die das Subjekt charakterisiert, ist also vor allem als eine Bewegung gedacht, eine Bewegung, die sich durch das Anderswerden hindurch formiert. Abstrakter formuliert ist diese Bewegung zu sich das *„einfache Werden"*.[91] Aber in der Vermittlung ist es nicht mehr dieses Abstrakte; denn die Reflexion hat das Wahre zum Resultat, aber, wie gesagt, nur im Durchgang durch das Andere, nicht als einfaches Fortschreiten. Wir haben es also hier mit einer sozialen Reflexion, und nicht mit einer historischen zu tun, die sich auf ihre eigene Vergangenheit bezöge.[92]

Wenn Hegel dann nicht nur die Substanz als Subjekt bezeichnet, sondern darüber hinausgehend das Absolute als Geist anspricht, dann stößt er damit in der Begriffsgeschichte von „Geist" diejenige Generalisierung an, die sich seitdem durchgesetzt hat. Ursprünglich bestand in den Übersetzungsversuchen von „spiritus sanctus" in germanischer Zeit die Verlegenheit, für diese ganz ungermanische Vorstellung ein Wort zu finden, das geeignet sein könnte, die Immaterialität des christlichen Gottes auszudrücken. Es setze sich, von Fulda ausgehend, die Übersetzungsvariante „heiliges Gespenst" durch, eine Konnotation, die das Wort „Geist" bis heute behalten hat: Diese Übersetzung setzte sich gegenüber dem abstrakteren „wîhu âtum" (also geweihter Atem oder Hauch) allgemein durch, was ja „spiritus" oder πνεῦμα besser entsprochen hätte. Hegels Verallgemeinerung war angebahnt durch Luthers Bibelübersetzung, in der Joh. 4, 14 wiedergegeben wurde als: „Gott ist Geist, und die ihn anbeten, die müssen ihn im Geist und in der Wahrheit anbeten." Da „Geist" im Germanischen nicht nur das Substantielle eines fürchterlichen Wesens meint, sondern auch die erschreckende Erregung selbst, heißt diese Bibelstelle nichts anderes als dass der Gott etwas Schreckliches ist und dass die, die zu ihm beten, ihn in Erregung (und in Wahrheit) anbeten.

Hegels Interpretation tilgt das Schreckliche des Geistigen: das Absolute als Geist heißt für ihn: „Das Geistige allein ist das *Wirkliche;* es ist das Wesen oder *Ansichseiende...*"[93] Dieser „Geist" findet nun Eingang in die Philosophie, bzw. „Wissenschaft": „der Geist, der sich so als Geist weiß". Eine zweite Problematik hinsichtlich des Geistes ist eine zweite Variante in den Schreibweisen; „Das Wissen, wie es zuerst ist, oder der *unmittelbare Geist* ist das geistlose, oder ist das *sinnliche Be-*

---

91 l. c., 25.
92 Zu dieser Unterscheidung s. Kurt Röttgers: *Der kommunikative Text und die Zeitstruktur von Geschichten.* Freiburg, München: Alber 1982, 208–272.
93 Hegel, l. c. 28; die Neuausg. der *Phänomenologie des Geistes* von Heinrich Clairmont / Hans-Friedrich Wessels, Hamburg: Meiner 1988, 19 schreibt: „...oder *an sich* Seiende..."

wußtsein."[94] Die Werkausgaben, auch die Hegel selbst zu verantworten hatte, schreiben dagegen: „... ist das Geistlose, das *sinnliche* Bewußtsein." Die ursprüngliche Version, die von einem geistlosen sinnlichen Bewusstsein spricht, macht mehr Sinn, da sie lediglich dem sinnlichen Bewusstsein das Epitheton „geistlos" beigesellt. Die redigierte Version dagegen sagt, dass der unmittelbare Geist ein Geistloses sei, was aber paradox wäre.

Die Bedeutsamkeit der Unterscheidung von Ansich und Fürsich in Abkehr von dem Gedanken der Unmittelbarkeit wird von Hegel auch an der Gottesvorstellung vorgeführt. Ansich mag man sich das „Leben Gottes" und sein Erkennen vorstellen als „Spielen der Liebe mit sich selbst",[95] aber darin ist nicht enthalten die Wirklichkeit von Ernst, Schmerz, Geduld und die „Arbeit des Negativen". So gesehen wäre das Leben Gottes die „ungetrübte Gleichheit und Einheit mit sich selbst". Aber ein solches Ansich ist lediglich eine abstrakte Allgemeinheit, der die Form abgeht, die ihr erst im Durchgang durch das Anderssein, die Entfremdung also, zuwächst. Erst die Entfremdung zusammen mit der Überwindung der Entfremdung, d.h. die abstrakte Allgemeinheit des Ansich und die Abstraktheit des reinen Fürsich, vermag an die Wirklichkeit heranzureichen.

In dieser Überwindung erscheint das Geistige als das Wirkliche: der Geist, der sich selbst als Geist weiß und so als Wissenschaft realisiert. Geist ist demnach, so Hegel, „der erhabenste Begriff", der zunächst der Religion angehört. Zwischen der so firmierten Wissenschaft und dem Individuum in seinem „ungebildeten Standpunkte" besteht zunächst ein Widerspruch. In seinem Bildungsprozess hat das Individuum erst das noch zu durchlaufen, was die Wissenschaft als gesichertes Wissen schon anbieten kann. Aber umgekehrt bedarf auch die Wissenschaft der Realisierung im individuellen Bewusstsein. So wird das zuvor schon Gedachte zum Inhalt der Substanz des Individuellen.

Der Geist wird so zum Gegenstand eines Selbst, weil er die Bewegung ist, sich ein Anderes zu werden. Im Eigentum gelingt, dass das angeeignete Ansich eines Wissensbestandes die Form des Fürsichseins annimmt. Aber dabei kann das denkende Bewusstsein nicht stehen bleiben: indem es die Gegenständlichkeit des Geistes als Substanz negiert und zugleich den Mangel sowohl der Substantialität als auch ihre Negation aufnimmt, wird es zu einer begehrenden Bewegung, die jedoch als solche zunächst leer bleibt. In der Bewegung der Ungleichheit der Substanz zu sich selbst gewinnt das Individuum Subjektivität. Dieses ist bei Hegel die Genese des Subjekts.

---

94 So Clairmont / Wessels, 21.
95 Hegel: *Werke III*, 24.

In der von Hegel vorgezeichneten Bewegung durch das Andere seiner selbst stellt sich auch die Bewegung von Kultur dar. Nicht das Bewusstsein als solches kann der Ursprung des Kulturellen sein, sondern allein jenes Zwischen, das sich aus der Bewegung in das Andere seiner selbst ergibt. So darf, an Hegel anknüpfend und zugleich über ihn hinausgehend, gesagt werden, dass kulturelle Ereignisse und Prozesse Interaktionseffekte sind, die sich zwischen Menschen und Dingen und Menschen und Menschen ergeben. Noch einmal anders: Bedeutsamkeit als medialer („Zwischen"-)Effekt hantiert mit Bedeutungen, die in Interaktions-Systemen beheimatet sind. Die Heimat (das Ansich) der Kultur ist kein bestimmbarer Ort, sondern eine Bewegung einer Passage in das Andere von Kultur. Als kommunikativer Text ist der kulturelle Prozess nie durch ein (einziges) Subjekt verursacht, sondern nur als Wechselrede real. Georges Bataille interpretiert Hegel so, dass Menschheit, ihre Kultur, nie von Einzelwesen gemacht wurde, sondern stets im Gespräch entstanden ist, was aber auch heißt, dass die Subjekte im kommunikativen Prozess als Selbst und/oder Anderer erscheinen und sich damit als gerundete Subjekte infrage stellen.[96]

---

[96] Georges Bataille: Œuvres complètes (1970–1988). Paris: Gallimard, VI, 45.

3 Kritik der „Was-ist-Frage" hinsichtlich von Kultur und der Ableitung von Kultur aus höheren „Werten"

In diesem Kapitel geht es erstens darum, ein vermeintliches *Wesen* der Kultur fraglich werden zu lassen, und zweitens darum, die Anschauung abzuwehren, Kultur könne aus einer Welt zeitlos gültiger Werte abgeleitet werden. Zu diesem Zweck werden Reihen von historisch geprägten Abgrenzungen von „der" Kultur kritisch zu überprüfen sein. Dazu gehört auch, die Vorstellung, dass Kultur so etwas wie eine Heimatlichkeit in einer durch Technik und politische Machenschaften fremd und ungastlich gewordenen Welt bieten könne.

3.1 Die Entgegensetzung von Kultur und Natur, bzw. des Übergangs von der Natur zur Kultur (oder umgekehrt?)

Ist nicht – so lautet die kritische Frage, die uns zunächst leiten wird – das, was als „Natur" bestimmt ist, immer eine kulturelle Festlegung?

3.1.1 Mondo civile vs. Mondo naturale

Hatte die Antike sowohl mit dem Begriff des λόγος als auch mit dem Begriff der φύσις Begriffe für Ordnungs- und für Bewegungsstrukturen zur Verfügung, die den Platz des Menschen *innerhalb* der jeweiligen Struktur bestimmt hatten, und hatte das Mittelalter die Stellung des Menschen in der göttlichen Schöpfungs- und Heilsordnung lokalisiert, so bricht dieses Selbstverständnis des Menschen am Beginn der Neuzeit auseinander. Der Mensch hat nun nicht mehr einen gesicherten Ort für sein Dasein, sondern er musste sich seinen Platz in der Welt erst erschaffen und erarbeiten.

Diese Sonderstellung des Menschen bringt Giambattista Vico in den Gegensatz eines mondo civile im Gegensatz zum mondo naturale unter. Der mondo civile ist die Welt, insoweit sie vom Menschen erschaffen wurde und wird. Diese eigene Thematisierung des Menschengeschaffenen gerät damit in Opposition zu derjenigen Welt, die nicht vom Menschen geschaffen wurde oder werden konnte: dem mondo naturale, der vom Schöpfergott geschaffen wurde. Die *Scienza Nuova* Vicos[97] setzt ihre Erkenntnisbemühung ab von der Kenntnis der Natur, der sich die Philosophen der alten Wissenschaft vor allem gewidmet hatten; aber gerade von dem mondo naturale ist ein sicheres Wissen nicht zu gewinnen, betont Vico in Absetzung von der Emphase der Naturphilosophie, z. B. Galileis. Ein sicheres Wissen vom mondo naturale ist dem Schöpfer selbst vorbehalten, während der mondo civile, als vom Menschen geschaffener auch seinem Erkenntnisstreben offen steht.[98] Dieser Unterscheidung liegt der Grundsatz „verum et factum convertuntur" zugrunde. Also muss man die Erkenntnis des mondo naturale als grundsätzlich für den Menschen eingeschränkt ansehen. Nur was die Menschen selbst gemacht haben, ist auch für sie erkennbar. So ergibt sich die erste fundamentale Begründung der Kultur als Wesen des Menschen, bzw. als seine „zweite Natur", was dann aber nur heißen kann, dass im Menschen die zu sich selbst kommende Natur verkörpert ist.

Doch diese Erkenntnis der Neuen Wissenschaft des mondo civile ist selbst keine etwa unzeitliche „Kulturanthropologie", sondern die Ideen der Kultur unterliegen fortwährend Modifikationen, was geschichtstheoretisch besagt: sie verändern sich, bilden aber als Modifikationen eine Kontinuität der historischen Verfasstheit des Menschen.[99] Besondere Bedeutung für die Erkenntnisse der Kultur misst Vico der Metapher bei, ja alle Erkenntnis des Kulturellen ist metaphorisch, weil sie den empfindungslosen Dingen einen Sinn und eine Leidenschaft verleiht.[100] So ergibt sich für Vico ein Vorrang des mondo civile und seiner Erkenntnis gegenüber einer bloßen Naturphilosophie und -wissenschaft.[101]

Vicos Philosophie verweigert sich nicht der Erkenntnis des Allgemeinen (wie manch späterer Hermeneutiker), aber dieses Allgemeine in der geschichtlichen Welt ist ein Gemeinschaftliches, von Menschen qua Einbildungskraft in einer bestimmten Gesellschaft hervorgebracht, anders als im mondo naturale, für den das Allgemeine die von Gott geschaffenen unveränderlichen Gesetze sind. Die Erkenntnis der Kultur ist also „die Theorie des konkreten Gemeingeistes (*sensus communis*), welcher das eigentliche ‚Medium' ist, in dem sich die Angehörigen einer historischen Epoche, und zwar weitestgehend ‚begriffslos' verstehen."[102]

---

[97] Giambattista Vico: *Prinzipien einer neuen Wissenschaft über die gemeinschaftliche Natur der Völker.* Hamburg: Meiner 2009.
[98] l. c., § 331.
[99] Nicola Erny: *Theorie und System der Neuen Wissenschaft von Giambattista Vico.* Würzburg: Königshausen & Neumann 1994.
[100] Vico, l. c., § 404.
[101] Ferdinand Fellmann: *Das Vico-Axiom: Der Mensch macht die Geschichte.* Freiburg, München: Alber 1976.
[102] Thomas Sören Hoffmann: *Philosophie in Italien.* Wiesbaden: Marix 2007, 360.

Klar und deutlich sollte nach dem Programm des Descartes die Philosophie sein,[103] deutlich in der Weise, dass Unterscheidungen auf der Grundlage klarer Ideen wirksam sind, so z. B. auch der Unterschied von Natur und Kultur. Aber leider fügt sich die Realität dieser Forderung an Erkenntnis nicht; in ihr sind Vermischungen von Natur und Kultur an der Tagesordnung und zugleich förderlich für die Erkenntnis.

Die Kultur tritt auch auf als eine Metaphorisierung, sie verschiebt z. B. das Verhältnis von Leib und Denken des Menschen: Einerseits ist sie die Differenz zur Natur, aber andererseits ereignet sich Natur auch als kulturelle „Natur" des Menschen, d. h. als Nicht-Natur.

Als Beispiel für Vermischungen und Verschiebungen kann die Domestizierung gelten, in der „natürliche" Tiere und kultürliche Menschen in einen gemeinsamen Prozess eintreten und sich gegenseitig domestizieren. Außerdem vollzieht sich der Übergang von der Natur zur Kultur nicht als ein Einschnitt, vielmehr bleibt jeder Übergang zur Kultur der Herkunft aus der Natur innigst verbunden, auch wenn sich Kultur gerne als eine Abkehr von der Natur verstehen möchte: ohne Natur keine Kultur. Und umgekehrt: Natur ist nicht das, was übrig bleibt, wenn Kultur vergessen wird, bzw. sich in Barbarei vergisst.

3.1.2 Rousseaus Rückkehr zur Natur

Gegenüber Vico scheint das Verhältnis Natur/Kultur bei Rousseau und im Rousseauismus nahezu umgekehrt. In seiner Schrift über die *Ungleichheit der Menschen* beschwört Rousseau, sich den äußeren Eindrücken und Erfahrungen des real bestehenden Gesellschaftszustandes entgegensetzend, eine innere Erfahrung. Diese imaginiert einen Zustand des Menschen vor aller Gesellschaftlichkeit und d. h. auch einen vorkulturellen Zustand des natürlichen, des ursprünglichen und unverfälschten Menschen, „wie ihn die Natur erschaffen hat".[104] Dieser ursprüngliche Zustand sei im Laufe der Zeit so verändert worden, dass eine Trennung des Menschen von seiner eigenen Natur eingetreten sei. Im Gegensatz zu Aristoteles, der den Menschen als von seiner Natur her auf eine Polis-Gemeinschaft ausgerichtet ansah, nahm Rousseau für den Naturzustand des Menschen einen vorgesellgen und ungesellgen Zustand an. Selbst die empirische Erkenntnis des Menschen hält er – qua Wissenschaft und damit der Zivilisation zugehörig – für eine Entfernung von dem

---

103 René Descartes: *Principia philosophiae*. Amsterdam 1664, neu: Hamburg: Meiner 2005, I § 45.
104 Jean-Jacques Rousseau: „Discours sur l'origine et les fondements de l'inégalité parmi des hommes", in: ders.: *Schriften zur Kulturkritik*. 5. Aufl. Hamburg: Meiner 1995, 61–317, hier 63.

Naturzustand des Menschen. Den so für seine eigenen Einsichten durchaus problematischen Charakter gibt er zu. Denn es geht um die Erkenntnis eines Zustandes, den es nicht (mehr) gibt; folglich ist seine konstruierte Vorgeschichte der Gesellschaftlichkeit (und der Kultur) eine hypothetische Geschichte.[105] Aus diesem Gesichtspunkt erscheinen alle Zivilisationsleiden vermeidbar, hielte man sich an ein einfaches, eintöniges und solitäres Leben und vermiede all das Grübeln, Nachdenken und Reflektieren. Rousseaus Belege eines solchen Lebens sind stets Verweise auf die „natürlichen" Menschen, d.h. die „Wilden", manchmal sogar auf Tiere. „Nach vieler Mühe haben wir uns endlich so unglücklich gemacht."[106] Das leitet zu der paradoxen Aussage: „Die Menschen sind schlecht" – aber *der* Mensch ist von Natur aus gut (bonté naturelle). Rousseaus Schilderungen der zivilisatorischen und kulturellen Errungenschaften fügen sich ein in eine negative, eine Verfallsgeschichte und sind drastisch und eindeutig. In seiner abstrahierenden Rekonstruktion des Naturzustandes geht er sehr weit: Der Mensch der Natur kennt den Unterschied von Recht und Unrecht nicht, ebenso wenig ein Naturrecht (das, was von Natur aus Recht ist), ja er hat auch keine Begriffe von Herrschaft und Unterwerfung. Am Ende geht er sogar so weit zu behaupten, dass selbst Adam nicht im Naturzustand lebte, weil er dem göttlichen Gebot unterworfen war: Was hätte nicht aus der Menschheit werden können, wenn sie sich selbst, d.h. der Natur überlassen gewesen wäre, einer Natur, die stets die Wahrheit sagt und niemals lügt?

Dieser imaginierte Naturmensch, der „Wilde", irrt einzeln durch den Wald, andere Menschen braucht er nicht, nur manchmal, und das zeitlich auf einen kurzen Moment begrenzt, einen Sexualpartner, von dem er sich dann schnell auch wieder trennt. Das, was Rousseau seinen theoretischen Gegnern vorwirft, nämlich dass sie Gesichtspunkte der zivilisierten Gesellschaften auf ihr Bild des Naturzustandes übertragen, das könnte man hier auch Rousseau hinsichtlich des Einsamkeitspostulats des „natürlichen" Menschen vorhalten; denn das Solitäre ist ja gerade eine Annahme der Gesellschaftsvertragstheorien und dann auch des possessiven Individualismus etwa bei Locke, nämlich dass die Menschen im vorvertraglichen Zustand isoliert voneinander ihr Leben fristeten.

Eine zeitgenössische Karikatur, z.B. bei Voltaire, des von Rousseau imaginierten Naturzustandes, lautete: Zurück zur Natur, auf die Bäume ihr Affen! Aber Rousseau selbst gab Veranlassung zu dieser Kritik, indem er von der Konfliktvermeidung des natürlichen Menschen sagte: „Wenn man mich von einem Baum jagt, steht es mir frei, mir einen anderen zu suchen."[107]

---

105 l. c., 81.
106 l. c., 109, Anm. (i).
107 l. c., 187.

Selten, aber nicht niemals verwendet Rousseau auch den Begriff „culture", z. B. wenn er sagt, dass durch Kultur und die Erziehung die Ungleichheit vermehrt würde.[108] Ferner arbeitet seine Zivilisations- und Kulturkritik mit der Unterscheidung von (natürlichem) *Sein* und (gesellschaftlich erzeugtem) *Schein*. Die gesellschaftliche Bildung lässt den ursprünglichen Menschen hinter einer Fassade verschwinden. Dazu passt auch seine vehemente Ablehnung des Theaters in seinem Brief an d'Alembert.[109]

Es gibt kaum eine radikalere Kulturkritik als diejenige Rousseaus, verbunden mit der Emphase einer als ursprünglich phantasierten Natur, wobei dieser Naturbegriff seine Berechtigung und inhaltliche Füllung allein aus der Kritik der Kultur bezieht und damit seinen rein hypothetischen Charakter nicht verleugnen kann.

Die spätere Rechtskonstruktion eines „contrat social" bei Rousseau, die aufgrund einer ebenfalls hypothetisch unterstellten „volonté générale" alle Menschen und jeden einzelnen zu einer Rechts-Einheit zusammenzwingen möchte, bedarf nun allerdings eines kulturellen Rückhalts, den Rousseau abstützend seiner Konstruktion hinzugefügt hat, nämlich einer Zivilreligion. Ergab sich aus den Vielheiten der kulturellen Prägungen der Völker ein Polytheismus und, wie Rousseau sagt, „daraus eine theologische und weltliche Intoleranz"[110], so muss zum Zweck eines verbindlichen „contrat social" die Einheitsvorstellung einer einzigen „Religion des Menschen" begründet werden: „Durch diese heilige, erhabene und wahre Religion erkennen sich die Menschen – Kinder des nämlichen Gottes – alle als Brüder, und die Gemeinschaft, die sie vereinigt, löst sich auch im Tod nicht auf."[111] Diese Religion des Menschen identifiziert er dann mit einem ideal gedachten Christentum. Der Staat ist auf die Religion als verbindende Kultur angewiesen,[112] damit die Bürger ihre Pflichten übernehmen, erfüllen und lieben. Sie ist gebunden an ein „bürgerliches Glaubensbekenntnis, dessen Artikel festzusetzen dem Souverän zukommt."[113] Personen, die dieser staatlich verordneten Zivilreligion nicht gläubig ergeben sind, seien aus dem Staat zu verbannen. Denjenigen aber, die sich zwar zu

---

108 l. c., 185.
109 Jean-Jacques Rousseau: „Brief an Herrn d'Alembert über seinen Artikel „Genf" im VII. Band der Enzyklopädie und insbesondere über den Plan, ein Schauspielhaus in dieser Stadt zu errichten", in: ders.: *Schriften I.* München: Hanser 1978.
110 Jean-Jacques Rousseau: *Du contrat social. Vom Gesellschaftsvertrag.* Stuttgart: Reclam 2010, 28; neuere Forschungen seit Benjamin Constant weisen auf genau das Gegenteil hin: der Polytheismus lädt zu Toleranz ein, während der Monotheismus des Einen Gottes (in Christentum und Islam) zur Intoleranz neigt.
111 l. c., 301.
112 Michel Serres: *Das Verbindende. Ein Essay über Religion*, Berlin: Suhrkamp 2021.
113 l. c., 309.

diesem Glauben bekannt hatten, aber sich praktisch wie Ungläubige verhalten, droht die Todesstrafe.

Eine solche Zivilreligion ist alles andere, als was in einem Naturzustand als eine natürliche Religion folgen würde. Wie man an diesem Beispiel der Religion sehen kann, hat sich hier das Verhältnis von Natur und Kultur im Verhältnis zu den Naturzustandsphantasien der Schrift über die Ungleichheit geradezu umgekehrt. Die Zivilreligion ist eine totalisierende, ja totalitäre Inszenierung und daher absolut ein Kultur-Produkt.

Kultur erzeugt Markierungen in der zuvor unmarkierten Natur; sie setzt Grenzen, wo vorher keine waren, u. a. auch als Abgrenzung der Kultur von der Natur, markiert durch einen Zaun. Insofern kann man sogar sagen, dass die Kultur die Natur hervorbringt, weil, wenn von Natur die Rede ist bzw. sein kann, dieses immer nur innerhalb der Kultur geschieht; aber dann auch auf zweiter Stufe, indem in der Natur eine natürliche, d. h. „wilde" Natur von einer gehegten Natur, dem Garten oder Park, unterschieden werden kann; schon der Naturschutz tendiert dazu, die gesamte Natur als gehegte Natur zu behandeln. Aber solche Unterscheidungen sind immer perspektivisch geprägt. So sollte man meinen, ein Garten sei eine solche kultürliche Natur; aber schon Hugo von Hofmannsthal war der Ansicht, „daß selbst der seelenloseste Garten nur zu verwildern braucht, um sich zu beseelen."[114] Ein Garten, der sich in Richtung der natürlichen, verwilderten Natur bewegt, bekommt genau darin eine „Seele", d. h. Kultur entsteht hinterrücks der Natur. Aber Hofmannsthals Aussage ist selbst qua Perspektive ein Kultur-Moment, das Moment der Sehnsucht der Kultur nach Natur.

Ein Training, eine Gestaltung des Natürlichen ist bereits Kultur. Trotz der in Kultur manifesten Abgrenzung von Natur liegen doch beide Extreme auf einem Kontinuum der Gestaltung und Gestaltbarkeit. Und Kultur überlagert wie ein Palimpsest oder wie das chinesische Schwemmland das sich verbergende Natürliche. Und so wird es Phänomene geben, für die die Unterscheidung nicht möglich ist, vielleicht auch weil sie weder der Kultur noch der Natur zuzurechnen sind.

---

[114] Hugo von Hofmannsthal: „Gärten", in: ders.: *Gesammelte Werke. Reden und Aufsätze I.* Frankfurt a. M.: Fischer 1979, 577–584, hier 579.

3.1.3 Kultur/Natur zu Beginn der Kulturphilosophie

3.1.3.1 Heinrich Rickert

Heinrich Rickert darf als einer der Begründer der an der Wende zum 20. Jahrhundert entstehenden Kulturphilosophie gelten. In seinem Beitrag zur Festschrift für Kuno Fischer von 1906 nennt er als Teil der historischen Methode die Bestimmung der Wertgesichtspunkte, unter denen Menschen in der Gesellschaft tätig werden, was ein Grundtenor seiner Deutung der Aufgabe der Kulturwissenschaft bleiben wird:

> Nennt man dann den Prozeß, durch den im Laufe der geschichtlichen Entwicklung die allgemeinen sozialen Werte realisiert werden, die *Kultur*, so muß das Hauptobjekt der Geschichte die Darstellung von Teilen oder vom Ganzen des menschlichen Kulturlebens sein ...[115] Und: Die Werte, welche die Auswahl des Wesentlichen in der Geschichte leiten, sind deshalb auch als die allgemeinen *Kulturwerte* zu bezeichnen...,[116] Zur historischen Erkenntnis „können auch solche Objekte von Bedeutung sein, die lediglich zur ‚Natur' gehören, und die dann ebenfalls mit Rücksicht auf ihre Individualität wichtig werden ..."[117]

Denn die Geschichtswissenschaft sei eine „individualisierende Kulturwissenschaft". Ihre Prinzipien seien erstens Prinzipien der *Kultur*, zweitens aber auch Prinzipien eines historischen *Universums*. „Kultur aber ist keineswegs eine auffassungsfreie Wirklichkeit..., sondern Kultur ist einmal ein bestimmter Ausschnitt aus der Wirklichkeit ... ferner ist dieser Ausschnitt eine schon in ganz bestimmter Weise durch Kulturwerte gegliederte und umgebildete Wirklichkeit."[118] Und dann apodiktisch: „Die Grundlagen der Geschichtsphilosophie fallen daher mit den Grundlagen einer *Philosophie als Wertwissenschaft* überhaupt zusammen."[119]

In einem Vortrag von 1898, gedruckt 1899 und seit 1910 in sieben Auflagen wiedergedruckt, führt Rickert zum Zweck der Bestimmung der Kulturwissenschaft im Unterschied von den Naturwissenschaften in Abschnitt IV eine Grundunterscheidung von Natur und Kultur ein. In einer ersten Bestimmung verwendet er die von Gewachsenem und Gemachtem, was irgendwie die aristotelische von φύσις und ποίησις wiederholt und zugleich die Grundbedeutung von Kultur aufnimmt: „Kulturprodukte bringt das Feld hervor, wenn der Mensch geackert und gesät hat."[120]

---

[115] Heinrich Rickert: „Geschichtsphilosophie", in: *Die Philosophie im Beginn des 20. Jahrhunderts. Fs. Kuno Fischer II.* Heidelberg: Carl Winter 1905, 51–135, hier 85f.
[116] l. c., 86.
[117] ibd.
[118] l. c., 92, 93.
[119] l. c., 110f.
[120] Heinrich Rickert: *Kulturwissenschaft und Naturwissenschaft.* Stuttgart: Reclam 1986, 35.

Aber als zusätzliche Kriterien werden eingeführt: die gewerteten Zwecke des pflegenden Kulturhandelns; in den Kulturprozessen seien anerkannte Werte verkörpert. In Kulturprojekten gehe es um „Güter", an denen Werte „haften". Ein weiterer unterscheidender Gesichtspunkt sei der des Verstehens; denn die Werthaftung meine „unsinnliche *Bedeutungen* oder *Sinngebilde*", die nur verstanden werden könnten, während andererseits Naturobjekte ohne Wertbezug verharren und daher „unverständlich" bleiben.[121] „Natur wäre danach das bedeutungsfreie, nur wahrnehmbare, unverständliche, Kultur dagegen das bedeutungsvolle, verstehbare Sein, und so ist es in der Tat."[122] Sinn und Bedeutung sind nach Rickert stets auf Werte bezogen. Um dem auszuweichen und zu bestimmen, was an sich ein Wert ist, beschränkt Rickert den Wertbezug auf die anerkannte oder auch die zugemutete Geltung. Rickerts Deutung des Gegensatzes von Natur und Kultur bietet ein idealistisches Kulturverständnis, das – ohne dass es von Rickert ausgeführt würde, an Hegels Begriff des „objektiven Geistes" erinnert.

In seinem Kant-Buch von 1924 geht Rickert dann auch auf die Frage der Stellung der Philosophie in der „modernen Kultur" ein.[123] Zu erwarten ist, dass die Philosophie den Wertbezug von Kultur klären hilft. Um dem näher zu kommen, unterscheidet Rickert den allgemeinen Kulturbegriff von dem bloß zeitbedingten der „modernen Kultur". So formuliert sich die Frage um in die, was eine Orientierung an der zeitlosen Gültigkeit der Kantischen Philosophie für die „moderne Kultur" leisten kann. „Wir fragen nach der Bedeutung Kants für die moderne Kultur."[124] „Soll nämlich Kant mit Recht als Philosoph der modernen Kultur gelten, so muß bei ihm etwas von der Besonderheit zum Ausdruck kommen, die für den modernen Kulturmenschen die Beziehung seiner verschiedenen Kulturgüter aufeinander kennzeichnet."[125] Vielleicht lässt sich in Kants Werk die Anlage zu einer Synthese der verschiedenen, separaten Kulturgüter entdecken. Dazu scheint es Rickert nötig, „das *Wesen der modernen Kultur*" zu bestimmen,[126] ferner die Frage nach dem zeitlos Gültigen zu stellen, d.h. die Frage, inwiefern ein Philosoph nicht nur für seine Zeit, sondern für alle spätere Kultur von Bedeutung sein kann. Zu dem Zweck stellt Rickert die moderne Kultur als eine zerrissene Kultur dar, die das kulturelle Einheitsbewusstsein der Antike, des Mittelalters, der Renaissance und des europäischen Rationalismus der frühen Neuzeit aufgrund fortschreitender Differen-

---

121 l. c., 38.
122 ibd.
123 Heinrich Rickert: *Kant als Philosoph der modernen Kultur. Ein geschichtsphilosophischer Versuch.* Tübingen: Mohr 1924.
124 l. c., 16.
125 l. c., 10.
126 l. c., 11.

zierung nicht mehr besitzt und deren Zerrissenheit den Begriff und zugleich das Problem der „modernen Kultur" ausmacht. Dem stünde Kants Bestreben zur Einheit entgegen: „nur eine *neue Art der Synthese*, die es bisher noch nicht gab, führt uns weiter..."[127], und das ist eben die „kritische", d.h. scheidende und Grenzen bestimmende Philosophie Kants. Doch dann versteigt sich Rickert zu der Behauptung, dass die neue Einheit der modernen Kultur nur in der Religion liegen könne.[128]

Solche Hoffnung entfernt sich selbstverständlich von Kant, der bekanntlich die bürgerliche Verfassung für das höchste Ziel der Kultur angesehen hatte, ein Endzweck, den die Natur von sich aus nicht erreichen kann, und den sie durch eine Art List mittels der übersinnlichen Natur anstreben muss. Die Frage, was Kultur sei, wird von Rickert also dahingehend beantwortet, dass er den Wertbezug der Kultur als Bestimmungsmerkmal verwendet.

3.1.3.2 Max Scheler

Die Gegenüberstellung von Natur und Kultur wird, meist implizit, von der Anthropologie als Unterscheidung von Tier und Mensch abgehandelt. Oftmals ist das aber keine einfache Entgegensetzung, sondern wird dargestellt im Übergang von der tierischen Lebensweise zur spezifisch menschlichen. Höhere Tiere zeigen sehr wohl ein Wahlverhalten; was ihnen aber nicht gelingt, ist eine Wertabwägung und Wertentscheidung, z.B. zwischen dem Angenehmen und dem Nützlichen.[129] Die Frage ist also, ob zwischen Mensch (in seiner Kultur) und dem Tier (in seiner Natur) nur ein gradueller Unterschied, z.B. hinsichtlich der Intelligenz und Empathie, besteht, oder ob es auch einen Wesensunterschied zwischen beiden gibt und gegebenenfalls, worin dieser besteht. Max Scheler sagt, das Neue im Menschen, das seinen Wesensunterschied vom Tier ausmache, ist ein dem Leben in seinen beliebigen Manifestationen *„entgegengesetztes Prinzip"*, das kein Resultat der Evolution sein könne.[130] Und dieses Prinzip benennt Scheler mit dem Begriff „Geist", dessen Aktzentrum er „Person" nennt. Genauer ist für ihn Geist die *„existentielle Entbundenheit vom Organischen"*, die sich z.B. als Freiheit äußert. Diese Entbundenheit vom Organischen bedeutet, dass dieses Wesen nicht mehr trieb- oder umweltgebunden agiert, sondern seine Existenz ist – und den Begriff hat Scheler geprägt – *„weltoffen"*. Der Geist bekundet sich als besondere „Sachlichkeit".[131] Weltoffenes Verhalten ist unbegrenzt erweiterungsfähig, so dass Scheler definieren kann: *„Der*

---

127 l. c., 204.
128 l. c., 209.
129 Max Scheler: *Die Stellung des Menschen im Kosmos*. München: Nymphenburger 1947, 33 f.
130 l. c., 35.
131 l. c., 36.

Mensch ist das X, das sich in unbegrenztem Maße ‚weltoffen' verhalten kann. Menschwerdung ist Erhebung zur Weltoffenheit kraft des Geistes."[132] Es erübrigt sich, im Einzelnen darzustellen und auf die Richtigkeit zu überprüfen, was alles Scheler dem Tier abspricht und dem Menschen zuspricht.

Geist ist nicht per se Kultur, sondern Kultur ist das Leben der Menschen, sublimiert durch den Geist. Das heißt, dass der Mensch zwar in der Natur lebt, zugleich aber seine Existenz „*weltexzentrisch*" gestaltet. Ungeachtet der Fundierung seines Lebens im Kausalzusammenhang der Natur, ragt doch die Kultur, die einen Gehalt in sich hat, als Werk des wertschaffenden Geistes in das Reich des übernatürlichen Geistes hinein, wie ihn vor allem Metaphysik und Religion bieten.[133]

3.1.3.3 Plessner

Auch für Helmuth Plessners Anthropologie gilt, dass der Mensch das nicht festgestellte Lebewesen ist.[134] Der Mensch – als Mensch – ist auch ein Ergebnis der Evolution der Natur; aber indem er qua Kultur eine Autonomie zugewinnt, die nicht zu seiner natürlichen Ausstattung gehört, wächst ihm auch – nicht natürlich, sondern kultürlich – eine Verantwortung sowohl für seine Gattung als auch für die gesamte Natur zu. Inhaltlich aber ist sie eine „bestimmte Unbestimmtheit" und verortet in einer „exzentrischen Positionalität"[135] Dem so beschriebenen Menschen ist Kultur aufgegeben, so gewiss sein Leben auch ein Leben der Natur ist, ist es doch vor allem ein Leben in Kultur. Daher spricht Plessner von dem „anthropologischen Grundgesetz" der „natürlichen Künstlichkeit". Auch wenn der Mensch wie alle Lebewesen der Natur angehört und aus ihr hervorgeht, gewinnt er doch in Kultur als Kulturwesen eine „zweite Natur". Anders als Scheler betont Plessner diese doppelte Natürlichkeit mit der epistemologischen Konsequenz: „Ohne Philosophie der Natur keine Philosophie des Menschen."[136] Der Begriff der exzentrischen Positionalität fasst dieses zusammen: der Mensch lebt nicht nur aus einem Zentrum heraus wie die Tiere, oder auf dieses hin, sondern exzentrisch ist in seinem Zentrum zugleich die Mitte, die über das Zentrum hinaus ist. Das hat zur Folge, dass er stets in dem Doppelaspekt erscheint: Er *ist* Leib und er *hat einen Körper*. Ihm ge-

---

132 l. c., 37.
133 Max Scheler: „Kultur und Religion", in: ders.: *Frühe Schriften*. Bern, München: Francke 1971, 343–354.
134 Helmuth Plessner: „Conditio Humana", in: ders.: *Gesammelte Schriften 8*. Frankfurt a.M.: Suhrkamp 1983.
135 l. c., 338 u. 46.
136 Helmuth Plessner: *Gesammelte Schriften 4*. Frankfurt a.M.: Suhrkamp 2003, 63.

schieht seine Existenz und er vollzieht sie zugleich, und im Vollzug erscheint ihm auch das Geschehen: er ist über sich hinaus, exzentrisch eben.

Das wirkt sich in der Kultur so aus, dass diese zugleich subjektives Ereignis und objektiver Geist ist. In beiden Sphären aber begegnet sowohl die „natürliche Künstlichkeit" als auch die „vermittelte Unmittelbarkeit"[137]. Diese Doppelheit der Kultur erscheint nun auf den verschiedenen Stufen, sowohl als Leib-Sein als auch als Körper-Haben, als aber dann auch als Leib-Haben. Das ist die vermittelte Unmittelbarkeit in der Verbindung einer Natur (des Körpers) zur Kultur des Leib-Habens. Nicht zu vergessen ist, dass diese Vermittlungsleistung des Kulturellen sich immer in der Sozialität des Kulturellen vollzieht.

Die drei angeführten Kulturphilosophien von Rickert, Scheler und Plessner bestimmen in Verfolgung der Frage „Was ist Kultur" diese in Absetzung von Natur durch eine Rückversicherung auf die übergeordneten Prinzipien, sei es des Werts, sei es der Weltoffenheit, sei es der exzentrischen Positionalität einer Anthropologie des Menschen.

3.1.4 Hortikultur

Das Abnehmen von praktischer Naturerfahrung in der Lebenswelt der zivilisierten Gesellschaften erschwert wegen des Zusammenhangs von Kultur und Natur auch die Einsicht in das, was Kultur ist. Einerseits verdankt sich die Kultur zweifellos einer Befreiung von einer fremden, einer wilden Natur. Dabei darf jedoch nicht vergessen werden, dass die Bestimmung dessen, was diese Natur ist, auch und gerade diese ungezähmte Natur, sich einem Akt der Kultur verdankt. Aber umgekehrt gibt es auch eine „natürliche" Kultur im Gegensatz zu einer rein technisch definierten Kultur. Daraus speist sich wiederum die kulturelle Sehnsucht nach Natur und mit ihr eine Idealisierung des Bildes der Natur, so dass man sagen muss, dass die Begegnung von „Kultur" und „Natur" sich in mehreren Schritten und auf mehreren Stufen vollzieht, bzw. sich immer schon vollzogen hat. Setzt sich Kultur ab von der bloßen Natur, so ist diese Absetzung doch auch eine Anerkennung der Natur als ein eigenständiges Jenseits der Kultur. Durch diese Anerkennung des Anderen der Kultur kommt die Kultur zu einem gesteigerten Selbstverständnis der Kultur in Prozessen der Erkenntnis und der Deutung als einer nicht mehr wilden Natur, so dass die Kultur durch diese Anerkennung reflektiert auch zu sich selbst findet. Das sei im Folgenden an einigen Beispielen erläutert.

---

[137] l. c., 396 ff.

Die innere Verflechtung von Kultur und Natur, die eine einfache Entgegensetzung unterläuft, lässt sich z.B. an der strukturalistischen Analyse der Esskultur zeigen, die Claude Lévi-Strauss entwickelt hat. Der erste Band seiner *Mythologica*[138] entwickelt das kulinarische Dreieck:

das kulinarische Dreieck:

```
                    roh
                     |
        gekocht ─────┴───── verfault
```

Die „natürliche" Verspeisung ist es, das Rohe zu essen: Obst, Salate etc., aber das „Natürliche" vergeht, verdirbt, wird ungenießbar. Man kann dem durch ein Haltbarmachen entgegenwirken, insbesondere bei Fisch und Fleisch empfiehlt es sich, diese Nahrungsmittel durch Garen haltbarer zu machen. Jedoch tritt bei dieser Technik der Kultur ein Unterschied auf: Es gibt „natürliche" Zubereitungsarten, die z.B. das Nahrungsmittel unmittelbar dem Feuer aussetzen, z.B. das Braten am Spieß oder das Grillen über Holzkohle – dieses ist die „wildere", unmittelbarere „männlichere" Zubereitungsart, die outdoor cuisine, und sei es auch nur von Vati auf dem Balkon. Dem steht entgen die kultiviertere, „weiblichere", kultürlichere Art des Garens durch ein Dazwischen-Treten, eine Vermittlung, z.B. das Kochen in Wasser oder das Räuchern oder Lufttrocknen. Aber genau dieses Kultürliche lässt wiederum ein „Natürlicheres" des Räucherns in Opposition treten zum „Kultürlicheren" des Siedens im Topf. Wie man sieht, lässt sich die Unterscheidung Kultur/Natur dank der Triplizität des kulinarischen Dreiecks mehrfach anwenden. Die reine, gänzlich unnatürliche Kultur gibt es eben so wenig wie die reine Natur ohne kultürliche Formung. Letzteres veranschaulicht Lévi-Strauss am Beispiel des Honigs: Weit davon entfernt, reine Natur zu sein, symbolisiert der Honig mit seiner verführerischen Süße das Bild einer Rückkehr in den reinen unverdorbenen und lange nicht verderbenden Naturzustand.

Neben der Kulinarik kann auch die Erotik eine Sphäre der Veranschaulichung der Differenz Kultur/Natur sein und der Möglichkeit der iterativen Anwendung dieser Unterscheidung. Nach den seltsamen Phantasien eines Jean-Jacques Rousseau fielen die Menschen im Naturzustand übereinander her, wann immer sie sexuelle Gelüste hinsichtlich eines potentiellen Sexualpartners überkamen. Gehegte und kulturell gepflegte Erotik ist etwas anderes. Erotische Kultur, kulinarische Kultur und Hortikultur (Gartenbaukunst) sind sich darin ähnlich, dass sie die Wildheit des Sexuellen, des Hungers und des bloßen Wachsenlassens der Kräuter und Sträucher zähmen und pflegen, und sie gleichen sich auch darin, dass sie im

---

[138] Claude Lévi-Strauss: *Mythologica I: Das Rohe und das Gekochte.* Berlin: Suhrkamp 2019.

Zwischen Prozesse initiieren, denen das Attribut der Dauerhaftigkeit abgeht, die also auf variierende Wiederholung angewiesen sind. Im Garten ist es das eherne Gesetz des Jahreszeitenwechsels. Zwar hat man immer wieder versucht, durch Elemente der Dauerhaftigkeit dem Garten den Charakter des Institutionellen zu geben, durch Skulpturen, durch immergrüne Gewächse, durch Wege usw., aber diese Elemente sind erst dann keine Fremdkörper im Garten mehr, wenn die Natur von ihnen durch Moos, Efeu u. dgl. Besitz ergriffen hat. Dass der Garten durch Zaun, Mauer oder Wall eine Abgrenzung der Kultur von der Natur markiert, ist vielfach bemerkt worden und inzwischen zur Trivialität herabgesunken,[139] auch dass im Inneren des Gartens sich ebenfalls Natur befindet, so dass es nun eine gehegte und eine wilde Natur gibt, und schließlich dass es eine Natur gibt, die Grenzen nicht respektiert, wie am deutlichsten die des Wetters; aber auch Schnecken, Wildschweine und Nachbarsjungen respektieren oft die durch Zäune markierte Grenze zwischen Natur und Kultur nicht. Auch ist es keine Neuigkeit festzustellen, dass die Natur/Kultur-Differenz, als Abgrenzung von der Seite der Kultur aus, iterierend anwendbar ist, so dass nun eine auf „natürliche" Weise gehegte Natur von einer auf zivilisatorische Weise gehegten unterscheidbar wird, etwa in der Unterscheidung des englischen Gartenstils, der seit ca. 1710 seinen Siegeszug durch Europa begann, von dem vorhergehenden französischen Stil. Strukturell ähnlich, aber im Prinzip ebenso trivial ist die Unterscheidung von wildem Sex und erotischer Kultur mit all den erwähnten Zwischenstrukturen oder im Kulinarischen von einer Fastfood-Abfütterung bis zum Fest-Bankett. So stellt Dean MacCannell mutig fest: „Gardens are cultural forms designed to shape and contain nature. Gardens and landscaping are situated with sex and cuisine in the gap between nature and culture."[140] Und Robert B. Riley stellt in seinem Beitrag *Flowers, Power, and Sex*[141] in dem gleichen Buch fest, dass der Garten schon immer sowohl eine Metapher als auch ein im wörtlichen Sinne Ort für Sex gewesen ist. Und Gray Brechin, ebenfalls im gleichen Buch, sagt: „The garden is love itself."[142] Frühes Dokument dafür ist das Hohelied Salomos.

> Meine Schwester, liebe Braut, du bist ein verschlossener Garten ... Du bist gewachsen wie ein Lustgarten von Granatäpfeln mit edlen Früchten, Zyperblumen mit Narden ... Mein Freund

---

[139] cf. auch Sören Kierkegaard: *Entweder – Oder*, hrsg. v. Herrmann Diem / Walter Rest. 2. Aufl. Köln, Olten 1960, 517: „Was ist Liebe? – ein Gehege; war nicht selbst das Paradies ein eingehegter Ort, ein Garten gegen Morgen?"
[140] Dean MacCannell: „Landscaping the Unconscious", in: *The Meaning of Gardens*, ed. M. Francis and R.T. Hester, Jr. 3. Aufl. Cambridge/Mass., London 1993, 94–101, hier 94.
[141] l. c., p. 60–75.
[142] Gray Brechin: „Grace Marchant and the Global Garden", in: dass. 226–229, hier 228.

komme in seinen Garten und esse von seinen edlen Früchten ... Eßt, meine Freunde, und trinkt und werdet trunken von Liebe. (4:16–5:1)

Bezeichnenderweise beginnt der Bericht der erotischen Abenteuer des Gratianus von Elbenstein im Roman von Johann Gottfried Schnabel[143] in einem Kloster. Klöster allgemein haben ja die gleiche Abschirmungs-Tendenz gegen die Wildheit der ungeformten Natur wie Gärten. So ist es kein Zufall, dass Klöster seit Karls des Großen aus dem Jahre 812 und seit Walahfrid Strabo[144] zu den privilegierten Orten der Garten-Kultur gehörten, insbesondere der Nutz-Garten. Der Tendenz nach wird aus dem Kloster-Garten zunächst einmal alles Lustvolle verbannt. So ist der Klostergarten gewiss kein Liebes-Garten, aber er ist auch kein Garten, in dem Wohlschmeckendes oder nur Schönes angebaut werden durfte. Vielmehr wurde Heilsames und Nützliches angebaut. Damit setzen die Klöster die Tradition der antiken Landgüter fort, deren Organisationsziel die Autarkie war; denn die Abgrenzung nach außen konnte von den Klöstern nur unter der Geltung des Autarkieprinzips gesteigert werden. So bildete die Regel des Benedektiner-Ordens aus dem 6. Jh. im Kapitel 66 den Autarkie-Gedanken der antiken Landgüter ab: „Monasterium autem, si possit fieri, ita debet constitui ut omnia necessaria, id est aqua, molendinum, hortum, vel artes diversas intra monasterium exerceantur. [Das Kloster soll, wenn möglich, so angelegt werden, dass sich alles Notwendige, nämlich Wasser, Mühle und Garten, innerhalb des Klosters befindet und die verschiedenen Arten des Handwerks dort ausgeübt werden können.]"

Nachdem die Gartenkunst sich als ästhetische Praxis etabliert hatte, scheint sie sich sowohl von der Idee eines Nutzgartens als auch von der Idee des durch den heteronomen Zweck eines Liebesgartens geleiteten Gartenvorstellung emanzipiert zu haben. Vorbereitet ist die Ästhetisierung des Gartens durch die metaphorische Universalisierung des Gartens bei Gottfried Wilhelm Leibniz; in seiner *Monadologie* § 67 heißt es:

Chaque portion de la matiere peut être conçue comme un jardin plein de plantes, et comme un étang plein de poissons. Mais chaque rameau de la plante, chaque membre de l'Animal, chaque goutte de ses humeurs est encor un tel jardin ou un tel étang. [Jedes Stück Natur kann als ein Garten voller Pflanzen und als ein Teich voller Fische aufgefaßt werden. Aber jeder Zweig der

---

143 Johann Gottfried Schnabel: *Der im Irr-Garten der Liebe herum taumelnde Cavalier.* München: Heyne 1972.
144 Walahfried Strabo: *De cultura hortorum. Über den Gartenbau*, hrsg. v. Otto Schönberger. Stuttgart: Reclam 2003.

Pflanze, jedes Glied des Tiers, jeder Tropfen seiner Säfte ist wiederum ein solcher Garten oder ein solcher Teich.]¹⁴⁵

Unmetaphorisch verwendet später Hugo von Hofmannsthal die gleiche barocke Denkfigur der Spiegelung des Einzelnen im Ganzen und umgekehrt, oder wie Thomas Sören Hoffmann gesagt hat, des „Gartens im Garten"¹⁴⁶, wenn er davon spricht, dass die neu entstehende Gartenkultur in Wien des Jahres 1906 all die Tausende einzelner Garteninitiativen zu einem „ungeheuren Garten" zusammenfügt und umgekehrt, „denn jeder von diesen unzähligen Gärten ist ein Individuum und kann eine Welt für sich werden", wobei genau der Leibniz'sche veränderte Begriff des Individuums vorausgesetzt ist.¹⁴⁷ Die Ästhetisierung des Gartens, d. h. die Emanzipation der Gärtnerei von der Nahrungsbeschaffung oder der Dienstbarkeit für erotische oder soteriologische Zwecke, führte dazu, dass der Blume im Garten ein ganz neuer und eigener Stellenwert zukam: die Rose war nicht länger Sinnbild der Gottesmutter, erotisches Verführungsinstrument oder Salatbeigabe, sondern sie befreite sich zum nutz- und zwecklosen Moment eines hortikulturellen ästhetischen Genusses. Rudolph Borchardt treibt die Umwertung auf die Spitze, wenn er sagt, dass die Sünde aussehen werde „wie ein Garten".¹⁴⁸ Vor allem in den bäuerlichen und bürgerlichen Gärten gerät jedoch diese Ästhetisierung in Konflikt mit der mühevollen Bearbeitung, wenn nicht Personal für die Pflege des Gartens abgestellt werden kann, sondern wenn man es gemäß des alten Fluches Gottes inmitten von Dornen und Disteln (Gen. 3:17) selbst machen muss.

Das Buch als Bild der Welt ist ein alter Topos, dem Hans Blumenberg in seinem Buch *Die Lesbarkeit der Welt*¹⁴⁹ nachgegangen ist und das Deleuze/Guattari verabschiedet haben.¹⁵⁰ Der Garten als gestaltete Welt scheint einerseits eine Lektüre und Dechiffrierung dieses Stücks Welt überflüssig zu machen; denn die Gestaltung des Gartens entspringt ja einem mächtigen Gestaltungswillen, wie der französische Gartenstil zeigt, und manifestiert ihn; andererseits ist die gärtnerische Tätigkeit selbst eine Interaktion mit einer Natura naturans, deren Gelingen nicht allein von einem mächtigen Willen abhängig ist und in die ein Lesen und Interpretieren dessen eingeschrieben ist, was die Natur von sich aus will, wie es insbesondere die

---

145 Gottfried Wilhelm Leibniz: *Die philosophischen Schriften*, hrsg. v. C. I. Gerhardt. Berlin 1875 ff., VI, 618; dt. übers. v. Herrmann Glockner, Hamburg: Meiner 1969.
146 Thomas Sören Hoffmann, l. c., 47.
147 Hugo v. Hofmannsthal: *Gesammelte Werke in Einzelbänden*, hrsg. v. Herbert Steiner. Reden und Aufsätze 1891–1913. Frankfurt a. M.: S. Fischer 1979, 578.
148 Rudolf Borchardt: *Der leidenschaftliche Gärtner.* Stuttgart: Klett 1968, 85.
149 Hans Blumenberg: *Die Lesbarkeit der Welt.* Frankfurt a. M.: Suhrkamp 1981.
150 Gilles Deleuze / Felix Guattari: *Rhizome.* Paris: Minuit 1976.

intensiven Bezüge zwischen sprachlicher und gärtnerischer Gestaltung, wie sie vor allem Hofmannsthal nahelegt, was sich aber bereits bei Harsdörffer findet und was später Heidegger weidlich ausgedeutet hat, nämlich der Zusammenhang von Lesen und Auflesen, bzw. Sammeln.[151] Jenes Zwischen von Natur und Kultur, in dem Gärtnerei, Kulinarik und Erotik angesiedelt sind, legt ein intermediales Verständnis dieses Mediums/Mi-Lieus nahe, in dem auch die Bezüge zu Textualität und Bildlichkeit verwickelt sind. Denn waren nicht die englischen Garten-Philosophen in ihren Texten und in ihren Realisierungen von den Gemälden Claude Lorrains inspiriert? Und lässt nicht schließlich ein gelungener Garten eben jene Gemälde verblassen?[152] Wie jedenfalls Hofmannsthal anmerkte, dass ein gelungener Garten schöner sei als jeder Lorrain. Im Sein-zu-den-Dingen, in das die Hand sich in die Bestellung des uns Natürlichen verwickeln lässt, kultivieren wir das Zwischen.

Auch für die Philosophiegeschichte lässt sich die Iteration der Kultur/Natur-Unterscheidung nachzeichnen. Die Philosophie Epikurs war eine Philosophie des Gartens, gehegt, gepflegt und geschützt gegen die Chaotik des Außerhalb, d.h. der Natur. Die Ethik des Gartens plädiert für eine Moral mit begrenztem, eingegrenztem Geltungsbereich und setzt sich damit in Widerspruch zu jeder Ethik mit universalistischem Geltungsanspruch; denn die Pflege des Gartens ist eine Kultur (cultura) mit begrenzter Geltung. Der Epikuräer liebt, schont und pflegt die Bewohner seines Gartens, die Pflanzen, das Getier und auch die menschlichen Gäste. Schrebergärtner der Moderne sorgen dagegen für eine Ordnung in ihrem Garten. Die Postmoderne jedoch postuliert, dass der kultivierte Garten keine festgelegten, sondern nur frei definierbare Grenzen hat; jede solche Definition zieht Grenzen (fines) im Unbegrenzten. Die Erfahrungsverluste der Moderne sind vielleicht nichts anderes als Kultur- d.h. Hortikultur-Verluste. Dagegen ist der Universalismus der Moderne die Tendenz, die ganze Natur zum Garten zu deklarieren und sie so für den Natur-Schutz zu präparieren. Der kulturellen Technik des Naturschutzes haftet etwas Paradoxes an: Je mehr wir schützen, desto weniger bleibt es Natur: es wird botanischer oder zoologischer „Garten". Diese Paradoxie ist unvermeidlich; denn der Naturschutz ist auch eine Abwehr des Übergreifens von kulturellen Techniken. Der universalistischen Natur-Beherrschung antwortet eine ebenso universalistische

---

151 Renate Schusky: „Der Garten als Buch – das Buch als Garten", in: Wolfgang Baumgart (Hrsg.): *Park und Garten im 18. Jahrhundert.* Heidelberg: Winter 1978, 93–99; Martin Heidegger: „Logos", in: ders., *Gesamtausgabe Bd. VII.* Frankfurt a.M.: Klostermann 2000; cf. Manfred Sommer: *Sammeln.* Frankfurt a.M.: Suhrkamp 1999.
152 Ralf Konersmann: „Sehen und Sein. Drei Miniaturen zu Pascal". In: Reinhold Clausjürgens und Monika Schmitz Emans (Hrsg.) *(Um-)Wege zu einer Sozialphilosophie der Postmoderne. Philosophische Exkursionen. Festschrift für Kurt Röttgers zum 80. Geburtstag.* Paderborn: Fink, 2024, 125–134: hier 128–130.

Tendenz zur Bildung von Natur-Reservaten oder eine ebenso grenzenlose Ausdehnung des Gartens, d. h. eine Natur-Musealisierung, eines Gartens, der nun nicht mehr Eden heißen kann. Diese universalistische Inkorporation der ganzen Natur in die Kultur lässt folgerichtig die Kultur zu einem differenzlosen Kulturalismus zerbröseln.

In die Paradoxie der Entgrenzung des Gartens mischt sich der Epikuräer Michel Serres mit seinem Vorschlag eines Naturvertrags in Ergänzung zum contrat social ein. Dieser neue Vertrag des Menschen mit der Natur zielt auf eine „Symbiose und Wechselseitigkeit".[153] Das symbiotische Verhältnis unterscheidet sich vom Parasitismus: „Der Parasit nimmt alles und gibt nichts; der Wirt gibt alles und nimmt nichts."[154] Solch eine Darstellung widerspricht dem, was Serres zuvor in seinem Buch über den Parasiten geschildert hatte: der Parasit ist hier die grundlegende, weil die Figur des Dritten einführende Funktion der Konstitution des Sozialen.[155] Diese Drittigkeit kulminiert in der Figur Rousseaus als des maximalen Parasiten: er nimmt alles und gibt nichts, d. h. er ignoriert die Drittigkeit: Daher hat für Rousseau der Sozialvertrag die Gestalt: Wir alle sind gegen mich, d. h. die volonté générale als der allgemeine Unwille: ein Ausschluss mit Einschluss des Ausschließenden. Im *Naturvertrag* sieht sich Serres gewissermaßen genötigt, Rousseau in dem Sinne zu rehabilitieren, weil er den Frieden mit der Natur proklamiert hatte und – wie er in seinen diversen Selbstdarstellungen behauptet – auch praktiziert hatte, vor allem in seiner Zeit auf der Insel im Bieler See.

Vergessen wir jedoch nicht unsere Herkunft aus einem Garten, genannt Eden, der allerdings unkultiviert sein konnte, weil er ein Außen nicht kannte und insgesamt, so wie er war, optimal eingerichtet gewesen sein muss, also der Kultur nicht bedürftig. Adam hatte keine Kultur. Kultur (als Agrikultur) begann mit der Verstoßung aus dem Garten. In diesem Abschnitt stießen wir also nach den Abgrenzungen von Natur und Kultur auf die Verschränkungen beider Perspektiven in Kulinarik, Erotik und Gartenbaukunst.

3.1.5 Die Nachahmung der Natur durch die Kunst / τέχνη

Die Formulierung, dass die Kunst eine Nachahmung der Natur sei, bzw. sein solle, stammt von Aristoteles, der in seiner Physik-Vorlesung gesagt hatte: „ὅλως τε ἡ τέχνη τὰ μὲν ἐπιτελεῖ α ἡ φύσις ἀδυνατεῖ ἀπεργάσασθαι τὰ δὲ μιμεῖται. Hans Wagner

---

[153] Michel Serres: *Der Naturvertrag*. Frankfurt a. M.: Suhrkamp 1994, 68.
[154] l. c., 69.
[155] Michel Serres: *Der Parasit*. Frankfurt a. M.: Suhrkamp 1981.

übersetzt: „Das menschliche Herstellen bringt Gebilde der Natur teils zum Abschluß, nämlich dort, wo sie die Natur selbst nicht zu einem Abschluß zu bringen vermag; teils bildet es Gebilde nach."[156] Die Nachbildung folgt freilich dem in der Natur angelegten Vorgezeichneten, d.h. sie vollendet das Wachsen (φύσις) der Natur. „Nun decken sich aber – vorausgesetzt, daß äußere Hindernisse nicht auftreten – die Struktur des menschlichen Handelns und die Struktur der Naturproduktion völlig."[157]

Hans Blumenberg hat gezeigt,[158] wie über Etappen des Möglichen, aber noch nicht Wirklichen, d.h. zunächst eines Spielraums des Unverwirklichten, als Domäne für Gottes Wirken, sich allmählich die Vorstellung herausbildete, dass der Mensch dieses unvollendete Werk im Sinne der Natur zu vollenden habe, indem er den Werdensprozess, der in ihr selbst angelegt ist, nachahmt. Denn irgendwann taucht für diesen zweiten Gott – als Schöpfer im Sinne des Ebenbilds Gottes – die Frage auf, warum das Mögliche jenseits des real Geschaffenen denn ein nur Mögliches bleiben solle. Gesteigert wird das nur noch dadurch, dass dieser neue Demiurg sich auch auf das Schaffen von Möglichkeiten verlegt. Wenn die Natur als natura naturans ein Urquell der Wirklichkeit ist, setzt der schöpferische Mensch in einer Neudeutung des Nachahmungsprinzips nun darauf, sich der Kreation von Möglichkeiten und möglichen Welten zu widmen.

Wir sehen also nun, dass hinsichtlich der Kultur/Natur-Unterscheidung die Was-ist-Frage in die Irre führt, bzw. je mehr man ihr folgt, sie desto unbeantwortbarer wird. Verwiesen wurden wir daher auf die Vermittlungen, und dieser Aspekt soll nun weiter verfolgt werden.

3.1.6 Kultur im Spannungsfeld von Unmittelbarkeit und Vermittlung

Rousseau war ein Emphatiker der Unmittelbarkeit. In seinem Diskurs über die Ungleichheit behauptete er, dass ein naturgemäßes Leben „einfach, gleichförmig und allein" lebend wäre und dass „der Zustand der Reflexion wider die Natur ist und dass ein grübelnder Mensch ein entartetes Tier ist."[159] Das Lesen kennt er wohl – allerdings im „Buch der Natur", nicht in den Büchern der Gebildeten, das

---

156 Aristoteles: *Physikvorlesung*, übersetzt von Hans Wagner. Darmstadt: wbg 1983, 53.
157 l. c., 52.
158 Hans Blumenberg: „Nachahmung der Natur. Zur Vorgeschichte der Idee des schöpferischen Menschen", in: ders.: *Ästhetische und metaphorologische Schriften*. Frankfurt a.M.: Suhrkamp 2001, 9–46.
159 Jean-Jacques Rousseau: *Schriften zur Kulturkritik*. Hamburg: Meiner 1995, 99.

gebietet ihm die Emphase der Unmittelbarkeit. Zivilisation und Kultur, also Formen der Vermitteltheit der Menschen, sind von Übel, das „schlimmste aller Übel" jedoch ist der Luxus. Aus ihm leitet er „alle unnützen Dinge" ab wie die freien Künste, Technik, Handel und selbstverständlich die Literatur,[160] geflissentlich ignorierend, dass er, wenn er dies schreibt, selbst als Schriftsteller tätig geworden ist. Aber er behauptet: je mehr die verwerfliche Kultur gedeiht, desto ärmer werde die Gesellschaft. Hier bei Rousseau zeigt sich also die Widersprüchlichkeit eines literarischen, d. h. eben kulturell vermittelten Plädoyers für Unmittelbarkeit. In seinem ausführlichen Brief an d'Alembert[161] strengt er sich an zu begründen, warum es, anders als d'Alembert in seinem Artikel in der Encyclopédie empfohlen hatte, ein Theater in Genf nicht geben solle; ausführlich schildert er die Verderblichkeit des Theaters, das ja (Mittelbarkeit!) auf Verstellung beruht. Die Schauspieler auf der Bühne sagen nicht das, was sie als Menschen, die sie sind, meinen oder fühlen, sie lügen also. Solcher unsittlichen Vermitteltheit stellt Rousseau die Idee des Festes entgegen, wie es (angeblich) die Landbevölkerung des Schweizer Jura begeht. Das ländliche Fest bietet den beteiligten „schönen Seelen" ein „Schauspiel" der Wahrheit und Wahrhaftigkeit, das eine ursprüngliche Unschuld vorführt. Ein solches Fest ist nicht geplant, sondern spontan improvisiert es sich vollständig im Vollzug und geht *unmittelbar* aus den Seelen der Menschen hervor. So unterscheiden sich für Rousseau Theater und ländliches Fest wie kulturelle Verbergung und natürliche Transparenz und Unmittelbarkeit. Die Mittelbarkeit der Kultur entfremdet die Menschen ihres eigentlichen Seins. Wie Jean Starobinski entgegen manchen Interpreten betont, handelt es sich nicht um die Opposition von Vernunft und Gefühl, sondern um die von Unmittelbarkeit und Vermittlung.[162]

Antonin Artaud erfand mit seinem *Theater der Grausamkeit*[163] eine Deutung des Bühnengeschehens, das keinen Bezug auf ein repräsentiertes Außerhalb mehr haben sollte, auf das also Rousseaus Vorwurf der Unwahrhaftigkeit nicht mehr zuträfe, das die Unmittelbarkeit der reinen Performanz inszenierte. Aber selbst als kulturelle Ausnahmeerscheinung zeigt Artauds Ansinnen nur die Unmöglichkeit der Herstellung und zugleich Darstellung der Unmittelbarkeit des Lebens und Erlebens. Unmittelbarkeit müsste unterstellen, dass es kein Außerhalb gibt, sondern alles, was jeweils geschieht, schon das Ganze ist: Umwege als Bewegung des Kulturellen sind in Unmittelbarkeiten a priori ausgeschlossen. Das Unmittelbare wäre nichts anderes als das aktive Verlassen des Geistes oder die passive Verlassenheit

---

160 l. c., 123.
161 Jean-Jacques Rousseau: *Lettre à M. d'Alembert sur son article Genève*. Paris: Garnier-Flammarion 1967.
162 Jean Starobinski: *Jean Jacques Rousseau: La transparence et l'obstacle*. Paris: Gallimard 1971, 58.
163 Antonin Artaud: *Das Theater und sein Double*. Frankfurt a. M.: Fischer 1969, bes. 89 ff.

von ihm. Denn das Subjekt, das ging aus unserem ersten Kapitel hervor, ist eben nicht autonom, sondern abhängig von Vorbedingungen, die ihrerseits aus Vorbedingungen hervorgehen, bzw. retrospektiv dazu ernannt werden. Wenn aber das Subjekt nicht selbstgesetzgebend ist, dann heißt das auch: Es gibt keine Unmittelbarkeit am Ursprung, der Ursprung ist seinerseits ein im Nachhinein dazu ernannter Ursprung. Zwischen diesem fiktiven Ursprung und dem gegenwärtigen Vollzug des kommunikativen Textes als Vollzugsform des Sozialen ergibt sich eine „schwebende", immer nur erneut aufgeschobene, differente „Unmittelbarkeit" oder, wie Hegel gesagt hat, eine „sich zersetzende Mitte", eine exzentrische Mitte im Zwischen. Denn das Soziale ist eben nicht aus Einzelwesen irgendwie zusammengefügt, sondern als kommunikativer Text in einer verbindenden Kommunikation zwischen ihnen. Hier wiederum sind die Einzelmomente, d. h. die Wörter und Sätze, vermittelt durch alle anderen Momente, d. h. das verbindende Medium ist in sich medial strukturiert. Verallgemeinernd gesagt, gilt das auch für Kultur allgemein: als Medium ist sie in sich medial, jeder Kultureffekt ist stets auch das Andere. In diesem Sinne sprach Cassirer von der „wechselseitigen Bedingtheit".[164] Walter Benjamin interpretierte diese Intermedialität folgendermaßen: „Das Mediale, das ist die *Unmittel*barkeit aller geistigen Mitteilung..."[165]

Aber es gibt eine Ironie dieser Medialität der Kultur, sie muss zwangsläufig die Illusion der Unmittelbarkeit erzeugen, weil das Soziale mit der permanenten Reflexion seiner Vermitteltheit keine Anschlüsse fände, sich nicht fortsetzen könnte, sondern sich auf eine gewiss fiktive, artifizielle „Unmittelbarkeit" für seine eigene Fortsetzung stützen muss.

Setzt man aber auf die Vermittlung, so gilt es zu berücksichtigen, dass ein Vermittler (à la Christus) fehlt. Es ist eine „Vermittlung ohne Vermittler"[166]. Vermittlung ohne Vermittler heißt: Im Zwischen des kommunikativen Textes sitzt nicht jemand und regelt die Vermittlung, sondern gewissermaßen ist die Vermittlung entweder selbst vermittelt oder stellt sich in einer eigentümlichen „Unmittelbarkeit" dar, indem sie einfach fungiert, aber nicht auf etwas außerhalb verweist; oder im Hinblick auf die virtuelle Präsenz des Dritten im Text könnte man mit Gerhardt Gamm sagen: „der verschwindende Vermittler", was die *paradoxe* Struktur einer bestimmenden Unbestimmbarkeit" hervortreten lässt.[167]

---

164 Ernst Cassirer: *Zur Logik der Kulturwissenschaften*, 499.
165 Walter Benjamin: „Über Sprache überhaupt und die Sprache des Menschen", in: ders.: *Gesammelte Schriften II, 1*. Frankfurt a. M.: Suhrkamp 1977, 142.
166 Jean-Luc Nancy: *singulär plural sein*. Berlin: Diaphanes 2004, 144 f.; und im Anschluss daran Sybille Krämer: *Medium, Bote, Übertragung*. Frankfurt a. M.: Suhrkamp 2008, 54 ff.
167 Gerhardt Gamm: *Der unbestimmte Mensch*. Berlin, Wien: Philo 2004, 68.

3.2 Kultur vs. Gewalt

Man ist versucht, das Kulturelle der Vermittlungen der Unmittelbarkeit der Gewalt entgegenzusetzen. Diejenigen Gewalt-Vorkommnisse jedoch, die bereits in der Kultur vollzogen werden, etwa sogar als sprachliche Gewalt neuerdings mit Vorliebe thematisiert werden[168] könne man entnehmen, dass Sprache nicht nur über Gewalt berichten und zu Gewalt auffordern könne, sondern dass die Sprache selbst eine Form von Gewalt sei, bzw. sein könne. Konsequenz wäre dann, dass es keinen Gegensatz von Gewalt und Kultur gibt, sondern dass z. B. Erziehung zu Gewalt bereits in der Kultur geschehe.

Davon wird hier nicht die Rede sein, sondern von derjenigen Gewalt, die nach einem Wort von Andreas Hetzel nicht nur Aussagen setzt, sondern die sprachlos entsetzt.[169] Nur in diesem Sinne ist eine wirkliche Entgegensetzung von Gewalt und Kultur angezeigt, nicht im bloß instrumentellen von Gewalt, der sehr wohl auch im Dienste oder in der Verfolgung kultureller Zwecke steht. Diese entsetzende und entsetzliche Gewalt steht außerhalb aller kulturellen Prozesse und Ereignisse. Sie ist für Kultur ein absolut bedrohliches Vorkommnis und steht im Jenseits des kommunikativen Textes der Entfaltung von kulturellen Prozessen. Begegnet sie, so lässt sie im Entsetzen verstummen. Im Jenseits der Kultur bedroht sie unmittelbar auch die leibliche Fundierung des Kulturellen. Sie lässt kein Überleben und auch kein kulturelles Über-Leben zu. Stärker noch als Natur ist sie der Kultur entgegengesetzt und entkommt ihr in die eigentümliche Sprachlosigkeit. War hinsichtlich der Kultur/Natur-Unterscheidung ein Problem, dass jede Unterscheidung die Unterschiedenheit im Inneren jeder Seite reproduzierte, so ist in Gewalt die absolute Unfassbarkeit und Unbegreiflichkeit gegeben. Aber genau diese Struktur lässt ein Paradox hervortreten, oder eine Aporie: Ist nicht Kultur angesichts von Gewalt zum Scheitern verurteilt? Und noch radikaler gefragt: Ist nicht das Bestehen und der Bestand von Kultur durch die Tatsache der Möglichkeit von Gewalt grundsätzlich fraglich? Ist Kultur auf diese Weise in sich brüchig und ohne Dauerhaftigkeit?

Gewiss ist Moral und hinter ihr die sie begründende Ethik immer schon gegen Gewalt positioniert. Das ist insofern trivial. Aber in der kulturellen Praxis helfen solche Einsichten und Normierungen gar nichts gegen die Möglichkeit von Gewalt-Okkurenzen, zumal in den Diskursen über abzulehnende Gewalt immer schon begleitend die moralische Rechtfertigung sogenannter Gegen-Gewalt eingebaut ist,

---

[168] Sybille Krämer: *Gewalt der Sprache – Sprache der Gewalt*, Berlin: Landeskommission Berlin gegen Gewalt, 2005, 4f.; s. auch Hannes Kuch u. Steffen K. Herrmann (Hrsg.): *Philosophien sprachlicher Gewalt. Grundpositionen von Platon bis Butler.* Weilerswist: Velbrück 2010.
[169] Andreas Hetzel: *Zwischen Poiesis und Praxis. Elemente einer kritischen Theorie der Kultur.* Würzburg: Königshausen & Neumann 2001, 276–282.

weil einem verbreiteten Ondit zufolge gegen Gewalt eben nur eindämmende Gegengewalt hülfe. Fatalerweise aber ist Gegen-Gewalt selbst strukturell nichts anderes als sinnlose Gewalt, bestückt mit einer scheinbaren moralischen Rechtfertigung.

Angesichts solcher Paradoxien bleibt als kulturelle Antwort nichts anderes übrig, als nach dem Sinn von Gewalt zu fragen, was aber auf nichts anderes hinausläuft, als Gewalt in Kultur abzubilden. Wenn aber Sprachlosigkeit und im Erleben das Entsetzen die Charakteristika des Erlebens von Gewalt sind, dann wird doch fraglich, ob Sinn-Verstehen als Modalität der Erfassung kulturellen Sinns überhaupt an diese entsetzliche Sprachlosigkeit heranreichen könne. Wenn aber die sprachlose Gewalt unmöglich zu verstehen sein sollte als etwas, das sich in die Sinngefüge der Kultur integrieren ließe, dann wäre das doch auch ein Versagen der Kultur angesichts eines solchen Phänomens, Gewalt fehlte jede Bedeutsamkeit, und sie wäre so ohne Bedeutung. Hinsichtlich der Kultur/Natur-Unterscheidung war das anders; über Phänomene der Natur ließ sich doch reden, selbst wenn deren Gegenständlichkeit weitgehend den Naturwissenschaften überlassen werden musste. Und Natur in der Gestalt des Gartens war in der Hortikultur ein Kulturphänomen. Grundloses Töten von Menschen jenseits aller moralischen Schein-Rechtfertigungen hinterlässt nichts als sprachloses Entsetzen. Ja, selbst wenn im politischen Palaver nach dem Blick in den Abgrund des Entsetzens das Sprechen einsetzt, dann findet sich in diesem Gerede, auch von den hinzugezogenen Psychologen und Theologen, doch alles andere als eine verstehende Integration in Prozesse des Verstehens des Erlebten; sie sprechen dann allenfalls wortreich von der Sprachlosigkeit, die sie angesichts der Gewalt befallen habe.

Der Irrtum, der einer solchen ausschließenden Gegenüberstellung von Kultur und Gewalt zugrunde liegt, ist der Auffassung geschuldet, dass „Kultur" und „Gewalt" als Blöcke gegeneinander gesetzt werden. Eine solche Block-Sichtweise bezüglich von Kultur musste schon in der Opposition von Natur und Kultur aufgelöst werden, indem wir zu sehen gelernt hatten, dass es auch Natur-in-Kultur und Kultur-in-Natur gibt. Daraus ergibt sich die Frage, ob eine vergleichbare Implementierung von Kultur und entsetzender Gewalt möglich sein könnte. Ein naheliegender Gedanke wäre es, eine quasi-naturwissenschaftliche Sicht vorzusehen, also Erklärungen, z. B. psychologischer Art zuzulassen. Aber entweder spricht man dann lediglich von instrumenteller Gewaltokkurrenz, also gerade nicht von dem sprach- und sinnlosen Entsetzen, oder man deutet sie zu einer solchen erklärlichen Gewalt um; dann aber gibt es gar kein Problem des Gegenüberstehens von Kultur und Gewalt mehr: die entsetzende Gewalt wird auch hier nicht erfasst oder begriffen.

Versuchen wir also einen anderen Zugang, der das Bild der sinnlosen Gewalt aufrecht erhalten kann. Dieser Weg setzt kritisch bei den beiden Blöcken „Kultur" und „Gewalt" an und setzt dem die These entgegen, dass Kultur eben kein solcher homogener Block ist, in dem die kulturellen Tatsachen und Objekte ihren Platz gefunden hätten. Wenn man diesen Blick aufgegeben hätte, dann wäre die Suche nach einem Hereinreichen von Gewalt in den Prozess des kulturellen Textes angesagt. Dann eröffnet sich die Perspektive, dass die Kontinuität des kommunikativen Textes unterbrochen wird, wenn Gewaltereignisse in ihn hereinbrechen. Auch dann gehört Gewalt nicht zum Text der Kultur, aber sie hinterlässt Ereignis-Spuren in ihm. So wird der kulturelle Text skandiert und rhythmisiert. Wie zwei Linien aus verschiedenen Welten, die sich kreuzen und in dem Kreuzungspunkt füreinander gegenseitig zum Punkt eines Ereignisses werden, so erscheint auch der kulturelle Prozess im Moment des Hereinbrechens von Gewalt selbst als Ereignis – Kultur als Ereignis.

Auch im Terrorismus der Folter soll in Gewalt ein Sprechen erzwungen werden, das sozusagen die Kulturalität des (schweigenden) Textes bricht. Die Negation des Textes durch Folter bleibt jedoch eine in sich vieldeutige Fortsetzung. Die Folter kann sich die Kontinuität des Textes nicht erzeugen, die Kontinuität des erfolterten Textes hat in sich keine Gewähr, sie ist eine Sackgasse, eine Digression aus der Kultur hinaus.

Es gibt einen weiteren Abgrund aus der Kultur hinaus, auch dieser ereignishaft, nämlich das Mystische, eine stumme Schau des Wahren. Das gehört zwar nicht zum Thema Gewalt vs. Kultur, verdient aber als eine andere, verschiedene Weise, wie der Text im augenblickshaften Ereignis gebrochen sein kann, Beachtung. In jedem Moment der Entfaltung des kulturellen Prozesses gibt es die begleitend mitlaufende Möglichkeit des Anderen der Kultur: Gewalt oder Mystik.

Um dem zu begegnen, hat Kultur drohende Bilder der Gewalt ausgebildet, die zwar nicht zum Verstehen anleiten, aber die permanente Möglichkeit im Bewusstsein wach halten: Gewalt als *Rückfall* in die vorkulturellen barbarischen Zustände und Gewalt als *Befreiung* von den zivilisatorischen Deformationen der Kultur in Aussicht auf einen zukünftigen befreiten Zustand der Gesellschaft. Bilder der Gewalt können als Bildlichkeit sehr wohl in die Thematik des Textes eingehen, z. B. als Heroik oder als Zwang. Aber in der Performanz des Textes ist die Begegnung mit Gewalt im Text immer ein tatsächlicher oder ein drohender Abbruch des Textes. Denn die kulturellen Prozesse sind immer auch begleitet von der Möglichkeit ihrer Negation.

Das Rückfall-Bild unterstellt, dass es *vor* der Kultur einen Zustand ubiquitärer Gewalt gegeben habe, der dann im Übergang durch einen gewaltbeendenden Gewaltakt in den Kulturzustand übergegangen sei. Schon die Idee der Möglichkeit eines gewaltbeendenden Gewaltaktes zeigt die Widersprüchlichkeit dieses Bildes. Die befreiende Gewalt denkt einen allerletzten Gewaltakt, der die im Verborgenen immer begleitende Gewalt der Zivilisation in einen befriedeten und befreiten Zustand der Gesellschaft überführen könne. Auch das ist paradox: es denkt eine Gewalt, die von Gewalt befreien könnte, also eine Gewalt, die von einer kulturell formierten und verschleierten Gewalt endgültig befreit zu einer Kultur ohne dieses bedrohliche Außen der Kultur. Die Thematik des Verhältnisses von Gewalt und Kultur hat Walter Benjamin in einer uneinholbaren Klarheit in seinem Aufsatz *Zur Kritik der Gewalt* dargestellt.[170]

Er geht aus von der Bestimmung einer Kritik der Gewalt als Darstellung ihres Verhältnisses zu Recht und Gerechtigkeit; denn sie ist ein Eingriff in sittliche Verhältnisse. Als solche kann sie niemals Zweck, sondern immer nur Mittel zur Erreichung anderer Zwecke sein. Was er auf diese Weise bestimmt, ist stets nur die instrumentelle Gewalt. Sie fungiert sowohl als rechtserhaltende (z. B. polizeiliche oder strafrechtliche Gewalt) wie aber auch als rechtsetzende Gewalt (die in der Befriedung dem Einzelnen das Recht auf gewaltförmige Verfolgung seiner Zwecke untersagt), schließlich auch dem Einzelnen befohlene kriegerische Gewalt. Auch eine gewaltfreie Beilegung von Konflikten ist immer durch das Recht gedeckt, und Kompromisse sind immer nur im Rahmen des Schutzes durch das Recht möglich. Dann stellt sich die Frage, ob es nicht eine Gewalt abseits oder jenseits von Recht und Gerechtigkeit geben könnte. Es wäre eine reine, eine „göttliche" Gewalt; während rechtsetzende und rechtserhaltende Gewalt als eine mythische Gewalt bezeichnet zu werden verdient, ist die göttliche Gewalt eine rechtsvernichtende, eine entsühnende Gewalt. Sie befreit und ihr Vorschein ist daher die revolutionäre Gewalt, deren Reinheit jedoch nie ersichtlich ist. Daher ist Benjamins Gewalt-Theorie eine transzendentale Theorie; so wie in Kants praktischer Philosophie nie eine Handlung empirisch als aus Sittlichkeit erfolgt nachgewiesen werden kann, so kann auch von revolutionärer Gewalt nie nachgewiesen werden, dass sie eine Erscheinung entsühnender Gewalt gewesen sei. Diese Gewalt wäre rein in dem Sinne, dass sie niemals ein Mittel zu Rechtszwecken sein könnte. Sie entwindet sich dem Kreislauf von Rechtssetzung und Rechtserhaltung, dennoch ist ihre Entsühnung im Nachhinein nie nachweisbar. Aber es gibt etwas, das einer gewaltfreien Konfliktlösung dienlich ist: Benjamin nennt es die „Kultur des Herzens", sie äußert sich als Neigung und Vertrauen, ihre Effekte sind kommunikative Übereineinkunft und Verständigung. Aber auch diese „Kultur des Herzens" ist empirisch nie nachweisbar, sie ist eine kontrafaktische Unterstellung, die wir machen müssen, wenn wir uns vorbehaltlos auf kommunikative Prozesse einlassen. Hier bei Benjamin sehen wir die Entgegensetzung von Kultur und Gewalt aufgehoben, jedoch immer im Licht eines Als-ob, d.h. um die Entgegensetzung aufzuheben, müssen wir die Ebene der direkten Konfrontation beider verlassen und die transzendentale Meta-Ebene

---

[170] Walter Benjamin: *Gesammelte Werke I.* Frankfurt a. M.: Zweitausendeins 2011, 342–361.

kontrafaktischer Unterstellungen einnehmen. Kultur wird so zu einer Bedingung möglicher kommunikativer Prozesse, d.h. Kultur ist hier eine Bedingung des kommunikativen Textes und findet sich nicht *in* ihm. In ihm erscheint nur ein Grund-Misstrauen und der allseitige Verdacht der Kommunikationsteilnehmer gegeneinander, der in der Pandemie-Politik der Jahre 2020 ff. zur Vermummung aller geführt hat, dem Verlust bzw. der Vermeidung kultureller Offenheiten.

3.3 Politik und Kultur – die Kulturpolitik

Scheinbar gibt es wie in den beiden vorhergehend angesprochenen Gegensätzen auch eine Polarität von Kultur und Politik. Daher kann man die Frage aufwerfen, ob die Politik, so wie wir sie kennen, Kultur ausschließt oder ob sie sie gegebenenfalls einschließen könnte. Um dieser Frage nachzugehen, wird es als erstes nötig sein, die Politik der Staaten von dem Politischen zu scheiden. Dabei kann man ausgehen von Carl Schmitts Bestimmung des Politischen, wie er es in seinem Buch *Der Begriff des Politischen* konzipiert hat.[171] Diese Anknüpfung wird einiges bei Schmitt schärfer herausarbeiten wollen und anderes in einen zeitgeschichtlich bedingten Hintergrund treten lassen. Auch bei Carl Schmitt, und darin ist er Vorbild, geht es primär um das Politische und nicht primär um die Politik, oder anders ausgedrückt: der Begriff des Politischen wird dem der Politik vorgeordnet. Die Frage, die sich uns allerdings stellen muss, ist die, ob Carl Schmitt diese Trennung und diese Fundierung konsequent genug durchhält oder ob wir ihn nicht heute in der Postmoderne etwas abweichend aufnehmen und fortsetzen müssen. Immerhin wollen wir zunächst in diesem Sinne festhalten, dass durch diese Vorordnung des Politischen etwas gedanklich ermöglicht wird, das man als ein Politisches ohne Staat benennen könnte. Diese Ausblendung hat bei Schmitt seinen Grund darin, dass er den Fremden, den, der nicht zu „uns" gehört, nur als Feind denken kann, der dann den „Freunden" im gleichen staatlichen, oder sogar völkisch grundierten Herrschaftsverband entgegensteht. Nun ist aber ein staatlicher Herrschaftsverband wirklich etwas ganz anderes als ein Bündnis von Freunden, gar als eine Fraternité. Blicken wir also kurz auf die Bestimmung des Politischen bei Carl Schmitt; er nennt es einen „Intensitätsgrad einer Assoziation oder Dissoziation von Menschen".[172] Diese formale Definition macht noch keinen Gebrauch von der Unterscheidung Freund/ Feind; vor allem wird das Politische nicht durch Feindschaft definiert, aber

---

[171] Carl Schmitt: *Der Begriff des Politischen. Text von 1932 mit einem Vorwort und drei Corollarien.* Berlin: Duncker & Humblot 1987.
[172] l. c., 38.

selbstverständlich auch nicht durch Freundschaft oder gar Konsens. Gerade letzteres wäre bedenklich, weil der angestrebte oder advokatorisch beanspruchte Konsens aller, die sich für vernünftig erklären, eine Moralisierung des Politischen bewirkt, z.T. ja auch ausdrücklich erstrebt, wie wir zur Zeit allenthalben beobachten können. Solche Moralisierung, vor allem einzelner regierender Politiker ist eine Entdifferenzierung der modernen Gesellschaften, d. h. eine Primitivierung. Für die selbst erklärten Moralischen kann es keinen Frieden mit dem Unmoralischen geben. Die Moralisierung des Politischen muss daher jeden Krieg und jede kriegerische Intervention bis zur Vernichtung des Gegners vorantreiben. Durch die Formalität der Grunddifferenz im Politischen, auch unter den Begriffen Freund/Feind ist die Substantialisierung ausgeschlossen, weswegen der, der gestern noch in der Rolle des Feindes begegnete, heute zu den Freunden gehören kann. Wer aber zum moralischen Feind der ganzen Menschheit erklärt wurde, d. h. zum Unmenschen, der kann nicht morgen unser Freund sein. Moralischer Feind der ganzen Menschheit wird man durch Einstellungen, die sich in Taten äußern können, aber auch vorläufig im Verborgenen bleiben können, d. h. viele der Feinde der Menschheit sind heute noch gar nicht als solche ersichtlich, m.a.W. jeder von uns steht nun im generalisierten Verdacht, ein Feind der Menschheit zu sein oder werden zu können, weswegen ja die Unzahl der Überwachungssysteme installiert worden ist. Das Politische aber von der Moralisierung freizuhalten, ermöglicht es, mit den Kategorien funktional als Assoziation und Dissoziation umzugehen. Es käme nun also darauf an, den Begriff des Politischen formal und neu zu bestimmen, so dass er als Begriff sowohl von Moralisierung als auch von Ökonomisierung frei wäre; was wir bräuchten, wäre eine Revolution des Politischen, und das wäre eine echte Kultur-Revolution.[173]

Das Politische neu zu erfinden, hieße, das Politische gemäß dem Kulturprinzip zu entfalten. Die Unterscheidung eines Ökonomieprinzips und eines Kulturprinzips ist die Unterscheidung zweier Prinzipien, nicht etwa zweier Sektoren der modernen oder postmodernen Gesellschaften. Denn natürlich spielt das Kulturprinzip der Umwege auch in der Ökonomie eine erhebliche Rolle, und selbstverständlich kommen in kulturellen Prozessen auch Zielorientierungen vor, auch wenn vielleicht nicht dominant. Das läuft insgesamt auf eine Zielerreichungsvermeidung durch Umwege und Vermittlungen hinaus, d. h. auf Kultur.

Es gibt daneben aber auch eine Verbindung, die Kultur und Politik eingehen, in der die Politik die Kultur dominiert, anders als in der kulturellen Subversion des

---

173 Jean-Luc Nancy: *Politique et au-delà*. Paris: Galilée 2011, 36: „Il nous faut une révolution non pas politique mais *de* la politique ou bien par rapport à elle. Il faut tout simplement (!) une autre ‚civilisation', ce qui dire avant tout, bien sûr, un autre mode de reconnaissance du sens."

Politischen. Diese Verbindung trägt den Namen einer Kulturpolitik. Dieses Konzept oder gar politische Programm ist von vielen Seiten kritisiert worden. So etwa argwöhnt Heiner Müller, dass es die Funktion der Kulturpolitik sei, Ereignisse, d.h. Unkalkulierbares zu verhindern.[174] Und Jean-François Lyotard stellt fest, dass mit der Betonung einer Kulturpolitik der Geist in den Einflussbereich von Politbüros und Ministerialbürokratien gerate.[175]

Die noch immer schärfste Philippika gegen Kulturpolitik stammt von Martin Heidegger. Das einzige Volk, so sagt er, das keine Kultur im Sinne des „Vorgenommenen und Eingerichteten" hatte, waren die Griechen;[176] sie hatten solch eine vorgenommene und eingerichtete „Kultur" nicht nötig, weil, wie er sagt, dieses Volk des 6. Jahrhunderts v. Chr. „im Sein stand". „Jetzt aber trieft alles von ‚Kultur'", so dass der Mensch der Jetztzeit definiert werden könne „als das kulturpolitiktreibende Tier."[177]

> Wenn ein Volk sich auf die „Pflege", d.h. doch „Kultur" der „Kultur" verlegt, hat es sich bereits der Gefahr und dem Wagnis wesentlicher Entscheidungen entzogen. Die Kultur der Kultur entspricht der Herrschaft des auf sich selbst eingerollten „Subjektums" – sie bei zunehmender Geschicklichkeit und entsprechender Vernutzung seiner „schöpferischen Persönlichkeiten" aus der früheren Geschichte Vielerlei „Gutes" und „geschmacklich" Einwandfreies leisten und Viele, die sonst gezwungen gewesen wären, in einem bestimmten Arbeitsbereich schlecht und recht ihr Tagwerk zu tun, finden jetzt Gelegenheit, sich „großen" „Kulturmissionen" zu widmen. Die „Kulturpolitik" wird jetzt zu einer Weltseuche ... und wir haben erst später den Nutzen dieses „politischen" Werkzeugs erkannt.[178]
> Man zerrt jetzt zum zweideutigen Aufputz der Machenschaften zuweilen auch noch Nietzsche herbei als vermeintlichen Kronzeugen der „Kulturpolitik", die „dem Volke" dienen soll...[179]
> Wenn aber die „Kultur" ein richtiges „Instrument" der „Politik" geworden ist, dann muß es schließlich dahin kommen, daß man sich mit Hilfe von „Kulturverträgen" und Abmachungen wechselweise hintergeht – und die je eigenen Machtgelüste und Vorhaben verschleiert – ein Vorgang, den nur Spießbürger mit „moralischer" Entrüstung verzeichnen können; in Wahrheit aber ist er die notwendige Folge dessen, was längst schon *ist*.[180]

Soweit Heidegger.

Wir sehen nun, dass das Verhältnis von Kultur und Politik ein Missverhältnis ist, weil die herrschende Politikauffassung Kultur nur als Gegenstand, ein Vor-

---

174 Heiner Müller: „„Mich interessiert der Fall Althusser..."", in: *Alternative*, 137 (1981), 70–72.
175 Jean-François Lyotard: *Grabmal des Intellektuellen*. Graz, Wien: Böhlau 1985, 27f.
176 Martin Heidegger: *Gesamtausgabe Bd. 95*. Frankfurt a.M.: Klostermann 2014, 322f.
177 l.c.
178 l. c., 323.
179 ibd.
180 l. c., p. 325.

kommendes oder als ein „Politikfeld" begreifen kann. Ein produktives Verhältnis käme erst dann zustande, wenn aus kulturellen Prozessen heraus sich auch das Politische wandeln könnte. Davon sind wir aber seit der Rückkehr zur Vormundschaft und der Durchsetzung der Strukturen einer obrigkeitlichen Pandemiepolitik weiter entfernt denn je.

Also die „politische" Frage: *Wozu* dient Kultur – wozu *dient* Kultur?

3.4 Kultur und Zivilisation

Als das im übrigen hochproblematische Buch *The Clash of Civilisations* von Samuel Huntington ins Deutsche übersetzt wurde, da wählte der Verlag den Titel *Der Kampf der Kulturen* – zu Recht; denn was Huntington analysiert hatte, war ein (angeblicher) Kampf des „westlichen" Religions- und Wertesystem gegen den Rest der Welt. Der Sammelbegriff dafür ist aber im Deutschen „Kultur", nicht „Zivilisation". Wie konnte diese Differenz entstehen?

Eine erste Gegenüberstellung von „Cultur" und „Civilisirung" findet sich in Kants Pädagogik-Vorlesung.[181] Hier führt Kant als Schritte der Erziehungsziele auf:
1. Disziplinierung: „Disciplin ist also blos Bezähmung der Wildheit";
2. Kultur: „Sie ist Verschaffung der Geschicklichkeit", und zwar zu beliebigen Zwecken, dazu gehören Lesen und Schreiben;
3. Zivilisierung: darunter versteht Kant eine bestimmte Sorte von Kultur, nämlich sich passend für die Gesellschaft zu machen, also gute Manieren, „Artigkeit" und auch eine gewisse Klugheit in der Einpassung in die Gesellschaft;
4. Moralisierung: d. h. nicht nur beliebige Zwecke zu verfolgen, sondern die „Gesinnung daß er lauter gute Zwecke erwähle", die jeder Mitmensch billigen kann.

„Wir leben im Zeitpunkte der Disciplinirung, Cultur und Civilisirung, aber noch lange nicht in dem Zeitpunkte der Moralisirung", resümiert Kant.

Bemerkenswert an dieser Reihung der Schritte ist, wenn man die Folgezeit bedenkt, dass Kant hier Zivilisation als eine auf Klugheit gebaute Unterart von Kultur begreift. Denn seit Ende des 18. Jahrhunderts wurde in Deutschland die Entgegensetzung von Kultur und Zivilisation üblich. Mit ihr setzte sich die deutsche „Kultur" wertend von der französischen „Zivilisation" ab. Ein neu entstehendes nationales Selbstbewusstsein der Deutschen versuchte so, ein eigenes kulturelles

---

[181] Immanuel Kant: *Gesammelte Schriften*, hrsg. v. d. Preußischen Akademie der Wissenschaften. Berlin: de Gruyter 1910 ff., IX, 449 ff.

Selbstbewusstsein gegen die über Jahrhunderte hinweg überlegene französische Kultur zu artikulieren. Noch Leibniz schrieb ja einen Teil seiner Schriften in Französisch, und an den Höfen der deutschen Staaten pflegte man den Umgang in französischer Sprache. Mit dieser neuen Differenz der Kultur der Deutschen von der Zivilisation der Franzosen wurde versucht, eine Überlegenheit der Kultur auszudrücken. Das Franzosenbild der Deutschen fasste Fuhrmann so zusammen: „Die Franzosen ... sind korrekt, höflich, auf Konventionen und einstudierte Umgangsformen versessen ... sie vernachlässigen über dem Außen, dem Schein, der Schale, das Innen, das Wesen, den Kern..."[182] Die französische „civilisation" war rationalistisch und pflegte eine gefällig polierte Oberflächlichkeit, die deutsche „Kultur" hingegen setzte auf geistige und seelische Tiefe, sagte man damals. Das verbindet die Franzosen mit den Römern, während die Deutschen mit den Griechen wesensverwandt seien. 1807 sagte Wilhelm von Humboldt: „Die Deutschen besitzen das unstreitige Verdienst, die griechische Bildung zuerst treu aufgefaßt und tief gefühlt zu haben."[183] Bis in die politische Verfassung hinein, d. h. den Föderalismus der Staatenvielfalt, gleicht Deutschland dem antiken Griechenland, das ist aber keine Rückständigkeit, sondern die angemessene politische Verfassung der Humanität, die von Griechenland hin zum römischen Zentralismus verfallen ist; derzeit ist Deutschland der Sachwalter dieser Humanität und damit die Option für eine wahre Zukunft der Menschheit. Die Französische, die rein politische Revolution mit ihrer Orientierung an Rom ist rückständig, während die wahre Zukunft der Menschheit von der deutschen Kulturrevolution vertreten wird.

Die so gestaltete Opposition von Kultur und Zivilisation hält in Deutschland das ganze 19. Jahrhundert durch an, verbunden mit der Verachtung der Zivilisation der Franzosen und später der Engländer und Amerikaner. Friedrich Nietzsche etwa sagte:

> Die Höhepunkte der Cultur und der Civilisation liegen *auseinander*, man soll sich über den Antagonismus dieser beiden Begriffe nicht irreführen lassen. Die großen Momente der *Cultur* sind die Zeiten der *Corruption*, moralisch ausgedrückt; die Epochen der gewollten und erzwungenen *Zähmung* („Civilisation") des Menschen sind Zeiten der Unduldsamkeit für die geistigeren und kühnsten Naturen und deren tiefste Widersacher.[184]

---

182 Manfred Fuhrmann: „Die *Querelle des Anciens et des Modernes*, der Nationalismus und die deutsche Klassik", in: Bernhard Fabian u. a. (Hrsg.): *Deutschlands kulturelle Entfaltung. Die Neubestimmung des Menschen* (Studien zum achtzehnten Jahrhundert; 2/3). München: Kraus 1980, 49–67, hier 59.
183 Zit. dort S. 61; damit angespielt auf Johann Joachim Winckelmanns *Gedanken über die Nachahmung der griechischen Werke in der Malerei und Bildhauerkunst* von 1755.
184 Friedrich Nietzsche: *Kritische Studienausgabe*, hrsg. v. Giorgio Colli u. Massimo Montinari. München, Berlin, New York: dtv, de Gruyter 1980, XII, 416.

Oswald Spengler behauptet in seinem Werk *Untergang des Abendlandes* eine historische Abfolge, nach der die Zivilisation die Verfallsform einer Kultur sei, die Charakterisierung der Opposition aber bleibt gleich. „Der Kulturmensch lebt nach innen, der zivilisierte Mensch nach außen ... unter Körpern und ‚Tatsachen'..." – „Das ist Zivilisation an Stelle von Kultur, des äußeren Mechanismus statt des inneren Organismus..."[185] Und selbst Georg Simmel nannte die Kultur den „Weg der Seele zu sich selbst".[186]

Das hält sich durch bis zur Interpretation des I. Weltkriegs als deutschem „Kulturkrieg", in dem es um den Kampf der deutschen Kultur der Innerlichkeit und Ganzheitlichkeit gegen die bloß zivilisierten Nationen der Engländer und Franzosen mit ihrem instrumentellen und oberflächlichen Denken. In diesem Sinne sagte auch Thomas Mann in seinen *Betrachtungen eines Unpolitischen:* „Der Unterschied von Geist und Politik enthält den von Kultur und Zivilisation, von Seele und Gesellschaft, von Freiheit und Stimmrecht, von Kunst und Literatur; und Deutschtum das ist Kultur, Seele, Freiheit, Kunst und *nicht* Zivilisation, Gesellschaft, Stimmrecht, Literatur."[187]

3.5 Kultur und Versittlichung, bzw. Domestizierung

Schon bei Kant hatten wir die Rolle der Disziplinierung bis hin zur Kultur und Zivilisation kennengelernt und bei Nietzsche die Rolle der Zähmung und Unduldsamkeit in der Zivilisation. Das lenkt den Blick auf den Aspekt der Einengung in Vorgängen der Domestizierung des Menschen zu einem kulturlosen Haustier.[188] Es bleibt hier nur nachzutragen, dass die Domestizierung der menschlichen Natur, wie schon im Abschnitt über Natur und Kultur gesagt, durchaus als eine Leistung der Kultur begriffen werden kann. Und man wird einsehen lernen, dass die Versittlichung/Domestizierung des Menschen kein ihm fremder Vorgang ist. Das Bild der Zähmung der Wildheit durch Disziplin, Erziehung und Bildung ist durchaus kein unidirektionaler Vorgang, keine Implantation von Kultur in ein zuvor konturloses Etwas. Alle Eltern wissen, dass Erziehung ein beidseitiger Vorgang ist: die Kinder werden von den Eltern erzogen, aber – genau so wichtig: – auch Eltern werden zu Eltern erst im Vorgang gegenseitiger Erziehung. Und das gleiche gilt auch für die

---

185 Oswald Spengler: *Der Untergang des Abendlandes*, 9. Aufl. München: dtv 1988, 450, 452.
186 Georg Simmel: „Der Begriff und die Tragödie der Kultur", in: *Gesamtausgabe Bd. 14.* Frankfurt a. M. 1996, 385–416, hier 385.
187 Thomas Mann: *Betrachtungen eines Unpolitischen.* Berlin: S. Fischer 1919, S. XXXIII.
188 S. auch Manfred Sommer: *Suchen und Finden. Lebensweltliche Formen.* Frankfurt a.M.: Suhrkamp 2002, 394.

Domestizierung der Haustiere. Daher sprach Michel Serres von einer „domestication réciproque".[189] Diese geschieht gewissermaßen Stück für Stück. Herrchen und Hund blicken sich gegenseitig an oder haben andere Kontakte; Teil für Teil gegenseitiger Körperlichkeit und eines Körperkontaktes, der immer Kontakt von beiden Seiten ist. Das Haustier Mensch und die anderen Haustiere bewohnen ein gemeinsames Haus; das nennt man in der Biologie eine Symbiose. Eine Symbiose überspringt die Kultur/Natur-Dichotomie zu etwas Gemeinsamen. Serres spricht gar von einer gemeinsamen Kultur von Mensch und Tier: sie zähmen sich gegenseitig. Die symbiotische Gemeinsamkeit der Kultur des Hauses von Mensch und Tier sprengt den Aspekt der Technizität, aber auch die cartesianische Forderung „clare et distincte" in einer unsauberen und unanalysierbaren Melange von Natur und Kultur. Im Deutschen nicht nachahmbar, erläutert Serres „conscience" als „science de l'avec";[190] diese besteht innerhalb einer Species, aber auch zwischen den Species'. Man kann diese „unsaubere" Gemeinsamkeit des Kultürlichen und Natürlichen auch als reziproke Unterwerfung darstellen, wie wir ja auch bereits in dem entsprechenden Abschnitt gesehen haben, durch die sich beide Seiten zueinander öffnen und nicht voreinander abschotten oder abschließen.

3.6 Takt

Mit dem Thema „Takt" betreten wir im Rahmen der „Was-ist-Kultur"-Bestimmungen ein Feld, das eindeutig zur Kultur gehört und in keiner Spannung zu ihr steht. Als in Deutschland der Gedanke der Gemeinschaft bis zur Volksgemeinschaft Exzesse feierte, machte Helmut Plessner mit seinem Buch *Grenzen der Gemeinschaft* auf die Problematik einer solchen Generalisierung aufmerksam.[191] Für ihn sind Takt und Taktgefühl in solchen Beziehungen unverzichtbar, wenn Menschen aufeinander treffen, die sich nicht kennen und nicht wissen, was sie voneinander zu erwarten haben. Er bezeichnet den sozialen Radikalismus seiner Zeit auch als „Ethik der Taktlosigkeit", die jedes Gespür für den Wert des Anderen, für angemessene Distanz, und den Respekt vor der Differenz verloren hat: „Zur Logik des Takts im Medium unbestimmter Öffentlichkeit".[192] Allgemein ist Takt wohl die Zurückhaltung, die den Fremden weder indifferent als Feind oder als Verführer

---

[189] Michel Serres: *Hominescence*. Paris: Le Pommier 2001, 130 ff., 145 ff., 165 f.; cf, auch Manfred Sommer: *Suchen und Finden*, 394.
[190] l. c., 149.
[191] Helmut Plessner: *Grenzen der Gemeinschaft, Ges. Schriften Bd. V.* Frankfurt a, M.: Suhrkamp 1981.
[192] l. c., 94 ff.

traktiert noch ihn einvernimmt als einen, der im Grunde auch nicht anders ist als unsereiner. Takt respektiert die Fremdheit des Fremden, ohne ihr auszuweichen oder sie zu negieren. Hans-Georg Gadamer hat daher Takt als „sittliches Umgangsphänomen" bezeichnet. Weiter schreibt er: „Wir verstehen unter Takt eine bestimmte Empfindlichkeit und Empfindungsfähigkeit für Situationen und das Verhalten in ihnen, für die wir kein Wissen aus allgemeinen Prinzipien besitzen. Daher gehört Unausdrücklichkeit und Unausdrückbarkeit dem Takt wesentlich zu."[193] Takt leitet dazu an, Abstand zu halten, d.h. die Anstößigkeit zu großer Nähe und erzwungener Intimität zu meiden. Es ist eine implizite Kulturalität, kein explizites Wissen oder ausdrückliche Moral oder ethisches Wissen. Diese Kultur wirkt ausschließlich in Unausdrücklichkeit. Takt setzt ein in der Begegnung mit Fremden, wo eine Normierung nicht besteht oder aber versagt, z.B. in einer diffusen Öffentlichkeit, sie entspricht in unbestimmten Situationen, dem, was Benjamin die Kultur des Herzens genannt hat. Man kann einander begegnen, ohne wissen zu müssen, wer der Andere genau ist und welche Zwecke er verfolgt. Heutzutage verschwindet die Kultur des Taktes zunehmend, weil eine Moralisierung der gesamten öffentlichen Sphäre eingesetzt hat und sich durchsetzt. Alles soll erkennungsdienstlich bekannt sein und entsprechend klassifiziert und moralisiert werden können. Waren wir davon ausgegangen, dass zwischen Kultur und Takt, anders als in den anderen Gegenüberstellungen, keine Spannung besteht, so zeigt sich nun, dass in einer heute gewandelten Kultur sehr wohl eine solche Spannung entstehen kann, ja dass diese durchmoralisierte Gesellschaft die Kultur des Taktes zum Verschwinden bringt. Hatte man vordem im kommunikativen Text den Anderen taktvoll einfach als den Anderen behandeln können, so führt z.B. das durchmoralisierte Gendering dazu, die Funktionsposition im kommunikativen Text taktlos als gegendertes Subjekt bestimmen zu müssen. Eine unbestimmte und unbestimmbare Pluralität von Alterität wird in der Ordnung von bestimmten Profilen vereindeutigt; der Takt hat hier keine Chance mehr; denn entweder ist der begegnende Andere so einer oder so eine. Heike Kämpf schreibt in Interpretation Simmels:

> Es bleibt der Augenblick selbst, das gesellige Zusammensein, die Begegnung, die gewissermaßen Selbstzweck ist. Es geht nicht darum, über das momentane gemeinsame Beisammensein hinaus gemeinsam etwas zu erreichen, persönliche Ziele zu verwirklichen oder Ähnliches. Diese besonderen Begegnungen werden allein durch das Taktgefühl geleitet."[194]

---

[193] Hans-Georg Gadamer: *Wahrheit und Methode*. Tübingen: Mohr 1990, 22.
[194] Heike Kämpf: „Fremden begegnen. Zur ethischen Bedeutung des Taktgefühls", in: *ETHICA* 24 (2016) 2, 119–132, hier 123.

Indem Simmel die Geselligkeit als eine Spielform der Gesellschaft begreift, kann er sie als frei von sachlich begründetem Zweck rein als im Vollzug reinen Selbstzwecks des Gesprächs verstehen. In ihm spielen die kulturellen Qualitäten der Liebenswürdigkeit, der Bildung und Herzlichkeit die entscheidende Rolle im Fortgang des Textes, d.h. „des rein geselligen Beisammenseins".[195]

Diesem freien Spiel des Sozialen fehlen die sonst bedingenden Einschränkungen des Fortgangs; als Ersatz tritt nun etwas ein, das keinen äußeren Zweck hat, sondern nur den ungestörten Fortgang garantieren soll und kann: das Taktgefühl. Der Takt überbrückt die Ereignishaftigkeit in der Spielform des Sozialen, der Geselligkeit; da weder eine sachliche Notwendigkeit noch eine moralische Norm den Fortgang zu regeln vermögen, tritt gewissermaßen improvisierend in dieser abgründigen Ereignishaftigkeit der Takt als Surrogat ein, der den Fremden fremd sein lassen kann und gleichwohl weder in Feindschaft noch in Gleichgültigkeit verfällt. In der Improvisierung des Geselligen tritt der Unterschied zur Etikette zutage; denn die Etikette schließt denjenigen aus, der sie nicht kennt und sich nicht ihr gemäß zu verhalten versteht, während die Improvisierung von Takt die Fremdheit gewissermaßen überspringt.

3.7 Kultur und Ökonomie – Kulturprinzip vs. Ökonomieprinzip

Im Spannungsverhältnis von Kultur und Ökonomie gibt es zwei scheinbare Harmonisierungen durch wechselseitige Implikationsverhältnisse: Kulturmanagement und Management-Kultur Doch beides sind nur scheinbare Ergänzungen. Denn im sogenannten Kulturmanagement geht es nicht um kulturelle Ereignisse oder Prozesse, denn diese lassen sich partout nicht managen, sondern es geht um das Handling von Hervorgebrachtem mit dem Label „Kultur". Und in der sogenannten Management-Kultur geht es nur um den pfleglichen Umgang mit ökonomisch-betriebswirtschaftlichen Maßnahmen und Machenschaften.

Man wird daher das begriffliche Feld verschieben müssen und nach den Prinzipien zu fragen haben, unter denen einerseits kulturelle und andererseits ökonomische Prozesse stattfinden können.

Ökonomieprinzip und Kulturprinzip sind die zwei Temporalformen des Umgangs mit Endlichkeit. Wie wir alle wissen, aber nicht wissen wollen, ist das menschliche Leben begrenzt und die Phänomene der menschlichen Existenz sind vergänglich. Und das ist schlimm und in dieser Brutalität auch schwer erträglich.

---

[195] Georg Simmel: „Grundfragen der Soziologie", in: Georg Simmel: *Gesamtausgabe Bd. 16.* Frankfurt a.M.: Suhrkamp 1999, 59–149, hier 108.

Um darüber hinwegzukommen, haben sich die Menschen zweierlei Strategien einfallen lassen, die teilweise einander entgegengesetzt sind, sich aber auch teilweise ergänzen, das Ökonomieprinzip und das Kulturprinzip.

Die erste Strategie besteht darin, mit den zur Verfügung stehenden Ressourcen sparsam umzugehen, sowohl mit den Kräften des individuellen Körpers als auch – ökologisch – mit den Ressourcen dieses Planeten. Ressourcenersparnis ist nur einer der Aspekte, deren Insgesamt die teleokratische Optimierung der Zielerreichung ist. Je schneller und aufwandärmer wir ein gestecktes Ziel erreichen, desto schneller können wir uns weitere und weiterreichende Ziele setzen und erreichen und so weiter. Wozu das, fragte bereits Aristoteles, und er nahm an, dass es in all dem Zielerreichungsgetriebe ein letztes Ziel geben müsse, für das die Frage nach dem „Wozu" keinen Sinn mehr macht. Und an dieser Stelle setzte er den Begriff der Glückseligkeit ein.[196] Wozu willst du glücklich sein, ist daher keine sinnvolle Frage mehr. Allerdings funktioniert der Begriff der Glückseligkeit als ein solches Stoppsignal des Weiterfragens nur unter der Bedingung, dass er inhaltlich leer bleibt und sich – jedenfalls dann später unter den Individualisierungszumutungen der Moderne – dieser jenes und jene dieses denken kann und darf. Schließlich hat Georg Simmel in seiner Philosophie, u. a. in seiner „Philosophie des Geldes"[197], gezeigt, wie Zwecke zu Mitteln und Mittel zu Zwecken werden. Veranschaulichen könnte man das an dem Übergang von der Geldwirtschaft, für die Sparen einen elementaren Sinn macht, zur Kreditwirtschaft, in der nicht mehr das als Schatz angesparte Geld ausschlaggebend ist, sondern die Kreditwürdigkeit, also Geld, das man nicht hat, und d.h. ob man zur Befriedigung der Forderungen aus dem jetzigen Kredit in Zukunft einen anderen Kredit erhalten wird oder nicht usw., um die ersteren Forderungen abzulösen; zur Absicherung der damit einzugehenden Risiken dienen dann die Derivate wie Hedge-Fonds usw. ad infinitum.[198]

Die Frage „Wozu glücklich sein" steht an der Schwelle der Thematisierung der zweiten Strategie der Endlichkeitsbewältigung. Schon die Antike wusste, dass man erst im Moment des Todes abschließend beurteilen könne, ob ein Leben gelungen gewesen sei, ob also der, der es geführt hat, glückselig zu preisen sei. Das aber ist kein Grund, diesen Bilanzierungsmoment im Sinne der optimierenden ersten

---

196 Aristoteles: *Nikomachische Ethik*, 1095a.
197 Georg Simmel: *Philosophie des Geldes*. Frankfurt a. M.: Suhrkamp 1989 (= GSG VI).
198 Es waren einmal eine protestantische Pfarrerstochter und ihr Minister mit der Moral einer schwäbischen Hausfrau mit dem Beinamen „die schwarze Null", die waren der Meinung, man könne nur das Geld ausgeben, das man hat, und empfahlen deswegen das Sparen – aber das ist nur eine der Facetten der Ratlosigkeit der Großen Politik angesichts netzförmiger ökonomischer Prozesse. Zu diesem Komplex der Geldschöpfung aus Schulden s. Kurt Röttgers: *Monetäre Textualität*. Marburg: Metropolis 2022.

Strategie möglichst rasch und aufwandarm anzustreben und zu erreichen. Im Gegenteil. Wir bemühen uns nach eigenen Kräften und denen der Mediziner und der anderen Lebenshilfswissenschaftler, diesen Zielpunkt unserer irdischen Existenz möglichst weit hinauszuzögern, d. h. in den Lebensvollzug eines im Prinzip vergänglichen Lebens möglichst viele, in sich sinnvolle, d. h. kulturelle Umwege und Schleifen einzubauen.

Eine solche Unterscheidung eines Ökonomieprinzips und eines Kulturprinzips ist die Unterscheidung zweier Prinzipien, nicht etwa zweier Sektoren der modernen oder postmodernen Gesellschaften. Denn natürlich spielt das Kulturprinzip der Umwege auch in der Ökonomie eine erhebliche Rolle, man denke etwa nur an die Umwege, die der Übergang von der Naturalwirtschaft zur Geldwirtschaft und der von der Geldwirtschaft zur Kreditwirtschaft und von da zu den Derivaten bedeutet. Hegel hatte diese Umwegigkeit an den Formen des Bewusstseins festgemacht, die der Einsatz des Knechts zur Befriedigung der Bedürfnisse des Herrn ausmacht.[199] Und selbstverständlich wird im kulturellen Sektor auch zielorientiert gearbeitet, was Simmel dann als die „Tragödie der Kultur"[200] angesprochen hat.

Die Hilflosigkeit angesichts der ökonomischen Prozesse nannten einige Politiker dann „Sachzwang" oder dass irgendeine reaktive Maßnahme „ohne Alternative" sei, wo es doch eine Minimaldefinition von Politik wäre, mit Alternativen in einem Möglichkeitsraum zu operieren. Das freie Spiel der Finanzmärkte war schon vor 90 Jahren dem Zugriff staatlicher Politik entwachsen und hat mittlerweile die Politik in eine große Ratlosigkeit gestürzt. Dieser assistiert eine neoliberalistische Ideologie, die den ohnmächtigen Politikern versichert, das beste Handeln sei sowieso eben dieses Nichthandeln (Deregulierung), weil die Struktur des Marktes als solche bereits der Garant des allgemeinen Wohlergehens sei.

Gegenüber dem Vorwärtstreiben eines ökonomischen Sachzwangs-Prozesses besteht Kultur auf der Möglichkeit und Förderlichkeit des Innehaltens und der Umwege. Deren Topologie beschreibt Kant in einem nachgelassenen fragmentarischen Entwurf zu der Preisschrift über die Fortschritte der Metaphysik. Dort heißt es:

> Die Transcendentalphilosophie, d.i. die Lehre von der Möglichkeit aller Erkenntniß *a priori* überhaupt, welche die Kritik der reinen Vernunft ist, von der itzt die Elemente vollständig dargelegt worden, hat zu ihrem Zweck die Gründung einer Metaphysik, deren Zweck wiederum, als Endzweck der reinen Vernunft, dieser ihre Erweiterung von der Grenze des

---

199 Georg Wilhelm Friedrich Hegel: „Phänomenologie des Geistes IV. A", in: ders.: *Werke*. Frankfurt a. M.: Suhrkamp 1970, III, 145 ff.
200 Georg Simmel: „Der Begriff und die Tragödie der Kultur", in: *Gesamtausgabe Bd. XIV.* Frankfurt a. M.: Suhrkamp 1996, 385–416.

Sinnlichen zum Felde des Übersinnlichen beabsichtiget, welches ein Überschritt ist, der, damit er nicht ein gefährlicher Sprung sei, indessen daß er doch auch nicht ein continuirlicher Fortgang in derselben Ordnung der Principien ist, eine den Fortschritt hemmende Bedenklichkeit an der Grenze beider Gebiete nothwendig macht. Hieraus folgt die Eintheilung der Stadien der reinen Vernunft, in die Wissenschaftslehre, als einen sichern Fortschritt, – die Zweifellehre, als einen Stillstand, – und die Weisheitslehre als einen Überschritt zum Endzweck der Metaphysik ..."[201]

Es gibt also Grenzen, die dadurch definiert sind, dass ein „kontinuierlicher Fortgang" über sie nicht möglich ist, hier bei Kant die Grenze zwischen dem Sinnlichen und dem Übersinnlichen. Diese Grenze kann nicht im „kontinuierlichen Fortgang in derselben Ordnung der Prinzipien" überschritten werden, d. h. es handelt sich um einen radikalen Übergang, und zwar weil im Feld des Sinnlichen und des Übersinnlichen verschiedene Ordnungsprinzipien (Diskurse) gelten. Diese Grenze nun einfach zu überspringen, könnte, so sagt Kant, gefährlich sein. Was in anderen Theorien als räumliche Ausdehnung der Grenzmarken erscheint, wird bei Kant zur zeitlichen Dehnung in der „Bedenklichkeit an der Grenze": der „Fortschritt", d. h. das Fort-Schreiten über die Grenze hinweg, muss also erst einmal gehemmt und verzögert werden. In der Bewegung führt diese Dehnung zum „Stillstand" der den „Überschritt" vorbereitet. Der Begriff „Überschritt" kontrastiert hier ganz deutlich zu demjenigen des „Fortschritts". Wo ein Fortschritt nicht möglich ist, weil eine Grenze die Geltung verschiedener Prinzipien markiert, dort ist nach einem Innehalten ein Überschritt angezeigt, nicht aber ein gefährlicher Sprung. Drei Bewegungsformen also imaginiert Kant hier: 1) (sicherer) „Fortschritt", solange man in einem Terrain bleibt, 2) reflektierendes Innehalten, 3) Überschritt.

Die Notwendigkeit der Umwege für die Kultur betont auch Hans Blumenberg: „Nur wenn wir Umwege einschlagen, können wir existieren. Gingen alle den kürzesten Weg, würde nur einer ankommen." Und: „Die Welt bekommt Sinn durch die Umwege der Kultur in ihr."[202] Von entscheidender Wichtigkeit für das Zusammenleben und sogar das Überleben der Menschheit ist, dass Handeln durch Reden ersetzt werden kann. Entgegen der Stammtischrede, dass die Politiker immer nur reden statt zu handeln, muss entgegengehalten werden: zum Glück für uns! Die Rhetorik ersetzt die Gewalttat. In der Möglichkeit der Unterschreitung und Erset-

---

201 Immanuel Kant: *Gesammelte Werke*, hrsg. v. d. Preußischen Akademie der Wissenschaften. Berlin: de Gruyter 1910 ff. XX, 272 ff.; die Wichtigkeit des Themas der Übergänge für die Kantische Philosophie allgemein, für das Opus postumum insbesondere betont Gerhard Lehmann: „Das philosophische Grundproblem in Kants Nachlaßwerk", in: ders.: *Beiträge zur Geschichte und Interpretation der Philosophie Kants*. Berlin: de Gruyter 1969, 272–288, dort auch ein Hinweis auf Hermann Graf Keyserling: *Das Gefüge der Welt*. 3. Aufl. Darmstadt: Reichl 1922, 18.
202 Hans Blumenberg: *Die Sorge geht über den Fluß*. Frankfurt a. M.: Suhrkamp 1987, 137.

zung des Politischen in Richtung auf eine Konzeption von Mikro-Politik bleibt nur eine Kultur der Umwege, die es verhindert, dass der ökonomisch sinnvolle kurze Prozess gemacht wird, gerade nicht wie Alexander, der sogenannte Große, jener Held, der tatkräftig handelnd, den gordischen Knoten statt tüftelnd zu lösen, einfach durchhieb, wie es eben die Art Großer handlungswilliger Politiker ist, die ein Ziel vor der Stirn haben, in seinem Fall die Eroberung Asiens, nicht nur nicht wissend, wie man einen Knoten löst, sondern auch nicht wissend, wie groß Asien ist und wie kurz sein Leben sein wird. Für die Umwegigkeit des Kulturellen, hier des Narrativen, steht das Modell Scheherazade, die in 1000 und einer Nacht den kurzen Prozess der Zielerreichung im kommunikativen Text zu vermeiden verstand, und der es gelingt, durch Geschichtenerzählen die Katastrophe hinauszuschieben und den kulturellen Umweg einzurichten. König Schahrayâr war einer wie Alexander: Er wollte dreinschlagen, d. h. in seinem Fall die fremde Frau namens Scheherazade entjungfern und köpfen. Die kulturelle List des Narrativen ist ein Modell der Mikropolitik jenseits von Feindschaft und Verführung. Leitfigur einer solchen Umorientierung des Politischen zu einer medialen Praxis der Umwege und spezifischen Interventionen wäre dann eher Scheherazade, als Alexander, jener Große. Rhetorik ist „hinsichtlich der Temporalstruktur von Handlungen ein Inbegriff der Verzögerung."[203]

3.8 „Weibliche Kultur"

Innerhalb der Fragestellung „Was-ist-Kultur" tut sich hier die mehrdeutige Frage nach einer weiblichen Kultur auf. Gibt es eine „weibliche Kultur"? Oder ist alle Kultur per se weiblich – in Absetzung von der männlichen technischen Zivilisation? – Oder ist Kultur jenseits der Gender-Unterscheidung angesiedelt? Alle drei Positionen sind vertreten worden. Jedenfalls bewegen wir uns, wenn wir so fragen, immer noch im beengten Rahmen der Was-ist-Kultur-Frage.

3.8.1 Alle Kultur ist weiblich

Dieser These liegt die erwähnte, aus dem deutschen Idealismus stammende Unterscheidung von Kultur und Zivilisation zugrunde. War sie ursprünglich gedacht als Abgrenzung der deutschen „Kultur" von der „Zivilisation" der Franzosen (und

---

[203] Hans Blumenberg: „Anthropologische Annäherung an die Rhetorik", in: ders.: *Wirklichkeiten in denen wir leben.* Stuttgart: Reclam 1993, 104–136, hier 121 f.

später der Amerikaner), und damit auch einer deutschen Kultur-Revolution von einer bloß politischen realen Revolution in Frankreich, so tritt sie auch im Rahmen der Theorie der Weiblichkeit auf, wie sie Friedrich Schlegel entwickelt hat.[204] Im Zusammenhang seiner philologischen Studien schrieb Schlegel den Aufsatz *Über die Diotima*, in dem er den Beitrag der rätselhaften Gestalt der Diotima zur Platonischen Philosophie, insbesondere der darin enthaltenen Auffassung von der Liebe würdigte.

Nach Hélène Cixous gibt es ein weibliches Schreiben: die Frau habe ein erotisches Verhältnis zum Text mit der Folge „viel größerer Kontinuitätswirkung im Text als die Männlichkeit."[205] Gestützt und zugleich durchkreuzt wird diese Sicht durch Jacques Derrida, der Nietzsches Schreiben als ein weibliches Schreiben bezeichnet. Als Unterscheidungsmerkmal gilt dabei die Pluralität der Sichtweisen und die übergängigen Verknüpfungen und Anknüpfungen. Diese Schreibweise sei aber die zukunftsweisende; während der Mann bei Nietzsche in den metaphysischen Optionen eines Denkens in Substanzen verhaftet sei, sei das weibliche Denken ein Denken der différance.[206] Nicht *was* Nietzsche über Frauen sage, sei das Entscheidende, sondern die Performanz, d.h. *wie* er schreibt, das sei weiblich, sei eine weibliche „Operation". Weiblichkeit auch der Kultur allgemein gesagt, ist nicht als etwas Substantielles oder etwas Akzidentielles begriffen, sondern als eine Prozessstruktur, nämlich eine Struktur der Übergänge und pluralen Anknüpfungen im Text der Kultur.[207] Aber auch wenn Wolfgang Welsch in Ausarbeitung dieser Passagen bei Derrida (über Nietzsche) von einem „weiblichen Schreiben" spricht,[208] so gilt es doch festzuhalten, dass diejenigen, die so (etwas) schreiben, über Männer schreiben, die über Männer schreiben, dass deren Schreiben ein weibliches sei. Weiblichkeit erscheint in dieser Mehrfachbrechung und vervielfältigten Virtualität: diese „weibliche Kultur" im männlichen Text ist eine männliche Fiktion.

---

204 Friedrich Schlegel: *Theorie der Weiblichkeit*, hrsg. v. Winfried Menninghaus. Frankfurt a.M.: Insel 1982.
205 Hélène Cixous: *Die unendliche Zirkulation des Begehrens*. Berlin: Merve 1977, 9.
206 Jacques Derrida: „Sporen – die Stile Nietzsches", in: Werner Hamacher (Hrsg.): *Nietzsche aus Frankreich*. Frankfurt a.M.: Suhrkamp 1986, 129–168, bes. 137.
207 Jacques Derrida: „Fines Hominis", in: ders.: *Randgänge der Philosophie*. 2. Aufl. Wien: Passagen 1999, 133–157.
208 Wolfgang Welsch: *Vernunft*. Frankfurt a.M.: Suhrkamp 1996, 296–299.

3.8.2 Die Kultur der Differenz

3.8.2.1 Die männliche Kultur und die weibliche Kultur

Wenn „weibliche Kultur" eine männliche Fiktion ist, dann hat man es so zu lesen, wenn Georg Simmel wiederholt sich zum Thema „Weibliche Kultur" äußert. Er sagt, dass eine spezifisch weibliche Kultur nicht im Rahmen der Bestrebungen der Frauenbewegung verstanden werden könne, nämlich als die Bestrebungen einer rechtlichen Partizipation von Frauen an den sogenannten Kulturgütern,[209] sondern der Begriff meint eine objektive Kulturbedeutung von Weiblichkeit. Grundvoraussetzung ist dabei die Feststellung: „... unsere Kultur ist ... durchaus männlich. ... Der schöne Gedanke einer menschlichen Kultur, die nicht nach Mann und Weib fragt, ist historisch nicht realisirt..."[210] In dieser männlichen Kultur (sprich: Zivilisation) könnten sich die „tiefsten Wesenskräfte" der Frau nicht entfalten: „die weibliche Seele mit ihrem ihr allein eigenen Rhythmen, Leistungsart, Willens- und Gefühlsspannung"[211] kommen in ihr nicht zur Geltung. Aber Frauen können einiges, was Männer nicht, oder allenfalls unzureichend vermögen: „So zeigen die Erfahrungen der Praxis, daß Frauen manche Seiten der männlichen Seele besser und mit sichererem Instinkt erkennen, als andere Männer es vermögen."[212]

> Die theils unmittelbarere, theils reserviertere Art, mit der das Innenleben der Frauen in die Sichtbarkeit tritt, ihre besondere, anatomisch und physiologisch bestimmte Art sich zu bewegen, das Verhältniß zum Raum, das aus dem eigenthümlichen Tempo, Weite und Formung ihrer Gesten hervorgehen muß – dies alles müßte von ihnen in den Künsten der Räumlichkeit eine besondere Deutung und Gestaltung der Erscheinungen erwarten lassen, wie sie ja in der Tanzkunst auch entsprechende Besonderheiten darbieten.[213]

Simmels Quintessenz in diesem frühen Aufsatz von 1902 lautet denn auch: „Es ist eine der feinsten Aufgaben des Seelenlebens, die Thatsache und den Reiz von Unterschieden *auf dem Boden erheblicher Gleichheit* zu kultiviren und zu fühlen."![214] Das hieße sensibler für die Nuancen zu werden mit dem Ziel „einer objektiven Kultur, die mit der Nuance weiblicher Produktivität bereichert ist." Die weibliche Kultur lebt davon, dass es die männliche Kultur gibt, wie es ja das Fluidum jeglicher Kultur sei, sich in Gegenseitigkeit zu entfalten.

---

209 Georg Simmel: „Weibliche Kultur", in: *Georg Simmel Gesamtausgabe Bd. 7.* Frankfurt a.M. 1995, 64–83.
210 l. c., 66.
211 l. c., 69.
212 l. c., 71.
213 l. c., 74.
214 l. c., 81.

3.8 „Weibliche Kultur"

Als Simmel sich später erneut zu dem Thema der „Weiblichen Kultur" äußert, da geht er von einem allgemeinen Kulturbegriff aus, demzufolge Kultur zu verstehen sei „als die Vervollkommnung von Individuen durch Aneignung und Synthese des subjektiven und des objektiven Geistes".[215] Die Frauenbewegung gehe von der subjektiven Seite der Kultur aus, während die objektive Kultur weitgehend eine männliche sei. Er sagt nun ganz eindeutig, dass Kultur nichts Geschlechtsloses sei. Während das geltende Recht und die Gesetze männlich bestimmt seien, würden die Frauen von einem „Gerechtigkeitsgefühl" bewegt, zu dem sie durch ihre besondere seelische Struktur befähigt seien. Er steigert sich bis zu der Aussage, dass Männer „bedeutend" sein sollten, Frauen dagegen „schön". Die Kulturleistung der Frauen sieht er in der Pflege des Hauses sowie in ihrem Einfluss auf die Männer. Anzustreben sei „eine objektive Kultur, die mit der Nuance des Weiblichen bereichert ist..."[216] Was aber bleiben wird, ist „eine prinzipielle Diskrepanz zwischen der Form des weiblichen Wesens und der objektiven Kultur überhaupt."[217]

Innerhalb des Feminismus, speziell des italienischen, gibt es eine Debatte um das Thema einer weiblichen Kultur. Einerseits wird betont, dass alle Kultur männlich (geprägt) sei, so dass sich Frauen in ihr nicht ausdrücken könnten, ja gewissermaßen zum Schweigen verurteilt seien. Andere feministische Stimmen artikulieren den Ehrgeiz, diese männliche monosexuelle Kultur so umzugestalten, dass es einen eigenen Raum für weibliche Kultur geben kann. Diese Frauen tendieren dann dazu, eine andere, separierte Kultur zu pflegen, ohne jedoch den Kontakt zur dominanten Kultur gänzlich aufzugeben. Auf diese Weise könnte durch eine Synthese dieser zwei Kulturen eine neue, ganz andere Kultur entstehen. Wenn aber die männlich herrschende Kultur eine solche Verwandlung nicht zulassen könne, dann wäre die sich formierende weibliche Kultur in ein Reservat verbannt. Worin aber das Männliche der männlichen Kultur besteht, darüber gibt es keine Einigkeit. Einige sagen, es sei der Logos, die Logo- oder Vernunftzentrierung; Mădălina Diaconu sieht die männliche Ästhetik als eine der Abgrenzungen und Abstraktionen an, die weibliche dagegen als die einer Sozialontologie der Einstimmigkeit und Zugehörigkeit folgende: die männliche Ästhetik sei vertikal orientiert, weil sie von einem übergeordneten Gesichtspunkt aus Abgrenzungen vollziehe, während die weibliche in einem Kraftfeld und einem Textvollzug horizontal operiere und Anschlüsse und Differenzierung vom Inneren des Textes her suche. Wieder andere nennen eine männliche Kultur eine des Seins, die weibliche eine des

---

215 Georg Simmel: „Weibliche Kultur", in: *Georg Simmel Gesamtausgabe Bd. 12*. Frankfurt a.M. 2001, 251–289, hier 251.
216 l. c. 286.
217 l. c., 287.

Lebens und des Werdens, während Karen Blixen eigentlich genau das Gegenteil behauptet: der Mann stehe für das Tun, die Frau für das Sein.[218] Die Suche nach einem spezifisch Weiblichen in der Kultur führt zu demjenigen Verstummen, das die Inquisition den Hexen auferlegt hat; diese wussten etwas, aber niemand vermag zu sagen, was. Marginalisierung war über Jahrhunderte das Merkmal dieser Kultur im Abseits. Wieder andere setzen der männlichen abstrahierenden Vernunft-Kultur eine weibliche, gefühlsbetonte entgegen; aber auch das trägt nicht weit, weil es auch eine fanatische Leidenschaftlichkeit der Vernünftigkeit und ein weibliches Beharren auf Aneignung und Besitz gebe. Das führt uns zu der Frage nach der Identität, die uns im nächsten Kapitel beschäftigen wird. Nur so viel vorab: Ist diese typisch weibliche kulturelle Identität eine „natürliche" oder eine durch Rollenzuweisungen gemachte? Sind die fragliche männliche Kultur und die fragwürdige weibliche komplementär und – da letztere unentwickelt sei – supplementär, und wenn dieses: ist das Supplement einer „weiblichen Kultur" vielleicht als Supplement nur ein Phantasma in den Fehlstellen der dominanten Kultur. Dann träfe das zu, was Ralf Konersmann gesagt hat: Kulturkritik ist ein wesentliches Moment aller Kultur.[219] Dann träfe auch das zu, was Rossana Rossanda, die bedeutende italienische Kommunistin, gesagt hat:

> Die Frau ist sein Widerspruch. Sie mag vor der Kraft oder der Brutalität des Mannes Angst haben, aber der Mann hat auch Angst vor ihr, *femina*, angefangen bei ihrer Sexualität, der dunklen, tiefen, nicht sichtbaren und vielleicht unaufrichtigen, in der die Reproduktion des Lebens enthalten ist und zu der sie allein Möglichkeit und Wissen innehat.[220]

3.8.2.2 Luce Irigaray

Eine ausgesprochene Theoretikerin der sexuellen Differenz ist Luce Irigaray.[221] In ihrer an Derrida geschulten dekonstruktiven Lektüre von Freuds Theorie der Weiblichkeit stellt Irigaray heraus, dass die Weiblichkeit bei Freud zwar ein Thema sei, was aber ausgeblendet bleibe, sei die Geschlechtsspezifik des Diskurses, zumal auch des Freudschen, d. h. dass auch bei ihm sich ein kultureller Text über das Weibliche entfaltet, der selbst ein spezifisch männlicher sei. „L'analyse des pré-

---

218 Angeführt von Rossana Rossanda: „Zur Frage einer weiblichen Kultur", in: *Feministische Studien*, 1/1989, 71–98, hier 81.
219 Ralf Konersmann: *Kulturkritik als Kulturphilosophie. Studienbrief der FernUniversität in Hagen.* Hagen 2021.
220 Rossana Rossanda: „Zur Frage einer weiblichen Kultur", 79.
221 Luce Irigaray: *Das Geschlecht, das nicht eins ist.* Berlin: Merve 1979; dies.: *Speculum. Spiegel des anderen Geschlechts.* Frankfurt a. M.: Suhrkamp 1980; dies.: *Ethik der sexuellen Differenz.* Frankfurt a. M.: Suhrkamp 1991.

supposés de la production du discours n'est pas créalisée par lui en ce qui concerne la différence sexuelle [Er hat, was die sexuelle Differenz angeht, keine Analyse der Voraussetzungen der Produktion des Diskurses geleistet]."²²² Irigarays Hauptaugenmerk gilt daher einer Philosophie, die die Leitlinien der kulturellen Differenz ausbildet: Philosophie ist in der Tradition immer von dem Bemühen bestimmt gewesen, Vielheiten und damit auch Differenzen auf eine dominante Einheit (den Logos, die Vernunft) zurückzuführen, sie ist „un projet de détournement, de dévoiement, de réduction, de l'autre dans le Même. Et ... *dèffacement de la différence des sexes* dans les systèmes auto-représenrarifs d'un ‚sujet masculin' [ein Vorhaben der Umlenkung, der Irreleitung, der Zurückführung des Anderen in das Gleiche. Und ... das Vorhaben, die Differenz der Geschlechter in den selbstrepräsentativen Systemen eines ‚männlichen Geschlechts' *auszulöschen*]."²²³ Solches erlaubt es, sich zu spiegeln in einem „*miroir*, le plus souvent masqué, qui permet au logos, au sujet, de se redoubler, de se réfléchir, lui-même. [*Spiegel*, der, zumeist versteckt, dem Logos, dem Subjekt erlaubt, sich selbst zu verdoppeln, sich zu reflektieren]."²²⁴ Dieses Denken der Philosophie vergewissert sich selbst durch einen „Ursprung" (eine Arché). Irigaray drängt darauf, die männliche Grammatik der kulturellen Textualität zu analysieren, indem sie sie ausspielt, und so zu hinterfragen und darin das Schweigen des Nichtgesagten sichtbar zu machen. Das wirft jedoch die Schwierigkeit auf, die Position zu finden, von der aus die Kohärenz der männlichen Kultur, ihr Logos, aufgebrochen werden könnte, bzw. deren immanente Brüchigkeit sichtbar gemacht werden könnte. Jede mögliche kritische Positionierung ist als Teil des Logos bereits besetzt; also verbietet sich der klassische Weg der Kritik, nach der, wie Ralf Konersmann gesagt hat, Kulturkritik immer schon zur Kultur gehört. Irigaray sieht daher keine andere Möglichkeit als die der Mimetik, die sich störend in den Diskurs einnistet, d. h. sich auf den philosophischen Diskurs perludierend einzulassen und im Spiel seiner Textualität „poir faire ‚apparaître', par un effet de répétition ludique, ce qui devait rester occulté: le recouvrement d'une possible opération du feminin dans le langage [das ‚erscheinen' zu lassen, was verborgen bleiben mußte: die Verschüttung einer möglichen Operation des Weiblichen in der Sprache]."²²⁵ Was darin als nicht artikulierbar verschüttet ist, ist das weibliche Lustempfinden. Um es zum Erscheinen im Text zu bringen, ist eine „retraversée du miroir qui sous-tend toute spéculation [*erneute Durchquerung des Spiegels, der alle*

---

222 Luce Irigaray: *Ce sexe qui n'en est pas un*. Paris: Minuit 1977; dt.: *Das Geschlecht, das nicht eins ist*.
223 l. c., 72 (76).
224 l. c., 73 (77).
225 l. c., 74 (78).

Spekulation aufrechterhält]"[226] erforderlich. Es kann also nicht darum gehen, das weibliche Begehren in den herrschenden Diskurs einzuspeisen und es seiner Grammatik unterzuordnen; denn das könnte nur heißen, sich ihm anzugleichen, bzw. die Differenz in eine neue Kohärenz aufzuheben. Nur eine Überschreitung seiner Regeln, der Exzess, macht, das in ihnen Unsagbare sichtbar erscheinen zu lassen.

Auf keinen Fall kann es darum gehen, einen realpolitischen Ort für weibliche Kultur, für weibliche Kulturgüter in dem allgemeinen Kulturgetriebe ausfindig zu machen; denn das wäre als Einordnung und Unterordnung nichts als eine weitere Verstärkung der männlichen, dominanten Kultur. Der Ort der Veränderung kann daher nur in der symbolischen Ordnung zu suchen sein. Irigaray rekurriert dabei auf das körperlich bestimmte Imaginäre, das als solches weder eindeutig männlich noch eindeutig weiblich sein kann. Das spezifisch weibliche Imaginäre wird von ihr mit der Figur der Lippen angesprochen, der Lippen, die sich berühren und darin „sich" sprechen. „Sans faille, ce ne serait plus toi ni moi. Sans lèvres, plus nous. L'unité des mots, leur vérité, leur propriété, c'est leur absence de lèvres. L'oubli des lèvres [Ohne Spalte gäbe es weder dich noch mich. Ohne Lippen kein Wir mehr. Die Einheit der Worte, ihre Wahrheit, ihre Eigentlichkeit bestehen in ihrer Lippenlosigkeit. Dem Vergessen der Lippen]."[227] Die Lippen, die sich permanent berühren, sind die weiblichen Lippen, die keinen Raum für ein dazwischen tretendes Wort (Logos) vorsehen.

Dieses bildnerische Spiel im Text einer weiblichen, differenten Kultur, ist ein Gegenbild zum männlichen Phallus, von Lacan thematisiert; aber ebenso wie der Phallus in der psychoanalytischen Theorie Lacans natürlich nicht den Penis des männlichen Körpers meint, sondern seinen Platz in der symbolischen Ordnung hat, ebenso sind die sich berührenden Lippen Irigarays nicht die Labia des weiblichen Körpers, beide gehören der symbolischen Ordnung an, nicht der Anatomie.

> Irigarays vulvomorphische Logik basiert dann weniger auf Anatomie als dass sie den Versuch markiert, ein neuartiges Wahrnehmungsmuster weiblicher Sexualität zu formulieren, welches sich zu großen Teilen postmoderner Ästhetik verdankt, insofern ‚das Geschlecht, das nicht eins ist' die postmoderne Emphase für Nicht-Eindeutigkeit und Vielgestaltigkeit aufnimmt. ... Und wie die ambivalente Nachbarschaft zu Lacan kann zugleich eine theoretische Nähe zu Derrida in Anschlag gebracht werden. Dann figurieren die zwei Lippen als ein dritter Term zwischen männlich-konnotierter Klitoris und weiblich-konnotierter Vagina, als ein Zwischen-Raum zwischen Innen und Außen, sichtbar und unsichtbar zugleich.[228]

---

226 l. c., 75 (79).
227 l. c., 208 (214).
228 Friederike Kuster / Eva Bockenheimer: *Philosophische Geschlechtertheorien. Studienbrief der FernUniversität in Hagen.* Hagen 2021, 185.

Letzten Endes aber steht die Bipolarität, die Differenz der Geschlechter im Mittelpunkt, d. h. zweier grundsätzlich und gleichursprünglich Verschiedener, von denen weder der eine Pol durch den anderen substituierbar noch auch nur repräsentierbar wäre. Zwischen ihnen, im Medium, im Zwischen, entfaltet sich ein Raum des heterosexuellen Begehrens, eines Textes, der seine eigene Dynamik realisiert. Damit diese Begegnung im Zwischen möglich würde, bedürfte es einer Verschiebung in der Kultur der Verschiedenheiten ohne ein Einheitsbegehren einer Seite. So kann es für Irigaray keine Frage nach *der* Kultur geben; denn ein solcher Einheitsbegriff könnte gegenwärtig nur eine der dominanten männlichen Kultur sein; vielmehr gälte es, dieses Zwischen überhaupt erst in Gang zu setzen. Das aber würde auch den Text des Mannes ändern, aber Irigaray weigert sich, Aussagen über diesen anderen Text zu machen: das wäre unter Einhaltung des Differenzprinzips eine Sache der Männer.

Für die Differenztheoretikerin Irigaray ist schon der Wille zur Einheit als solcher problematisch. Daher wäre ihr Buch „Ce sexe qui n'en est pas un" angemessener zu übersetzen gewesen als „Dieses Geschlecht, von dem es nicht nur eines gibt".

Die Differenztheorien haben auch in Italien eine bemerkenswerte Resonanz. Hauptvertreterinnen bilden das Autorinnenkollektiv der Mailänder *Libreria delle donne*, das unter dem Namen *Diotima* publiziert.[229]

3.8.2.3 Diotima

Das Nicht-Erscheinen, die Unscheinbarkeit des Weiblichen kann auch an der Kultur-Revolution der deutschen Frühromantik gezeigt werde. Friedrich Schlegels sogenannte „Theorie der Weiblichkeit" hat bei ihm zwei Phasen, die eine unter dem Einfluss der Caroline, Revolutionärin und Goethe-Verehrerin, die andere in der Beeinflussung der Dorothea. Was die Bedeutung der Frauen in der Frühromantik angeht, so beruht sie auch auf der sozialen Gruppenbildung im Prozess des Symphilosophierens. Dieses vermischt die Autorschaften im kulturellen kommunikativen Text so, dass eine Verantwortung und Freiheit des transzendentalen Subjekts unterstellende Zurechnung auf empirische Personen willkürlich, bzw. geradezu falsch wird. Der kulturelle Text wird nicht durch Intentionen sprechhandelnder Subjekte generiert, denn zum Text werden die Subjekte verführt, und jeder Textpartizipient „will" auch vom Textverlauf als solchem verführt werden. Der Logos

---

229 Diotima: *Il pensiero della differenza sessuale*. Mailand: La Tartaruga 2003; s. dazu Heike Kahlert: „Differenz, Genealogie, Affidamento: Das italienische ‚pensiero della differenza sessuale' in der internationalen Rezeption", in: Ruth Becker / Beate Kortendiek (Hg.): *Handbuch Frauen- und Geschlechterforschung*. Wiesbaden: VS Verlag für Sozialwissenschaften 2008, 94–102.

der Sache selbst, die sich im kommunikativen Text gemeinsam entwickelt, leitet ihr Reden.

Jedoch an keinem der publizierten symphilosophierenden Texte der Romantiker scheinen die frühromantischen Frauen aktiv mitgewirkt zu haben, so scheint es jedenfalls. Das „Athenäum", das programmatische Forum des kulturellen Projekts der Frühromantiker enthält keine von den Frauen der Gruppe gezeichneten Beiträge – das sollte erstaunen. Warum? Man könnte auch die Ansicht vertreten, dass es keine Emanzipation zu einer weiblichen Kultur gewesen wäre, im von Männern dominierten Literaturbetrieb mit seiner extrem individualisierenden Originalitäts- und Genialitätspflicht Fuß zu fassen mit seinen oft ruinösen asketischen Pflichten.

Aber man muss umgekehrt den symphilosophierenden Text, ungeachtet der Zurechnung auf Autorennamen, daraufhin dechiffrieren, wie Weiblichkeit in ihm intertextuell vorkommt, und zwar weil die Romantiker soziale Rollen im Rückgriff auf antike Muster neu definierten, so dass der herrschende Diskurs einer Subversion durch „antike" Weiblichkeit unterlag. Vielleicht stellt sich der Text des romantischen Symphilosophierens dann als ein Texteffekt heraus, in dem Frauen „das Wort ergreifen". Weiblichkeit ist vielleicht eine Textqualität, die sich völlig unabhängig davon ergibt, ob Frauen reden oder ob von ihnen geredet wird, d. h. eine „Weiblichkeit" der Sinnformation sich ergibt. Vielleicht ist die chaotische Fragmentarik die Urzündung für Wandlungen im Kulturellen. In diesem Sinne wird man sich den „lyrischen Philosophemen der Diotima" zuwenden müssen. Diese Diotima, diese rätselhafte Gestalt in Platons *Symposion,* von der Sokrates in einer homoerotisch geprägten Kultur sagt, sie habe ihn gelehrt, was Liebe ist, sie lehrt den Urvater der abendländischen Philosophie und er weiß sich in ihrer geistigen Schuld. Friedrich Schlegel ist ebenfalls bei einer Frau in die Lehre gegangen, bei Caroline Böhmer, geb. Michaelis, verheiratet mit August Wilhelm Schlegel, Friedrichs Bruder. Zwei von dessen frühen Schriften sind deutliche Dokumente dieses Einflusses: *Über die weiblichen Charaktere in den griechischen Dichtern* (1794) und *Über die Diotima* (1795). Die Diotima (Caroline) ruft bei Friedrich Schlegel eine Inversion der Geschlechterpolarität hervor; er spricht hier von „selbständiger Weiblichkeit" und „sanfter Männlichkeit". Diese Umkehrung, die dem Mann die Zärtlichkeit, der Frau die Autonomie zuspricht, formuliert ein Ideal, in dem die Unterschiedenheit der Geschlechter nicht verschwunden ist, die also keiner abstrakten Egalisierung das Wort gibt, zugleich aber eine naturale Fundierung der Differenz vermeidet, sondern sie einer kulturellen Revolutionierung zur Disposition stellt. Ein Weib wie die griechische Diotima soll auch in der angesagten Kulturrevolution in Deutschland möglich werden. Zunächst war es Carolines Begeisterung für die Französische Revolution, die Friedrich in den Bann schlug, dann die Goethe-Begeisterung und schließlich das freie Leben in einer symphilosophhierenden sozialen Gruppe. Gerade die Differenz in der Kultur steht im Zeichen einer neuen zukünftigen Humanität. Der Romantiker nimmt Abstand vom einseitig männlichen Geist der Aufklärung und goutiert das systemlose, weibliche Philosophieren; dieses folgt einem „dunklen Gefühl des Richtigen" und einem Respekt für Zusammengehörigkeiten und Anschlüsse in den „lyrischen Philosophemen der Diotima". Wahre Menschheit besteht in wahrer Männlichkeit und wahrere Weiblichkeit und ihrer reizvoll gelebten Differenz.

Die revolutionäre „fraternité", die ja immer begleitet war von dem Zusatz „ou la mort" wird in kleinen konspirativen Zirkeln als Gemeinschaft gelebt wie der Gemeinschaft der Arbeit an dem *Athenäum*, die als Erweiterung in immer sich weitenden Zirkeln wirklich wird.

3.8.3 Kultur jenseits der Differenz

Die dritte Position beinhaltet, dass Kultur so allgemein und grundlegend ist, dass ihr gegenüber die Unterscheidung männlich/weiblich nachgeordnet ist. Nach Derridas Heidegger-Interpretation ist das Dasein (die ontologische Kategorie jenseits von Geschlechtlichkeit) als solches asexuell. Zwar bleibt es nicht für immer homogen, aber eine Geschlechtlichkeit kann immer nur im Nachhinein und dann empirisch vollzogen werden. So ist die Grundlage aller Kultur ontologisch frei von jeder Geschlechtscharakteristik. Zwar kennt Heidegger in § 26 von *Sein und Zeit* das Mitdasein, aber dieses Mit hat kein Geschlecht, weil „Dasein" nicht der Mensch ist, die Analytik des Daseins keine Anthropologie; infolgedessen Mitdasein nicht Mitmenschlichkeit meint. Heidegger:

> Mitsein ist eine Bestimmtheit des je eigenen Daseins; Mitsein charakterisiert das Dasein anderer, sofern es für ein Mitsein freigegeben ist. Das eigene Dasein ist nur, sofern es die Wesensstruktur des Mitseins hat, als für andere begegnend Mitdasein.[230]

Allerdings macht Heidegger in seiner Marburger Vorlesung *Metaphysische Anfangsgründe der Logik im Ausgang von Leibniz* nur ein Jahr nach dem ersten Erscheinen von *Sein und Zeit* Erläuterungen zur Begrifflichkeit von Dasein als „neutral":

> Diese Neutralität besagt auch, daß das Dasein keines von beiden Geschlechtern ist. Aber diese Geschlechtslosigkeit ist nicht die Indifferenz des leeren Nichtigen, die schwache Negativität

---

230 Martin Heidegger: *Sein und Zeit*. 8. Aufl. Tübingen: Niemeyer 1957, 121.

eines indifferenten ontischen Nichts, ...sondern die ursprüngliche Positivität und Mächtigkeit des Wesens. ... Die Neutralität ist nicht die Nichtigkeit einer Abstraktion, sondern gerade die Mächtigkeit des *Ursprungs*, der in sich die innere Möglichkeit eines jeden konkreten faktischen Menschentums trägt.[231]

Nach Heidegger ist dieses ursprünglich neutrale Dasein faktisch „zersplittert" in die Leiblichkeit einer zwiespältigen Geschlechtlichkeit.

3.9 Die Tragödie der Kultur

In Georg Simmels Aufsatzsammlung *Philosophische Kultur* (2. Aufl. 1918) gibt es einen recht grundsätzlichen Essay u.d.T. *Der Begriff und die Tragödie der Kultur*[232], der zunächst den Begriff der Kultur über die Reflexion auf die Leistungen des Geistes einführt. Der Grundsatz lautet: „Der Geist erzeugt unzählige Gebilde, die in einer eigentümlichen Selbständigkeit fortexistieren, unabhängig von der Seele, die sie geschaffen hat..."[233]

Damit ist die Problematik umrissen – oder in einer abgewandelten Formulierung:

> ... es ist die Form der Festigkeit, des Geronnenseins, der beharrenden Existenz, mit der der Geist, so zum Objekt geworden, sich der strömenden Lebendigkeit, der inneren Selbstverantwortung, den wechselnden Spannungen der subjektiven Seele entgegenstellt; als Geist dem Geiste innerlichst verbunden, aber darum unzählige Tragödien an diesem tiefen Formgegensatz erlebend...

Die Kultur überhaupt bewegt sich in diesem Spannungsfeld des lebensphilosophischen Konzepts einer strömend lebendigen „Seele" und des objektivierten, überdauernden kulturellen Produkts. Es ist Kultur diese Reflexion der „Seele" in ihren Produkten auf sich selbst: „Kultur ist der Weg von der geschlossenen Einheit durch die entfaltete Vielheit zur entfalteten Einheit."[234] Daraus ergibt sich – so Simmel hier – das Paradoxon der Kultur,

---

231 Martin Heidegger: *Metaphysische Anfangsgründe der Logik im Ausgang von Leibniz*, in: *Gesamtausgabe Bd. 26*. Frankfurt a.M.: Klostermann 1978, 172; zu einer umdeutenden Interpretation dieser Passagen s. Jacques Derrida: *Geschlecht (Heidegger)*. 2. Aufl. Wien: Passagen 2005.
232 Georg Simmel: *Hauptprobleme der Philosophie der Kultur, Gesamtausgabe Bd. 14*. Frankfurt a.M.: Suhrkamp 1996, 385–416.
233 l. c., 385.
234 l. c., 387.

daß das subjektive Leben, das wir in seinem kontinuierlichen Strome fühlen, und das von sich aus auf seine innere Vollendung drängt, diese Vollendung, von der Idee der Kultur aus gesehen, nicht aus sich erreichen kann, sondern nur über jene, ihm jetzt ganz fremd gewordenen, zu selbstgenugsamer Abgeschlossenheit kristallisierten Gebilde . ... die subjektive Seele und das objektiv geistige Erzeugnis.[235]

Wenig später nennt er das Paradoxon eine Entfremdung, die zu einer „Feindschaft" zwischen subjektivem Lebensprozess und objektivierten Produkten führe. Es kann im Kulturprozess jedoch nicht bei einer lebendigen, in sich ruhenden Seele bleiben, sondern die Rückkehr aus dem objektiven Kulturgebilde gebietet eine „Bedeutsamkeit" der Objekte für das durch sie bereicherte Subjekt. Für das Subjekt ergibt sich in diesem Prozess die Doppelheit, reine Entäußerung der Seele einerseits zu sein, eine Hingabe an die Aufgabe andererseits, so dass der gelingende Kulturprozess immer eine Synthese aus „subjektiver Entwicklung" und objektiven Kulturwerten ist. Es ist nicht ganz klar, woraus nun die „Tragödie" dieses Zwiespalts entsteht: ist sie in jeglichem Kulturprozess schon angelegt – dafür spräche einiges –, oder ist es eine spezifisch moderne Entwicklung, die diese Subjekt/Objekt-Paradoxie zur „Tragödie" werden lässt? Dafür spräche jedoch, so sagt Simmel, dass die „Strömung von Subjekten durch Objekte zu Subjekten"[236] ihre rein metaphysische Unschuld eingebüßt hat: Die Subjekte gestalten sich im Zuge einer kulturellen Arbeitsteilung zu Objekten um. Umgekehrt bekommt die Objektwelt der Kulturprodukte eine von einem Sachzwang induzierte Eigendynamik: die Objekte folgen einer immanenten Logik, losgelöst von der strömenden Selbstverwirklichung der Subjekte. So entsteht eine abgekoppelte Welt „sinnloser Bedürfnisse" und „überflüssigen Wissens", ein Fetischdienst einer bloßen eigendynamischen Entfaltung einer „Methode":[237] „der Mensch wird jetzt der bloße Träger des Zwanges, mit dem diese Logik die Entwicklungen beherrscht ... Dies ist die eigentliche Tragödie der Kultur."[238] Das Leben wird seiner lebendigen Impulse entleert. Das ist jedoch kein von außen in die Kultur hereinbrechendes katastrophales Schicksal, sondern es ist eine gewissermaßen dem eigentlichen Begriff des Tragischen gehorchendes unausweichliches Schicksal. So entfernen sich die Kulturwerte und -produkte immer weiter von ihrem metaphysischen Ursprung als durch Objekte bereicherten Rückkehr des Subjekts in sich selbst.

Ernst Cassirer hat diesem Menetekel widersprochen, aber nicht dadurch, dass er etwa die prophezeite tragische Zwangsläufigkeit des Ausgangs der kulturschaf-

---

235 ibd.
236 l. c., 409.
237 ibd.
238 l. c., 411.

fenden Seele bezweifelt hätte, sondern dadurch, dass er die perspektivische Darstellungsebene gewechselt hat: nicht mehr um ein lebendiges Subjekt und erstarrte Objektivität geht es bei ihm. Von lebendigem Subjekt und erstarrrtem Objekt kann man wie Simmel reden, aber wenn man wie Cassirer stattdessen von der Relation von „Ich" und „Du" ausgeht, ergibt sich ein anderes Bild:

> Denn am Ende dieses Weges [der Rückkehr in das Selbst, K.R.] steht nicht das *Werk*, in dessen beharrender Existenz der schöpferische Prozeß erstarrt, sondern das „Du", das andere Subjekt, das dieses Werk empfängt, um es in sein eigenes Leben einzubeziehen und es damit wieder in das Medium zurückzuverwandeln, dem es ursprünglich entstammt.[239]

Was hier noch als bloße entdramatisierende Verharmlosung der Simmelschen Problematik erscheinen könnte, ist doch ein radikaler Perspektivenwechsel, der von einer „tragischen" Subjekt/Objekt-Perspektive auf die Perspektive des Zwischen, des Medialen umstellt. Das objektivierte „Werk" ist doch nur – so sagt Cassirer – ein „Durchgangspunkt" in einer Philosophie des Medialen und der Übergängigkeit von Selbst und Anderem, bzw. von „Ich" und „Du". Diese „Iche" und „Due" begreift er jedoch nicht „als zwei substantiell getrennte *Wesenheiten*", sondern als Momente eines „Wechselverkehrs", d.h. als rein interaktive Entfaltung von Medialität, also des Zwischen (der Subjekte), „und erst in ihr finden sich Ich und Du, um sich gleichzeitig voneinander zu scheiden."[240] Wenn „Ich" und „Du" keine Wesenheiten sind, dann gilt:

> Das Ich wie das Du bestehen vielmehr nur insoweit, als sie ‚füreinander' sind, als sie in einem funktionalen Verhältnis der Wechselbedingtheit stehen. Und das Faktum der Kultur ist eben der deutlichste Ausdruck und der unwidersprechlichste Beweis dieser wechselseitigen Bedingtheit.[241]

Cassirer, in seiner relationalen Sicht einer Kultur im sozialen Übergangsbereich des Medialen, erweist sich somit als ein getreuer Schüler des frühen, des vor-lebensphilosophischen Simmel und seiner Beziehungslehre des Sozialen. Das relationale Füreinander lässt die tragische Paradoxie der Lebensphilosophie des späteren Simmel schwinden. Die Medialität (wir sagen. des kommunikativen Textes) hat nun nichts Tragisches mehr, es sei denn – und davor warnt Cassirer nachdrücklich – man begriffe die Pole der Relation substantiell und handelte sich damit das aporetische Problem eines Übergangs, eines „Brückenschlags" zwischen den Innen-

---

[239] Ernst Cassirer: *Zur Logik der Kulturwissenschaften*. 3. Aufl. Darmstadt: wbg 1971, 110.
[240] l. c., 51.
[241] l. c., 50.

welten der Subjekte ein. Eine solche Hoffnung auf eine Brücke zwischen den Innenwelten von Subjekten ist aber utopisch. Der Abgrund lässt sich nicht füllen; jede Welt gehört letzten Endes nur sich selbst an und weiß nur von sich selbst. Aber das wahre Verhältnis ist ein anderes. Im Sprechen und Bilden teilen die einzelnen Subjekte nicht nur das mit, was sie schon besitzen, sondern sie gelangen damit erst zu diesem Besitz. An jedem lebendigen und sinnerfüllten Gespräch kann man sich diesen Zug deutlich machen. Hier handelt es sich niemals um bloße Mitteilung, sondern um Rede und Gegenrede. Und in diesem Doppelprozess baut sich erst der Gedanke selbst auf. Platon hat gesagt, dass es zur Welt der „Idee" keinen anderen Zugang gebe, als dass wir „einander Rede stehen in Frage und Antwort". In Frage und Antwort müssen „Ich" und „Du" sich teilen, um damit nicht nur einander, sondern auch selbst zu verstehen. Beides greift hier ständig ineinander ein. Das Denken des einen Partners entzündet sich an dem des andern, und kraft dieser Wechselwirkung bauen sie beide, im Medium der Sprache, eine „gemeinsame Welt" des Sinns für sich auf. Wo uns dieses Medium fehlt, da wird auch unser eigener Besitz unsicher und fragwürdig.[242]

So ist Kultur von vornherein eine intersubjektive Welt, es ist ein in Gemeinsamkeit geteilter Text. In der Perspektive der gemeinsam geteilten Kultur verliert sich der Aspekt einer „Tragödie", der sich nur in der Perspektive eines lebensphilosophischen Solipsismus ergeben hatte.

3.10 „Kulturelle Tatsachen"

In Anknüpfung an den von Emile Durkheim geprägten Begriff des „fait social" hat Ralf Konersmann vom fait culturel gesprochen oder von den „kulturellen Tatsachen". Er definiert sie so: „Kulturelle Tatsachen sind Werke – Zeugnisse menschlichen Selbst- und Weltverhältnisses, die gegenständliche Gestalt gefunden haben."[243] Damit indiziert der Begriff etwas Statisch-Objekthaftes und verweigert sich der Auffassung von Kultur als Ereignis oder als Prozess. Konersmann wiederholt in einer gewissen Hartnäckigkeit: „Die Kultur ist eine Welt von Tatsachen."[244] Auch wenn diese Objekthaftigkeit des Kulturellen gewissermaßen eingeschränkt wird, wenn es heißt, diese „Tatsachen" seien „lebendig und immerfort in Bewegung."[245] Gemachtes (factum, fait) sei immerfort in Bewegung. Dieses kann dann nur heißen,

---

242 l. c., 53 f.
243 Ralf Konersmann: *Kulturelle Tatsachen*. Frankfurt a. M.: Suhrkamp 2006, 11.
244 l. c., 13.
245 l. c., 15.

dass dem Gemachten nun etwas ihm äußerlich zustoßen bzw. zukommen kann. Und erneut heißt es dann, die „Manifestationen" des Kulturellen seien eine „Gruppe von Gegenständen", eben „als die Gruppe der *kulturellen Tatsachen*."[246] In dieser Verengung der Perspektive des Kulturellen auf Gegenständlichkeit bleibt von Simmels Kulturbegriff und seiner Paradoxie nur die eine Seite übrig, die des Objektiven. Aber das Objekt allein erzeugt bei Simmel keine Paradoxie, geschweige denn Tragödie, vielmehr ist es die unaufgelöste Spannung zwischen der kulturschaffenden Seele und dem Objektiven, also den „kulturellen Tatsachen" Konersmanns. Daher ist es nur konsequent, dass Konersmann die eine Seite dieser Spannung, das schöpferische Subjekt, als ein „anachronistisches Lebenskonzept" entlarven möchte.[247] Das Leben der Kultur ist daher in diesem Konzept gewissermaßen eine Reanimierung des längst zur Tat-Sache Verstorbenen und Erstarrten. Deswegen ist das Schlusswort Konersmanns zur Thematik der kulturellen Tatsache, dass diese als „Werk" bestimmt werden müsse. Da nun aber das Performative für kulturelle Prozesse grundlegend ist, lässt auch Konersmann dieses zu, allerdings als „Umgang mit dem Werk", was nichts anderes heißt als dass es zum „Werk" der „kulturellen Tatsache" von außen hinzutritt, auch wenn zugestanden ist, dass ein Werden die spezifische Seinsweise des Werkcharakters der kulturellen Tatsache sei. Dieses Performative forme das „Werk" von einem besitzbaren Kulturgut zu einer Herausforderung um.

3.11 Musealisierung

Kulturelle Tatsachen, insoweit sie „Werke" sind, gehören ins Museum, in den Sonntags-Modus des Kulturellen. Das Museum präsentiert Exponate und ist in der Nutzung selbst ein Exponat. Alles, was sich im Museum findet, ist Kulturexponat. Es ist erstarrt und keine lebendige Kultur mehr, oder wie Andreas Hetzel treffend über das Frankfurter Museumsufer gesagt hat: „Zentralfriedhof der Kultur".[248] Die Exponate im Museum reihen sich in die Welt der Wert-Schätzungen und Wert-Schöpfungen ein. Musealisierung ist eine Art der Wert-Zuschreibungen für Objekte. Werthaltigkeit (Auspreisung) der musealen kulturellen Tatsachen (Werke) nähert das Museum einem exquisiten Kaufhaus preziöser Waren an. Die Werke im Museum haben ihren „Wert" allein durch den Platz als Exponat. Galerien nutzen diese Wertzuweisungen, wenn sie ihre Waren zu Werken etwa des gleichen Künstlers in

---

246 l. c., 20.
247 l. c., 25.
248 Andreas Hetzel: *Zwischen Poiesis und Praxis. Elemente einer kritischen Theorie der Kultur.* Würzburg: Königshausen & Neumann 2001, 54.

den Museen in Beziehung setzen können. Insofern verrät die Äußerung des Reinigungspersonal in einem Museum die Unsicherheit zwischen zu vermutendem intrinsischem Wert und der Wertzuweisung als Exponat: „Ist das Kunst oder kann das weg?" In der Regel helfen die Kustoden dieser Unsicherheit ab, indem sie Schrifttäfelchen beigeben, die erläutern, was der Besucher hier zu sehen hat. Wenn allerdings eine Performance-Künstlerin sich selbst als Exponat ausstellt, dann kann sie das nur nackt tun, um nicht bekleidet mit dem Aufsichtspersonal des Museums verwechselt zu werden. Der nackte Körper geht nur im Museum als Exponat durch, außerhalb wäre es Exhibitionismus. Oder wenn Marcel Duchamp ein Pissoir als Exponat ausstellt, dann ist nur dieses eine Pissoir als Exponat ein Kunst-Werk, nicht jedoch diejenigen z. B. in der Museums-Toilette. Es ist als Kunst-Werk zulässig, weil seine Ausstellung als Angriff auf die geltenden Kultur-Werte selbst einen kulturkritischen Wert darstellt.[249] Öffentlich zugängliche Museen – im Unterschied zu fürstlichen Sammlungen – gibt es erst, seit Napoleon die Beute-Objekte aus seinen Feldzügen publikumswirksam ausstellen ließ. Man kann sich natürlich auch umgekehrt die Frage stellen, welchen Bedürfnissen die Museen bei den „Museums-Passagieren" (Hetzel) genügen. Und dann hat man sich mit Hermann Lübbes These auseinanderzusetzen, dass Musealisierung und Modernisierung parallel verlaufende Vorgänge sind.[250] Dann kann man erfreut feststellen: „Nirgendwo bieten ja Waffen einen erfreulicheren Anblick als im Museum – wohlgesichert hinter Absperrseilen unter der strengen Aufsicht von Museumswächtern." Aber die Musealisierung und die Preziosität der „Werke" ist nur die eine Seite; denn sie ist ja nicht nur das Wegsperren gefährlicher Objekte, sondern auch die Kompensation des drohenden Verlusts durch die Wegwerfgesinnung der Fortschritts-Macher. „Wir leben in einem Zeitalter historisch singulärer Expansion der Kulturmusealisierung."[251], mit der Folge, dass „... Schmelzöfen, Schlachthöfe, Wassertürme, Bahnhofshallen..." usw. zu erhaltenswerten Kultur-Objekten werden.

Die berechtigte Frage ist daher, ob das Museum wirklich ein Ort der Kultur ist oder nicht vielmehr nur ein Archiv funktionslos gewordener Artefakte. Und infolgedessen hätte man Kultur vielleicht doch anders zu verstehen als eine Sammlung nutzlos gewordener Werke.

---

249 Zur Kulturkritik als integraler Bestandteil von Kultur s. Ralf Konersmann: *Kulturkritik*. Frankfurt a. M.: Suhrkamp 2008.
250 Herrmann Lübbe: *Zeit-Verhältnisse. Zur Kulturphilosophie des Fortschritts*. Graz, Wien, Köln: Styria 1983, 9–13, 20–25,
251 Hermann Lübbe: „Der Fortschritt und das Museum", in: *Bewahren und Ausstellen. Die Forderung des kulturellen Erbes in Museen*. München, New York, London, Paris: K. G. Saur 1984, 227–246, hier 228.

4 Konstitution eines kulturellen „Wir"

Nachdem die Was-ist-Kultur-Frage keine Antwort gefunden hat, bzw. zu viele, d.h. keine zufrieden stellende, bietet sich nun die operative Frage an, was tut, oder was leistet Kultur für das Soziale, für das soziale Band, das uns verbindet, d.h. die Frage nach dem Zwischen oder dem kommunikativen Text im Zwischen von Selbst, Anderem und Dritten. Wir werden in diesem Kapitel einige Modelle vorstellen und prüfen, wie kulturelle Prozesse an der Konstitution und der Erhaltung des Sozialen wirken oder mitwirken.

4.1 Modell: Identitätsstiftung

Vielfach wird es als die eigentliche Leistung der Kultur angesehen, Identitäten zu stiften oder zu festigen.

Gehen wir jedoch zunächst aus von dem das Konzept von Identität hinsichtlich von Kultur irritierenden Satz von Jacques Derrida: *„Es ist einer Kultur eigen, daß sie nicht mit sich identisch ist ... mit sich* differiert. Es gibt keine Kultur und keine kulturelle Identität ohne diese Differenz *mit sich selbst."*[253] Das meint einerseits, dass es keinen einheitlichen Ursprung für Kultur gibt (also z.B. den Übergang von der Natur zur Kultur), andererseits aber auch, dass Kulturen sich nicht homogen erhalten können, solange sie als Kulturen leben (nicht tote, erstarrte Kulturrelikte sind) und weiterhin wirksam sind. Auch wenn man im Identitätskonzept kollektive von individueller Identität wird unterscheiden können, scheint es doch so zu sein, dass die kulturellen Wirkungsweisen für beide ähnlich strukturiert sind, z.B. narrativ, d.h. durch Geschichtenerzählen.[254] In den Geschichten wird eine von der Erzählsituation in Anspruch genommene „Wir"-Identität von einer den anderen zugeschriebene „Ihr"- oder „Jene-da"-Identität geschieden, bis hin zu einer xenophoben Identität. Kollektive Identitäten gestalten sich in kulturellen Prozessen aus. Und – darauf mag dann das angeführte Derrida-Zitat ein schwacher Hinweis sein –

---

[253] Jacques Derrida: *Das andere Kap. Die vertagte Demokratie.* Frankfurt a.M.: Suhrkamp 1992, 12 f.
[254] S. dazu Kurt Röttgers: *Der kommunikative Text und Zeitstruktur von Geschichten.* Freiburg, München 1982; Emil Angehrn: *Geschichte und Identität.* Berlin, New York: de Gruyter 1985; Jürgen Straub (Hrsg.): *Erzählung, Identität und historisches Bewußtsein. Die psychologische Konstruktion von Zeit und Geschichte.* Frankfurt a.M.: Suhrkamp 1998; Jürgen Straub / Joachim Renn (Hrsg.): *Transitorische Identität. – Der Prozesscharakter des modernen Selbst.* Frankfurt a.M. / New York: Campus 2002; Kurt Röttgers: *Das Soziale als kommunikativer Text. Eine postanthropologische Sozialphilosophie.* Bielefeld: Transcript 2012, 359–374; ders.: *Identität als Ereignis. Zur Neufindung eines Begriffs.* Bielefeld: Transcript 2016.

Kultur ist immer schon Interkulturalität. So ist z. B. „der" Iran, ungeachtet der festen Verankerung im Islam, nach wie vor an einem intensiveren interkulturellen Austausch mit der abendländischen Kultur Europas und in Abkehr von der durchamerikanisierten Welt-„Kultur" einerseits und der arabischen Welt andererseits interessiert, in Fortsetzung der interkulturellen Berührungspunkte, die es seit altgriechischer Zeit zwischen Griechenland und Persien gegeben hat.

Darin wird deutlich, dass der kommunikative Text der Identitätspräsentation die Differenz immer schon enthält: kulturelle Identität ist stets eine in Spiegelungen und Abgrenzungen gebrochene; denn kulturelle Nähe und Distanz, Gemeinsames und Unterscheidendes sind nur zugleich zu haben. In den interkulturellen Prozessen ist das realisiert als Zulassung von unverständlicher Fremdheit. Eine andere Kultur, der wir im angebundenen kommunikativen Text begegnen, ist potenziell eine fremde Kultur in dem radikalen d.h. absolut unverständlichen Sinn von Fremdheit. Das hat zur Folge, dass man auch von einer Fremdheit im Inneren einer Kultur sprechen kann: es ist das Unverständliche und Unverstehbare im Kern oder in den Grundlagen der je eigenen Kultur, z.B. deren Gewalt. Seit des postmodernen Verlusts des Starrsinns der Einen Wahrheit, garantiert durch die Eine Vernunft, vormals der Offenbarungen des Einen Gottes, ist ein toleranter Pluralismus freigegeben und wird durch die kulturellen Prozesse so abgesichert, dass eine (kollektive) Identität nur in sich plural und prozessual konstituiert sein kann. Die im Aufbäumen der Spätmoderne entstandenen neuen Totalitarismen, z.B. der obrigkeitlichen Pandemie-Politik, der kriegerischen Solidarisierungspflichten und Ökologie-Besorgnisse, werden solche Pluralismen, insbesondere auch durch die um sich greifenden Gesinnungs-Überwachungsmechanismen zunehmend unwahrscheinlicher; und es werden die frei flottierenden kulturellen Prozesse der Postmoderne zu kulturellen Identitäts-Blöcken homogenisiert. Diesem Entdifferenzierungsprozess dient auch die Ersetzung individueller Identitäten durch verwaltungsvereinfachenden Profil-Bildungen. Kultur (be)dient dann nicht mehr die individuellen Identitäten der Einzelnen, sondern vereinfacht sie zu politischen und ökonomischen Verbraucher-Profilen. Dem entspricht die Ersetzung des Geschichtenerzählens in sich pluraler Geschichten durch austauschbar applizierte „Spots".

Dem Pluralismus kultureller Prozesse entsprach auch Lacans Einsicht, dass das Unbewusste wie eine Sprache strukturiert sei. Damit löste Lacan die Freudsche naturalistische Sicht durch eine kulturalistische ab. Oder kurz gesagt: Nichts ist im Jenseits des Kulturellen, mit der Folge, dass Kulturbegegnung stets produktive Untreue gegenüber den festgefügten Identitäten sein wird, begleitet von der permanenten Möglichkeit eines stets ungeklärten heterologischen Missverstehens.

Angesichts dieses fundamentalen Pluralismus kultureller Prozesse treten dann die lamentierenden Kulturkritiker ans Tageslicht der Öffentlichkeit und malen das Schreckbild des Verfalls „der" Kultur aus und gemahnen an die alten, früher geltenden Werte. Solche machen dann vielleicht geltend, dass heutzutage kein Schüler mehr Schillers „Glocke" oder den „Erlkönig" auswendig hersagen könne, geschweige denn die „Ilias" im griechischen Original – diese „Kulturwerte" verfielen; wer so redet und eine homogene Identität „unserer" Kultur beschwört, ignoriert geflissentlich, dass z. B. gerade die Weimarer Klassik eine in hohem Maße in sich plural strukturierte Phase der Kulturentwicklung gewesen ist.

> Wenn Kultur nichts ihr selbst Vorgängiges, Älteres, Anderes, Nichtkulturelles vorfindet, gegenüber dem sie sich als Kultur individuieren könnte, muß sie sich selbst zu einem Anderen werden, muß sie eine Differenz zu sich aus sich heraus produzieren.[255]

Identität kann man nicht besitzen; und auch kollektive Identitäten sind niemandem, keiner Nation z. B. zueigen. Identität einer Kultur vollzieht sich prozessual, im Geschichtenerzählen oftmals auch als Simulation von Identität. In ihrer Gestalt als Prozessqualität ist Identität – sit venia verbo – identifizierbar und wenn sie vortäuschend ist, auch zu entlarven, wobei die Entlarvung nicht *die* Wahrheit hinter der Larve zu enthüllen vermag, sondern nur die Möglichkeit einer anderen Perspektive.

Wenn man, wie hier vorgeschlagen, das Soziale konsequent als kommunikativen Text versteht, dann sind nicht mehr Individuen oder Kollektive Inhaber von Identität, sondern in die Position eines Identitätsträgers rückt nun die mediale kulturelle Textualität ein. Das aber heißt, dass die Identität als kulturelles Ereignis auftritt.

Kultur ist weder homogen und mit sich identisch, noch vermag sie solche Identitäten zu erzeugen oder zu stabilisieren; Kultur ist die Selbstveränderung eingeschrieben. Daher kann sie das nicht leisten, was manche von ihr erwarten: eine verlässliche Antwort auf Erfahrungen sozialer Kontingenz anzubieten, also statt Beunruhigungen einen Punkt der Ruhe offerieren zu können. Konersmann nennt sie daher das „Mittel der Wahl, um im Umgang mit der Unruhe der Welt bestehen zu können."[256] Daher lautet seine Frage hinsichtlich unseres Themas: „Was heißt Identität in einer Kultur der Unruhe ... in einer Kultur ohne Konsens?"[257]

---

255 Andreas Hetzel: *Zwischen Poiesis und Praxis. Elemente einer kritischen Theorie der Kultur.* Würzburg: Königshausen & Neumann 2001, 7.
256 Ralf Konersmann: *Die Unruhe der Welt.* Frankfurt a. M.: S. Fischer 2015, 298.
257 l. c., 303.

4.2 Modell: Sitten und Gewohnheiten

Neben der Prozedur, Identität als Garant für das Bestehen von Kultur zu wählen, die jedoch fatalerweise in der Postmoderne keine gesicherte Identität mehr voraussetzen kann – Identität zum Ereignis in der Kontinuität des Geschehens werden lässt –, gibt es deutlich konservative Vorgehensweisen in kulturellen Prozessen, für die Begriffe wie Traditionen, Feste, Sitten und Gewohnheiten, Volkstum und Nationalitäten Ankerworte sind.

4.2.1 Traditionen

Traditionen sind kulturelle Vollzüge, die sich mit vergangenen Vollzügen zur Vergewisserung in eine produktive Verbindung setzen. Herrmann Lübbe formulierte das folgendermaßen: „Traditionen sind orientierungssichernde, einstellungs- und handlungsleitende kulturelle Selbstverständlichkeiten von generationenüberdauernder Geltung."[258] Dieses Einstellen in einen Traditionszusammenhang ist zwangsläufig reflexionsfrei und unkritisch, es geschieht fast automatisch. Daher sind Menschen, nach einer Einsicht von Pirmin Stekeler-Weithofer, von der Fortgeltung von Traditionen gerade dann besonders abhängig, wenn sie sich intensiv der Bewältigung gegenwärtiger Problemlagen widmen.[259] Traditionales kulturelles Vorgehen erlöst von der Zumutung, jedes soziale Geschehen als eine unendliche Reihung von reflexions- und begründungsbedürftigen Entscheidungen begreifen zu müssen. Jenes einschlägige Motto *Das haben wir immer so gemacht* wird gerade nicht von Einzelfall zu Einzelfall ins Spiel gebracht, sondern wirkt implizit im Lebensvollzug. Insofern repräsentieren Traditionen – anders als Restaurationen und Reaktionen – gerade nicht eine vorgestellte Vergangenheit, sondern sind Teil einer sich vollziehenden modifizierten kulturellen Gegenwart.

Für die Philosophie bedeutete kulturelle Traditionspflege das *Präsent*-Halten von historisch vorgebildeten Inhalten, also z.B. Platons Philosophie als einen Beitrag zu gegenwärtigen Diskussionen zu behandeln, sich auf die Aneignung und Diskussion ihrer Gedanken einzulassen. Das schließt selbstverständlich ein, sich auch auf die antitraditionalistischen Tendenzen in Hegels oder in Nietzsches Philosophien beziehen zu können. Daher kann etwa Simon Critchley formulieren: „...

---

258 Hermann Lübbe: *Zeit-Verhältnisse. Zur Kulturphilosophie des Fortschritts*, Graz. Wien, Köln: Styria 1983, 57.
259 Pirmin Stekeler-Weithofer: *Was ist Denken?* Leipzig: Verlag der Sächsischen Akademie der Wissenschaften 2004, 23.

that the philosophical tradition is a tradition of de-traditionalization."[260] Das aber kann nur heißen, dass die Tradition der Philosophie ihre Geschichte er-findet, und es schließt ein, dass auch sogenannte Ursprünge mythisch-kulturelle Erfindungen im Vollzug von Traditionen sind. Kulturelle Traditionen sind demnach einerseits das Vergessen des Vergangenseins im aktuellen Vollzug (und selbstverständlich das Vergessen dieses Vergessens), andererseits aber auch, darin der Tradition der Enttraditionalisierung folgend, die Tradition des Selbstverständnisses der Philosophie als kritischer. In diesem Sinne hat Heidegger Tradition von Überlieferung geschieden.

> Die ... Tradition macht zunächst und zumeist das, was sie „übergibt", so wenig zugänglich, daß sie es vielmehr verdeckt. Sie überantwortet das Überkommene der Selbstverständlichkeit und verlegt den Zugang zu den ursprünglichen „Quellen", daraus die *überlieferten* [Hervorhebung K.R.] Kategorien und Begriffe z.T. in echter Weise geschöpft wurden. Die Tradition macht sogar eine solche Herkunft überhaupt vergessen.[261]

Simon Critchley wies alle Versuche zurück, Tradition und Kultur als Begehren von Einheit, Eindeutigkeit und Reinheit zu deuten.[262] Traditionen bilden nie Einheiten, sondern sind immer in sich plural strukturiert. Auch wenn die Politik – speziell seit der Pandemie-Politik – versucht, ihre Bevölkerung z.B. durch Schüren einer Furcht vor Bedrohungen oder durch die Heilsversprechen des globalen Kapitalismus zu einer homogenen Einheit mit nur einer verbindlichen Tradition zusammenzuschmelzen. Die pluralen Strukturen kultureller Traditionen bilden wuchernde Rhizome und Fraktale oder Perkolationen.[263] Traditionen gestalten sich aus als selbstverständlich übernommene moralische Einstellungen, die sich z.T. auch in bestimmten Moral reflektierenden Ethiken manifestieren, die ihrerseits durchaus Traditionswandel qua kritischer Reflexion ermöglichen. Ja, man könnte folglich sogar im Anschluss an Hannah Arendts Deutung der Bildung revolutionärer Räte von einer „Tradition des rebellischen Universalismus" sprechen.[264] Aber allgemein bilden sich Pluralitäten alternativer Traditionen aus. Und das neue Einheitsbegehren einer „political correctness" kann sich überhaupt nicht mehr traditional legi-

---

260 Simon Critchley: *Ethics – Politics – Subjectivity.* London, New York: Verso 1999, 124.
261 Marin Heidegger: *Sein und Zeit, Gesamtausgabe Bd. 2.* Frankfurt a.M.: Klostermann 1977, 29.
262 Simon Critchley: *Ethics – Politics – Subjectivity*, 133 ff.
263 Gilles Deleuze / Félix Guattari: *Rhizom.* Berlin: Merve 1976; zu Perkolationen s. Reinhold Clausjürgens: „Von der Moderne zur Post-Moderne. Brüche – Übergänge – Kontinuitäten", in: Clausjürgens, Reinhold und Monika Schmitz-Emans (Hrsg.): *(Um-)Wege zu einer Sozialphilosophie der Postmoderne. Philosophische Exkursionen. Festschrift für Kurt Röttgers zum 80. Geburtstag.* Paderborn: Fink 2024, 274–320, hier 306–313.
264 Eva von Redecker: *Revolution für das Leben.* 2. Aufl. Frankfurt a.M.: S. Fischer 2020, 141.

timieren, sondern entspricht einer handstreichartigen ideologischen Überwältigung. Die sprachliche Gewaltsamkeit des Gendering ist entschieden anti-traditional und verlässt die traditional gebildete gemeinsame und gemeinsam verbindende Sprache. Wer sich dem fügt, verhängt über sich selbst den Ausschluss aus traditionalen Selbstverständlichkeiten.

Es ist daher sehr zu bezweifeln, was Volker Steenblock als Eingangssatz seines Beitrags zum *Handbuch Kulturphilosophie* formuliert. „Tradition ist eine zentrale Kategorie menschlicher Kultur."[265]

4.2.2 Wiederkehrende Feste

Feste brechen und gliedern die Kontinuität des sozialen Geschehens; einerseits sind sie deswegen als kulturelle Ereignisse anzusehen, andererseits beziehen sie ihre Bedeutsamkeit aus der Wiederholung. Als kulturelle Ereignisse entziehen sie sich der Ökonomie reiner Bedürfnisbefriedigung, z.T. schwelgen sie in unnützer Verausgabung und im Luxus. Damit unterwandert das Fest zugleich den Individualismus und Egoismus, die als possessiver Individualismus die Grundlagen des Kapitalismus bilden, indem es Gemeinsamkeit stiftet. „Das Fest ist Gemeinsamkeit und ist die Darstellung der Gemeinsamkeit in ihrer vollendeten Form."[266] Andere sehen im Fest die rituelle Wiederholung der ursprünglichen Schöpfung der Welt, analog zu der alljährlichen Neuschöpfung der Natur im Frühling.

Jean-Jacques Rousseau pries das ländliche Fest: es bilde die Unschuld des Ursprungs ab. Aber es darf nicht übersehen werden, dass Rousseaus Lob des Festes auf einer Fiktion beruht. So geht bei ihm das Fest nicht hervor aus der Wiederkehr von Kontinuitätsbrechungen, sondern hat seinen spontanen Ursprung in der gemeinsamen Unschuld der Herzen der Menschen. Anders als manche Feste, die sich zur Brechung der Kontinuität der Machenschaften und ökonomischen Besorgungen der Maskierungen bedienen, ist für Rousseau das Fest die Gelegenheit absoluter Unverborgenheit der reinen Herzen füreinander: es ist der Ort der absoluten Transparenz: „La substance de la fête, son véritable objet, c'est l'ouverture des cœurs."[267] Für solche Feste gibt es keine Zuschauer, alle sind involviert und alle sind offen für alle.

In seiner Entgegnung auf d'Alemberts Vorschlag, in Genf zur Anhebung der Kultur ein Theater einzurichten, kann Rousseau dem Theater, d.h. der Maskierung,

---

[265] Volker Steenblock: „Tradition", in: Konersmann, Ralf (Hrsg.): *Handbuch Kulturphilosophie*. Stuttgart, Weimar: Metzler, 384–387.
[266] Hans-Georg Gadamer: *Die Aktualität des Schönen*. Stuttgart: Reclam 1977, 52.
[267] Jean Starobinski: *Jean Jacques Rousseau: La transparence et l'obstacle*. Paris: Plon 1971, 116 ff.

Verstellung und Lüge durch die Schaupieler nur einen verderblichen Einfluss zusprechen. Daher bilden das Fest und das Theater für ihn absolute Gegensätze. An Stelle der theatralen Inszenierungen propagiert Rousseau nun die öffentlichen Feste. Wie laufen die ab? In der Mitte eines Platzes versammelt sich um eine mit Blumen umkränzte Säule das Volk, und schon hat man ein Fest. In einem solchen Fest gibt es keinen Unterschied zwischen Schauspielern und Zuschauern: alles ist echt: Spiel und Realität fallen in eine Einheit zusammen. Rousseau malt dann weiter diejenigen Feste aus, auf denen sich junge Leute zwecks Verheiratung treffen können; auch deren Arrangement ist von der Obsession der Sittenstrenge diktiert, ein solcher Kennenlernball ähnelt auch nicht den Theaterschauspielen, sondern ist eher eine große Familienversammlung. Es herrscht reine Freude, echte Gefühle gemäß der Natur beherrschen diese Szene. Ein beständiges Glück ist ihr Merkmal statt der leeren Vergnügungen, die es nur zerstören können. Kriterium des echten Festes des ausphantasierten Land-Volks des Schweizer Jura ist: „Il n'y a de pure joie que la joie publique."[268]

Ein solches von Rousseau phantasiertes „Fest" ist von der gleichen Struktur wie sein „contrat social" :

> La fête exprime sur le plan 'existentiel' de l'affectivité tout ce que le *Contrat* formule sur le plan de la théorie du droit. ... Ce que le *Contrat* stipule sur le plan de la volonté et de l'*avoir*, la fête le réalise sur le plan du regard et de l'*être:* chacun est 'aliéné' dans le regard des autres, et chacun est rendu à lui-même par une 'reconnaissance' universelle. ... un *'moi commun.'*[269]

Dieses Zusammenspiel von Strukturen des allgemeinen Willens und der allgemeinen Freude findet ausdrücklich Eingang in Rousseaus Empfehlungen für eine polnische Verfassung. Dort heißt es, dass allgemeine öffentliche „Schauspiele" vorzusehen seien, an denen das ganze Volk in Gleichheit teilnimmt, wie seinerzeit in der Antike. Diese Gleichheit braucht nicht gesetzlich geregelt zu werden, sondern realisiert sich als Partizipation: „état d'âme collectif."[270] Das Fest ist bei Rousseau, angefangen bei den Phantasien der ländlichen Feste im Schweizer Jura bis hin in die konstitutionellen Vorschläge der Kollektivseele des polnischen Volkes eine reine Fiktion.

Anders sieht es in den Festen der Französischen Revolution aus, die die Rousseauschen Phantasien Wirklichkeit werden lassen möchten. Der Ausgangsgedanke ist, dass die Revolution selbst ein Fest ist: es ist ein Fest der Menschheit. Als Ereignis teilt es das Kontinuum des Geschehens in eine Vorgeschichte und in die

---

268 Jean-Jacques Rousseau: *Lettre à d'Alembert.* Paris: Garnier-Flammarion 1967, 249.
269 Jean Starobinski: *La transparence et l'obstacle,* 121.
270 l. c., 124.

Geschichte der befreiten Menschheit. Aber als dieser einzigartige Einschnitt ist das Fest-Ereignis nicht wiederholbar, ihm mangelt wegen seiner Spontaneität und historischen Einzigartigkeit die Möglichkeit der Wiederholung. Zwar gilt allgemein, dass Wiederholungen das Vergangene nicht wieder-holen, sondern immer Variationen sind; zwar konnten die Revolutionsfeiern der Revolutionäre zur Erinnerung an jenes einzigartige Fest eingerichtet werden, aber als bloße Denkmale waren sie etwas anderes als ein Abglanz jenes großen Festes der Menschheit. Feste dieses grandiosen Anspruchs sind per se unwiederholbar. Oder, wie Regis Debray festgestellt hat: Revolutionen beginnen als Feste der Freiheit, gehen dann aber als Effekt der Staatsmacht in Zeremonien über.[271]

Im Kleinen kann man den befreienden Charakter des Festes an einer Tatsache festmachen: an Festtagen ruht die Arbeit – das Fest ist Nicht-Arbeit. Die unendlichen Repetitionen der Arbeitsvorgänge und Arbeitsprozesse werden durch wiederkehrende Feste skandiert und so der Gesamtprozess rhythmisiert. Der Rhythmisierung dienen auch die unterschiedlichen Bedeutungsbeleihungen: als kirchliche, als zivilgesellschaftliche (1. Mai, Muttertag), als staatliche (Tag der deutschen Einheit). Georges Bataille spricht von einer Gleichgewichtung rationaler Arbeit und dem tumultuösen Entfesseln der Feste.[272] Die wiederholbaren Feste, z. B. Neujahr oder die Sonntage, dienen einer Skandierung der Zeit und damit der kalendarischen Zeiteinteilung. Das Intervall zwischen zwei gleichartigen Festtagen bekommt einen Zeit einteilenden Namen: Wochen, Jahre; eine solche Zeiteinteilung ist spezifisch für eine bestimmte Kultur, wodurch die Notwendigkeit einer Synchronisation entsteht. Der offizielle Festkalender für Sikkim beispielsweise zählt 14 Feste, von denen allein das Fest Durga Puja zehn Tage währt.

4.2.3 Nationalität

Anders als der Begriff der Identität, speziell der kollektiven Identität, der in den Strudel postmodernen Denkens geraten ist, sind Nation und Nationalität prä-postmoderne Begrifflichkeiten mit der Folge, dass ihnen ein Substantialismus zugesprochen werden darf. Von welcher Art ein solcher ist, wäre jedoch erst noch zu bestimmen. Nationalität – abgeleitet aus lateinisch nasci und daraus natus, geboren sein – hat mit naturaler Herkunft zu tun. Was das aber genauer heißen soll, bleibt offen für weitere Bestimmtheiten. Ein mit der Geburt zusammenhängender Mythos

---

271 Régis Debray: *Critique de la raison politique*. Paris: Gallimard 1981, 20.
272 Georges Bataille: „Der verfemte Teil", in: ders.: *Die Aufhebung der Ökonomie*. München: Rogner & Bernhard 1975, 50–54; cf. Martin Jörg Schäfer: *Die Gewalt der Muße*. Zürich, Berlin: diaphanes 2013.

ist der des Blutes; von ihm bezieht z. B. eine rassistische Bestimmung der Nationalität ihre Bilder. Rassistische kulturelle Ideologien haben daher das Grundsatzproblem, Kultur aus Natur bestimmen zu wollen. Nationalität kann aber auch durch Sprachlichkeit definiert sein: die Zugehörigkeit zu einer bestimmten Einzelsprache bestimmt dann die je eigene nationale Zugehörigkeit, womit man sich das Problem der Abgrenzung einer Einzelsprache von anderen, aber vor allem das grundsätzlichere Problem der Abgrenzung der Einzelsprache von ihren Dialekten, oder sogar Idiolekten einhandelt, manifest etwa in der Abgrenzung des Serbischen vom Kroatischen. Genau dieses Beispiel aber führt zu einer weiteren kulturellen Bestimmtheit von Nationalität: der religiösen, also z. B. der Abgrenzung der Zugehörigkeit zum römischen Katholizismus oder zum serbisch orthodoxen Christentum. Aus diesen Varianten der Bestimmung von Nationalität fasste man ihre Bestimmung zusammen in den Begriff der Kulturnation: eine Nation sei bestimmt durch ihre Kultur, was aber eine zirkuläre Bestimmung sein muss, solange nicht eindeutig bestimmt ist, was das Wesen einer Kultur ist. So wird man zurückgeworfen auf eine bloß politische, nicht aber kulturelle Bestimmung, wenn etwa im I. Weltkrieg die Position des Deutschen Reiches als Kampf einer Kulturnation gegen die barbarischen anderen Völker dargestellt wurde und damit als eine kulturelle Sendung der deutschen Nation. Darin wird überdeutlich der Nachteil der Kombination der Begriffe von Nationalität mit kulturellen Prozessen durch den Substantialismus der Festlegung einer kollektiven Identität. Die Begriffe *Volk* und *Nation* sind daher mit Vorsicht zu verwenden; niemals jedoch geben sie Gründe für Überlegenheitsgefühle ab. Kultur ist Vielfalt und lebt in der Vielfalt der Kulturen.

Wenn es üblich geworden ist, von einem nationalen kulturellen Erbe zu reden, um dieses feierlich zu beschwören, so kann die Rede vom „Erbe" nur dann Sinn machen, wenn die nationale Kultur als lebendige verstorben ist und ein Erbe hinterlassen hat. Nur in einem vorpolitische Raum, also als die Kultur sich noch nicht mit dem Staat fest verbunden hatte, macht die Redeweise von nationaler Kultur einen Sinn. Dafür könnte etwa die Philosophie von Johann Gottfried Herder einstehen.

Bei Herder könnte man sogar einen Kulturrelativismus vermuten, aber dieser steht immer unter der Maßgabe der allgemeinen Ausrichtung der Menschheit auf ihre Vervollkommnung. Die sich bei Herder ergebende Kette der Traditionen läuft nie auf eine Abgrenzung einer Kultur gegen andere hinaus, sondern auf eine die Kulturen umspannende Verbindung aller Menschen und Völker. Herders so zu nennende „Anthropologie" hat nie den „ganzen Menschen" als einen solchen im Visier, sondern der Gegenstand dieser Lehre bezieht sich auf die Entwicklung und die Vervollkommnung in einem fortgehenden Pluralismus, z. B. der Vielfalt der Sprachen. Die Perfektibilität muss daher stets als ein pluraler und intersubjektiver Prozess gedacht werden.

Herders Kulturphilosophie ist somit eine Philosophie des werdenden Menschen. Und der werdende Mensch ist ein hörender Mensch, Vernunft leitet sich nämlich vom Vernehmen her. Die Sprache im Sprechen, Hören und Gehörtwerden ist Medium. Damit sind Intersubjektivität und Interkulturalität die Medien der Entfaltung zur Vervollkommnung der Humanität. In gewissem Sinne ist also bei Herder die Anthropologie in der „Natur" des Menschen angelegt, aber diese „Natur" ist sowohl plural als auch auf Vervollkommnung angelegt, sie ist eine Potentialität. Da es keinen fixen Ausgangspunkt dieses Denkens gibt, kann auch der gedachte Ursprung der Menschheit nur ein pluraler sein. Dem dienen die Sprachen in ihrer Vielfalt und die diversen Verschriftlichungen, die dann so etwas wie Überlieferung und Tradition hervorrufen. Der Perfektion jedes Einzelnen und auch der Nationen dient gerade der Austausch der vielen miteinander. Sprache ist das Differenzierende und zugleich Vereinende der Traditionen und Kulturen; sie ist ein „Band zwischen Menschen und Menschen". Sie enthüllt eine „Geschichte der Kultur",[273] eine neue Kette der Traditionen.

Herder nahm für sich in Anspruch, nicht einen der „gebahnten Wege, die man immer und immer betrat", sondern einen „kleinen Fußsteig" einzuschlagen, „den man zur Seite liegen ließ, und der doch vielleicht eines Ideenganges werth wäre."[274] Seiner Überzeugung nach kommt Kultur einem jeden Volk der Erde zu. Aber Kultur ist etwas anderes als was gemeinhin darunter verstanden wird, nämlich *„verfeinte Schwachheit"*...

> Nichts ist unbestimmter als dieses Wort [sc. der Kultur, K.R.], und nichts ist trüglicher als die Anwendung desselben auf ganze Völker und Zeiten. Wie Wenige sind in einem kultivirten Volk kultivirt? Und worein ist dieser Vorzug zu setzen? Und wiefern trägt er zu ihrer Glückseligkeit bei? Zur Glückseligkeit einzelner Menschen nämlich; denn daß das Abstraktum ganzer Staaten glücklich sein könne, wenn alle einzelnen Glieder in ihm leiden, ist Widerspruch oder vielmehr nur ein Scheinwort, das sich auf den ersten Blick als ein solches bloßgiebt.[275]

Bemerkenswert ist Herders Verbindung des Gedankens eines Bandes mit dem Modell des Labyrinths. In der Neuzeit waren Labyrinthe im Gegensatz zum antiken Einweglabyrinth immer gedacht als ein komplexes Arrangement, in dem man sich orientierungslos nur verirren kann. Daher wurden „Leitfäden" (antik: der Ariadnefaden) entworfen, damit man richtige Entscheidungen treffen könne. Herder bezeichnet nun diesen „Leitfaden" als das soziale Band, das uns untereinander und

---

[273] Johann Gottfried Herder: *Werke*, hrsg. v. Heinrich Düntzer, Berlin: Gustav Hempel o. J. [1880], X, 118, 126.
[274] l. c., IX, 43.
[275] l. c., 49, 44.

mit der Tradition verbindet. Er spricht von seiner Einsicht in diesen Zusammenhang und dem daraus resultierenden Vertrauen: „... so wäre dieser Eindruck von Zuversicht das sichere Band, mit welchem wir uns im Verfolg des Werks auch in die Labyrinthe der Menschengeschichte wagen könnten."[276] Dieses Band ist, was die Tradition betrifft, nur eine „Werkstätte der Uebung", „Goldne Kette der Bildung also, Du, die die Erde umschlingt und durch alle Individuen bis zum Thron der Vorsehung reicht ... Immer verjüngt in seinen Gestalten, blüht der Genius der Humanität auf und zieht palingenetisch in Völkern, Generationen und Geschlechtern weiter."[277] Die Deutung der Herderschen Philosophie der Kultur kann durchaus strittig sein. Während die meisten Interpreten seinen Beitrag positiv sehen und grundlegend für jede Auseinandersetzung mit Kultur[278], hat Wolfgang Welsch sie als nicht mehr zeitgemäß kritisiert,[279] und zwar aus drei Gründen: erstens gilt die Unterstellung der *einen* Kultur einer Nation nicht mehr, heutige Gesellschaften sind allesamt inhomogen und heterogen, zweitens gilt die „völkische" Einheitlichkeit nicht mehr oder galt vielleicht niemals, alle Gesellschaften sind Mischungen unterschiedlicher Herkunfts-Ethnien, drittens gelte Herders Abgrenzung einer Kultur nach außen, sie sei „kultureller Rassismus".

4.3 Modell: Das soziale Band (Normativität durch kulturelle Verbindungen?)

Hermann Lübbe hatte, wie dargestellt, die Geltung von Traditionen darauf gegründet, dass eine Unmöglichkeit besteht, ohne sie auszukommen. Aber das leitet sich bei ihm nicht aus einer normativen Universalität her,[280] so dass die Frage ausgeworfen werden mag, welche sozialen Verbindungen Kultur zu etablieren vermag. Die angesprochene Frage lautet also: Ist das sozial Verbindende eine reflexionsbegründete Normativität oder umgekehrt die eher kontingent entstehende Entlastungsleistung? Immerhin gilt es zu beachten, dass von Normen eine u.U. belastende Gewalt ausgeht. Also: Was – was an Kulturellem – knüpft das soziale Band? Eine vorläufige und zu prüfende Antwort könnte sein: Die soziale Aner-

---

276 l. c., 48.
277 l. c., X, 115.
278 So bereits Alois Dempf: *Kultur-Philosophie (Handbuch der Philosophie).* München: Oldenbourg 1932.
279 Wolfgang Welsch: „Transkulturalität", in: *Interkulturalität. Grundprobleme der Kulturbegegnung.* Universität Mainz 1998, 45–72.
280 Hermann Lübbe: *Zeit-Verhältnisse. Zur Kulturphilosophie des Fortschritts.* Graz, Wien, Köln: Styria 1983, 58.

kennung (archaisch: der Ruhm) knüpft das soziale Band; aber ist dazu heutzutage noch Kultur vonnöten, oder reicht nicht vielmehr der ökonomische Erfolg (klassisch: der Reichtum). Oder aber ist die Sozialität dem ζῷον πολιτικόν (Aristoteles) im Wesen des Menschen ohne Unterstützung einer Kultur eingeschrieben, oder wie Léon Bourgeois zu Beginn des 20. Jahrhunderts meinte: qua natürlicher und notwendiger Solidarität.[281]

Nach Jean-Luc Nancy enthält das soziale Band weder Interiorität noch Exteriorität, sondern verbindet im Knüpfen des Bandes den Übergang von Innen und Außen und kommt so immer wieder zu sich und auf sich zurück. Dieses Verknüpfen ist keine Sache, sondern lässt als das Knüpfen des Bandes an einen Vertrag denken. Also muss man auch an eine Kultur und eine Politik denken, die ohne Auflösung im Sinne einer szenischen Auflösung bestünde. Das soziale Band ist ohne Unterlass oder Ziel eine Verkettung von Knoten, d.h. mit keiner anderen Struktur als der einer Interkonnektivität. In diesem Verständnis ist dann Politik weder eine Substanz noch eine Form, sondern nichts andres als die kulturelle Geste der singulären Verknüpfungen und Verkettungen. Was also zu suchen wäre, ist eine Politik des Bandes als eines solchen. „oui, c'est une politique de la communication."[282] Ob dieses Band tatsächlich und nur als ein kulturelles aufzufassen ist, muss bei Nancy und vielleicht allgemein offenbleiben.[283] Vieles deutet darauf hin, dass unter der Maßgabe des globalisierten Kapitalismus das soziale Band vorrangig ein ökonomisches sein wird. Daher spricht Joseph Vogl von einem neuen *contrat social* als einem „System von Verbindlichkeiten": „Die neue Oikodizee verspricht jedenfalls, mit den von ihr gesetzten Relationen, Ereignisgestalten und Verkehrsformen eine Blaupause für die Kodierung des sozialen Bandes bereitzustellen."[284]

Andererseits wirft Nancy auch die Frage auf, ob nicht das „Spektakel" konstitutiv für das Soziale sei, d.h. ob nicht das soziale Band der symbolischen Ordnung angehört, d.h. einer Ordnung der Vorstellungen und Gestaltungen.[285] Zu denken wäre auch an eine Verbandung zwischen heterogenen Banden, etwa zwischen einer moralischen und einer traditionellen; ein derartiges Meta-Band der Verbindung von Verbindungen nennt Jacques Derrida ein „mystisches" Band.[286] Wegen dieser „mystischen" Tendenz ist dann das soziale Band nicht nur von zerstörerischer Gewalt bedroht, sondern ebenfalls von einer verschmelzenden Liebe, die keinen Raum eines Zwischen mehr zuließe. Und schließlich: Was wie ein Knoten in den

---

281 Léon Bourgois: *Solidarité*. Paris: Armand Colin et Cie. 1896, 10.
282 Jean-Luc Nancy: *Le Sens du monde*. Paris: Galilée 1993, 177.
283 Bei Serres „das Verbindende" „le relié" cf. Michel Serres: *Relire le relié*. Paris: Le Pommier 2019.
284 Joseph Vogl: *Das Gespenst des Kapitals*. 3. Aufl. Zürich: diaphanes 2010/2011, 115.
285 Jean-Luc Nancy: *singulär plural sein*. Berlin: diaphanes 2004, 91.
286 Jacques Derrida: *Politik der Freundschaft*. Frankfurt a.M.: Suhrkamp 2000, 147.

Verknüpfungen aussieht, könnte sich gerade als das soziale Band selbst herausstellen, das sich jedoch seiner Verfassung nach und wegen der Indifferenz von Innen und Außen und von Oben und Unten als ein Möbius-Band herausstellen würde. Es wäre grundsätzlich zweideutig.

Maurice Merleau-Ponty verlegt konsequent den Ursprung des Bösen / Übels (mal) weder in ein (kollektives) Selbst noch in den Anderen, sondern in die Mitte zwischen ihnen, die sie verbindet.[287] Dieses verbindende Zwischen ist, das wird man hinzufügen müssen, ein abgründiger Grund, im Grunde daher ein Geheimnis. Dann wäre, das soziale Band ergründen zu wollen, und sei es auch als Kultur oder Kulturelles, ein Sakrileg und damit zerstörerisch für das Band. Allenfalls eine Kultur des Schweigens, eine Sigetik, reichte an es heran.[288] „Vielleicht ist dies eine ganz andere Weise, das ‚Zwischen' zu denken, es ‚zwischen' oder ‚unter Freunden' und ausgehend vom Schweigen der Freunde zu fassen."[289]

4.4 Modell: Reflexion und Paradoxie

In den vorhergehenden Abschnitten waren Modelle selbstverständlicher Geltungen von kulturellen Prozessen und Sachverhalten vorgeführt und geprüft worden. Dabei zeigte sich zuletzt im Modell der Normativität eines sozialen Bandes, dass einerseits das Band keineswegs allein und auch nur vorrangig durch Kultur gesichert ist, dass andererseits sich aber eine mögliche kulturelle Einwirkung in die Unsichtbarkeit und in ein Schweigen entzieht. „Was eine Gesellschaft integriert, ist gerade nicht Kultur. Im Gegenteil, *Kultur entzweit*", sagt Andreas Hetzel.[290] Es käme also darauf an, ein Modell zu entwerfen, das durch andere Veranlassungen, wie z. B. Ökonomie, das Soziale konstituiert und das sich auch nicht der Sichtbarkeit in ein Imaginäres entzieht. Das kann nur ein Modell sein, das mit höherer Bewusstheit in der Organisation des Sozialen zu rechnen hat. Dafür bot sich in der Moderne die Figur der Reflexion an. Denn wenn es stimmen sollte, was sowohl Hetzel als auch Konersmann sagen, dass nämlich Kultur immer von Kulturkritik begleitet ist, dann heißt das eben auch, dass kulturelle Prozesse immer mit Reflexion verwoben sind. Die Unmittelbarkeiten, von denen bislang (zuweilen unter Ausblendung aller Mittelbarkeiten) die Rede sein konnte und für die Rousseau beredter Anwalt war, sind

---

287 cf. Maurice Merleau-Ponty: *Signes*. Paris: Gallimard 1960, 44.
288 cf. Marin Heidegger: *Beiträge zur Philosophie (Vom Ereignis)*. Frankfurt a. M.: Klostermann 1989, 78 ff.
289 Jacques Derrida: *Politik der Freundschaft*, 88; zum „sozialen Band" s. auch Thomas Bedorf / Steffen Herrmann (Hrsg.): *Das soziale Band*. Frankfurt a. M., New York: Campus 2016.
290 Andreas Hetzel: *Zwischen Poiesis und Praxis*, 188.

eben überhaupt nicht zu haben, weil, und das wurde auch gerade bei Rousseau deutlich, solche Unmittelbarkeit eine Qualität Gottes wäre. Keine Einheit bietet Unmittelbarkeit, sondern Einheit erscheint stets als vermittelte Einheit von Vielheiten.

Hinter der kulturbegleiteten Reflexion von Kultur verbirgt sich jedoch in der Moderne die grundlegende Paradoxie der Selbstthematisierung. Für dessen figürliches Bild steht seit der Romantik der Doppelgänger, der ein Selbst ist und doch auch nicht. Schon auf der Ebene sprachlicher Äußerungen begegnet dieses Doppel aus etwas aussagendem und performativ zugleich sich aussagendem Subjekt. Auf das damit aufgerufene Modell der kulturellen Differenz wird an späterer Stelle zurückzukommen sein. Hier jedoch gilt es festzuhalten, was das für das sich im Kulturellen bewegende Individuum heißt: es ist eben nicht mehr an einem, an einem einzigen eingenommenen oder ihm verordneten Ort beheimatet, vielmehr bewegt es sich durch vielfältige Räume, es wird zum „transkulturellen Passagier" (Hetzel). Seine Bewegungsform ist das Rhizom, die vielfältige Verzweigung oder die Perkolation, d.h. die unvorhersehbare und nicht planbare Verteilung in vielfältigen Räumen. Dieses ist die Bewegungsform des postmodernen Subjekts. Es befindet sich, um ein anderes Bild aufzurufen, in einem Labyrinth, in dem es sich ohne zuverlässigen Leitfaden einer Ariadne fortwährend entscheiden muss und darf. Aber diese Entscheidungen sind in sich paradox: einerseits steht ihm die entlastende Tradition im Rücken, andererseits vervielfältigen sowohl seine Entscheidungen als auch seine Nichtentscheidungen die sich eröffnenden und sich anbietenden proliferierenden Wege. In jedem Moment bietet sich ihm die reine Gegenwärtigkeit seines Existierens. Eine solche Situation erzeugt das typisch moderne und postmoderne melancholische Bewusstsein: wo auch immer das Selbst ankommt, ist es zu spät für eine Entscheidung aus dem Bewusstsein autonomer Freiheit heraus, das das moderne und spätmoderne Subjekt zu leiten vermöchte. Eine solche Paradoxie ist etwas anderes als eine Zweideutigkeit; die Paradoxie entsteht durch sie selbst, durch den Reflexionscharakter des modernen Bewusstseins, während die Zweideutigkeit oder die Ambivalenz ihr von außen zustößt. Als Reflexionskategorie ist die Paradoxie dem Bewusstsein zuinnerst eingeschrieben. Bezogen auf den Labyrinthcharakter müsste man also davon sprechen, dass mit jeder Bewegung des Versuchs, dem Labyrinth zu entkommen, das Labyrinth fortwächst. Denn der Paradoxie der Reflexion entkommt man nicht durch Reflexion der Reflexion, im Gegenteil steigert sich so die Paradoxie der Reflexion.

Ist das die Weise, wie Kulturelles entsteht: durch ein Mehr an Reflexion der Reflexion der Reflexion usw.? Genau das ist ja, würde der Rousseauist sagen müssen, die Krankheit der Moderne: ein Zuviel an Reflexion, und er würde hinzufügen müssen: Kultur ist die spezifische Krankheit des modernen Bewusstseins. Aber im Grunde geht es ja gar nicht mehr um eine Rettung der guten alten Moderne vor einem Zuviel an Reflexion. Die postmoderne Kultur ist durch und durch melancholisch, weil mehrfach in sich reflektiert. Und wenn man dem Rousseauisten und mit ihm der modernen Emphase der Unmittelbarkeit in der Postmoderne Rettung angedeihen lassen möchte, müsste man ihnen im Grunde nachweisen können, dass diese contre cœur reflektierende Philosophen gewesen sind.

Hatte man in der klassischen Moderne Zeit verstanden als Ausfächerung in Vergangenheit, Gegenwart und Zukunft, so tut sich in der geschilderten Labyrinthik des postmodernen Bewusstseins auch eine grundlegende Paradoxie der Zeit selbst auf.[291] Niklas Luhmanns Beschreibungen der Paradoxien der Zeit weist ihn deutlich als postmodernen Denker aus. Die Paradoxie schlägt durch auf die Analyse des Subjekts, wie es die Moderne verstanden hatte; denn in der Performanz des kommunikativen Textes ist das Subjekt anwesend und abwesend zugleich: „abwesend in seiner Identifikation, stellt es sich hinterrücks wieder als anwesend ein."[292] Kurzum: das als modern und damit als autonom figurierte Subjekt ist von Anfang an in seinem Kern paradox strukturiert;: „Wenn ich feststellen will, wer oder was ich bin, werde ich ver-rückt oder genauer noch: ver-rückt es mich ... die Subjektivität ist das *Zwischen* oder die sich zersetzende Mitte, in der das ‚ich denke' und das ‚es denkt' (als Einheit und Unterschied) aufeinandertreffen."[293]

Die Paradoxie verdankt sich auch der Nichtkongruenz der Anthropologisierung von Subjektivität, z. B. der Entfaltung eines Wissens über die Wahrscheinlichkeit von Emotionen, mit dem nicht aufgegebenen transzendentalen Ursprung jeglichen Wissens. Die Kontingenz der Performanz gerät so in Konflikt mit dem Allgemeinheitsanspruch des Wissens. Für das Handeln heißt das: die antizipierende Reflexion greift auch über auf das Wissen und Bewerten des Handelns und macht es dadurch unsicher. Das klassische Subjekt/Objekt-Schema für Erkennen und Handeln ist in der Paradoxie der Reflexion als Stabilisator endgültig überwunden. Und genau dadurch wird das Modell der Reflexion für die Darstellung von Kultur unbrauchbar. Zwecks Abhilfe unterscheidet Luhmann zwischen der paradoxen Figur der Reflexion und der Reflexivität, letztere meint nichts anderes als die Selbstbezüglichkeit von sozialen Prozessen. Diese Unterscheidung erscheint jedoch eher hilflos; denn die Beschreibung der Selbstbezüglichkeit kommt nicht ohne Verwendung von Reflexion aus und wird seinerseits dadurch paradox. In Begriffen der Sozialphilosophie des kommunikativen Textes ausgedrückt: Zwar unterbricht die Antwort des Anderen den Prozess von Selbst, aber sobald irgendein Bezug auf Inhalte stattfindet, kann dieser nur die Position der kulturfreien Paradoxie der Reflexion einnehmen.

---

291 Niklas Luhmann: „Tautologie und Paradoxie in den Selbstbeschreibungen der modernen Gesellschaft", in: *Zeitschrift für Soziologie 16* (1987), 161–174.
292 Gerhard Gamm: *Nicht nichts*. Frankfurt a. M.: Suhrkamp 2000, 75.
293 ibd.

4.5 Modell: Objektiver Geist

Mit dem Modell des objektiven Geistes als Strukturmerkmal der Kultur betreten wir nach Reflexion und ihren Paradoxien ein typisch noch-modernes Terrain. Und es ist fraglich, ob dieses Modell auch für postmoderne Kulturzusammenhänge aufschlussreich sein wird. Es ist damit auch fraglich, ob – wie Dirk Westerkamp vorschlägt[294] – Hegels Begriff des „objektiven Geistes" dem heutigen Begriff der Kultur entspricht, ohne jedoch auf diese Weise ersetzbar oder übersetzbar zu sein. Bei allen Differenzen, sagt er, könne „objektiver Geist" als „ein Definiens von Kultur" begriffen werden. Wieso?

Als Hegel bereits in der *Phänomenologie des Geistes* (1807) den Begriff des Geistes als „erhabensten Begriff"[295] einführt, da erläutert er ihn folgendermaßen: „Das Geistige allein ist das *Wirkliche;* er ist das Wesen oder *Ansichseiende,* – das sich *Verhaltende* und *Bestimmte,* das *Anderssein* und *Fürsichsein."*[296] Er führt auch hier bereits aus, dass der allgemeine Geist eines Volkes in seiner Sittlichkeit besteht: die sittliche Wirklichkeit heißt Geist: „Die *lebendige sittliche* Welt ist der Geist in seiner Wahrheit."[297] In diesen Gedanken ist bereits vorbereitet die Idee des „objektiven Geistes", wie er sich dann 1830 in der *Enzyklopädie der philosophischen Wissenschaften* findet. Hier treten dann die Entwicklungsstufen des Geistes auf: als subjektiver Geist (Beziehung des Geistes auf sich selbst) – objektiver Geist (Geist als Realität der Freiheit) – absoluter Geist (an und für sich seiender Geist, Geist in seiner absoluten Wahrheit). Die ausführliche Darstellung zum objektiven Geist (§§ 483–552) behandelt nacheinander das Recht, die Moralität und die Sittlichkeit, unterteilt in Familie, bürgerliche Gesellschaft und Staat. Das aber, was wir als das spezifisch Kulturelle ansehen würden, gehört bei Hegel nicht zum objektiven Geist, sondern zum absoluten Geist, als da sind Kunst, Religion und Philosophie.

Die Gestaltungen des objektiven Geistes wie Familie, bürgerliche Gesellschaft und Staat gehören bei Hegel in die Rechtsphilosophie, schon hieraus ist ersichtlich, dass der Begriff des objektiven Geistes nicht deckungsgleich mit Kultur sein kann. Allgemein gesagt, ist objektiver Geist dasjenige Selbstverhältnis, das durch die Anderen, allgemein das Soziale vermittelt ist. Der objektive Geist geht über das sittliche Selbstverhältnis hinaus, wie es dem Einzelnen in seiner Moralität entgegentritt: der objektive Geist hat objektiv gewordene Gestaltungen, sie hebt die bloß moralische Subjektivität auf. Die Ebenen des objektiven Geistes wie Familienstruktur, bürgerliche Gesellschaft und Staat bauen dialektisch aufeinander auf, so dass es z. B.

---
[294] Dirk Westerkamp: „Geist, objektiver", in: *Handbuch der Kulturphilosophie,* 325–329.
[295] l. c., 28.
[296] ibd.
[297] ibd.

ausgeschlossen ist, das Recht aus Moral oder den Staat aus Familienverhältnissen abzuleiten. Die Gestaltungen des objektiven Geistes haben objektiven Verpflichtungscharakter und sind damit der subjektiven Willkür entzogen, sie sind Realität einer Freiheit, die sich nicht mehr über die moralische Autonomie des Subjekts begründet.

Man könnte vermuten, dass die Geltung kultureller Prozesse und Sachverhalte wie die Geltung der Gestalten des objektiven Geistes beschaffen sei. In beiden ist die Geltung und der Sinn der subjektiven Willkür entzogen; gleichwohl sind Kultur und objektiver Geist bei Hegel nicht deckungsgleich. Für Hegel ist die Manifestation der Freiheit in dem objektiven Geist zugleich die eigentliche Realität der Vernunft. In der *Wissenschaft der Logik* heißt es dazu:

> Aber in ihrer Wahrheit ist die Vernunft *Geist,* der höher als beides, verständige Vernunft und vernünftiger Verstand ist. Er ist das Negative, dasjenige, welches die Qualität sowohl der dialektischen Vernunft als des Verstandes ausmacht; – er negiert das Einfache, so setzt er den bestimmten Unterschied des Verstandes; er löst ihn ebensosehr auf, so ist er dialektisch.[298]

Auch wenn das eine (gegenüber Kant und Fichte) radikale Umdeutung von Freiheit ist, wird man doch zögern, diese objektiv gewordene Freiheit mit der Entfaltung kultureller Prozesse in Verbindung zu bringen.

Der postmoderne Begriff der Kultur verfügt auch über die Idee der Objektivität der Geltung, jedoch kann er diese nicht mehr an einem wie auch immer gearteten und die Subjektivität „aufhebenden" Begriff des Geistes festmachen. Der objektive Geist war im Sinne Hegels dem Einzelnen, seiner Subjektivität des Meinens und des Gewissens enthoben. In den Strukturen der Immanenz der Welt nun ist dieser Sinnbezug sowohl der Individuen als auch der Sachverhalte aufgelöst und verweist nicht mehr wie noch bei Hegel auf das Bestehen eines objektiven Geistes und über ihn auf sein Aufgehobensein im absoluten Geist.

Doch blicken wir kurz zurück in das Fortwirken des Hegelschen Denkens in der Spätmoderne. Jürgen Habermas etwa betont, dass es in der Hegelschen Dialektik nicht mehr um Entäußerung und um Aneignung eines Objektivierten gehe, sondern im Gedanken der dialektischen Aufhebung realisiere sich eine *„Versöhnung,* die Wiederherstellung der zerstörten Freundlichkeit."[299] Das setzt sich bei Habermas in einer Neubestimmung des Geistes fort; und zwar in Anknüpfung an Herbert Mead sagt er: „Der Geist ist das Medium, in dem sich die Reflexivität des Ich gleichzeitig mit der Intersubjektivität gegenseitiger Anerkennung bildet."[300]

---

[298] Hegel: Werke V, 17.
[299] Jürgen Habermas: *Technik und Wissenschaft als „Ideologie".* Frankfurt a. M.: Suhrkamp 1968, 39.
[300] ders.: *Zur Rekonstruktion des Historischen Materialismus.* Frankfurt a. M.: Suhrkamp 1976, 94.

„Mit oder ohne Marx kann man sagen", so Jean-Luc Nancy, dass Geist die „Produktion eines Sinnes bezeichnet", d. h. eine produktive Bewegung, einen Prozess.[301] Geist als Bewegung selbst unterläuft bereits den Gedanken eines objektiven Geistes. Er stellt auf die Prozessualität ab und damit auf die Weichen für den Gedanken der kulturellen Prozesse. Die kulturellen Prozesse nun haben keine Furcht mehr vor Vermischungen, z. B. keine Furcht vor der Vermischung von Theater und Leben. Vermischung ist nicht gleichbedeutend mit dem Verschwinden der Unterschiede und einer globalen Nivellierung oder Indifferenz. Was sich in einer Vermischung berührt, ist zwar einerseits in der Berührung eins, nämlich die Mitte der Berührung, ein Zwischen, aber keine Auslöschung der sich Berührenden. Doch in dieser Mitte ist das Differente nicht mehr dialektisch als Negation gedacht, die Berührung des Differenten ist keine Aufhebung zu einer „höheren" Einheit. Alles bleibt in der Immanenz.

Einen anderen Weg aus der Moderne wies Søren Kierkegaard. Der Hegelianer und Hegel-Kritiker führt in seinem auf den ersten Blick hegelianisch anmutenden Werk *Entweder – Oder*[302] aus dieser Differenz eben nicht zu einer Synthese; wollte man, wie manche Interpreten es deuten, den dritten Teil dieses Werk als dialektische „Aufhebung" interpretieren, dann müsste man doch zugleich zugestehen, dass Kierkegaard hier nur den Hegelianer spielt. In seinem Text *Die Wiederholung*[303] zeigt er, dass die Wiederholung nicht möglich ist: „Das einzige, was sich wiederholte, war die Unmöglichkeit einer Wiederholung."[304] Insofern kann auch sein gespielter Hegelianismus keine Wieder-Holung der Hegelschen Philosophie sein. Der von manchen Interpreten behauptete Dreischritt der zwei Teile von *Entweder – Oder* (Ästhetik – Moral – Religion) ist eben überhaupt nicht dialektisch, sondern zwischen den zwei Teilen befindet sich als ein Drittes eine Mitte. Genau dort befindet sich steht *Das Tagebuch des Verführers*. Nun könnte man vielleicht meinen, in ihm spiegele sich die Polarität der zwei Teile; aber das ist überhaupt nicht der Fall. Hier spiegelt sich die Medialität der Mitte selbst, indem es gar nicht einen Verführer und eine Verführte gibt, sondern die Mitte stellt den Ort eines Verführungsprozesses bereit, in der der Verführer *zugleich* als ein Verführter und die Verführte als eine Verführerin zur Verführung dargestellt wird. Es ist der Prozess im Zwischen, der ihnen die Rollen in diesem Spiel zuweist.

Kierkegaard ist weder modern (weder ein Hegelianer noch ein ernsthafter Hegel-Kritiker), noch ist er postmodern. Er liebt das Maskenspiel, sogar wenn er den

---

301 Jean-Luc Nancy: *Was tun?* Zürich, Berlin: Diaphanes 2017, 97.
302 Søren Kierkegaard: *Entweder – Oder.* 2. Aufl. Köln, Olten: Hegner 1968.
303 ders.: „Die Wiederholung", in: *Die Krankheit zum Tode und anderes.* München: dtv 1976, 327–440.
304 l. c., 378 f.

Religiösen spielen muss. Und in dieser Rolle sagt er zu Beginn seines Werks *Die Krankheit zum Tode* die verblüffenden Worte:

> Der Mensch ist Geist. Aber was ist Geist? Geist ist das Selbst. Aber was ist das Selbst? Das Selbst ist ein Verhältnis, das sich zu sich selbst verhält, oder ist das Verhältnis, daß das Verhältnis sich zu sich selbst verhält; das Selbst ist nicht das Verhältnis, sondern daß das Verhältnis sich zu sich selbst verhält. ... Im Verhältnis zwischen Zweien ist das Verhältnis das Dritte als negative Einheit, und die Zwei verhalten sich zum Verhältnis und im Verhältnis zum Verhältnis; dergestalt ist unter der Bestimmung Seele das Verhältnis zwischen Seele und Leib ein Verhältnis. Verhält sich hingegen das Verhältnis zu sich selbst, so ist dieses Verhältnis das positive Dritte, und dies ist das Selbst.[305]

Wilhelm Dilthey, der vom Verstehen von Lebensäußerungen ausgeht, um das Spezifische der Geisteswissenschaften zu erschließen, redet neben dem Erlebnis (des Lebens) auch von einer Objektivität des Lebens. „Die Urzelle der geschichtlichen Welt ist das Erlebnis, in dem das Subjekt im Wirkungszusammenhang des Lebens zu seinem Milieu sich befindet."[306] Das Individuum, die sozialen Gemeinschaften und die Werke sind objektive Manifestationen des Lebens in der Äußerlichkeit. „Immer umgibt uns diese große äußere Wirklichkeit des Geistes. ... Jede *einzelne Lebensäußerung repräsentiert* im Reich dieses objektiven Geistes ein *Gemeinsames.*"[307] Jedes Individuum sei „verwebt" in dieses große Gemeinsame des objektiven Geistes. In sich sei dieser objektive Geist – ganz anders als bei Hegel – eine Vielfalt von Linien und Strukturen. Diltheys Leitlinie, die ihn mit der Romantik verbindet, lautet: „Nur was der Geist geschaffen hat, versteht er."[308] So grenzt Dilthey seinen Begriff des objektiven Geistes deutlich von Hegel ab:

> Aber die Voraussetzungen, auf die Hegel diesen Begriff gestellt hat, können heute nicht mehr festgehalten werden. Er konstruierte die Gemeinschaften aus dem allgemeinen vernünftigen Willen. Wir müssen heute von der Realität des Lebens ausgehen; im Leben ist die Totalität des seelischen Zusammenhanges wirksam. Hegel konstruierte metaphysisch, wir analysieren das Gegebene. ... So können wir den objektiven Geist nicht aus der Vernunft verstehen, sondern müssen auf den Strukturzusammenhang der Lebenseinheiten, der sich in den Gemeinschaften fortsetzt, zurückgehen.[309]
>
> Im System Hegels bezeichnet das Wort [sc. „objektiver Geist", K.R.] eine Stufe in der Entwicklung des Geistes. Hegel setzt diese Stufe ein zwischen den subjektiven und den absoluten Geist. Der Begriff des objektiven Geistes hat sonach seine Stelle bei ihm in der ideellen

---

305 ders.: *Die Krankheit zum Tode und anderes*, 31.
306 Wilhelm Dilthey: *Der Aufbau der geschichtlichen Welt in den Geisteswissenschaften.* Frankfurt a. M.: Suhrkamp, 1974.
307 l. c., 178.
308 l. c., 180.
309 l. c., 183.

> Konstruktion der Entwicklung des Geistes, welche zwar seine historische Wirklichkeit und die in ihr waltenden Beziehungen zu ihrer realen Unterlage hat und sie spekulativ begreiflich machen will, aber eben darum die zeitlichen, empirischen, historischen Beziehungen hinter sich läßt. Die Idee, welche in der Natur zu ihrem Anderssein sich entäußert, aus sich heraustritt, kehrt auf der Grundlage dieser Natur im Geist zurück zu sich selbst. Der Weltgeist nimmt sich zurück in seine reine Idealität. Er verwirklicht seine Freiheit in seiner Entwicklung.[310]

Im objektiven Geist werden nach Dilthey die Errungenschaften der Vergangenheit zu Wirkkräften in der Gegenwart. Daher ist es ein Pensum der Geisteswissenschaften, die Gewordenheit in den Prozessen der Kultur zu rekonstruieren. Das trennt Dilthey ein weiteres Mal von Hegel. Hegel kannte den Gang des Geistes zur Freiheit vom Subjekt über den objektiven Geist zum Absoluten. Anderes wäre für ihn undenkbar, weil unvernünftig. So entschlüsselt sich für ihn die Weltgeschichte als Realität, bzw. Selbst-Realisierung des Weltgeistes. Anders Dilthey: „Indem an die Stelle der allgemeinen Vernunft Hegels das Leben in seiner Totalität tritt, Erlebnis, Verstehen, historischer Lebenszusammenhang, Macht des Irrationalen in ihm, entsteht das Problem, wie Geschichtswissenschaft möglich sei."[311]

Die Aufgaben der Geisteswissenschaften sind nach Dilthey keine frei wählbaren, beliebigen Aufgaben. Ihnen wachsen ihre Aufgaben vielmehr „naturwüchsig", aus den Aufgaben des Lebens selbst zu. Eine dieser wichtigen Aufgaben des Lebens der Menschheit ist es, aus den einzelnen Erlebnissen den Zusammenhang herauszubilden, der das Leben zu einer Gesamtheit macht, so dass er für spätere Erlebnisse maßgebend wird, auch wenn der erworbene Zusammenhang des Seelenlebens zumeist unbewusst bleiben wird.

Diltheys Begriff des objektiven Geistes will Kultur als einen in sich zentrierten Wirkungszusammenhang des Lebens erschließen.

> In diesem objektiven Geist ist die Vergangenheit dauernde beständige Gegenwart für uns. Sein Gebiet reicht von dem Stil des Lebens, den Formen des Verkehrs zum Zusammenhang der Zwecke, den die Gesellschaft sich gebildet hat, zu Sitte, Recht, Staat, Religion, Kunst, Wissenschaften und Philosophie ... Denn alles, worin sich der Geist objektiviert hat, enthält ein dem Ich und dem Du Gemeinsames in sich.[312]

Der objektive Geist gestaltet sich aus in „Kultursystemen". Unter „Kultursystemen" versteht Dilthey die Sphären der Gesellschaft, wie z. B. der Befriedigung subjektiver und objektiver Bedürfnisse, Strukturen der Handlungskoordination und der Orga-

---

310 l. c., 181.
311 l. c., 184.
312 l. c., 256.

nisation des Lebens. Diese Kultursysteme bilden „Kulturleistungen" aus. Die einzelnen Kultursysteme treten sowohl koordiniert als auch konflikthaft auf, jeweils aber sind sie historisch geprägt und stellen sich als Erkenntnisproblem für die Kulturwissenschaften dar.

So verweist der Begriff des Verstehens des Lebens, bzw. der Lebensäußerungen als ein kultureller Prozess auf den Begriff des Sinns, wie ihn die Sozialphilosophie des kommunikativen Textes als Dimension verstehen lehrt. Aber ein so verstandener Begriff des Sinns hat in seiner Objektivität alle Unmittelbarkeit des sich lebenden Lebens abgestreift. Weder Selbst noch Anderer vermögen Sinn in sich zu verkörpern: es ist der Text zwischen ihnen, der den Sinn macht. Folglich entfällt auch eine psychologische Grundlage der Kultur und der Kulturwissenschaften. Der Dimension des Sinns ist die Differenz fundamental eingeschrieben. Und außerdem hat der Sinn ein Außerhalb, und das ist nicht nur der Unsinn, sondern auch jenes Ungewusste, das im Sinne der docta ignorantia des Nikolaus von Cues etwas ist, das unbegreiflich ist, aber dessen Unbegreiflichkeit wir im Wissen der Unbegreiflichkeit wissend berühren können, z. B. das Wesen Gottes, aber auch das Verfemte in der Philosophie von Georges Bataille. Sinn tritt nicht im Klartext auf, so dass ein unmittelbares Verstehen seiner habhaft werden könnte, Sinn als Dimension des kommunikativen Textes ist stets moderiert durch Temporalität und Sozialität.[313] Daher konnte Georg Simmel fast paradox formulieren. „Man könnte beinahe sagen, nicht das Geistige ist das Unbekannte, sondern was wir in seinem Wesen nicht kennen, das nennen wir das Geistige."[314] So zeigt sich eine faszinierende Sinndimension des Ausgeschlossenen und Verbotenen jenseits der in „kulturellen Tatsachen" festgefügten Sinndimensionen und -dynastien. Gleichwohl. Wer sich zu einer bestimmten Kultur zurechnen lassen möchte, muss auf die Einhaltung, bzw. Verletzung der Ausschlussregeln achten, und er wird es umso entschiedener tun, je mehr seine eigene Zugehörigkeit ihm, oder anderen unsicher erscheint.

4.6 Modell: Diagrammatik

Unter Diagrammatik versteht man allgemein die Erforschung von Verbindungen, Entsprechungen, Übersetzungen, Homologien u. a. verschiedener Grammatiken, bzw. auch die Erstellung einer Grammatik solcher Berührungen. In einfacher Form hat es das immer schon gegeben, z. B. in der Form von Handlungsanweisungen oder

---

[313] Zur Vermitteltheit von Sinn s. auch Odo Marquard: „Zur Diätetik der Sinnerwartung", in: *Apologie des Zufälligen*. Stuttgart: Reclam 1986, 33–53.
[314] Georg Simmel: *Einleitung in die Moralwissenschaft, Gesamtausgabe Bd. 3.* Frankfurt a. M.: Suhrkamp 1989, 45.

Befehlen. In der Folge von Ludwig Wittgensteins Analyse von Sprachspielen hat sein Nachfolger Austin dem performativen Charakter des Sprechens besondere Aufmerksamkeit gewidmet. Man stellt auf diese Weise fest, dass es Regeln solcher Vollzüge des Zusammenhangs von bestimmten Sprachperformanzen mit sozialen Situationstypen gibt. „Erde zu Erde – Staub zu Staub" ist eben nicht die Beschreibung einer Anweisung für die Tätigkeit eines Gärtners; und „Hiermit erkläre ich euch zu Mann und Frau" ist eine wirkungslose Phrase, wenn sie nicht von einer Amts-Person in einer definierten Situation zu einem Brautpaar geäußert wird. Bestimmte Äußerungen harren einer Erfüllung durch bestimmte Situationen. Die Äußerung „Pipette" meint etwas ganz anderes, geäußert in der Situation einer medizinischen Operation oder in der Prüfungsfrage einer Schwesternschülerin, einmal wird eine Handreichung erwartet, im zweiten Fall eine Definition oder Beschreibung eines bestimmten medizinischen Geräts. Mentalistische Theorien haben glauben gemacht, dass Gedanken, Sprachäußerungen oder Handlungen im „Kopf", also einer Innerlichkeit fabriziert werden und dann in der einen oder anderen Form „geäußert" werden. Diagrammatik hätte dann die Aufgabe, diese Tiefengrammatik zu erforschen. Entschiedener gefragt: Gibt es *eine* Grammatik einer Kultur, die den verschiedenen Formungen des Kulturellen zugrunde liegt. Schon die Einschränkung auf eine Kultur wirft die Frage nach den Kulturen und ihrer grundlegenden Diagrammtik auf.

Im Zuge des sogenannten iconic turn (in Abwandlung der Redeweise vom linguistic turn) wurde im 20. Jahrhundert verstärkt die Frage nach einer gemeinsamen „Grammatik" von Bildern und Texten aufgeworfen. Hier – und nicht nur hier – stellt sich das Problem der Übersetzung.[315] Der iconic turn stellt nicht mehr Sprachlichkeit des kommunikativen Textes, der uns verbindet, in den Mittelpunkt, sondern das Mediale als solches, auch das zwischen Bildlichkeit und Sprachlichkeit: die Überschneidungen, Isomorphien, Transformationen und Übersetzungen. Dabei wird deutlich, dass Sichtbarkeit und Sagbarkeit durchaus zwei verschiedene Sinnwelten sind, die keinen gemeinsamen Ursprung reklamieren können.

---

[315] Zu Übersetzung in diesem Kontext allgemein s. Alfred Hirsch (Hrsg.): *Übersetzung und Dekonstruktion*. Frankfurt a. M.: Suhrkamp 1997; zu Problemen der Übersetzung von Texten und Bildern: Monika Schmitz-Emans: *Die Literatur, die Bilder und das Unsichtbare*. Würzburg: Königshausen & Neumann 1999; ferner Kurt Röttgers: „Traduktion als Seduktion", in: M. Schmeling u. M. Schmitz-Emans (Hrsg.): *Das visuelle Gedächtnis der Literatur.* Würzburg: Königshausen und Neumann 1999, 35–62; Cf. auch Reinhold Clausjürgens: „Von der Moderne zur Post-Moderne. Brüche – Übergänge – Kontinuitäten", in: Reinhold Clausjürgens und Monika Schmitz-Emans (Hrsg.): *(Um-) Wege zu einer Sozialphilosophie der Postmoderne. Philosophische Exkursionen. Festschrift für Kurt Röttgers zum 80. Geburtstag.* Paderborn: Fink 2024, 274–320, hier: 296; Michel Serres: *Hermès III. La traduction.* Paris: Minuit 1974; Paul Ricœur: *Sur la traduction.* Paris: Bayard 2004.

Eine weitere Sinnwelt wird durch Musik erschlossen. Und wieder stellt sich die Frage nach den diagrammatischen Bezügen: Lässt sich Musik „ins Bild" setzen oder in Sprache? Schon stellt sich die Vorfrage: Lässt sich die gesprochene Sprache, der Sprachvollzug in allen seinen Aspekten auch der Performativität verschriftlichen und wie? Wir kennen Bilderschriften, die kaum entzifferten Knoten der Inkas oder die Schriften der Minoer auf Kreta, wir kennen „phonetische" Schriften, die das Gesprochene in einzelne Zeichen auseinander nehmen. Aber die meisten Schriften sind Mischungen aus diesen verschiedenen Transkriptionssystemen, selbst die altägyptischen Hieroglyphen oder die chinesische Schrift enthalten Hinweise auf Lautlichkeit. Oder ist das Englische wirklich eine „phonetische" Schrift, wenn z. B. /raf/ als „rough" geschrieben wird? Das Lateinische und entsprechend die lateinische Schrift, die alle europäischen Sprachen übernommen haben, kennt den Laut phonetisch /ʃ/ nicht, also mussten die Alphabetisierungen der europäischen Sprachen erfinderisch sein, sie waren es auf unterschiedlichste Weise, z. B. englisch *sh*, deutsch *sch*, französisch *ch*, ungarisch *s*, tschechisch *š*, gälisch *s'* usw.

Was kann angesichts einer solchen Vielfalt von Problemlösungen der Verschriftlichung des Lautlichen in den verschiedenen Kulturen die Aufgabe einer Diagrammatik des Kulturellen sein? Nun, die Antwort könnte in etwa so aussehen: Jede Gestaltung im Kulturellen arbeitet mit Abgrenzungen und Ausschließungen. In Sprache lässt sich nur Sagbares sagen vor einem Hintergrund oder einem Abgrund des Unsagbaren. Bilder dagegen operieren vor dem Abgrund des Unsichtbaren und Musik vor dem des Unhörbaren, der Stille der Welt. Und schließlich operiert die Kulinarik vor dem Abgrund des Ungenießbaren, des Ekelhaften. Was aber unsagbar, unsichtbar, unhörbar oder ungenießbar ist, das ändert sich nicht nur von Kultur zu Kultur, sondern ebenfalls historisch.[316] Und immer haben sich kulturelle Prozesse dem angenommen, diese imaginären Grenzen in kulturellen „Ereignissen" zu überschreiten. Demgemäß eröffnet sich die Aufgabe einer Diagrammatik, diese Überschreitungen und Übertretungen herauszuarbeiten.

Man wird nicht umhin können, im Rahmen der Philosophie des kommunikativen Textes Diagrammatik der Kultur auch auf „Übersetzungen" sozialer Praktiken verschiedener Diskurse aufeinander zu beziehen; dafür steht die Philosophie von Michel Foucault. In seiner Rezension zweier Schriften von Gilles Deleuze gibt er als Programm aus, eine Philosophie „des Trugbilds, die das Phantasma nicht über Wahrnehmung oder Bild auf den Einfluss eines ursprünglich Gegebenen zurückführt, sondern es zwischen den Oberflächen belässt, auf die es sich bezieht, in der

---

316 Kurt Röttgers: *Seher des Unsichtbaren*. https://ub-deposit.fernuni-hagen.de/receive/mir_mods_00000920 (zuletzt aufgerufen am 11.06.2024); gekürzt auch in: Petra Gehring, Kurt Röttgers, Monika Schmitz-Emans (Hrsg.): *Das Unsichtbare*. Essen: Die Blaue Eule 2018, 9–22.

Verkehrung, die alles Innere nach außen und alles Äußere nach innen treten lässt…"[317] Wenn man so mit Deleuze und Foucault darauf verzichten muss, die Wahrheit hinter einem Trugbild zu suchen, dann hat Diagrammatik noch eine weitere Funktion, nämlich die „Tänze und Schauspielereien" schlicht aufeinander zu beziehen. Eine solche Diagrammatik entwirft eine andere Sorte von Metaphysik, eine der Phantasmen, Idole und Trugbilder, eine „Phantasmaphysik". Sie hat als Modell ein Theater à la Antonin Artaud, das auf nichts im Außerhalb des Theaters verweist, sondern mit mehreren, voneinander durch nichts verbundenen oder aufeinander verweisenden Bühnen spielt, „ohne irgendetwas darzustellen (zu kopieren, nachzuahmen)."[318] „Die Philosophie der Repräsentation, des Urbilds, des ersten Mals, der Ähnlichkeit, der Nachahmung, des getreuen Abbilds löst sich auf."[319]

Diese Diagrammatik bleibt ganz in der Immanenz, es gibt für sie kein zu Übersetzendes. Ihr Pluralismus ist jedoch kein Programm, sondern er stößt ihr unversehens zu. Foucault prüft daher eine fällige Grammatik des reinen Ereignisses und stellt fest, dass weder der Positivismus der reinen Fakten und der Wahrheit dahinter oder ihrer Verbindungen noch die Phänomenologie mit ihrer Bewusstseins-Zentrierung, noch eine Geschichtsphilosophie eine solche Diagrammatik des Ereignisses vorsehen. Man müsste, sagt Foucault, das Phantasma und das Ereignis, i.e. des Körperlosen und des Ungreifbaren, aufeinander beziehen können. Die Formel für diese Verbindung lautet: „Das Denken muss das denken, woraus es sich bildet, und es bildet sich aus dem, was es denkt." „Das Denken sagt, was es ist."[320] Solch eine immanentistische Phantasmaphysik des Ereignisses kann sich mit Hegels Dialektik des Außen im Innen nicht zufrieden geben.

> Genau genommen, befreit die Dialektik gar nicht das Abweichende, sondern garantiert, dass es stets wieder eingefangen wird. Die dialektische Souveränität des Selben besteht darin, es sein zu lassen, aber unter dem Gesetz des Negativen, als Moment des Nichtseins. Man meint, der Subversion des Anderen beizuwohnen, doch im Geheimen arbeitet der Widerspruch für das Identische.[321]

Also ergibt sich die Forderung eines Denkens „ohne Widerspruch, ohne Dialektik und ohne Negation: ein Denken, das Ja zur Divergenz sagt … ein Denken der Vielfalt,

---

317 Michel Foucault: „Theatrum philosophicum", in: *Schriften in vier Bänden. Dits et Ecrits, Bd. II.* Frankfurt a. M.: Suhrkamp 2002, 93–122, hier 97.
318 l. c., 99.
319 l. c., 100.
320 l. c., 105.
321 l. c., 111.

der zerstreuten, nomadisierenden Mannigfaltigkeit."[322] Diese Diagrammatik sagt: „Was ist die Antwort auf die Frage? Das Problem. Wie lässt sich das Problem lösen? Indem man die Frage verschiebt."[323] So gesehen, ist die diagrammatische Philosophie nicht mehr die (verzweifelte, verzweifelnde) Liebe zur Wahrheit, diese leere Sehnsucht ins Jenseits, sondern ist ein Theater auf verschiedenen Bühnen, die einen gemeinsamen Nenner weder haben noch suchen: pure perkolative Vervielfältigung von Wegen im Diesseits.

Wenn man in Gesellschaften bestimmte Menschengruppen ausschließt, so sind doch die Ausgeschlossenen nicht zugleich Unerkannte – im Gegenteil: weil man zu viel, zu viel Prekäres, über sie in Erfahrung gebracht zu haben meint, werden sie ausgeschlossen. Im Anschluss ergibt sich freilich die weiter bohrende Frage, ob es nicht auch solche Ausschließungen gibt, über die man gar nichts weiß. Sie wohnen im Ungewussten. Gibt es das überhaupt, und vor allem, wie könnte man das wissen? – Diagrammatik des nicht Wissbaren?[324] Kann es beispielsweise eine schlicht unverständliche Literatur geben, eine unhörbare Musik, ein Bild, das sich verbirgt. Und schließlich: wenn es eine auf diese Weise aufgreifende Diagrammatik geben sollte, darf man sie noch der Kultur zurechnen, oder ist nicht Kultur auf das diagrammatisch Erfassbare begrenzt?[325]

4.7 Interkulturalität / Multikulturalität

Interkulturalität ist eine Konsequenz aus dem Modell der Diagrammatik, allerdings zunächst einmal weniger dramatisch: es geht hier nicht um Korrespondenzen zwischen einer Kultur und im Extrem dem Schweigen. Es geht schlicht um Kulturbegegnung. Die einzige Voraussetzung ist, dass es mehrere Kulturen auf der Welt gibt, die nicht auf einen gemeinsamen Nenner oder einen gemeinsamen Ursprung zurückgeführt werden können, und natürlich auch, dass sie sich gegenseitig als Kulturen erkennen und anerkennen und nicht etwa als Un-Kultur oder Barbarei. Letzteres droht überall dort, wo es eine Hegemonie der Einen, sich für einzig erklärenden Kultur gibt, wie z. B. lange Zeit *die* Kultur des Abendlandes vs. der Un-

---

322 l. c., 112.
323 ibd.
324 cf. dazu. Kurt Röttgers: „Woran ist die Ignoretik gescheitert?", in: Thomas Keutner, Roman Oeffner, Hajo Schmidt (Hrsg): *Wissen und Verantwortung. Fs. J. P. Beckmann.* Freiburg, München: Alber 2005, I, 136–177.
325 Man sagt, dass bestimmte Drogen für den die Drogen Genießenden bisher unerkannte Welten erschließen, aber ist der Drogengenuss als ein kultureller Prozess anzusehen? Charles Baudelaire: *Les paradis artificiels.* Paris: Gallimard 1964.

kultur der „Wilden". Die Hegemonie in dieser krassen Form scheint heute weitgehend überwunden, aber sie überlebt in solchen Versionen, die die Überlegenheit der eigenen Kultur gegenüber solchen behaupten, die noch nicht so weit entwickelt sind wie „wir", z. B. in dem Anspruch, dass die Merkmale der „westlichen" Kultur wie z. B. Demokratie, Kapitalismus, „Menschenrechte", Logozentrismus und Rationalismus, ökonomisches Wachstum mit Anhebung des Lebensstandards auf die inferioren Kulturen zu übertragen seien. Diese Segnungen der „westlichen" Kultur sollte auch den anderen Kulturen gebracht oder beigebracht werden.

Nimmt man jedoch, über diese interkulturellen Beziehungen, Berührungen und Beeinflussungen hinausgehend, in multikultureller Sicht eine Gleichwertigkeit aller Kulturen an, wie es insbesondere die Erkenntnisse der Ethnographie seit knapp 100 Jahren lehren, dann wird nicht nur dieser Belehrungs- und Bekehrungsaspekt problematisch, sondern es entsteht auch der Widerspruch, dass es diese eine, „westliche" Kultur ist, die diese überlegene Toleranz(-pflicht) beansprucht, in Abweichung von manch einer anderen Kultur, die von der Überlegenheit der eigenen Kultur überzeugt ist. Die Überlegenheit des multikulturellen Gesichtspunkts lässt eine multikulturelle Relativierung dieses Überlegenheitsanspruchs nicht zu. So führt die Universalisierung des Multikulturalismus zur Bildung von ideologischen Reservaten für die Nicht-Multikulturalisten. Auch wenn die Ethnologen lehren, andere Kulturen in ihrer Eigenständigkeit zu achten, so bleibt die Asymmetrie, dass diese keine Anstrengung unternommen zu haben scheinen, die „westliche" Kultur in deren Eigenständigkeit zu erforschen. So gab es zwar eine europäische Orientalistik zur Erforschung der Kulturen des arabischen, türkischen, kurdischen und persischen Kulturraums, jedoch korrespondierend keine die europäischen Kulturen erforschende Okzidentalistik von Seiten dieser Kulturen. Das änderte sich ein wenig mit Edwards Sais Buch *Orientalism* von 1978, das den Anstoß zu den postkolonialen und subalternen Studien gab. Anders als die wissenschaftlich ausgerichtete Orientalistik und die fehlende Okzidentalistik bezeichnete „Orientalismus" den spezifisch „westlich" deformierten ideologischen Blick auf den Orient. Die These jedoch ist, dass die Orientalistik getragen ist vom Orientalismus, der nichts anderes ist als ein Eurozentrismus in Anwendung auf den Blick auf jene anderen Kulturen. Dieser orientalistischen Ideologie setzten nun andere einen ebenso ideologischen Okzidentalismus entgegen, so etwa Ian Buruma und Avishai Margalit in ihrem Buch *Occidentalism. The West in the Eyes of its Enemies* (2005). Der verborgenen Missachtung durch den Orientalismus wird hier offen die Gegnerschaft des Okzidentalismus entgegengesetzt.

Jenseits dieser vermeintlichen Prärogative stellt sich allerdings die unbekümmerte Frage, ob es nicht auch eine „westliche" Okzidentalistik geben könne, die den Blick quasi von außen auf die „westliche" Kultur als in ihrer Fremdartigkeit pflegen könnte. Das wäre nicht mit dem Anspruch verbunden, dieses sei ein objektiver

Blick; auch dieser Blick ist perspektivisch, aber er wäre aus einer anderen Perspektive ergangen.

Samuel Huntington hatte in seinem Buch *The Clash of Civilizations* (1993) vom (unvermeidlichen) Krieg der Kulturen gesprochen. Seine Thesen, die zuerst in der Zeitschrift *Foreign Affairs* erschienen waren, waren gemeint unter der Fragestellung, was nach dem Ende des „Kalten Kriegs" die Aufgabe der westlichen Politik sein könne. Die Sortierung der Welt in „Freie Welt", „Kommunistischer Block" und „Dritte Welt" sei nun nicht mehr sachangemessen. An die Stelle dieser Sortierung von Freunden und Feinden im Krieg der Politik setzt er die von religiös fundierten Kulturräumen. Den Westen aber sieht er schwächlich durch einen Kultur-Relativismus, ihm stünden die kämpferischen Kulturen der islamischen und der konfuzianischen Kulturen gegenüber. Die Grenze liegt für ihn dort, wo Kulturen die „Menschenrechte" achten wie „wir", und solchen, die das nicht oder nur eingeschränkt tun. Hinsichtlich des Multikulturalismus, den er im „Krieg der Kulturen" für verderblich hält, stellt sich für ihn die Frage, ob dieser Krieg der Kulturen nicht längst im Inneren der USA entbrannt sei und so die liberale Demokratie Amerikas von innen her zerstöre. In dem Zusammenhang spricht er von Ent-westlichung, die das Ende der USA einläute. Ähnliches gelte auch für Europa, dessen Kultur nicht länger vom kommunistischen Osten bedroht sei, sondern nun vom islamischen Süden. Diese neue Bedrohung durch Islam und Multikulturalismus war hervorgerufen durch den Zusammenbruch des Ostblocks. In seiner Sicht könne eine universale Kultur nur das Resultat einer universalen Macht, sprich der Hegemonie der USA sein. Und wenn diese Macht schwindet, verliere sich auch die Kultur in den westlichen Gesellschaften. Im Schlusswort seiner Antwort an Kritiker seiner Theorie schreibt Huntington: „What ultimately counts for people is not political ideology of economic interest. Faith and family, blood and belief, are what people identify with and what they will fight and die for."[326] Und seine Überschrift über diese Passage lautet: „Culture is to die for". Glaube, Familie und „Blut" sind die Elemente der Kultur (der Kultur, die immer im Krieg mit anderen Kulturen ist), und für sie soll man sterben können.

Nun, Huntington ist aus guten Gründen nicht unwidersprochen geblieben. Die wechselseitige Anerkennung von Unterschiedlichkeiten könnte ein anderes Leitbild sein als dasjenige, das den Kampf auf Leben und Tod ausruft. Die wechselseitige Anerkennung von Unterschieden setzt voraus, dass Fremde, d.h. die Kultur der Anderen nicht sofort als Bedrohung wahrgenommen wird, sondern vielleicht als Chance der Bereicherung, d.h. eine Logik der Inklusion einer Logik der Exklusion

---

326 Samuel Huntigton: „If not Civilizations, What?", in: *Foreign Affairs* Nov. 1993.

an die Seite zu stellen, bzw. sie u.U. vorzuziehen. Das hieße, die Einheit der Menschheit durch eine irreduzible Vielheit der Kulturen zu definieren.[327] Huntington ist Politik-Theoretiker, kein Kulturphilosoph, deswegen darf man von ihm auch kein Verständnis für das Spezifische des Kulturellen erwarte. Als politisch agierender Politik-Theoretiker befürwortet er die Stärkung solcher internationaler Institutionen, die „westliche" Ideen vertreten und die Kriegsmentalität im Kampf gegen den Islam aufrechterhalten. Denn die Moslems, so glaubt er, seien per se gegen „die" „westliche" Modernität. Die Kriegsmentalität erzeugt solche Bilder wie, dass Kulturen monolithisch und homogen seien: „Wir" (homogen die guten Vertreter des Westens) kämpfen gegen „sie" (die Moslems, homogen in ihrer Feindschaft gegen alles „Westliche"). Angesichts einer solchen Ideologie ist nicht die Frage der deskriptiven Adäquatheit solcher Zuschreibungen, sondern im Gegenteil, ob wir uns in einer solchen einfachen, kriegerischen Politik der „Kulturen" (civilizations) wiederfinden *wollen*. Die Erfindung beispielsweise eines homogenen und monolithischen Islam ist wohl eher die einer orientalistischen Ideologie im oben geschilderten Sinne. Aber selbst ein Rückgang auf den Ursprung vergewissert uns nicht einer homogenen Identität. Z.B. der Rückgang auf den Ursprung der europäischen Kultur im antiken Griechenland zeigt uns Ursprünge, die vor allem Anfang ein Amalgam unterschiedlichster Elemente, aus Ägypten, aus Persien, aus den Hyperboreern usw. sind. Allgemein gesprochen: Kulturen sind in einem radikalen, d.h. die Wurzeln aufrufenden Sinne immer schon Hybride. Die Homogenitätsunterstellung blockiert nicht nur das Verständnis des Anderen, sondern verhindert in eins damit auch ein angemessenes Selbstverständnis.

Die gründlichste Kritik des Konzept eines Kriegs der Kulturen stammt von dem Nobelpreisträger für Ökonomie Amartya Sen mit seinem Buch *Die Identitätsfalle. Warum es keinen Krieg der Kulturen gibt.*[328] Sein Ausgangspunkt ist die Kritik des Begriffs der sozialen Identität. Dieser unterstellt nämlich, dass man die Menschen nach einem einheitlichen Gesichtspunkt identifizieren und klassifizieren könne, z.B. der Religionszugehörigkeit. Das Postulat einer einzigartigen und nur einer einzigen Identität ist polemogen schon im Ansatz. Sen plädiert daher dafür, dass wir die „Pluralität unserer Zugehörigkeiten erkennen und anerkennen."[329] Huntington schnüre Identität auf eine einzige konfliktträchtige Identität zu, und die sei die Wertewelt der jeweiligen Religion. Sowohl die persönliche als auch die nationale Identität ist aber in sich plural verfasst. Plurale Identitäten bewirken plurale Zu-

---

327 Jörn Rüsen: „Ethnozentrismus und interkulturelle Kommunikation", in: *Interkulturalität. Grundprobleme der Kulturbegegnung.* Mainz: Studium Generale der Johannes Gutenberg-Universität 1998, 27–43.
328 Amartya Sen: *Die Identitätsfalle. Warum es keinen Krieg der Kulturen gibt.* München: Beck 2007.
329 l. c., 12.

gehörigkeiten: niemand ist z. B. nur Christ und sonst nichts; und die Identitäten und Zugehörigkeiten können zudem noch situationsbedingt verschieden gewichtet sein. Sen schildert seine Idee von Multikulturalität und hybrider Identitäten am Beispiel Indiens, das angeblich ein hinduistischer Block in der Weltpolitik sein soll. Tatsächlich aber ist Indien der Staat mit der drittgrößten moslemischen Population der Welt, und in seine Multikulturalität sind viele Zugehörigkeiten eingemischt: Sikhs, Dschainas, Buddhisten, Christen, Juden und Parsen, sowie verschiedene agnostische und atheistische Schulrichtungen. 2006, als Sen sein Buch schrieb, war der Präsident der indischen Republik ein Moslem, der Premierminister ein Sikh und der Vorsitzende der Kongresspartei ein Christ. Und seit dem 3. Jahrhundert vor unserer Zeitrechnung wurde in Indien Toleranz offiziell gefördert. Auch für die einzelnen Menschen gilt das gleiche, auch ihr Selbstverhältnis geht nicht in einer Religionszugehörigkeit auf, so der Schluss mancher Politiker, wenn jemand ein Moslem ist, sei er wenigstens potentiell ein Terrorist.

Das Plädoyer für multiple Identität und für Multikulturalität besagt, dass in jedem sozialen Verband (Staat z. B.) stets mehrere Kulturen bestehen und dass die Homogenitätsforderung unsinnig ist. „Alle Kulturen sind hybrid; keine ist rein; keine ist identisch mit einem ‚reinen' Volk, keine besteht aus einem homogenen Gewebe."[330] Allerdings gibt es einen Einwand, nämlich dass selbst in einer multikulturellen Gesellschaft jede der Partialkulturen doch in sich homogen sein müsse, denn Kulturen bleiben auch in einem multikulturellen Umfeld in sich gegründet, weswegen sich diese Partialkulturen homogen gerieren und von den anderen abgrenzen. Wenn es dann allerdings dominante Partialkulturen gibt („Leitkulturen"), dann kann das auch in einer multikulturellen Gesellschaft zu Diskriminierungen und zu Reservat-Bildungen der subalternen Kulturen führen.

Von der Multikulturalität innerhalb einer kulturell definierten Gesellschaft ist zu unterscheiden die Interkulturalität in der Kulturbegegnung. Gleichwohl begegnen auch hier Homogenitäts-Unterstellungen, bzw. sogar -Forderungen. Die gegenwärtige hinduistische Partei Indiens z. B. meint: du bist Inder, folglich hast du dich zum Hinduismus zu bekennen. Den Modellen der Multikulturalität und Interkulturalität hat Wolfgang Welsch sein Konzept der Transkulturalität gegenüber gesetzt. Seine Begründung lautet: „Unsere Kulturen haben de facto längst nicht mehr die Form der Homogenität und Separiertheit, sondern sind weitgehend durch Mischungen und Durchmischungen gekennzeichnet."[331] Für diese Durchdringungen

---

330 Edward Said: „Kultur und Identität – Europas Selbstfindung aus der Einverleibung der Welt", in: *Lettre International* 34 (1996), 23–25, hier 24.
331 Wolfgang Welsch: „Transkulturalität", in: *Interkulturalität. Grundprobleme der Kulturbegegnung*. Mainz: Studium Generale der Johannes Gutenberg-Universität 1998, 45–72, hier 51.

und Durchmischungen, deren Elemente selbst nicht homogen-kulturell verfasst sind, nennt er als Beispiele: die Menschenrechtsdiskussionen, die feministischen Diskurse, die ökologische Bewegung, und zwar „quer durch die Kulturen". „Für jede einzelne Kultur sind tendenziell alle anderen Kulturen zu Binnengehalten oder Trabanten geworden."[332] Welsch geht noch weiter:

> Daher gibt es nichts schlechthin Fremdes mehr. Alles ist in innerer oder äußerer Reichweite. Und ebensowenig gibt es noch schlechthin Eigenes. Authentizität ist Folklore geworden, ist simulierte Eigenheit für andere, zu denen der Einheimische längst selbst gehört. Umgekehrt kann Fremdes ganz selbstverständlich für Eigenes gehalten werde. Im Innenverhältnis einer Kultur – zwischen ihren diversen Lebensformen – existieren heute ebenso viele Fremdheiten wie in ihrem Außenverhältnis zu anderen Kulturen. Anders gesagt: Die Trennschärfe zwischen Eigenkultur und Fremdkultur ist dahin.[333]

---

332 l. c., 52.
333 ibd.

5 Paradigmen und Figuren, unter der Perspektive postmoderner Kultur

In diesem Kapitel sollen einige klassische Paradigmen daraufhin geprüft werden, inwieweit sie sich den im vorigen Kapitel dargestellten Modellen der Konstitution eines kulturellen „Wir", d.h. einer gemeinsam geteilten Kultur fügen, bzw. ihm zuarbeiten, sowie postmoderne Figuren, die diese Zuordnungen zu sprengen scheinen.

5.1 Das animal symbolicum als Paradigma des Kultur-Wesens

Ernst Cassirer hat in Abweichung von der klassischen Bezeichnung des Menschen als animal rationale (ζῷον λόγον ἔχων) den Menschen als ein animal symbolicum bezeichnet, d.h. als ein Lebewesen, das Zeichen benutzt.

Dieses Wesen setzt im Problemzusammenhang von „Geist" und „Leben", die einander entgegengesetzt erscheinen, eine Zwischenwelt der symbolischen Formen ein, die die Unmittelbarkeit der Wirklichkeit von sich entfernt und genau dadurch der bloßen Tastbarkeit entzieht und der Begreifbarkeit zuführt.[334] Unter diesem methodischen Gesichtspunkt erscheint der Gegensatz von Geist und Leben als ein funktionaler Gegensatz, nicht länger als ein substantieller: „... ist der Geist geradezu dadurch gekennzeichnet und ausgezeichnet, daß er sich niemals als ein substantielles Dasein, sondern immer nur in seinem reinen Vollzug, in seiner lebendigen Aktualität, aufweisen läßt."[335] Geist ist nie Gegenstand (wovon auch?), sondern Prinzip der Vergegenständlichung. Cassirer besteht auf dem *reinen Vollzugssinn* von Geist und Leben. „Das eigentliche Drama spielt sich nicht zwischen Leben und Geist, sondern es spielt sich mitten im Gebiete des Geistes selber, ja in seinem eigentlichen Brennpunkt ab."[336] Und das gilt auch für die Sprache, das Medium, die Vermittlung, sie ist nicht „starre *Substanz*", sondern „lebendige, dynamische *Funktion*".[337]

Die eigentliche Formel des *animal symbolicum* findet sich in Cassirers später Anthropologie *An Essay on Man*. Sie kennzeichnet das, was zuvor in der *Philosophie der symbolischen Formen* behandelt worden war als der Übergang von einer Vernunftkritik, wie sie der Neukantianismus in Anknüpfung an Kant formuliert hatte,

---

334 Ernst Cassirer: *Geist und Leben. Schriften.* Leipzig: Reclam 1993.
335 l. c., 52.
336 l. c., 54.
337 l. c., 56.

hin zu einer Kritik der Kultur (Kritik im Sinne von Kant als Grundlagenprüfung). Bei Cassirer steht diese unter der Maßgabe, Kultur von Ihrer Funktion, nicht als einen Gegenstandsbereich zu verstehen. Diese Funktion ist die geistige, tätige Formung der Sachverhalte des Lebens.

Also ist der Gehalt des Kulturbegriffs mit den Prozessen geistiger Gestaltungen verbunden: „das ‚Sein' ist hier nirgends anders als im ‚Tun' erfaßbar."[338] Dieses Tun, dieses Produzieren hat innerhalb der *Philosophie der symbolischen Formen* stets das Merkmal der Bild- oder Symbolisierungsprozesse. Denn die Bilder in den Wissenschaften und in der Philosophie sind nicht mehr Abbilder des Seins (des Seienden), sondern erscheinen als selbstgeschaffene Bilder, in denen Relationen und nicht mehr Dinge zur Geltung kommen. Durchaus zustimmend zitiert Cassirer daher Heinrich Hertz, wenn dieser von „inneren Scheinbildern oder Symbolen" der äußeren Gegenstände spricht. Wesentlich aber ist dieser relational bestimmte Symbolisierungsprozess ein in sich reflektierter Prozess: das kulturelle Geschehen erkennt sich selbst in seinem Vollzug. Und sowohl der Prozess als auch seine Ergebnisse in den kulturellen Erscheinungen sind nicht irgendwie oder irgendwo präfiguriert, sondern seine Bilder bilden sich. Damit ergibt sich von vornherein eine Distanzierung, die das Bild nicht als Abbild eines Gegenstandes und auch nicht als seine Repräsentation auftreten lässt; erst diese Distanzierung im Symbol erlaubt die Annäherung in einem Erkenntnisvollzug – Nähe durch Distanz. Bildwerdung ist überdies ein intersubjektiver Prozess, eine Bildung eines gemeinsamen Aufbaus einer gemeinsamen Welt. Die Bildung qua Symbolisierung lässt auch das Problem der Intersubjektivität allgemein in einem neuen Licht erscheinen. Zu Ich und Du heißt es:

> Beide können jetzt nicht mehr als selbständige Dinge oder Wesenheiten beschrieben werden, als für sich daseiende Objekte. Die gewissermaßen durch eine räumliche Kluft getrennt sind und zwischen denen es nichtsdestoweniger, unbeschadet dieser Distanz zu einer Art Fernwirkung, zu einer actio in distans, kommt. Das Ich wie das Du bestehen vielmehr nur insoweit, als sie „füreinander" sind, als sie in einem funktionalen Verhältnis der Wechselbedingtheit stehen. Und das Faktum der Kultur ist eben der deutlichste Ausdruck und der unwidersprechlichste Beweis dieser wechselseitigen Bedingtheit.[339]

Der Weg zu einer kritischen Kulturphilosophie eröffnet sich, wenn sie sich klarmacht,

> daß „Ich" und „Du" nicht fertige *Gegebenheiten* sind, die durch die Wirkung, die sie aufeinander ausüben, die Formen der Kultur erschaffen. Es zeigt sich vielmehr, daß in diesen Formen

---

338 Ernst Cassirer: *Philosophie der symbolischen Formen.* Darmstadt: wbg 1977, I, 11.
339 Ernst Cassirer: *Zur Logik der Kulturwissenschaften.* Darmstadt: wbg 1971, 49.

und kraft ihrer die beiden Sphären, die Welt des „Ich", wie die des „Du", sich erst *konstituieren.*[340]

Im Sprechen und Bilden teilen die einzelnen Subjekte nicht nur das mit, was sie schon besitzen, sondern sie gelangen damit erst zu diesem Besitz. ... Hier handelt es sich niemals um bloße Mitteilung, sondern um Rede und Gegenrede. Und in diesem Doppelprozeß baut sich erst der Gedanke selbst auf.[341]

Insofern jedoch die Rede vom *animal symbolicum* sich im Rahmen einer philosophischen Anthropologie bewegt, steht in ihr immer noch *der* „Mensch" im Mittelpunkt der Beschäftigung, es handelt sich mit anderen Worten immer noch um eine Subjektzentrierung, selbst wenn die Zeichenhaftigkeit seiner Bezüge, letztlich auch seiner selbst noch unverzichtete Voraussetzung ist. Was hier symbolisch vermittelt ist, steht in einer zerbrochenen Unmittelbarkeit, es besteht letztlich nur in Relationen: das *animal symbolicum* ist ein relationales Wesen. Zeichen sind ihm nicht Mittel in der Hervorbringung von als Zwecke gesetzten Resultaten, Symbole sind nach Cassirer „Schlüssel zum Wesen des Menschen".[342] Damit verbaut die Anthropozentrik zugleich den Zugang zum Schlüssel zum Wesen der Kultur.

Das Paradigma des *animal symbolicum* fügt sich mehreren der im vorigen Kapitel behandelten Modelle. Es stiftet über die Gemeinsamkeit der Symbolisierungen Identitäten, insbesondere der kollektiven Identitäten. Auch wenn Cassirer den Begriff des sozialen Bandes nicht kennt und verwendet, dürfte unstrittig sein, dass seine Beschreibung von Intersubjektivität als einer relationalen genau in diese Richtung zielt. Zum Hegelschen Modell des objektiven Geistes geht die *Philosophie der symbolischen Formen* allerdings in deutliche Distanz.[343] Zum Thema der Bildlichkeit des Denkens äußert sie sich ausgiebig, und zwar in entschiedenem Rekurs auf die deutsche Sprache, die als einzige den Zusammenhang von Bildlichkeit und Bildung enthält, und das Spiel von Abbildung und Einbildung ist das der Reproduktion durch Ein-bildung.

5.2 Am Ursprung der Kultur: Arbeit oder Muße?

Der Mensch wird in den Menschenbildern nicht nur gedeutet als ein zeichenverwendendes Wesen, sondern auch als ein hervorbringendes, produzierendes Wesen: *homo faber*. Für das Verständnis von Kultur bedeutet das, dass er kulturelle Leistungen erbringt, Kultur-Arbeit. Besagt das, dass kulturelle Prozesse vom Leistungs-

---

340 l. c., 50.
341 l. c., 53.
342 Ernst Cassirer: *Versuch über den Menschen*. Frankfurt a. M.: Fischer 1990, 47.
343 Ernst Cassirer: *Zur Logik der Kulturwissenschaften*, 38.

Prinzip geleitet oder gar eingeschränkt sind? Oder hat Muße, Nicht-Arbeit eine Chance, die gute Fee an der Wiege der Kultur zu spielen?

Der Sinn von Arbeit ist nicht gegeben, wie überhaupt sich Sinnfragen nicht durch hinweisende Aussagen erledigen lassen: Sinn ist unsichtbar.

5.2.1 Kulturelle Leistungen und das Leistungsprinzip

Was Leistung ist, steht nicht a priori oder aus der Natur der Sache her fest, sondern wird selbst kulturell definiert, ist also von Kultur zu Kultur verschieden. Deshalb kann Leistung nicht individuell zugerechnet werden, sondern ist auf Kultur bezogen relativ. Das Leistungsprinzip kann nicht als exklusives Prinzip der Zuerkennung von Wert eines Individuums in der Gesellschaft dienen oder des Selbstwertgefühls der Individuen. Ausgehend von Freud hat Herbert Marcuse die Dominanz des Leistungsprinzips in den modernen Gesellschaften kritisiert. Dadurch gerate Kultur in den Bereich von Reservaten der Aussparung und von residualen Inseln der Ruhe oder auch des Luxus in einer vom Leistungsprinzip getriebenen Gesellschaft. Marcuse: „Die ‚Zivilisation' wird beseelt von der ‚Kultur'."[344] Aber diese Seele ist nicht länger mit der Zivilisation verbunden, hat sich von ihr abgelöst und verhält sich als Welt der vermeintlich höheren Werte bloß affirmativ zur Zivilisation. Das Leistungsprinzip dient nicht der Förderung des Glücks der Menschen, sondern nur der Optimierung und Steigerung der Leistungsbereitschaft und -fähigkeit im Rahmen der Wachstumsideologie. Dem entzieht sich, sagt Marcuse in Weiterentwicklung von Schillers Theorie, das Spiel. Wenn das Leistungsprinzip gegenkulturell fungiert, dann ist das Spiel die Öffnung der Kultur für Aspekte der Glückseligkeit.

Etwas weiter geht noch Theodor W. Adorno, wenn er das Entspringen von Kultur auf die radikale Trennung von geistiger und körperlicher Arbeit zurückführt.[345] Solange Geistiges und Körperliches miteinander verwoben bleiben, verfällt Kultur nicht in den Hochmut der Verachtung von mühevoller Arbeit, ist doch auch der kulturelle Prozess stets getragen von der Körperlichkeit auch des Kulturellen. Aber: „Der moderne Begriff der reinen, autonomen Kultur bezeugt den ins Unversöhnliche angewachsenen Antagonismus durch Kompromißlosigkeit gegenüber dem für anderes Seienden sowohl wie durch die Hybris der Ideologie, die sich als an sich Seiendes inthronisiert."[346] Jedoch wird Kultur die Verhaftung nicht los: in der antagonistischen Gesellschaft steht sie nolens volens im Dienst eines Scheins der

---

344 Herbert Marcuse: *Kultur und Gesellschaft*. Frankfurt a.M.: Suhrkamp 1965, 62.
345 Theodor W. Adorno: *Kulturkritik und Gesellschaft I (Gesammelte Schriften 10–1)*. Frankfurt a.M.: Suhrkamp 1977, 20.
346 l. c., 21.

Legitimation dieses Antagonismus. Denn die Antagonismen sind nicht nur real in den gesellschaftlichen Verhältnissen, sondern setzen sich fort im Bewusstsein der Menschen: „Gerade weil Kultur das Prinzip von Harmonie in der antagonistischen Gesellschaft zu deren Verklärung als geltend behauptet, kann sie die Konfrontation der Gesellschaft mit ihrem eigenen Harmoniebegriff nicht vermeiden und stößt dabei auf Disharmonie."[347] „Wird Kultur einmal als ganze akzeptiert, so ist ihr bereits das Ferment der eigenen Wahrheit entzogen, die Verneinung."[348]

Wenn das Hervorbringen von Kulturprodukten zur Sphäre der Arbeitswelt und der alltäglichen Sorge für die Subsistenzsicherung gehört, dann gibt es – das deutet sich schon in Adornos Dialektik an – eine diesem ganz entzogene Sphäre, die ebenfalls für sich in Anspruch nehmen kann, eine Quelle von Kultur zu sein: die Muße oder auch die sinnlose Verausgabung im Fest. In solchen Sphären der Nicht-Arbeit blüht eine andere Kultur: niemand konnte sie planen, niemand hat sie produziert, zu gewissen Anlässen entstehen ihre Prozesse in Spontaneität.

5.2.1.1 Exkurs: Der Sinn von Arbeit

Hinsichtlich des Sinns von Arbeit kann eine erste, allerdings vorläufige Frage sein: Was ist Sinn, und inwiefern kann demnach von einem Sinn von Arbeit gesprochen werden und nicht vielmehr von ihrem Un-Sinn? Sinn ist unsichtbar, weil ungegenständlich, vielmehr bildet Sinn zusammen mit Zeit und dem Sozialen eine der drei wesentlichen Dimensionen des sozialen Prozesses (des kommunikativen Textes). Zudem kommt Sinn nicht von Irgendwo her (meist vermutet: von oben), sondern er ist ganz und gar immanent im Zwischen der sogenannten Subjekte. Als Dimensionierung des Zwischen hat Sinn sowohl eine epistemische als auch eine normative Ausrichtung. In epistemischer Hinsicht gilt es festzuhalten, dass Arbeit mühsam ist, jedenfalls die eigene, und aus dem Fluch der Vertreibung aus dem Paradies folgt; in normativer Hinsicht ergibt sich ein ambivalentes Arbeitsethos, entweder Arbeit schändet und daher überlässt man sie gerne den anderen, oder aber Arbeit adelt den Menschen (seit dem Calvinismus, so jedenfalls die kulturhistorische These von Max Weber). Dieses Arbeitsethos und seine Paradoxie hat Martin Jörg Schäfer in folgende Worte gefasst: „Wer gearbeitet haben wird, der wird ein Mensch gewesen sein. Das Arbeiten kommt zu keinem Abschluss. Es muss sich fortsetzen, um bei sich anzukommen. Die Arbeit darf nicht aufhören, damit der Beweis nicht aufhört und somit der Mensch, jeder Mensch für sich, ein Mensch

---

347 ibd.
348 l. c., 23.

bleibt."³⁴⁹ Aber in diesen paradoxen Prozess sind diejenigen Subjekte eingelagert, die ihren Sinn offenbar anderswoher oder gar nicht beziehen können: die Invaliden, die Arbeitsscheuen und Faulenzer, die Arbeitslosen, Aktionäre, Diebe, Rentner und alle, die ihren Sinn aus dem arbeitsethischen Un-Sinn beziehen. Dass Arbeit Sinn macht für die Arbeitenden, lässt sie zu einem wesentlichen Moment der kulturellen Prozesse werden; fatalerweise gilt das gleiche aber auch für die Nichtarbeit. Daher schauen die fleißigen preußischen Arbeitenden mit Missbilligung und Neid auf ihre zigeunerischen Zeitgenossen, denen zwar stets die Todesstrafe drohte, die aber nicht arbeiteten und trotzdem oder gerade deswegen ein glückliches Leben führten.³⁵⁰

5.2.1.2 Müßiggang (Nichtarbeit)

„Müßiggang ist aller Laster Anfang", weiß der Volksmund zu vermelden.³⁵¹ Dieser Volksmeinung, der auch Rousseaus Pädagogik folgt, widersprach Friedrich Schlegel, das enfant terrible der Deutschen Frühromantik: „O Müßiggang ... du heiliges Kleinod! Einziges Fragment der Gottähnlichkeit, das uns noch aus dem Paradiese blieb." Kant allerdings hatte vermutet, dass Adam und Eva, wenn sie im Paradiese geblieben wären, sich mit Langeweile gemartert hätten. Wie man sieht, scheiden sich die Geister in den Beurteilungen der Arbeit und des Müßiggangs in den Phantasien über göttliche oder paradiesische Zustände. Daher lohnt es sich, von Müßiggang (und auch von Freizeit) abzusehen und sich einem anderen Kultur begründen Begriff zuzuwenden, dem der Muße.

5.2.2 Muße

„... eines der Fundamente der abendländischen Kultur ist die Muße", sagt Josef Pieper,³⁵² und zwar sagt er das erstaunlicherweise 1947, als Deutschland dabei war, alle Kräfte für den Wiederaufbau nach dem II. Weltkrieg zu sammeln. Und er weiß um das Unzeitgemäße seiner Aussage. Aber 2024, als es nur noch darum zu gehen schien, dem Fetisch „Wachstum" zu dienen, ist das Unzeitgemäße unter gewan-

---

349 Martin Jörg Schäfer: *Die Gewalt der Muße. Wechselverhältnis von Arbeit, Nichtarbeit, Ästhetik.* Zürich, Berlin: Diaphanes 2013, 96.
350 Nachweise bei Kurt Röttgers: *Kants Kollege und seine ungeschriebene Schrift über die Zigeuner.* Heidelberg: Manutius 1993.
351 Das Grimm'sche Wörterbuch nennt als Erstbeleg Johann Balthasar Schupp (1677). Dort heißt es: „müssiggang ist aller laster anfang, und des teufels ruhebank."
352 Josef Pieper: *Muße und Kult.* München: Kösel 1952, 13 f.

delten Bedingungen unverändert erhalten geblieben. 1947 ging es Pieper auch um die geistige Erneuerung, es ging um einen neuen Geist nach dem Nationalsozialismus. Tatsächlich aber fand dieser neue Geist in der BRD nicht statt, bzw. keine Heimat: nach oberflächlichen Entnazifizierungen setzte sich der alte Geist in neuen politischen Verhältnissen fort. Die nun geforderte geistige Erneuerung setze auf „geistige Arbeit", ja auf die „Geistesarbeiter". Aber, so Pieper, der Begriff der „geistigen Arbeit" dokumentiert nur „die jüngste Phase jenes Prozesses der Machtergreifung der ‚imperialen Figur' des ‚Arbeiters'."[353]

Der Arbeit steht aber nicht nur die Muße im Wege, sondern auch die Faulheit als Ausgang für einen Müßiggang. Nicht allein Friedrich Schlegel lobte die Faulheit, sondern auch Georg Simmel schrieb eine *Metaphysik der Faulheit*. Er zitiert Goethes *Faust*, mit seinem Übersetzungsversuch des Anfangs des Johannes-Evangeliums „Und schreib getrost: am Anfang war die That!". Aber Simmel fügt hinzu: „Aber vergiß nicht die richtige Betonung: am *Anfang* war die That; denn alle *höhere* Entwicklung wird vom Willen zur Faulheit geleitet."[354] Tätigkeit sei nur „die Brücke zwischen zwei Faulheiten, und alle Cultur arbeitet, daß sie immer kürzer und kürzer werde."[355] Das Lob des Tuns als Selbstzweck sei ein „moralisches Vorurtheil"[356] Schließlich sei auch die Abstraktion in Erkenntnissen die „sublimste" Form der Faulheit, weil sie erspart, sich mit der Fülle und den Vielheiten der Realität auseinanderzusetzen. Simmel dehnt das auch auf die soziale Dimension aus; die politische Gleichheitsforderung entspringt der Faulheit, sich der Vielheit des Differenten zu stellen.

5.2.3 Spiel

Mit der Muße als Freiraum innerhalb und außerhalb der Produktionsprozesse hängt vielleicht auch das zusammen, was man Spiel nennt. Johan Huizinga hat das Spiel als elementaren „Kulturfaktor" herausgestellt und detailliert behandelt.[357] Der Kulturwissenschaftler „findet das Spiel in der Kultur als eine gegebene Größe vor, die vor der Kultur selbst da ist und sie von Anbeginn an ... begleitet und durchzieht." Ihm kommt eine „sinnvolle Form" und eine „soziale Funktion" zu. Huizingas erstes Beispiel ist die sprachliche Metapher: „ein Wortspiel": in ihm schafft das Kultur-

---

353 l. c., 21.
354 Georg Simmel: „Metaphysik der Faulheit. Ein Satyrspiel zur Tragödie der Philosophie", in: *Gesamtausgabe Bd. 17.* Frankfurt a. M.: Suhrkamp 2004, 392–397, hier 392.
355 ibd.
356 l. c., 393.
357 Johan Huizinga: *Homo ludens. Vom Ursprung der Kultur im Spiel.* Reinbek: Rowohlt 1956, 11 ff.

wesen Mensch eine Parallelwelt zur wirklichen Welt. Wie zuvor Cassirer erwähnt Huizinga als zweites den Mythos, und zwar als Kulturform des Spiels. Als eigentümliche Merkmale des Spiels werden angeführt: freies Handeln, Heraustreten aus dem gewöhnlichen Leben der Subsistenzsicherung und Befriedigung der elementaren Lebensbedürfnisse, Abgeschlossenheit und Begrenztheit; Sich-Abspielen des Spiels, wodurch dieses Begrenzte wesentlich wiederholbar wird; Ausbildung eines Spiel-Raums mit einer eigenen Regelhaftigkeit. Die Abseitigkeit des Spiels gegenüber der Alltagswelt duldet allerdings seinerseits kein Abseits innerhalb des Spiels: die Spielformen der Kultur können nicht ihrerseits bloß gespielt werden, ohne den Spielcharakter des Spiels und seine ihm eigene Ernsthaftigkeit zu zerstören. Ironie oder Skepsis, selbst wenn sie sich spielerisch geben, können nicht ihrerseits bloß gespielt werden. Folglich kann die Tatsache der Kultur nicht bloß kulturell bedingt sein, was nebenbei gesagt, auch die Grenzen eines radikalen Kulturrelativismus aufzeigt. Kulturrelativisten sind Spielverderber, sie nehmen den Anspruch des Kulturspiels nicht ernst. Vom Spielverderber (Kulturverderber) ist zu unterscheiden der Falschspieler, der mit Regelverletzung mitspielt, bis er entlarvt wird.

Huizinga sieht allerdings auch den Fall vor und behandelt ihn, dass Spielverderber ein abgewandeltes Spiel mit modifizierten Regeln erfinden, seine neuen Regeln, vormals Regelverletzungen, werden in das neue Spiel integriert; diese Bemerkung ist nun allerdings für Kultur enorm wichtig, weil die Regelverletzungen die Kulturentwicklung anstoßen, und sie verweisen auf die von vielen betonte permanente Begleitung der Kultur durch Kulturkritik. Subkulturen werden zu subversiven Momenten von Kultur überhaupt. Es mag nun sein, dass Subkulturen sich einer Verfolgung durch dominante Kultur, sei es gewollt, sei es ungewollt aussetzen. Das provoziert dann die Emergenz von Geheimnissen, insbesondere wenn das Konfliktverhältnis zur herrschenden Kultur moralisch oder politisch konnotiert ist. Das Geheimnisspiel ist ein Spiel mit Masken, Masken gehören der subversiven oder Ausnahme-Kultur an; insofern sind sie meilenweit von dem entfernt, was in den Jahren 2020 ff. als Vermummung behördlich verordnet war. Die Maske spielt die Ausnahme, ist ein Teil der Kultur, die behördlich verordnete Vermummung duldet keine Ausnahme und ist bitterer Ernst.

Die mit Huizingas Spieltheorie verbundene Überzeugung lautet: „... daß Kultur in Form von Spiel entsteht, daß Kultur anfänglich gespielt wird."[358] Dem korrespondiert eine Beobachtung zur japanischen Sprache: die Höflichkeitsform gegenüber Höhergestellten deutet wörtlich an, dass diese Höhergestellten ihre Lebensvollzüge „nur" spielen. Der Kampf und der Krieg, wenn er total wird und als Menschheitskrieg der Guten (im Westen) gegen die „Achse des Bösen" oder der

---

[358] l. c., 51.

Feinde der „freien" Welt geführt wird, ist absolut kulturlos, ja ein heuchlerischer Verrat an Kultur überhaupt und gerade nicht ein Krieg zur Rettung „unserer" Kultur gegen deren angebliche Feinde. Wer für die Kultur kämpft, kämpft eo ipso gegen die Kultur.

Huizinga rechnet nicht nur die Poesie insgesamt der Spielsphäre zu, sondern deutet auch den Ursprung der Philosophie in der (agonal gerichteten) Sophistik zur Grundlage der Kultur im Spiel. „Kultur in ihren ursprünglichen Phasen wird gespielt. Sie entspringt nicht *aus* Spiel, wie eine lebende Frucht sich von ihrem Mutterleibe löst, sie entfaltet sich *in* Spiel und *aus* Spiel."[359]

Unter anderem Huizinga folgend, betont auch Hans-Georg Gadamer, „daß menschliche Kultur ohne ein Spielelement überhaupt nicht denkbar ist."[360] Er betont vor allem, dass die Bewegtheit des Spiels nicht auf einen Zweck oder ein Ziel außerhalb des Spiels gerichtet sei. Innerhalb des Spiels aber gelten Regeln, Spielen setzt und beachtet immanente Regeln: „... das ist Vernunft."[361] Zum Spiel der Philosophie gehört jedoch, dass sie die Regeln immer wieder neu schafft, allerdings auch immer wieder neu zu schaffenden Anschlussregeln folgend. Insgesamt erzeugt sich ein soziales System mit Spielen genau die Möglichkeiten, seine festgefügten Rationalitätsstandards und seine Möglichkeitswelten zu überschreiten: Spiele aktualisieren Freiheitsräume, arbeiten so an der Lebendigkeit und Überlebensfähigkeit einer Kultur.[362]

5.2.4 Verführungen

Mit Muße und Spiel hatten wir zwei Paradigmen kennengelernt, durch die die Produktionsorientierung perforiert bzw. subvertiert werden konnte. Dem schließt sich hier das Paradigma der Verführungen an, das ebenfalls vom Zielerreichungsgetriebe abzuweichen lehrt. Wenn Kultur allgemein als durch Umwege strukturiert angesehen werden kann, dann zeigt sich in diesem Sinne auch das Paradigma der Verführungen, um Umwege und Abwege einzuschlagen und ihnen zu folgen

---

[359] l. c., 167.
[360] Hans-Georg Gadamer: *Die Aktualität des Schönen.* Stuttgart: Reclam 1977, 29.
[361] l. c., 30.
[362] Aus sprachanalytischer Sicht weist Ludwig Wittgenstein die Suche nach der Gemeinsamkeit aller Spiele zurück („Sag nicht: ‚es *muß* ihnen etwas gemeinsam sein, sonst hießen sie nicht ›Spiele‹' – sondern *schau,* ob ihnen allen etwas gemeinsam ist", so „wirst du zwar nicht etwas sehen, was *allen* gemeinsam wäre, aber du wirst Ähnlichkeiten, Verwandtschaften, sehen...") Ludwig Wittgenstein: *Philosophische Untersuchungen.* Frankfurt a. M.: Suhrkamp 1967, 48.

In Verführungsprozessen gibt es stets eine Komplementarität von Verführen und Verführtwerden, und es ist ein mediales Geschehen, das sich im Zwischen von beidem in beiden Richtungen ereignet. Seine Gestalt ist eine spezifische Ambivalenz und ein Geheimnisvolles. Es verbindet auf geheimnisvolle Weise Nähe und Distanz zugleich, und stellt sich als Rätsel von Annäherung und Distanzierung zugleich dar. Als Verzögerung (différance im Sinne von Derrida) und als Umweg statt einer obszönen Direktheit und Taktlosigkeit ist Verführung charakteristisch für Kulturprozesse.

Eines der wichtigsten Bücher der letzten Jahrzehnte zum Thema der Verführung stammt von Iso Camartin *Lob der Verführung* mit dem Untertitel *Essays über Nachgiebigkeit*.[363] Sein Eingangsgedanke ist, dass nicht die Moralisten der verschiedensten Observanzen das rechte Wort über Verführungen gefunden haben, sondern diejenigen Hedonisten, die eingestehen, „daß die schönen und aufregenden Dinge des Lebens ihnen immer dann zugestoßen sind, wenn sie sich von der Wirklichkeit haben verführen lassen, statt mit ihr zu hadern und gegen sie aufzumucken."[364] Er kommt so zu der Einsicht, „Verführung und Verführbarkeit sei weder das Werk des Teufels noch der Schiffbruch der Moral, sondern eine äußerst sinnvolle Einrichtung der menschlichen Natur..."[365] Glück des gelingenden Lebens ist eher ein Widerfahrnis, vielleicht eine Gnade, als das Ergebnis zielstrebiger Bemühungen. Dazu ist es nicht nötig, sondern eher hinderlich, allgemeingültige Grundsätze zu haben und zu versuchen, ihnen zu folgen, sondern eher eine Achtsamkeit für die Pluralität der Einzelheiten. Verführbarkeit garantiert (mehr oder weniger) verlässliche Erfahrungen, weil sie eine Öffnung für das Konkrete beinhaltet und sich nicht aus Faulheit in das Abstrakte allgemeiner Grundsätze ausweicht. Michel Serres hat in der Befassung mit dem Konkreten den (anderen) Ursprung der Physik zugerechnet, nämlich der Physik des Lukrez statt des vorherrschenden Ursprungs aus mathematischen Modellen und der Physik der Labore.[366] Ähnliches mit noch grotesker Folgen gilt für die Volkswirtschaftslehre, die brillante mathematische Modelle entwickelt, denen die Realität nicht zu entsprechen vermag, statt behutsam auf die Prozesse zu achten, denen die monetäre Textualität folgt.[367]

Verführbarkeit zu kultivieren, heißt auch, auf Zurufe der Anderen im kommunikativen Text zu antworten,[368] sensibel zu werden für die Möglichkeiten, die

---

363 Iso Camarin: *Lob der Verführung*. Zürich, München: Artemis 1987.
364 l. c., 10.
365 ibd.
366 Michel Serres: *La naissance de la physique dans le texte de Lucrèce*. Paris: Minuit 1977.
367 Zu diesem Begriff s. Kurt Röttgers: *Monetäre Textualität*. Marburg: Metropolis 2022.
368 Bernhard Waldenfels: *Antwortregister*. Frankfurt a. M.: Suhrkamp 1994.

eine Abkehr vom Ego cogito bieten Man hat Verführung in der Moraltradition des Christentums und der ihm folgenden moralisierenden Neuzeit allzu oft im Akteursmodell gedeutet: Einer oder eine führt (den Teufel im Nacken) eine oder einen arme(n) Verführte(n) in eine Abhängigkeit nämlich zu tun, was er nicht will oder wollen sollte. Camartins Wendung wendet sich ab vom (bösen) aktiven Verführer hin zur Disposition der (guten) Verführbarkeit. Gewiss, es gehören immer mindestens Zwei dazu: eine Verführerin und ein Verführter. Das ist so weit trivial, wichtig aber wäre, dass es sich um Konkretes handelt, um konkrete Menschen, nicht um Verführung durch Abstrakta, z. B. „den" Menschen. Georg Simmel hat es einmal ironisch so ausgedrückt: jemand war zu schwach, der Verführung durch oder zu Moral zu widerstehen. Henri Maldiney hat für die Verführbarkeit ein Kunstwort eingeführt, nämlich das der „Transpassibilität" und sie als Vorbedingung für eine „Transpossibilität" erklärt.[369] Mit anderen Worten: Erst wenn man etwas geschehen lässt, empfänglich für neue Erfahrungen wird, erst dann ergibt sich daraus ein Können. Erst das Hören auf den Anderen befähigt zu Antworten.

„Nichts ist verführerischer als das Spiel."[370] Konrad Paul Liessmann spielt diese These in der Entwicklung einer ästhetischen Erotik durch, und zwar anhand von Kierkegaards *Tagebuch des Verführers*, das den Mittelteil von *Entweder – Oder* bildet. Das Spiel, das Kierkegaard vor den Augen seines Lesers zelebriert, ist ein komplexes Verschachtelungs- und Verbergungs-Spiel. Aber, so liest man in *Entweder – Oder*, nicht Kierkegaard war es, der dieses Werk schrieb, sondern sein Pseudonym Victor Eremita, der nun seinerseits in dem Text behauptet, nicht er habe den Text geschrieben, sondern er habe nur aufgefundene Papiere veröffentlicht, er findet, bzw. erfindet als Text-Autoren „A" und „B". In den er/gefundenen Papieren befindet sich, nahezu in der Mitte des Gesamtwerks das *Tagebuch des Verführers*[371]. Das Verhältnis von Transpassibilität und Transpossibilität lässt eine eigentümliche reflexive Struktur aufscheinen, die auch Kierkegaard thematisiert. Im Genießen des Erblicktwerdens ist der Erblickte nicht etwa zu einem Objekt eines anderen geworden, sondern er ist Subjekt, das den Blick dirigiert und was mit ihm geschieht: ein Eintauchen in eine Spiegelwelt der Reflexionen, in dem ein Objektivieren versagt.

Verführung ist eine Strategie der Kultur, durch die sie sich wie in einen Kokon einspinnt[372] und einer objektivierenden Reflexion unzugänglich wird, wodurch

---

[369] Henri Maldiney: *Drei Beiträge zum Wahnsinn*. Wien, Berlin: Turia + Kant 2018, 124–195.
[370] Konrad Paul Liessmann: *Ästhetik der Verführung*. Frankfurt a. M.: Hain 1991, 17.
[371] Für eine genauere Analyse der textuellen Verführungsstruktur des Tagebuchs des Verführers sei verwiesen auf die Seiten 417–426 meines Buches *Das Soziale denken*. Weilerswist: Velbrück 2021.
[372] Roland Barthes: „Les mots du labyrinthe", in: *Cartes et figures de la terre (Ausstellungskatalog Centre Pompidou)*. Paris 1980, 94–103, hier 95 f.: Die Verführung ist in den Labyrinthen omnipräsent.

genau jene oben abgehandelten Was-ist-Fragen hinsichtlich von Kultur Fehlfragen werden. Aber auch von den geschilderten Modellen bleiben nur diejenigen valide, die ein Labyrinth öffnen, das sich abgründig entzieht.

Es ist die autonome Selbststeuerung der Zeichen im Text, die die kulturellen Prozesse ins Leben rufen und wie ein Schutzengel begleiten. Sofern Subjekte in diesen Prozessen zum Erscheinen gebracht werden, sind es nie mehr jene autonomen Subjekte, die die Moderne erdacht hatte. Die Annahme, dass es einen Verführer gebe, ein Subjekt einer Strategie, die ein anderes Subjekt zum Objekt machte, wäre dann nur noch eine ziemlich naive Psychologie.[373] Der labyrinthische Spiegelcharakter der kulturellen Verführungen bewirkt, dass der Verführer sich notwendigerweise zu einem faszinierenden Objekt in dem wechselseitigen Verführungsprozess macht, d.h. aufhört, das strategisch überlegene Subjekt zu spielen. „Wir alle sind Spieler, das heißt, wir hoffen sehr stark, daß sich ab und zu einmal die rationalen Ketten, die sich langsam vorarbeiten, auflösen und daß sich, wenn auch nur für eine kurze Zeit ein völlig anderer Ablauf der Ordnung ergibt, ein wunderbares Sich-Überstürzen der Ereignisse."[374]

Nicht Autopoiesis steuert die kulturellen Prozesse, sondern Autorhesis in einem Prozess, in dem die verführt-verführenden Instanzen in den Spiegelungen der Kultur bedeuten, dass Sein heißt: Entzückt-Sein. Verführungen als kulturelle Prozesse bilden das Gegenstück zu einer quasi obszönen Suche nach der „nackten Wahrheit"; Simulation tritt an die Stelle von Aufdeckungen.

5.3 Vermischungen

Mit dem Thema der Verführung waren wir schon kurz vor der Schwelle des Übergangs zu den Vermischungen der Kulturen und in den Kulturen; denn jedes Mal geht es um Untreue gegenüber dem herrschenden Diskurs. Als erstes zu behandeln wären diejenigen Übergänge, die sich in „Unbegrifflichkeit"[375] ereignen, zu allererst also die Metaphorik.

---

373 Jean Baudrillard: *Die fatalen Strategien.* München: Mathes & Seitz 1985, 148.
374 l. c., 188.
375 Hans Blumenberg: *Theorie der Unbegrifflichkeit.* Frankfurt a.M.: Suhrkamp 2007; zuvor ders.: *Paradigmen zu einer Metaphorologie.* Frankfurt a.M.: Suhrkamp 1998.

5.3.1 Metaphorik

Die Metapher überträgt einen Sinngehalt eines Diskurses in einen anderen Diskurs. Die Motivation dazu kann einerseits eine begriffliche Notlage sein, andererseits aber auch ein „Mutwille", eine erweiterte Sinndimension zu erschließen, d. h. einen Sinn, den es vorher noch gar nicht gab. Die Metapher ist eine Ausschweifung, sie stört die Einsinnigkeit oder Einstimmigkeit des aufnehmenden Diskurses, sie irritiert die bestehenden begrifflichen Selbstverständlichkeiten. Eine Phänomenologie etwa der Urimpressionen duldet keine Metaphorik: sie sagt, was zu sagen ist, darüber hinaus bleibt nur ein verzweifeltes oder resignierendes Schweigen, sie lässt sich nicht etwas von anderswoher vorsagen. Diese Verzweiflung setzt eine (Theorie der) Unbegrifflichkeit frei.

Hans Blumenberg hat den Begriff der absoluten Metapher geprägt; es sind dies Metaphern, ohne die es nicht geht, weil sie einer Verlegenheit der Begrifflichkeit aufhelfen, und zwar in anderer Weise als wenn es im Zuge etwa des technischen Fortschritts für ein neu auftauchendes Ding noch keinen Namen gibt. In den Zeiten, als es eines Pferdes bedurfte, um eine Kutsche durch eine Landschaft zu fahren, war alles klar; als dann aber kein Pferd mehr nötig war, sondern die Kutsche sich aus eigener Kraft dank eines Motors durch die Gegenden bewegen konnte, da brauchte es für solche Art selbstbewegender Gefährte einen Namen, der für die Selbstbewegung stehen konnte und man nannte es ein Auto-mobil. Als dann aber die Auto-Mobilität mit den selbstfahrenden Autos die Stufe der Reflexivität der Technik erreichte, es also zu auto-mobilen Automobilen kam, da reichte die Begrifflichkeit ebenfalls aus, diese fragwürdige Errungenschaft zu bezeichnen. Wo aber entsteht die begriffliche Notlage, die eine Metapher hervorrufen wird, speziell eine solche, die Blumenberg eine „absolute Metapher" genannt hat?

Die absolute Metapher markiert die Verlegenheit der Übertragung aus einem Diskurs in einen anderen, dem vordem ein Mangel seiner Begrifflichkeit gar nicht auffällig war. Damit lässt das Auftreten einer solchen Metapher die Lücken eines Diskurses nicht an dessen Oberfläche erscheinen und könnte durch einen neuen Begriff behoben werden, sondern der Mangel ist fundamentaler; diese Lücke in seiner „Substruktur",[376] ist nicht sichtbar, sondern verhält sich in Unsichtbarkeit der Bedingungen einer Struktur, bildet seine „Metakinetik". Die Metaphorologie der absoluten Metaphern rührt an den Untergrund unserer Kultur(en). Blumenberg gibt ein Beispiel für eine solche philosophische Verlegenheit:

> Die Lichtmetaphorik [mit dem Wahrheitsproblem der philosophischen Tradition „verschwistert"] ist nicht rückübertragbar; die Analyse richtet sich auf die Erschließung der Fragen, auf

---

376 Hans Blumenberg: *Paradigmen zu einer Metaphorologie*, 13.

die Antwort gesucht und versucht wird, Fragen präsystematischen Charakters ... daß sich überall in der Sprache der Philosophie Indizien dafür finden, daß in einer untergründigen Schicht des Denkens immer schon Antworten auf diese Fragen gegeben worden war ... Das bedeutet, daß Metaphern in ihrer hier besprochenen Funktion gar nicht in der sprachlichen Ausdruckssphäre in Erscheinung zu treten brauchen, aber ein Zusammenhang von Aussagen schließt sich plötzlich zu einer Sinneinheit zusammen, wenn man hypothetisch die metaphorische Leitvorstellung erschließen kann, an der diese Aussagen ‚abgelesen' sein können."[377]

5.3.2 Melangen der Sinnlichkeit – Kulinarik

Während die Metapher eine einsinnige/einseitige Vermischung von Diskursen darstellt, gibt es auch jene zweiseitigen, plurivalenten Vermischungen, die wie die Verführungen auf Gegenseitigkeiten beruhen, und zwar sowohl auf der gleichen wie auch auf verschiedenen Ebenen: die Vermischung einer gelben und einer blauen Flüssigkeit einerseits, die Beleuchtung solcher Vorgänge durch ein andersfarbiges Licht oder die Verbindung mit gewissen akustischen Ereignissen. Für solche komplexen Vermischungen stellt etwa Gerhard Gamm fest, dass es angemessener wäre, die Mitte aus solchen Vernetzungen, Bahnungen und Bindungen als Mischungen darzustellen, weil sie „in dieser Funktion die Selbstvermittlung der Gesellschaft übernimmt..."[378] – Und Michel Serres erläutert, wie in Mischungen gegen das cartesische Postulat des „clare et distincte" verstoßen wird, werden muss, z. B. wenn es um Mischungen aus Natur und Kultur geht, wo sich etwa in Prozessen der Domestizierung Menschen und Tiere eine gemeinsame Lebenswelt teilen. In solchen Vermischungen ereignen sich spezifische epistemische und normative Berührungen, Angleichungen und Durchwirkungen.[379]

Einen sehr einschlägigen Bereich für kulturelle Vermischungen stellt die Kulinarik dar, und zwar weil die Sinnlichkeit des Schmeckens ein synthetisierender Nahsinn ist und kein analysierender Fernsinn. Daher ist es z. B. so außerordentlich schwierig, den Geschmack eines Weines zu beschreiben. Zur Charakterisierung des Geschmacks eines Weins aus Cahors z. B. ist dann zu lesen von „Sauerkirsche, vielen

---

377 l. c., 15–20.
378 Gerhard Gamm: *Der unbestimmte Mensch.* Berlin, Wien 2004, 161; cf. ders.: „Medium, Mechanismus und Metapher", in: ders.: *Verlegene Vernunft. Eine Philosophie der sozialen Welt.* München: Fink 2017, 48–52.
379 Michel Serrres: *Hominescence.* Paris: Le Pommier 2001, 134 f.; cf. einschlägig auch ders.. *Die fünf Sinne. Eine Philosophie der Gemenge und Gemische.* Frankfurt a. M.: Suhrkamp 1994; und dazu Jessica Güsken: „Knoten: lösen, knüpfen, mit der Haut denken", in: Reinhold Clausjürgens u. Kurt Röttgers (Hrsg.): *Michel Serres. Das vielfältige Denken. Oder: Das Vielfältige denken.* Paderborn: Fink 2020, 37–57.

dunklen Früchten, etwas Lorbeer, Cassis und Minze". Daher meint Francesca Rigotti in ihrer *Philosophie in der Küche – Kleine Kritik der kulinarischen Vernunft*,[380] es käme beim Kochen wie beim Philosophieren alles darauf an, zu zerlegen und neu zusammenzusetzen, zu mahlen und zu manschen, zuletzt zu neuer Einheit zusammenzubacken. In der Analytischen Philosophie in der Nachfolge von Wittgenstein mag das vielleicht noch durchgehen, aber in der Küche ist es barbarisch, ein gutes Steak zuerst zu zerhäckseln und durch den Fleischwolf zu drehen, zu braten und dann zwischen zwei halbe Brötchen zu packen, um es dann den Ignoranten als „Burger" zu verkaufen. Das wäre eine antikulturelle Antikulinarik. Schon Rumohr formulierte seine Kritik an der damaligen französischen Küche so: „Die Franzosen sind, wenn nicht die ersten Erfinder, doch die Verbreiter aller Gehäcksel und Vermengungen."[381] Durch diese Operationen werden die Ausgangsstoffe unkenntlich gemacht, und die Großreiche (Rom und USA) glauben in diesen Vermanschungen ein kulturelles Abbild einer melting-pot-Kultur zu haben. Kulturelle Mischungen verdanken sich nicht Vermanschungen von Dingen aus den diversen Kulturbereichen.

Einem Ausgang von den Mischungen, die die Nahsinne nahelegen, kommt sehr viel näher die *Ästhetik der anästhetisierten Sinne*, so der Untertitel des Buches *Tasten – Riechen – Schmecken* von Mădălina Diaconu. In ihm widmet sich die Autorin ausführlich der gastronomischen Ästhetik; sie schildert sie als eine große kulinarische Mélange, ein Gesamtkunstwerk aller Sinne.[382]

Am Schluss sei der Philosoph der Gemische und Gemenge, Michel Serres, zitiert:

> „Monokultur. Nichts Neues unter der einzigen Sonne. Die endlosen homogenen Reihen verdrängen oder löschen das Moiré; das Isotrope schließt das Unerwartete aus... Ein rationales oder abstraktes Panorama vertreibt tausend Landschaften mit ihren kombinatorischen Spektren.
>
> Vor unseren Augen entfalten sich zwei Sichtweisen der Vernunft oder des Verstandes. Das Schwierige, Nichtlineare mit seinen tausend Randbedingungen verschwindet bald angesichts der langen Reihen von Mais- oder Weizenfeldern und des Einfachen, Leichten, das sie darstellen. Das Eine tritt an die Stelle des Vielen. Und die reine Unordnung, die der homogenen Ordnung gegenübersteht, vertreibt die raffinierten Gemische. ...
>
> Manchmal benutzen wir gerne ein kombinatorisches Spektrum und manchmal das universelle, wie fahren gerne über die Autobahn der Abstraktion, über den Boulevard des

---

380 Francesca Rigotti: *Philosophie in der Küche – Kleine Kritik der kulinarischen Vernunft*. München: Beck 2002; im übrigen s. Kurt Röttgers: *Kritik der kulinarischen Vernunft*. Bielefeld: transcript 2009b.
381 Karl Friedrich von Rumohr: *Geist der Kochkunst*. Frankfurt a. M.: Insel 1978, 33
382 Mădălina Diaconu: *Tasten – Riechen – Schmecken. Ästhetik der anästhetisierten Sinne*. 2. Aufl. Würzburg: Königshausen & Neumann 2005.

> Globalen und das formale Konzept, an den rasch vorbeiziehenden homogenen ‚Maisreihen' entlang, aber wir lieben es auch, uns auf gewundenen Wegen zu ergehen, uns in der Landschaft zu verlieren, um zu Wissen und Verständnis zu gelangen. Warum sollten wir nicht zugleich rational und intelligent, wissenschaftlich und kultiviert, variabel und weise werden? In vielen Fällen bringt uns nur der eine Gott den Frieden, in ebenso vielen Fällen ist es besser, auf die Engel zu vertrauen.[383]

Und genau an dieser Stelle stößt Serres auf unser Problem. Einerseits nämlich versucht er, eine emphatische Aufwertung des Schmeckens gegenüber dem Sprechen vorzunehmen. Andererseits kann er das nur, indem er spricht. Einerseits versucht er in diesem Sprechen vom Schmecken eine hohe Differenziertheit des Redens zu entwickeln, um eine hohe Differenziertheit des Schmeckens zu beschreiben, andererseits kann er nicht anders, als dieses Beschreiben selbst als eine Anästhesie angesichts der Aisthesis der Sinne zu bezeichnen. Ohne Beschreibung bleibt die Sinnlichkeit des Schmeckens pures factum brutum oder mystischer Augenblick. Mit der Beschreibung aber bleibt die Sinnlichkeit nicht, was sie war, sondern weicht dem Wort. Der hervorragende Wein weckt die Sinne des Mundraums und lässt ihn verstummen. Aber ohne dass der Mund dann von diesem Verstummen hochdifferenziert zu reden beginnt, wissen wir gar nichts davon. Und gerade der Wein macht ja redselig. Die Aisthesis des Geschmacks eines überwältigend guten Weines liegt zwischen der Anästhesie der Redseligkeit, die gar nicht erst zum Schmecken kommt, und der Anästhesie einer trunkenen Redseligkeit. „Von wo aus soll man [...] beschreiben? Von nahem, von ferne, aus mittlerem Abstand?", fragt Serres.[384] Ein solches Gemisch ist in einer Unmittelbarkeit, Komplexität und Reichhaltigkeit gegeben, die dennoch in einer Weise sehr abstrakt ist, dass sie sich nicht in einfacher Weise, in einer Sprache der Sinnesdaten etwa, ausdrücken ließen. Das Naheliegende ist ein Gemisch der Sinnlichkeit, das immer schon über die einfache Beschreibung hinaus ist.

Die sozialontologische Bedeutung der kulinarischen Ästhetik hebt vor allem bereits Novalis hervor. Beim Essen:

> Der ganze Körper athmet – nur die Lippen essen und trinken – gerade das Organ, was in mannichfachen Tönen das wieder aussondert, was der Geist bereitet und durch die übrigen Sinne empfangen hat. Die Lippen sind für die Geselligkeit so viel, wie sehr verdienen sie den Kuß.[385]

Wenig später notiert er quasi die Fortsetzung dieser Gedanken:

---

[383] Michel Serres: *Die fünf Sinne*. 2. Aufl. Frankfurt a.M.: Suhrkamp 1994b, 342 f.
[384] l. c., 210.
[385] Novalis: *Schriften II*. Darmstadt: wbg 1965, 618.

> Das Essen weckt den Witz und die Laune – daher Gourmands und dicke Leute so witzig sind – und beym Essen so leicht Scherz und muntere Unterhaltung entsteht. ... Bey Tisch streitet und raisonnirt man gern und viel Wahres ist bey Tisch gefunden worden ... Auch Freundschaften werden leicht bei Tisch gestiftet.... Die Tischzeit ist die merckwürdigste Periode des Tages – und vielleicht der Zweck – die Blüthe des Tages.[386]

Den sozialontologischen Hintergrund drückt eine Notiz aus dem *Allgemeinen Brouillon* aus: „Tanz – Essen – Sprechen – gemeinschaftlich Empfinden und arbeiten – zusammenseyn – sich hören, sehn, fühlen etc. – alles sind Bedingungen und Anlässe, und selbst schon Functionen – der Wircksamkeit des *Höhern* – zusammengesezten Menschen – des Genius etc. Theorie der Wollust."[387] Dieser Gedanke erscheint noch einmal gesteigert darin, dass das gemeinschaftliche Essen nicht nur Zeugungsakt der Gemeinschaftlichkeit ist, sondern dass das Miteinander-Essen zugleich, völlig analog dem Abendmahl von Gethsemane auch als ein Einander-Essen erscheint:

> Das gemeinschaftliche Essen ist eine sinnbildliche Handlung der Vereinigung. ... In der Freundschaft ißt man in der That von seinem Freunde, oder lebt von ihm. Es ist ein ächter Trope den Körper für den Geist zu substituieren – und bey einem Gedächtnißmale eines Freundes in jedem Bissen mit kühner, übersinnlicher Einbildungskraft, sein Fleisch, und in jedem Trunke sein Blut zu genießen. Dem weichlichen Geschmack unserer Zeiten kommt dis freylich ganz barbarisch vor – aber wer heißt sie gleich an rohes, verwesliches Blut und Fleisch zu denken. Die körperliche Aneignung ist geheimnißvoll genug, um ein schönes Bild der Geistigen Meinung zu seyn – und sind denn Blut und Fleisch in der That etwas so widriges und unedles? ... Um aber auf das Gedächtnißmal zurück zu kommen – ließe sich nicht denken, daß unser Freund jetzt ein Wesen wäre, dessen Fleisch Brodt, und dessen Blut Wein seyn könnte?"[388]

Wir sehen hier deutlich, wie Novalis von der Dialektik der Sozialontologie der Gemeinschaftsstiftung eine neue, haltbarere Interpretation der Analytik des Essens im Abendmahl gewinnt.

---

386 l. c., 621.
387 Novalis: *Schriften III*. Darmstadt: wbg 1968, 425.
388 Novalis: *Schriften II*, 620.

5.3.3 Gastlichkeit

Kulinarische Kultur bedeutet auch eine Kultur der Gastlichkeit.[389] Gerade in einer globalisierten Weltgesellschaft, die nicht zu einer Mono-Kultur tendierte, wäre die Aufgeschlossenheit der Kulturen füreinander ein Phänomen der zugleich gewagten und unvermeidlichen Gastlichkeit.[390] Deren Modell ist die gemeinsame Mahlzeit in einer Genossenschaft der Genießenden, oder „... erleichtert das gemeinsame Mahl durch den gemeinsamen Genuss der Nahrung den Genuss der Gastlichkeit selbst..."[391]

Genossen sind die, die gemeinsam genießen. Der Tischgenosse ist mehr als ein gesellschaftlicher Anderer, der auf ein Selbst durch eine vertrags- oder tauschförmige Beziehung bezogen ist. Er ist zugleich weniger als ein gemeinschaftlicher Anderer. Auch wenn, es in vielen Kulturen Einschränkungen (Exklusionen) gibt, mit wem man essen darf, sonst gäbe es ja auch keine kriterielle Unterscheidung von Gesellschaft und Genossenschaft, ist die Gruppe möglichere Tischgenossen keineswegs auf die Gemeinschaft (Familie, Bund oder dgl.) beschränkt. Ja, gerade das zeichnet die Tischgenossenschaft aus, dass es „Gäste" gibt. Oft werden festliche Mahlzeiten gerade wegen eines „Ehrengastes" veranstaltet. Und das Tischgebet „Komm, Herr Jesus, sei unser Gast und segne, was du uns bescheret hast", bringt das zum Ausdruck. Es ist die Bitte um spirituelle Anwesenheit eines Gastes, die eine ganz gewöhnliche Essenaufnahmeveranstaltung durch diesen Ehrengast zu einer quasi festlichen Mahlzeit überformt. Die Geste wird deswegen auch nicht dadurch entwertet, dass der eine oder die andere der Tischgenossen an eine spirituelle Anwesenheit nicht glauben mag. Der virtuelle Gast oder ein realer Ehrengast verleiht dem gemeinsamen Essen Bedeutung. Bedeutungsverleihung ist „Segnung". Wegen dieser Öffnung der Tischgenossenschaft auf den virtuellen oder realen Gast ist auch das Tischgebet keine Magie oder Geisterbeschwörung. Das aber heißt umgekehrt auch, dass es sinnlos wäre oder nur aus einem verbohrten religiösen Fundamentalismus erklärbar, wollte man einem „Power lunching", einem Fastfood oder Stehimbiss diese Bitte um Anwesenheit des Gastes beigesellen. Beides ist eben nicht die Situation, dass sich eine Tischgenossenschaft für einen Gast öffnet. Der Gast ist die typische soziale Figur, die die Genossenschaft von der Gemeinschaft einerseits, der Gesellschaft andererseits unterscheidet. Er gehört weder „zu uns",

---

389 Zur geradezu Identifizierung von Gastlichkeit mit „Kultur selbst" s. Jacques Derrida: *Cosmopolites de tous le pays*. Paris: Galilee 1997, 42, zitiert nach Burkhard Liebsch: „Gastlichkeit", in: Ralf Konersmann (Hrsg.): *Handbuch Kulturphilosophie*. Stuttgart, Weimar 2012, 319–324, hier 319.
390 Burkhard Liebsch: *Gastlichkeit und Freiheit*. Weilerswist: Velbrück 2005.
391 Burkhard Liebsch: „Gastlichkeit", 321.

noch ist er ein bloßer Vertragspartner. Seine Möglichkeit definiert vielmehr die Genossenschaft.[392]

Brillat-Savarin stellte dazu lapidar fest: „Geistreiche Menschen lieben ganz besonders die Feinschmeckerei, andere sind einer Beschäftigung nicht fähig, die aus einer Masse von Urtheilen und Versuchen zusammengesetzt ist."[393] Allgemeiner gesagt: Gebildete und philosophische Menschen lieben die Vielheit, einfache die Einheit.

5.3.4 Rassenmischung

Wenn heute die selbsternannte Sprachpolizei den Begriff „Rasse" aus dem GG streichen möchte, wo es geheißen hatte, dass niemand aufgrund seiner Rasse diskriminiert werden dürfe, weil es, so sagen jene, Rasse gar nicht gibt, also ein entsprechendes Diskriminierungsverbot unsinnig wäre, so verstößt dieser Vorstoß gegen eine lange Geschichte des Rassebegriffs, der ja keineswegs auf die biologistische Ideologie eingeschränkt war, sondern ebenso sehr einen politisch-ideologischen Rassebegriff meint. Dass auch dieser keineswegs unproblematisch ist, zeigt die vielfältige Verwendung des Begriffs zur Rechtfertigung der Unterdrückung von Völkern im Zuge des militärischen Kolonialismus oder des heutigen ökonomischen Neokolonialismus.

Werner Stegmaier betont zu Recht, dass Nietzsche kein Rassist war.[394] Wenn er aber meint, dass Nietzsche den Rasse-Begriff „noch unbefangen" verwendet hätte, also gewissermaßen vor dem Rassismus, wäre im Gegenteil darauf abzuheben, dass er bereits jenseits des Rassismus steht: In *Jenseits von Gut und Böse* spricht er von der demokratischen Bewegung in Europa, die zu einer „Anähnlichung der Europäer" führe, durch die sie sich von den Bedingungen befreien könnten, „unter denen klimatisch und ständisch gebundenen Rassen entstehen". Freilich gibt es Rückfälle des werdenden Europäers in dem „wütenden Sturm und Drang des ‚National-Gefühls'", aber es gibt diese „langsame Heraufkunft einer wesentlich übernationalen und nomadischen Art Mensch".[395] Und was davon zu erhoffen ist, formuliert kurz und knapp ein Nachlass-Fragment „Wo Rassen gemischt sind, der

---

392 Zur Gastlichkeit umfassend und vieles zusammenfassend: Burkhard Liebsch: *Gastlichkeit und Freiheit*. Weilerswist: Velbrück 2005.
393 Jean Anthelme Brillat-Savarin: *Physiologie des Geschmacks*. Braunschweig: Vieweg 1865, ND Wien, Köln: Böhlau 1984, 401.
394 Werner Stegmaier: *Nietzsches Befreiung der Philosophie*. Berlin, Boston: de Gruyter 2012, 364.
395 Friedrich Nietzsche: *Sämtliche Werk. Kritische Studienausgabe*. München, Berlin, New York: dtv, de Gruyter 1980, V, 182.

Quell großer Cultur."³⁹⁶ Mischungen ergeben Kultur, nicht das bornierte Bestehen auf der Erhaltung und Abgrenzung der „eigenen" Kultur gegen alle anderen.

5.4 Zeitlichkeit

In dem ausgespannten Rahmen der Sozialphilosophie des kommunikativen Textes war bislang das Thema das Verhältnis der Sinnfiguration des Kulturellen zur Sozial-Dimension. Es steht nun noch aus, Paradigmen der temporalen Sinnfiguration zu erörtern. Dabei wird es gehen um das kulturelle Gedächtnis³⁹⁷, bzw. des kulturellen Gedenkens, um utopische Ausblicke und um die Kultur des gegenwärtigen Lebensvollzugs.

5.4.1 Vergehende Kultur

Es scheint so, als böte das Gedächtnis eine Form der Präsentation des Vergangenen in der Gestalt einer gegenwärtigen Repräsentation und als wäre sie der genuine Modus und das maßgebliche Paradigma, und zwar unter der Gestalt von „Kulturgütern" oder doch allenfalls „kulturellen Tatsachen". Jedoch ist der Gedächtnis-Begriff vielschichtiger, als diese Vermutung suggeriert, insbesondere wenn man auf das Ereignis des Gedenkens als Ursprung des Gedächtnisses zurückgeht.

In seinem bahnbrechenden Werk *Matière et mémoire* stellt Henri Bergson den wesentlichen Unterschied von *imaginer* und *souvenir* heraus.³⁹⁸ Es sei zuzugeben, dass eine Erinnerung in der Vergegenwärtigung in einem Bild lebt, aber das einfache Bild führt nicht zurück in die Vergangenheit. Zwar sei es zutreffend, dass die Erinnerung einer Empfindung selbst eine vergleichbare Empfindung hervorrufen könne, aber sie *ist* nicht die vergangene Empfindung, sondern vollzieht sich in einer Materialisierung des Erinnerungsgehalts. Übertragen auf die Vergegenwärtigung von „Kulturgütern" heißt das: der kulturelle Prozess ist nicht wiederholbar oder als ein solcher repräsentierbar. „Le souvenir est donc toute autre chose."³⁹⁹ Man könnte überdies meinen, dass gegenwärtige Empfindungen nach dem Grundsatz des „Recht des Stärkeren" Erinnerungen verdrängen könnten und sie verblassen lassen. Aber

---

396 l. c., XII, 45.
397 Jan Assmann: *Das kulturelle Gedächtnis. Erinnerung und politische Identität in frühen Hochkulturen*. München: Beck 1992; Aleida Assmann, Dietrich Harth (Hrsg.): *Mnemosyne. Formen und Funktionen der kulturellen Erinnerung*. Frankfurt a.M.: Fischer 1991.
398 Henri Bergson: *Matière et mémoire*. 46. ed. Paris: PUF 1946, 150.
399 l. c., 151.

der Unterschied von Vergangenem und Gegenwärtigem ist eben nicht ein Gradunterschied eines Identischen. Ein wesentlicher Unterschied ist, dass die Empfindungen auf dem Leib lokalisiert sind, Erinnerungen dagegen nicht. „Le souvenir actualisé en image diffère donc profondément de ce souvenir pur. L'image est un état présent, et ne peut participer au passé que par le souvenir dont elle est sortie."[400] Im Gegensatz dazu bleibt die Erinnerung unnütz, bar jeder Vermischung mit dem Empfinden und jeder Verbindung mit dem gegenwärtigen leiblichen Verhalten und daher selbst ohne eine körperliche Ausdehnung, die sie leiblich lokalisierbar machen würde.

Aus den Überlegungen Bergsons ergibt sich, dass Kultur ihren Ort nicht im Gedächtnis, in dem die Erinnerungen gespeichert wären, haben kann, sondern allein im Prozess des Werdens (bzw. der Reflexivität dieses Werdens) des Kulturellen als eines Differenz-Prozesses. Das heißt auch, ganz radikal gesagt, Kultur ist nicht archivierbar. Der Ort der Kultur als eine Form von Praxis ist nicht das Museum oder das Archiv. Mehr als das Gedächtnis ist das Gedenken die kulturelle Formgestalt. So kann man durchaus ein Gedenken annehmen, das von der Sache, von der Sachlage, ja sogar von gewissen Dingen (z. B. der Integrität der Natur) eingefordert wird. Ein solches Gedenken kann kulturelle, ja sogar religiöse Bezüge herstellen. Umgekehrt weist die Musealisierung auf die Verdrängung des Veralteten und Überlebten in eine Exklave oder ein Reservat des ehemals lebendigen Prozesses hin: es wird zu Schrott eines ehemaligen Lebens. Die Verschrottung führt zu einer zunehmenden Verknappung des Raums für Kultur-Schrott. Es sammelt sich in diesen Räumen der Museen und Archive mehr an, als es für eine Zeit als bewahrenswert erachtet wird, wobei das Kriterium des Bewahrenswerten sich selbst so wandeln kann, dass ehemals Verschrottetes anschließend entweder in einem Recycling oder in einer Neubewertung oder Aneignung wieder aufgewertet werden kann. Es gibt mehrere Schwellen aus dem Kulturellen heraus: Musealisierung – Archivierung des nicht mehr kulturell Musealisierbaren – Verschrottung und schließlich Vernichtung. Aber selbst die Tatsache der Vernichtung kann nicht registriert werden, so dass wir wissen könnten, was wir nicht mehr wissen wollten. So werden die Wege aus der Kultur heraus umkehrbar in Wege in die Kultur zurück. Manche Erinnerungen werden erneut hochaktuell zu gegenwärtig wirksamen Bildern und Vorstellungen.

Dieser Richtungsumkehr wird der Prozessbegriff des kulturellen Gedenkens eher gerecht als der des Gedächtnisses, der die Struktur des statischen oder topographischen Behälters aufruft. Das Gedenken des Vergehens kann einen Zugriff auf Vergangenes zulassen, der dem Vergehenden einen sogar moralisch oder religiös grundierten Anspruch sichert. Es gibt dann etwa einen Anspruch der sterblichen

---

400 l. c., 156.

Geschöpfe auf das Fortleben im Gedenken der Schöpfung und des Schöpfers. Das macht freilich nur Sinn, wenn im kommunikativen Text die soziale Dimension in der Zeitlichkeit von Kultur mit bedacht wird. Das Eingedenken erst generiert in den sozialen Verknüpfungen so etwas, was man dann als das sich stetig fortschreibende kulturelle Gedächtnis bezeichnen dürfte.[401]

So wie es einen kategorialen Unterschied zwischen Gedächtnis und Gedenken gibt, ebenso gibt es einen vergleichbaren zwischen Erinnerung und Innewerden.[402] In diesen beiden Fällen allerdings gibt es eine Kehre ins Innere. Gedenken und Innewerden wiederum sind spezifisch als Prozesse. Die Erinnerung ist kein Rückwärtsgang in die Vergangenheit, sondern ein Sprung in einen vergangenen Punkt, um von dort aus sich in einem Vorwärtsgehen eines Sachverhalts inne zu werden. Innewerden bedeutet, die Spontaneität des Bewusstseins in jenem erinnerten Punkt zu wiederholen, was dann eine rhythmische Präsentation von Differenzen beinhaltet. Das kann jedoch nur gelingen im sozialen Verbund eines kommunikativen Textes; denn das Differenzgeschehen ist nur als Differenz von Selbst und Anderem, von Werten und Wissen und Vergangenheit und Zukunft real. Eben das zeigt sich auch im Misslingen, wenn nämlich der eine Pol der Differenz den anderen dominiert: das Selbst keine Rücksicht auf den Anderen vorsieht, seiner nicht inne wird, das Werten das Wissen moralisierend ignoriert, wofür der heutige Differenzierungsverlust beste Beispiele anbietet, und schließlich in den reaktionären Restaurationen das Vergangene das Zukünftige zu dominieren versucht. Misslingen finden wir auch dort, wo solche Differenzierungsverluste in den drei Dimensionen von Sinn, Sozialem und Zeit sich gegenseitig verstärken. Dann entstehen z. B. Zweifel, ob die erinnerte Vergangenheit wirklich und eindeutig den Wert hatte oder haben konnte, den ihr die Erinnerung verleiht („War früher wirklich alles *besser?*") Mehr noch: man erinnert sich solcher Tatbestände, die niemals stattgefunden haben.[403] Beispiele bietet die psychoanalytische Kontroverse um die sogenannte primäre Verführung, die sich in der psychoanalytischen Kur scheinbar offenbart; während Freud quasi-detektivisch das ursprüngliche vergangene Vergehen aufzuklären und bewusst werden zu lassen bemüht ist (Was hat man dir, du armes Kind, getan?[404]),

---

401 Zur Rolle des Gedenkens s. auch Richard Geisen: *Macht und Misslingen. Zur Ökonomie des Sozialen.* Berlin: Parerga 2005.
402 Zum Innewerden (im Rückgriff auf Josef König) s. Volker Schürmann: *Zur Struktur des hermeneutischen Sprechens.* Freiburg, München: Alber 1999.
403 Heinz Kimmerle: „How Can Time Become Time again? How to Repeat what never Has Been?", in: Douwe Tiemersma, Henk Oosterling (Hg.) *Time and Temporality in Intercultural Perspective.* Leiden: Brill 1996, 11–24.
404 Jeffrey M. Masson: *Was hat man dir, du armes Kind, getan? Sigmund Freuds Unterdrückung der Verführungstheorie.* Hamburg: Rowohlt 1984.

geht Laplanche von einem nachträglich in der Kur erst erzeugten, fiktiven Erinnerungshalt aus.[405] Andrew Benjamin spitzt die Perspektivenverschiebung zu, indem er sagt: „... es hat nie einen reinen einfachen Vorfall geben können."[406] Hier stehen sich Erinnerung und Innewerden gegenüber. Ist vielleicht der Erinnerungsgehalt selbst nur eine Übersetzung eines ganz anderen Ereignisses in einer ganz anderen Vergangenheit?

Kulturelle Prozesse etablieren sich demnach in einem die Differenz aufrecht erhaltenden Erinnern, das dann auf dieses Weise ein Innewerden freisetzt. Der Mensch ist – um mit Nietzsche zu sprechen – ein Wesen, dem ein „Gedächtniss" gemacht worden ist, und zwar gemäß dem Grundsatz der schmerzhaften Einkörperung: „„Man brennt Etwas ein, damit es im Gedächtnis bleibt; nur was nicht aufhört, *weh zu thun,* bleibt im Gedächtniss' – das ist ein Hauptsatz aus der alerältesten ... Psychologie auf Erden."[407] Die Bildlichkeit des Einbrennens eines Gedächtnisses überspringt das Innewerden hin zu reiner Körperlichkeit und gibt so im Überspringen den Blick frei für das jedem Erinnern innewohnenden Vergessen. Kultur ist damit auch die Pflege des Vergessen-Könnens.[408] Was jedoch nicht vergessen werden kann, sind die Erinnerungen jener Ursprünge, mithilfe derer sich ein Soziales identifiziert, gleich ob die sich anschließenden Vergegenwärtigungen sich als Fortschritt oder als Verfall darstellen lassen. Schon diese mögliche Alternative offenbart die Diskontinuität, ja Punktualität jeder Erinnerung.

Die Schrift scheint das Gedächtnis festzuschreiben. Die Schrift ist (scheinbar) das kulturelle Gedächtnis. „Die Schrift ist Erinnerung, die geschriebene Erinnerung verlängert das Leben während des Todes."[409] Aber auch diese „bleibende" Inschrift der Erinnerung bleibt nicht, was sie dem ehemals geschriebenen Habenden war, sie bedarf für eine Fortdauer von Bedeutsamkeit eines Wiederschreibens. Damit aber wird diese Erinnerungspraktik paradox: „Wiederschreiben wird, indem es wie-

---

405 Freud identifiziert Mütter, Ammen oder Kinderfrauen als Verführerinnen zur Sexualität kleiner Mädchen. Sigmund Freud: „Über die weibliche Sexualität", in: ders.: *Werkausgabe in zwei Bden. I.* 2. Aufl. Frankfurt a. M.: S. Fischer 1978, 349–363, hier 354; zu Laplanche s. Jean Laplanche: „Von der eingeschränkten zur allgemeinen Verführungstheorie", in: ders.: *Die allgemeine Verführungstheorie und andere Aufsätze.* Tübingen: edition diskord 1988, 199–233; Laplanche trennt die von Freud ermittelten Fälle „infantiler Verführung" von den Deutungen im Sinne einer Theorie der Nachträglichkeit.
406 Andrew Benjamin: „Ursprünge übersetzen: Psychoanalyse und Philosophie", in: Alfred Hirsch (Hrsg.): *Übersetzung und Dekonstruktion.* Frankfurt a. M.: Suhrkamp 1997, 231–262, hier 250.
407 Friedrich Nietzsche: *Kritische Studienausgabe V,* 295.
408 Günter Butzer, Manuela Günter (Hrsg.): *Kulturelles Vergessen. Medien – Rituale – Orte.* Göttingen 2004; Elena Esposito: *Soziales Vergessen. Formen und Medien des Gedächtnisses der Gesellschaft.* Frankfurt a. M. 2002.
409 Maurice Blanchot: *Vergehen.* Zürich 2011, 38.

derholt, was nicht stattgehabt hat, nicht statthaben wird, nicht statthat, in ein nicht vereinheitlichtes System von Bezügen eingeschrieben, die sich kreuzen, ohne dass irgendeiner dieser Kreuzungspunkte ein Zusammentreffen behaupten würde... Wiederkehren wäre, dahin zu gelangen, sich aufs Neue zu exzentrieren. Einzig bleibt die nomadische Affirmation."[410]

Und nun zur Zukunft. Wenn es zutrifft, dass die Vergangenheit im kulturellen Prozess sich als Gedenken und Innewerden manifestiert, dann muss man auch für die Zukunft in kulturellen Prozessen nach etwas anderem Ausschau halten als es Erwartungen oder gar Prognosen wären. Dafür bietet sich der Begriff eines utopischen Ausblicks an, genauer noch der eines uchronischen Ausblicks. Theodor W. Adorno hat einmal gesagt. „Die Gestalt aller künstlerischen Utopie ist: Dinge machen, von denen wir nicht wissen, was sie sind."[411] Das ist paradox, aber von der Art einer notwendigen Paradoxie. Einerseits ist Utopie eine Negation des Bestehenden und ist doch als Negation noch auf das Bestehende bezogen. Gleichwohl ist der utopische Ausblick und Vorgriff unvermeidlich. Eine utopische und auch eine uchronische Theorie ist nicht konkret, kann es nicht sein, selbst in den Negationen sich nicht konkretisierend. „Das Neue als Kryptogramm ist das Bild des Untergangs; nur durch dessen absolute Negativität spricht Kunst das Unaussprechliche aus, die Utopie."[412] Darin aber bewährt sich Kunst – und versagt Theorie. Auf diese Weise hat Kunst etwas blindlings Wahres: „Große Kunstwerke können nicht lügen."[413] Dennoch können sie nicht über die Wahrheit verfügen, die sie manifestieren; denn Verfügen ist nicht ihre Daseinsweise, sondern ihre Wahrheit leitet sie in jenem „Tasten im Dunkeln der Bahn ihrer Notwendigkeit."[414] Sie gleichen einem Wünschelrutengänger, der seine Entdeckungen nicht hervorbringt, sondern nur von ihnen geleitet wird und sie sichtbar macht. „Die Wirklichkeit der Kunstwerke zeugt für die Möglichkeit des Möglichen. Worauf die Sehnsucht an den Kunstwerken geht – die Wirklichkeit dessen, was nicht ist –, das verwandelt sich ihr in Erinnerung."[415] – ein Erinnern an das, was noch nicht war. Genau das macht die Struktur des utopischen Ausblicks aus. „Kunst will das, was noch nicht war. Doch alles, was sie ist, war schon. Den Schatten des Gewesenen vermag sie nicht zu überspringen. Was aber noch nicht war, ist das Konkrete."[416] Der utopische Ausblick nähert sich durch die Erinnerung der Möglichkeit des Möglichen und noch nicht Wirklichen.

---

410 l. c., 39.
411 Theodor W. Adorno: *Gesammelte Schriften*. Darmstadt: wbg 1998, XVI, 540.
412 l. c. VII, 55.
413 l. c. VII, 196.
414 l. c. VII, 175.
415 l. c. VII, 200.
416 l. c. VII, 203.

„Versprechen sind die Kunstwerke durch ihre Negativität hindurch ... so wie der Gestus, mit dem einst eine Erzählung anheben mochte ... ein noch nie Gehörtes, noch nie Gesehenes versprach, und wäre es das Furchtbarste..."[417]

Eine naive Zeitvorstellung nimmt an, dass sich zwischen Vergangenheit und Zukunft die Gegenwart befinde. Jedoch: Das Vergangene ist nicht (mehr), das Zukünftige ist (noch) nicht, und die Gegenwart ist, in jedem Moment entschwindend, ebenfalls nicht. Aus dieser Aporie der Zeitvorstellung, die die Philosophie von Augustinus bis Husserl gequält hat, führt nur heraus, wenn man nicht nach dem Wesen der Zeit (das „Was ist") fragt, sondern sich der Prozessualität überlässt. Sich ihr zu überlassen heißt auch, die Falle zu vermeiden, in die man liefe, wenn man nach dem Wesen der Prozessualität fragte und dann – feststellend, dass Prozess die Veränderung von etwas in der Zeit ist – auf einer erweiterten Ebene in genau der gleichen Aporie landete.

Eine Philosophie, die derart auf Prozessualität und auf den Vollzugcharakter und das Ereignis setzt, statt – metaphysisch – eine Wesensbestimmung anzustreben, liegt im Denken Martin Heideggers vor. Die Bestimmung des Menschen als des vernunftbegabten Wesens (ζῷον λόγον ἔχων) legt Heidegger so aus, dass er Vernunft vom Vernehmen (des Seienden) her bestimmt.[418] Das Vernehmen des Seienden als Seiendem kommt zur Geltung in der Gestimmtheit des Erstaunens.[419] Ebenso schreibt er Erfahrung prozessual als ein Er-fahren. Und die Bestimmung seines Philosophierens nennt er (in Abwendung von der Vorstellung einer Verkündigung von Wahrheiten) ein Fragen:

Vielmehr handelt es sich um das Fragen, um die im wirklichen Vollzug zu erreichende Einübung des rechten Fragens. Diesen Prozesscharakter seines Denkens verdeutlicht er in dem Bild des Ersteigens eines Berges:

> Es gilt, um im Bilde zu reden, einen Berg zu besteigen. Das gelingt nicht dadurch, daß wir in der Ebene des gewöhnlichen Meinens uns aufstellen und über diesen Berg Reden halten, um ihn auf diese Weise zu ‚erleben', sondern der Aufstieg und die Gipfelnähe gelingt nur so, daß wir sogleich zu steigen beginnen. Wir verlieren dabei zwar den Gipfel aus dem Blick und kommen ihm doch nur nahe und näher, indem wir steigen, wozu auch das Zurückgleiten und Abrutschen und in der Philosophie sogar der Absturz gehört. Nur wer wahrhaft steigt, kann abstürzen.[420]

---

[417] l. c. VII, 204.
[418] Martin Heidegger; *Gesamtausgabe Bd. 45*. Frankfurt a. M.: Klostermann 1984, 21.
[419] l. c., 169.
[420] l. c., 22 f.

Das Prozessdenken entwirft daher auch einen anderen Begriff von Geschichte, dessen Grund das Er-eignis bildet, so dass „jetzt das Wesen des Seyns nicht mehr nur die Anwesenheit besagt, sondern die volle Wesung des zeit-räumlichen Abgrundes und somit der Wahrheit."[421] Um das zu verstehen, muss man berücksichtigen, dass Heidegger „Wesen" nicht mehr als Übersetzung von „essentia" im Sinne der metaphysischen Tradition versteht, sondern im Rückgang auf das ursprüngliche deutsche Verbum „wesan" (im Präteritum mit Rhotazismus und Ablaut: „war") den Vollzugscharakter hervorhebt. Der Vollzug des „Seyns" ist also mit neuer Substantivierung die „Wesung". Die zu vollziehende Besinnung auf das Seyn ist Selbstbesinnung. Selbstbesinnung sichert nicht Selbstgewissheit, sondern eröffnet die fundamentale Frage *„wer sind wir?"*[422] Solches „Wir" gehört freilich nicht in den Bereich des Vorhandenen, sondern ist aktuell nur im Vollzug, im Prozess. In der Wissenschaft geht es dagegen nicht um den Vollzug des Prozesses, sondern um die Analyse des Vorhandenen, das immer nachträglich auftritt. Dem setzt Heidegger mit der Besinnung ein Denken gegenüber, das er „anfängliches" Denken nennt. Die Wissenschaft und die klassische Metaphysik vermag nicht anfänglich zu denken, weil sie vom Vorhandenen ausgeht und das Ereignis, das anfängt, nicht denken kann. Anfängliches, d.h. das Ereignis-Denken, ist ein Denken im Übergang und „als solches Untergang"[423]. Mit „Untergang" meint Heidegger nie das Scheitern, so wie etwa ein Schiff untergeht, er meint vielmehr jenes subversive Denken, das sich in den Untergrund begibt (also ein Untergang wie eine Unterführung). Das Ereignis stellt mit seiner Plötzlichkeit die Kontinuität sogenannter historischer Verläufe infrage; daher ist seine Bewegungsform der „Sprung".[424]

Soviel zu Heidegger. Aber es gibt auch andere Abkehren von einem metaphysischen Substanz-Denken, die Orientierung am „Was-ist" oder Wesen zugunsten einer Prozessorientierung, zwei seien kurz erwähnt. Christoph Hubig bezieht sich auf Hegel, der das Tun als „spontanen und unvermittelten Vollzug"[425] versteht. Eine solche Sicht deutet Zwecke nicht mehr als Vorsatz oder Vorgriff, sondern von der Notwendigkeit des Möglichen her.

> Ist eine Realisierung gelingend, so belegen wir sie ex post als eine aus Freiheit, als Verwirklichung einer Option im Rahmen des Möglichen. Sie wird dann reflexiv als Handlung bestimmt. Ist sie als gescheitert zu erachten, so wird sie in den Bereich eines vergangenen Nicht-anders-Könnens verwiesen und also in den Bereich einer ex post erkannten Notwendigkeit.[426]

---

421 Martin Heidegger; *Gesamtausgabe Bd. 65*. Frankfurt a.M.: Klostermann 1989, 32.
422 l.c., 48.
423 l.c., 66.
424 l.c., 239.
425 Christoph Hubig: *Die Kunst des Möglichen III*. Bielefeld: Transcript 2015, 47.
426 l.c., 47f.

Hat der kommunikative Text in seiner Fortsetzung einen Eigensinn, so befreit er sich von allen handlungstheoretischen Begründungen des Textes durch Regelhaftigkeit und/oder Intentionen von Subjekten. Andreas Hetzel andererseits weist in seiner Rehabilitation einer Sprachauffassung im Sinne der rhetorischen Tradition darauf hin, dass neben der sich von Platon her begründeten Kosmos-Vorstellung stets eine Tradition einer akosmischen Orientierung wirksam gewesen ist.[427] Kultur des Sprechens lässt sich nicht auf eine Emanation von Ordnungsvorstellungen reduzieren.

> Die Lehre des rhetorischen Akosmismus, die Gorgias in seiner Rede über das Nichtsein andeutet, besagt vor allem, dass der λόγος nie vollständig auf außerhalb seiner selbst liegende Gründe (Intentionen, Regel, Intuitionen...) reduziert werden kann. Das Reden wird damit zu einer Art Medium, in dem sich alles Erfahren, Denken und Handeln vollzieht.[428]

5.4.2 Anschlüsse

Wenn die Kontinuität des kommunikativen Textes nicht mehr als durch höhere Werte im Oberhalb oder im Außerhalb gewährleistet gedacht werden kann, noch weniger freilich durch einen König oder General (hierarchisch also), dann kommt nur infrage, die Fortsetzung des Textes in die Immanenz seiner Anschlüsse und Anschließbarkeiten zu verlegen. Es macht die Textualität aus, dass ihre Zeitlichkeit sich als Gegenwärtigkeit ereignet. Aber Gegenwärtigkeit heißt nicht eo ipso kontinuierliches Fortgehen; die Anschlüsse, die sich ergeben, mögen manchmal kontinuitätsbrechende Ereignisse sein. Da der kontinuierliche Gang des Geschehens nicht immer wohltuend ist, sind Unterbrechungen zuweilen angesagt. Eine solche liegt z. B. dann vor, wenn der Andere eines Selbst widersprechend das Wort ergreift. Aber genau solche Unterbrechungen, gehören zur Kultur. „*Kultur ist kommunikatives Anschlussgeschehen.*"[429] Gerade auch im Widersprechen, das nicht immer oder eher selten in eine Dialektik der Versöhnung mündet, nimmt das kommunikative Geschehen Widersprechen dieser Art als einen Anstoß / eine Anstößigkeit für ein abweichendes Anschlussgeschehen. Da im gelingenden kommunikativen Text die Anstöße und Anschlüsse immer wieder die Funktionspositionen von Selbst und

---

427 Andreas Hetzel: *Die Wirksamkeit der Rede. Zur Aktualität klassischer Rhetorik für die moderne Sprachphilosophie.* Bielefeld: Transcript 2011; den Begriff ‚akosmisch' entlehnt er Alain Badiou, 108 f, Anm. 69.
428 l. c., 123.
429 So Gertrud Brücher: *Menschenmaterial. Zur Neubegründung von Menschenwürde aus systemtheoretischer Perspektive.* Opladen: Barbara Budrich 2004, 261.

Anderem wechseln lassen, ist in abstracto, d. h. von einer Außenperspektive her gesehen, immer wieder fraglich, wer (d. h. welches konkrete Subjekt) Selbst, wer Anderer und schließlich wer Dritter ist. Für verschriftlichte Texte ist so immer wieder offen, verstärkt in der Postmoderne, wer der Autor ist/war und wer der Leser.[430] In seiner Deutung von Kierkegaards *Entweder – Oder* spricht Sebastian Hüsch davon, dass Victor Eremita, der fiktive Autor-im-Text, besorgt ist, „daß man ihn als Fiktion entlarvt oder doch zumindest verdächtigt, eine Fiktion zu sein; dies hilft ihm schließlich, den Leser in den Text zu ziehen, ihn in den Text zu verstricken, so daß sich die Auseinandersetzung von Text und Leser gewissermaßen *im Text* vollzieht."[431]

5.4.3 Ungewissheit, Rätsel

Die Anschlüsse im Text des Sozialen sind immer wieder ungewiss. Unterbrechungen und Abbrüche lassen die Textfortsetzungen fraglich werden. Der Prozess der Kultur hält zur Überbrückung der Fraglichkeit mehr oder weniger drei Überbrückungen bereit. Die erste besteht in der fraglosen Fortgeltung moralischer Orientierungen, eine moralische Unbeirrbarkeit darüber, was zu tun sei: „Weitermachen". Die zweite ist die explizite Moralisierung, was bereits ein Ausscheren aus den kulturellen Selbstverständlichkeiten ist. Die heutige Zeit hält vielfältige Beispiele solcher die Kontinuität der Fortgeltung brechenden Moralisierungen bereit; in der Regel reichen sie von außen in die kulturellen Fortgeltungen hinein und irritieren sie. Das Gendering beispielsweise ist eine solche vom Außen der Moral in die fortgeltenden kulturellen Anschlüsse hineinreichende Moralisierung. Gelingt eine solche Moralisierung der bisherige Kultur, dann wird ab dem fraglichen Anschlusspunkt immer mit „*" geredet. Und die dritte Form der Überbrückung fraglicher Anschlüsse ist die ethische Frage, die den Prozess bricht. Doch die ethische Befragung der kulturellen Anschlüsse macht nur dann Sinn, wenn eine moralische Unsicherheit, z. B. durch Moralisierung, bereits besteht; anderes wäre entweder philosophisch-professionelle Selbstbetätigung oder eine pure Willkür des Einspruchs in das Sprechen. Wenn aber heute Ethik vor der moralischen Unsicherheit, z. B. angesichts der zugenommenen medizintechnischen Machbarkeiten, auftritt, ist ihre Lage schwieriger als in der Tradition, als es noch eine sicheres und sicherndes Außen des kul-

---

[430] Das nennt Niklas Luhmann die „doppelte Kontingenz als soziale Grundsituation", s. dazu Lutz Ellrich: „Die Konstitution des Sozialen. Phänomenologische Motive in N. Luhmanns Systemtheorie", in: *Zeitschrift für philosophische Forschung* 48 (1992), 24–43, hier 40 f.
[431] Sebastian Hüsch: „Wer A sagt, muss auch B sagen?", in: *Conceptus XXXVI* (2004), 105–130, hier 113.

turellen Prozesses gab, z. B. in Form einer Religion oder einer ihrer selbst gewissen Ontologie der Werthaltungen. Dieser Unsicherheit versuchte der Universalismus der Ethik Herr zu werden, z. B. die Kantsche Praktische Philosophie mit dem kategorischen Imperativ abzuhelfen. Sie war jedoch bei Kant gezwungen, dieses Außerhalb im Inneren des Subjekts als ein Allgemeines zu vermuten: als ein „Faktum" der Vernunft, und zwar als absolute Einheit mit sich selbst. Doch dieses behauptete Zwingende ist weder beweisbar noch empirisch aufweisbar. Wirksam wird der kategorische Imperativ allein als operatives Prinzip in unsicheren Entscheidungssituationen. Dann fordert dieses Prinzip hypothetisch die Verallgemeinerbarkeit der Maximen (Handlungsorientierungen). Doch das Kantsche Autonomieprinzip (Prinzip der Selbstgesetzgebung) der Ethik überzeugt in der Postmoderne zunehmend weniger. *„Der Mensch weiß nicht mehr, wer er ist, noch was er sein soll."*[432] Daher weiß ein Selbst auch nicht mehr, wer der Andere ist, d. h. die Besetzung der Funktionspositionen im kommunikativen Text wird unsicher, bzw. die Sicherheitsgewährung wird von einem virtuellen Dritten abgenommen. Im Hinblick auf die Medialität des Zwischen heißt das: statt des universalistischen Prinzips der Autonomie tritt die Heteronomie z. B. der „Gesetze" des Marktes ein. Die Unsicherheit der kulturellen Prozessfortsetzung, in die Moral oder Ethik eintreten könnte, ist nun verdrängt durch eine neue Sicherheit fraglosen Zwangs („Sachzwang"[433]).

Die Unsicherheit der Orientierung der Anschlüsse durch Moral oder Ethik könnte vielleicht die Bescheidenheit der Ungewissheit nahelegen; aber das Gegenteil ist in der Spätmoderne der Fall: das eigensinnige Beharren auf unhaltbaren Positionen („Meinungen" genannt). Bescheidenheit geböte nicht etwa Unentschlossenheit, aber sehr wohl das beglückende Bewusstsein, dass es auch anders möglich wäre, als man meint und meinend durchzusetzen versucht. In der Begegnung mit dem Anderen, tritt die Neutralität des Unwissbaren ein. Daher spricht Peter Wust von der „hohen Bedeutung der Ungewißheit inmitten der Gewißheit"[434]. Er spricht sich aber entschieden für das „Wagnis der Weisheit" in der Mitte zwischen Dogmatismus und Skeptizismus aus. Man muss hinzufügen: dieses Wagnis ist ein echtes Wagnis des Lebens ohne eine Rückversicherung durch Transzendentalien. An der Seite des Wagnisses liegt stets die Möglichkeit des Scheiterns, in dem sich ein Abgrund im fortgehenden kulturellen Prozess auftut. Der Abgrund enthüllt die Offenheit des Prozesses. Daher betont etwa Martin Heidegger: „Es gilt, aus den

---

432 Gerhard Gamm: *Nicht nichts*. Frankfurt a. M.: Suhrkamp 2000, 209.
433 Jean-Luc Nancy: „... vivre c'est prendre le risque d'être autre chose qu'une pomme de terre." *Partir – Le départ*. Montrouge: Bayard 2011, 57. Zu deutsch: Wir haben keine Wurzeln; denn wir sind kein Gemüse.
434 Peter Wust: *Ungewißheit und Wagnis*. München, Kempten: Kösel 1946, 52.

eigenen und künftigen Notwendigkeiten heraus zu fragen."[435] Für ihn ist die Wahrheit, die sich abgründig auftut, die „Unverborgenheit" (ἀλήθεια).[436] Dieses Fragen ist nicht gerichtet auf die Ankunft, wie es etwa weiter gehen soll, sondern darauf, was sich im Abgrund des Fragens als Unverborgenheit auftut.

> Im Zeitalter des endlosen Bedürfens aus der verborgenen Not der *Notlosigkeit* muß diese Frage notwendig als das nutzloseste Gerede erscheinen, über das man auch schon rechtzeitig hinweggegangen ist.

Gleichwohl bleibt die Aufgabe:

> Die Wiederbringung des Seienden aus der Wahrheit des Seyns.[437]

Dieses Auftun ist im Augenblick, der „niemals wirklich feststellbar [ist], noch weniger zu errechnen. Er setzt erst die Zeit des Ereignisses."[438] Damit ist ein Schlüsselbegriff für Fortsetzung im Prozess gefallen: das Ereignis. In seiner Neuinterpretation des „Seins zum Tode" versteht Heidegger nun nicht mehr wie ehemals, den Tod als den Punkt, auf den alles hinausläuft, „sondern umgekehrt, damit sich die Offenheit für das Seyn ganz und aus dem Äußersten öffne."[439]

So ist mit dem Ereignis, das das Kontinuum bricht, und mit dem „Sein zum Tode", das die Offenheit offen hält, die Zeitlichkeit im Prozess eigens angesprochen. Mit dem Ereignis ist im kulturellen Prozess ein Anfang für etwas Neues gesetzt.[440] Es werden im gründenden Abgrund neue, und da sie der Abgründigkeit entspringen, ur-sprüngliche Wege eingeschlagen. In rätselhafter Weise nennt Heidegger diese ursprünglichen Wege „Irr-Wege".[441] Es sind Irrwege, weil, sie einzuschlagen, das Wagnis des abwegigen Verirrens impliziert. Irrend, im Sinne des herumirrenden Suchens und Versuchens, sind diese Wege, weil dieses Schweifende, dieses Suchende, eben keine vorgesetzten Ziele haben kann. Die Kultur dieses irrenden Suchens aus dem „abgründigen Grund" vollendet kein Vorgegebenes, sondern öffnet sich dem Unvorgegebenen und Unvorhersehbaren. Es geschieht dort, wo fest-

---

435 Martin Heidegger: *Gesamtaufgabe, Bd. 45*, 33.
436 l. c., 98
437 Martin Heidegger: *Gesamtausgabe Bd. 65*, 11.
438 l. c., 20.
439 l. c., 283.
440 Cf. auch Reinhold Clausjürgens: „Von der Moderne zur Post-Moderne. Brüche – Übergänge – Kontinuitäten". In *(Um-)Wege zu einer Sozialphilosophie der Postmoderne. Philosophische Exkursionen – Festschrift für Kurt Röttgers zum 80. Geburtstag*, hrsg. von Reinhold Clausjürgens und Monika Schmitz-Emans, 274–320. Paderborn: Fink 2024, hier insbes. 289–298.
441 Martin Heidegger: *Gesamtausgabe Bd. 95*, 214.

gezurrte Grenzen unterwandert, durchlöchert oder ironisiert werden. Effekt ist eine Dissens-Toleranz, die sich nicht dem Hauptweg des philosophischen Logos ergibt, sondern das Bewusstsein für die überspielten Differenzen aufrecht erhält. Während das logische und progressive Denken und Texten sich als festgefügte oder festzufügende Struktur hierarchisch absichert, setzt ein subversives, z. B. rhetorisches Prozedere ohne hierarchische Absicherung auf die Plausibilität der anvisierten Übergänge. Darin stehen sich ein radikaldemokratisches und ein repräsentatives Denken gegenüber. Die radikaldemokratische Orientierung leiht dem Ungesagten und Unsäglichen eine Stimme; sie plädiert so für eine Offenheit des Kulturellen im Gegensatz zu den allseits anerkannten „Kulturgütern" und „kulturellen Tatsachen". Andreas Hetzel verbindet diesen Gestus mit der Praxis der Rhetorik: „Der Rhetor lässt sein Publikum urteilen, er räumt ihm einen Freiheitsspielraum ein. Er *behandelt* es nicht, sondern *lässt es handeln*, aktiviert es."[442]

Die Sprachlichkeit der Kultur öffnet sie immer wieder auf Vorgriffe: so steht z. B. in der deutschen Sprache eine Offenheit für das Verb am Ende eines Satzes, aber auch in Sprachen allgemein eröffnen sich und schließen sich Sinnstrukturen im Verfolg eines Satzes. Offenheit schafft Platz für Ereignisse. Die Offenheit für unvergleichlich Anderes und Neues hat Henri Maldiney als Transpassibilität bezeichnet, es ist bei ihm das psychische Korrelat für die Offenheit, die die Begegnung mit dem Anderen ermöglicht. „Die Transpassibilität gegenüber dem sich jenseits aller Erwartung ansiedelnden Ereignis ist Transpassibilität gegenüber Nichts (*rien*). Aus diesem Nichts entspringt das Ereignis, noch bevor es je möglich gewesen wäre."[443] Das Geschehen der Begegnung selbst und die in ihm eröffneten Möglichkeitsräume nennt Maldiney dagegen Transpossibilität. Immer zu unterscheiden ist die Eröffnung neuer Möglichkeitsräume von der bloßen realisierenden Exekution bestehender Möglichkeiten; daher ist diese begegnende, ereignishafte Offenheit eigentlich die Eröffnung von (zuvor) Unmöglichem. Dessen Unmöglichkeit resultiert in den pathologischen Fällen aus psychischen Blockaden wie z. B. Depressionen, die eine Transpossibilität unmöglich machen. In Ereignissen wird jedoch das Unmögliche befreiend aufgebrochen. Die vom Anderen ausgehende Befreiung zum Unmöglichen hat rhythmische Vollzugsformen, daher ist der gemeinsame Tanz eine der Befreiungsformen. Das Ereignis „ist unerklärlich, ohne Grundlage. Es ereignet sich ... ‚durch Begegnung'."[444] „Der andere ist immer neuartig – und völlig neuartig ist auch das Ereignis." Auch im Nachhinein erschließt sich die ereignishafte Öffnung der Zukunft nicht, sondern verbirgt sich in (Pseudo-)Erklärungen zu den vergan-

---

442 Andreas Hetzel: *Die Wirksamkeit der Rede*. Bielefeld: transcript 2011, 104.
443 Henri Maldiney: *Drei Beiträge zum Wahnsinn*. Wien, Berlin: Turia + Kant 2018, 191.
444 l. c., 190.

genen Möglichkeitsräumen vergangener Zukünftigkeiten. Das Ereignis selbst besteht nur in den Augenblicken existentialer Gegenwart. Es ist ein Riß und eine Kluft. Mit der mystischen Tradition kann man diese Kluft sowohl als das unwahrscheinliche Erscheinen des Gottes nennen als auch seine (oft verzweifelte und vergebliche) Anrufung sehen, es ist eine sich ereignende Sprachlichkeit (einschließlich des abgründigen Schweigens) und damit ein transzendierender Aspekt des Kulturellen. Solche Sprachlichkeit ist real im Sprechen, d.h. im Vollzug des kommunikativen Textes der Kultur. Um mit Walter Benjamin zu sprechen, ist diese Funktion von Sprachlichkeit nicht diejenige, *etwas* mitzuteilen, sondern *sich* mitzuteilen.[445]

Martin Heidegger hat in seiner Rede über „Gelassenheit" die Offenheit im sinnenden Denken als *„Offenheit für das Geheimnis"* bezeichnet.[446] Das Geheimnis in seiner Offenheit stellt sich in dem Nachdenken in der Kultur als ein Rätsel dar. Aber die kulturelle Praxis kann das Rätsel nicht entziffern, sondern muss seine Rätselhaftigkeit erhalten und pflegen (kultivieren): „… Überlegungen gehen das Rätsel der Kunst an, das Rätsel, das die Kunst selbst ist. Der Anspruch liegt fern, das Rätsel zu lösen. Zur Aufgabe steht, das Rätsel zu sehen."[447]

5.4.4 Spruch und Widerspruch: Dialektik

Das Unbekannte in dem Rätsel gehört weder dem Subjekt (Selbst oder Anderer) an, noch auch dem, was es als Objekt verrätselt. Es stellt vom Ungefähr her den eintönigen Fortgang ebenso infrage wie jede Berechenbarkeit (z.B. der Futurologie). Die Berechenbarkeit gehorcht drei Prinzipien: der Identität des Prozesses mit sich selbst, das Fehlen eines Widerspruchs (eines Widersprechens) und drittens der Ausschluss des Dritten (tertius non datur). Der Ausschluss des Dritten meint, dass das Zwischen, das Medium im kommunikativen Text von Selbst und Anderem, leer ist und kein Platz für eine Intervention eines Dritten vorhanden ist.

Aber der Bezug auf das Unbekannte des Rätsels öffnet eine unendliche Diskontinuität, es fragmentiert den Text, er wird experimentell. Das Rätsel erschafft Kultur. Es meidet auch die Kontinuität der Hegelschen Dialektik, die doch immer im Durchgang durch die Negation erneut zu sich selbst findet. Diese rückkehrende Dialektik kann dem Verdacht nicht ausweichen, einer „Logik der Selbstverfehlung"

---

[445] Walter Benjamin: „Über Sprache überhaupt und die Sprache des Menschen", in: *Gesammelte Werke I*. Frankfurt a.M.: Wunderkammer 2011, 206–220.
[446] Martin Heidegger: „Gelassenheit", in: *Gesamtausgabe Bd. 13*. Frankfurt a.M.: Klostermann 2000, 517–529, hier 528.
[447] Martin Heidegger: *Gesamtausgabe Bd. 5*. Frankfurt a.M.: Klostermann 1977, 67.

ausgeliefert zu sein; denn: „Die Verfehlungslogik des Begriffs kann niemals das, was sie intendiert, von sich aus garantieren. Ihr Geltungsanspruch bleibt auf Kontexte bezogen, die sie von sich aus weder überblickt noch beherrscht..."[448] Hegel wich diesem Problem aus, indem er „Geschäftsführer des Weltgeistes"[449] ernannte. Sie heißen auch „Heroen". Zwar nimmt er an, dass der weitergeschrittene Geist ... „die innerliche Seele aller Individuen" sei, aber in ihnen allen bloß als „bewußtlose Innerlichkeit", während dieser in den Heroen in die Äußerlichkeit tritt. Die darin lebende allgemeine Idee verwickelt sich nicht in das Schlachtengetümmel der Leidenschaften, sondern: „Sie hält sich unangegriffen und unbeschädigt im Hintergrund. Das ist die *List der Vernunft* zu nennen, daß sie die Leidenschaften für sich wirken läßt..."[450] Manche Interpreten haben geglaubt, die Idee der List der Vernunft im Jenseits der Antagonismen und Kämpfe lasse sich nur aufrecht erhalten, wenn man dieser listigen Vernunft selbst so etwas wie Subjektivität eines listig Handelnden zuschreibe. Das greift aber fehl, vielmehr verwendet Hegel die Formel, dass die Vernunft auch die Macht sei, sich selbst zu vollbringen.[451] Sich selbst – als Macht – zu vollbringen, negiert gerade die Handlungslogik des intentional tätigen Subjekts. Gerade denen, die aus Idealen etwa einer eigenen Moralität tätig werden wollen, begegnet Hegel mit Misstrauen. Nur jenes Sich-selbst-Vollbringen lässt die Vernunft zur Wirklichkeit der Geschichte werden. Fast theologisch mutet es an, wenn Hegel sagt: „... die Vernunft ist das Vernehmen des göttlichen Werks."[452] Dass solche Gedanken bei Hegel auf eine Rechtfertigung des Staates und seiner Gesetze hinauslaufen, die allein die Freiheit verbürgen könnten, braucht hier nicht weiter zu interessieren, da es nur darauf ankam, die proto-postmodernen Aspekte der Asubjektivität der Geschehensabläufe herauszuarbeiten.

Die Übereinstimmung mit dem Althergebrachten kann ja doch niemals dessen Wahrheit beweisen, sondern ist allenfalls ein Indiz für Denkfaulheit. Es spielt demnach auch keine Rolle, mit welchem Satz, mit welchem Sprechen begonnen wird, also was Spruch und was Widerspruch ist; denn in Wahrheit hat der Text immer schon begonnen, wir können in ihn einsteigen, aber niemals absolut anfangen. Was man „anfangen" nennt, ist die Wiederaufnahme des Textes nach einem Abgrund; ja sogar nach einem abgründigen Schweigen. Also ist jedes Anfangen eine Wieder-holung nach einer Unterbrechung. Es wäre schwierig festzulegen, was in

---

[448] Gerhard Gamm: „Die Unbestimmtheit des Geldes", in: Willfried Geßner / Rüdiger Kramme (Hrsg): *Aspekte der Geldkultur.* Magdeburg: Scriptum 2002, 115–136, hier 129.
[449] Georg Wilhelm Friedrich Hegel: *Werke 12.* Frankfurt a.M.: Suhrkamp 1970, 46.
[450] l. c., 49.
[451] l. c., 53.
[452] ibd.

einer Dialektik, d. h. einem Gespräch⁴⁵³, das wir sind, was These, was Antithese und was Synthese wäre. Es geht immer um den textuellen Zusammenhang, um den Sinn des Ganzen. Die Kultur muss sich nicht für die eine oder die andere Seite entscheiden, es gibt keinen logischen Kalkül, der zu solch einer Entscheidung anleiten könnte. Was im Medium des kommunikativen Textes der Kultur auftaucht, ist nie etwas anderes als die irreduzible Pluralität. Die Last der Entscheidung kann das Selbst alleine nie tragen, sondern das ist der Effekt des Gesprächs, der Dialektik im Sinne des διαλέγεσθαι zwischen Selbst und Anderem. Die Pluralität tendiert nicht auf eine Einheit des Konsenses hin, sondern auf eine Vervielfältigung der Aspekte und Perspektiven des Pluralen.

Es gab ein Denken, das eine solche Vielfältigkeit in sich erzeugen konnte, allerdings nicht unter dem Gesichtspunkt, damit die externe Pluralität ersetzen oder auch nur repräsentieren zu können. Nietzsches Denken war so eines. Kein Sprechen, dem er nicht nur entsprochen, sondern zugleich auch widersprochen hätte. Die Suche nach der vermeintlichen Einheit seines Werks ist vergeblich, nenne man diese nun „Wille zur Macht", oder die Wiederkehr des Gleichen, der Perspektivismus oder das Spiel mit den Masken. Immer finden sich Thesen, die einer solchen vereinheitlichenden Zuordnung widersprechen. Oder sollte man eine Einheitlichkeit benennen, dann wäre dieses vielleicht die Unrast der Suche und ihr Gegenteil.

Der intellektuelle Habitus einer solchen Diskursivität ist das Vagantentum, der Nomadismus oder auch das, was Walter Benjamin in seiner Charakteristik Baudelaires den Flaneur genannt hat. Dort wird, was einst Dialektik des Fortgangs des Textes im Durchgang durch Sprechen und Widersprechen war, zum Stillstand in dem zweideutigen Begriff einer „Dialektik im Stillstand"⁴⁵⁴. Aber das ist nur eine Utopie, ein „Traumbild". Für Benjamin folgt daraus gegenüber den Zeugnissen der Vergangenheit eine Methode der Rettung durch aktive Verwendung, das sie aus dem Geschichtsverlauf herausreißt, sie zitiert. Diese Methode ist etwas ganz anderes als die Idee des Fortschritts, die das 19. Jahrhundert beherrscht hatte und die Benjamin höchst verdächtig ist. „Der Begriff des Fortschritts ist in der Idee der Katastrophe fundiert. Daß es ‚so weiter' geht, *ist* die Katastrophe."⁴⁵⁵ Für seine Methode der Rettung führt Benjamin den Begriff des dialektischen Bildes ein, dasjenige

> worin das Gewesene mit dem Jetzt blitzhaft zu einer Konstellation zusammentritt. Mit anderen Worten: Bild ist die Dialektik im Stillstand. Denn während die Beziehung der Gegenwart zur

---

453 ... in dem Sinne, wie Hölderlin in seiner *Friedensfeier* den Begriff prägte: „…Seit ein Gespräch wir sind und hören voneinander …" Friedrich Hölderlin: „Friedensfeier", in: *Werke. Briefe – Dokumente*. München: Winkler 1963, 167.
454 Walter Benjamin: *Gesammelte Werke II*. Frankfurt a. M.: Wunderkammer 2011, 844.
455 l. c., 884.

> Vergangenheit eine rein zeitliche, kontinuierliche ist, ist die des Gewesnen zum Jetzt dialektisch: ist nicht Verlauf sondern Bild, sprunghaft. – Nur dialektische Bilder sind echte (d.h.: nicht archaische) Bilder; und der Ort, an dem man sie antrifft, ist die Sprache.[456]
>
> Das dialektische Bild ist ein aufblitzendes. So, als darin im Jetzt der Erkennbarkeit aufblitzendes Bild, ist das Gewesene festzuhalten. Die Rettung, die dergestalt und nur dergestalt – vollzogen wird, läßt immer nur an dem, im nächsten Augenblick schon unrettbar verlornen [sich] allziehen.[457]

Daher ist die angemessene Zuwendung zur Geschichte die des Aufsprengens einer vermeintlichen Kontinuität. So erhält der Begriff des Zitierens des Gewesenen eine neue Interpretation: Zitieren heißt für das Jetzt retten, solches Retten ist alles andere als ein Archivieren, vielmehr eine fruchtbare Verwendung im Heute.

Doch kehren wir nach der „Dialektik im Stillstand" zurück zur Dialektik als Entfaltung des διαλέγεσθαι von Sprechen und Widersprechen, d.h. zum kommunikativen Text der Kultur. In ihr wird eine Dialektik der Kultur sichtbar, durch die die Differenz selbst erst erzeugt wird, oder, wie Andreas Hetzel es genannt hat: „Kultur als Praxis der Selbstunterscheidung", was besagt, dass Kultur nicht bezogen wäre auf etwas, in der sie nicht aufgehen könnte, sondern durch das sie sich selbst zum Anderen werden könnte.[458]

Das führt nun zu derjenigen Form von Dialektik, die – ausgehend vom strukturalistischen Denken – im Werk von Louis Althusser vorliegt. Auszugehen ist auch hier vom Widerspruch, der hier jedoch nicht vom Widersprechen im Text ausgeht, sondern von logisch-strukturellen Verhältnissen. Der (historische) logische Widerspruch, wie er sich in der vorrevolutionären Gesellschaft Russlands vorfand, geht zugleich aus formellen Existenzbedingungen hervor und aus den *„Instanzen*, die er regiert, daß er also selbst, in seinem Kern, *durch sie berührt ist,* in einer einzigen und gleichen Bewegung determinierend, aber auch determiniert, und zwar determiniert durch die verschiedenen *Ebenen* und die verschiedenen *Instanzen* der Gesellschaftsformation, die er belebt: wir können ihn *in seinem Prinzip überdeterminiert nennen."*[459] Die Hegelsche Dialektik sei getrieben vom einfachen Widerspruch, weswegen ja für Hegel auch die gesamte Weltgeschichte durch eine einzige Richtung geprägt sei, nämlich die Entwicklung des Geistes zur Freiheit. „Er kann diese erstaunliche Auffassung nur vertreten, indem er sich auf dem Gipfel des Geistes aufhält, wo es nicht interessiert, ob ein Volk stirbt..."[460] Durch Marx war

---

456 l. c., 874.
457 l. c., 883.
458 Andreas Hetzel: *Zwischen Poiesis und Praxis. Elemente einer kritischen Theorie der Kultur.* Würzburg: Königshausen & Neumann, 2001, 111.
459 Louis Althusser: *Für Marx.* Frankfurt a. M. Suhrkamp 1968, 65 f.
460 l. c., 69.

jedoch die Einsicht zu gewinnen, dass jeder Widerspruch ein überdeterminierter Widerspruch sei. Genauer besagt das, dass ein Widerspruch über andere Widersprüche herrscht; aber diese „Herrschaft" eines Widerspruchs über die anderen ist ein in sich komplexes Verhältnis: „Sie ist in ihre Struktur eingeschrieben."[461] Oder anders gesagt, heißt das, „daß das *komplexe Ganze die Einheit einer gegliederten Struktur mit einer Dominante besitzt*."[462] Jeder einzelne gesellschaftliche Widerspruch enthält die Reflexion dieser „Struktur mit Dominante".

Ernst Bloch hat die zwei Formen von Widersprüchen als Ungleichzeitigkeit reflektiert, und zwar als subjektiv ungleichzeitiger Widerspruch in den gesellschaftlichen Verhältnissen, d.h. als Wut, und als objektiv ungleichzeitiger Widerspruch zu den Verhältnissen als „unaufgearbeitete Vergangenheit".[463] Die unaufgearbeitete Vergangenheit tritt in die Erscheinung als verhinderte Zukunft, d.h. als Krise der kapitalistischen Gesellschaftsformation. Der gleichzeitige Widerspruch ist subjektiv die *„freie revolutionäre Tat des Proletariats"*, objektiv gleichzeitige als das Bild der verhinderten neuen Gesellschaft der Zukunft *„womit die alte in ihren Produktivkräften schwanger geht."*[464]

Kehren wir von diesen logischen Darstellungen der historischen Dialektik zurück zum Widersprechen im kommunikativen Text des Kulturellen als Kern der Dialektik als διαλέγεσθαι. Henri Maldiney hat die Hegelsche Dialektik als „depressive Dialektik" kritisiert, weil sie das Existieren mit dem Bewusst-Sein identifiziere und so den Entzug von Etwas in seine Negation befördere. In den pathologischen Fällen führe dieser existentielle Entzug zu dem suizidalen Entzug in die Nichtexistenz. Existieren im vollen Sinne dagegen hieße, im Konfliktfeld von Sprechen und Widersprechen seinen Ort zu finden und zu behaupten. Die Pathologie dagegen – manifest beispielsweise im logischen Widerspruch – lebt sich als Verweigerung von Kommunikation und Begegnung, was zu endloser, auf sich bestehender Reflexion aus Angst vor dem Sprechen/Widersprechen führe. Die Verweigerung der Einlassung auf den kommunikativen Text führt entweder in den suizidalen Entzug oder in diejenige Kommunikationsverweigerung, die sich in der Aussage zusammenfasst: Es ist so, „als ob ich bereits tot wäre und mich beobachten würde."[465] Einen Ausweg aus dieser undialektischen Erstarrung oder Unilinearität des unendlichen immer gleichen Fortschreitens in eine festgelegte Zukunft bietet die Idee

---

461 l. c., 147.
462 l. c., 148; Zu diesem von Althusser geprägten Begriff von Dialektik s. auch Saül Karsz: *Theorie und Politik: Louis Althusser.* Frankfurt a. M., Berlin, Wien: Ullstein 1976, bes. 93–153.
463 Ernst Bloch: *Erbschaft dieser Zeit (Gesamtausgabe Bd. 4).* Frankfurt a. M.: Suhrkamp 1962, 116 ff.
464 l. c., 122.
465 So die Bekundung einer Patientin von R. Kuhn, berichtet von Henri Maldiney: *Drei Beiträge zum Wahnsin.* Wien: Turia + Kant 2018, 48.

der Proliferation, d. h. dass es nicht mehr die Negation ist, die die Anschlüsse im Prozess sichert, sondern die Vervielfältigung der Möglichkeitsräume. Dass der Tanz eins der Paradigmen ist, die Auswege aus einer unilinearen Dialektik bietet, dazu mehr im nächsten Abschnitt.

5.5 Im Labyrinth der Kultur – und: der labyrinthische Tanz

Nach dem Paradigma der Temporalität, das uns bis zur Erörterung der Rhythmik, wie sie im Tanz vorliegt, geführt hat, soll nun diejenige Kombination von Raum und Zeit angesprochen werden, wie sie im Paradigma der Symbolik und der Metaphorik des Labyrinths vorliegt, das in seinen Ursprüngen in der minoischen Kultur ebenfalls aus dem Tanz hervorgegangen ist. Da Überlieferung der Minoer auf Kreta jedoch sehr bruchstückhaft ist, sind wir auf die Berichte der Griechen über die Minoer und ihr Labyrinth angewiesen, bzw. auf die kritische Hinterfragung dieser Berichte. Nach ihren Berichten – in kulturdifferenter Verkennung durch die griechische Überlieferung –, saß in der Mitte des Labyrinths der Minotaurus, ein Halbstier, der alljährlich Jungmänner und Jungfrauen der Griechen verspeiste. Diesen Bären hat den Griechen ein Mann namens Theseus aufgebunden, der am Gängelband der minoischen Königstochter Ariadne, dem sogenannten Ariadne-Faden, ging, um sich nicht im Labyrinth zu verirren, das in der ganzen Antike jedoch als ein Einweg-Labyrinth geschildert wird, d. h. eines, in dem man sich gar nicht verirren konnte. Er kam auch mühelos wieder heraus und ließ sich seitdem als den Helden feiern, der den Minotaurus getötet habe. Muss man wirklich diesem „Helden" am Gängelband der Ariadne Glauben schenken? Denn niemand außer ihm hat den Minotaurus je gesehen, die verspeisten Jugendlichen schon gar nicht.

Das Bedenken des Mythos kann, wenn es verstehen will, selbst nur mythisch reden. Die geläufige These eines Übergangs vom Mythos zum Logos in frühgriechischer Zeit unterstellte fälschlicherweise die Irrationalität des Mythos und ihre Ersetzung durch die Rationalität des Logos. Tatsächlich ist es erst eine sich durchrationalisierende Kultur, die kompensatorisch die diversen Irrationalismen freigesetzt hat.[466] Wie die Metapher ist auch der Mythos in der Lage, komplex-radikale Übergänge zu konzeptualisieren und damit ein „Fremdgehen" der Vernunft zu ermöglichen. Denn die Vernunft ist von zwei Abgründen umgeben, die sie nicht begreifen und doch nicht vergessen kann: durch den Eros und den Tod. Beide spielen

---

466 Insofern war gerade jener sogenannte Mythos des 20. Jahrhunderts gar kein Mythos, sondern die kompensatorische Emergenz einer irrationalistischen Ideologie. Cf. Alfred Rosenberg: *Der Mythos des 20. Jahrhunderts.* 143.–146. Aufl. München 1939.

verführerisch mit der Vernunft. Die Narrativität des Mythos ist es, die die Übergängigkeit vernünftige Gestalt annehmen lässt, durch die die Vernunft sich nicht verliert und an der sie dennoch auch nicht scheitert.

Es können also nur mythische Vermutungen über das Labyrinth weiterführen, u. a. auch, da uns Quellen aus der minoischen Kultur fehlen, die uns befähigten, das Missverständnis in der Kulturbegegnung von Griechen und minoischer Kultur aufzuhellen. Die leitende Vermutung wird sein, dass die Griechen das Labyrinth nicht verstanden haben und daher glauben mussten, dass man sich im Labyrinth verirre.

Nach griechischer Vorstellung aber hatte das Verderben, weswegen die, die ins Labyrinth hineingingen, nicht wieder herauskamen, eine Gestalt. Im Innersten des Labyrinths wohnte ein karnivorer Halbstier, der alljährlich neun Jungfrauen und neun Jünglinge auffraß. Wie in einem schwarzen Loch im Universum gingen viele hinein und keiner kam je heraus. Woher wussten die Griechen dann aber, wer dort saß und fraß? Kein Gefressener könnte es ihnen je erzählt haben. Schon dass ein Halbstier Appetit auf Menschenfleisch hat, macht die Geschichte unglaubwürdig. Und dann, warum sollte er, da er ja kein Grieche war und daher nicht glauben musste, sich im Labyrinth zu verirren oder in ihm gefangen zu sein, nicht einfach das Labyrinth verlassen haben und draußen auf die Suche nach Menschenfleisch oder besser noch nach schönem grünem Weidegras gegangen sein? Auch wenn man das harte Schicksal eines solchen bedauernswerten Monsters nicht beschönigen wollte, könnte man doch sicher sein, dass es sich irgendwie durchgeschlagen hätte, wenn es Realität besessen hätte. Aber genau das ist nicht der Fall. Das Innerste des Labyrinths war die erreichte Synthese der beiden sich überlagernden und durchkreuzenden Rhythmen des labyrinthischen Tanzes. Diese Synthese lässt sich nur als kulturelles Symbol denken, nicht als eine reale Figur.[467] Der symbolische Stier, der Minotaurus, versinnbildlicht die Vereinigung von Ekstase und Konzentration, von Männlichem und Weiblichem im Symbol der ambivalenten Gestalt von Stier und Mensch, als Initiation von jungen Menschen und als Sonnenkultus. Jungfräulichkeit und Jungmännlichkeit werden symbolisch gefressen; und aus dem Labyrinth kehrten nie mehr Jungfrauen und Jungmänner zurück, sondern initiierte Erwachsene. Noch die sehr viel späteren Liebeslabyrinthe organisieren dieses Vereinigen der Geschlechter. In dem Zentrum dieser Liebeslabyrinthe steht aber nicht mehr ein Menschenfresser, sondern der Ehehafen ...

Dann aber kam einer, Theseus mit Namen, der auch fest daran glaubte, dass man sich im Labyrinth verirren könne. Daher ließ er sich von Ariadne, der mi-

---

[467] Das Labyrinth in der Kathedrale von Chartres, ein Einweglabyrinth, hat im Inneren das christliche Symbol der Rose.

noischen Königstochter, an einen Faden, einen Leitfaden, wie man es später genannt hat, anbinden, dessen anderes Ende Ariadne fest in ihren Händen hielt. Am Gängelband der Ariadne konnte sich Theseus sicher fühlen, aus dem Einweglabyrinth wieder herauszufinden in die Arme der umgarnenden Ariadne. Was Ariadne an diesem „Helden" attraktiv fand, wissen wir nicht. Vielleicht fand sie ihn ja auch gar nicht attraktiv, sondern ihr Gängelband diente von vornherein dazu, den Griechen vor den zuschauenden Minoern lächerlich zu machen. Und vielleicht hat Theseus das schwach geahnt, und er erzählte deswegen, als er wieder herauskam, er habe den Minotaurus getötet.

Das Märchen vom menschenfleischfressenden Minotaurus gleicht demjenigen von Hänsel und Gretel; denn auch ihr Wald ist ein Labyrinth, in dem die beiden sich verirren. Und auch hier hockt im Inneren ein angeblich menschenfressendes Wesen. Es dürfte jedoch die Prüfung des Fingers von Hänsel Chiffre für die Prüfung eines ganz anderen Körperteils des Jungen gewesen sein, so wie es sich auch im Labyrinth von Knossos und den in ihm „geopferten" bemerkenswerterweise gleichen Anzahl von Jungfrauen und von Jungmännern wohl eher um einen Initiationsritus gehandelt haben dürfte als um die Speisung eines monströsen Hybriden. Jungmänner und Jungfrauen gingen hinein, und sie kamen nicht als diese wieder heraus. Wer sich ins Labyrinth begibt, kommt nicht als derselbe wieder heraus, er wird ein anderer geworden sein. Der Minotaurus frisst keine Jungfrauen und Jungmänner, sondern seine symbolische Virtualität verführt sie bloß zum Erwachsensein. Er sitzt nicht traurig in seinem Labyrinth in der Erwartung, dass essbares Jungmenschenfleisch sich zu ihm verirrt. Im Inneren des Einweglabyrinths bezeugt seine Symbolhaftigkeit, dass die Vereinigung des Differenten immer nur temporär gelingt, dann folgt der Rückweg durch die gleichen Bewegungen und Stationen der Polarität und der Konzentration und Ekstase nur in spiegelverkehrter Umkehr. Nach der ertanzten Erfahrung des Inneren verliert sich auch im Außen nicht das unauslöschbare Bewusstsein eines rhythmisch gegliederten Ritornells.[468] Die in der Initiation vollzogene Bewegung muss und kann zwar nicht erneuert werden, aber sie wird im Zustand des erwachsenen Körpers und seines Bewusstseins unendlich wiederholt. Der Minotaurus ist keine Person, keine Maske und erst recht kein Individuum von modern innerer Unendlichkeit, sondern als symbolische Figur eines kulturellen Paradigmas zeigt er eine Ordnung an, die eben keine Personen oder Individuen kennt, sondern Differenzen und Bewegungen... – bis Theseus kam.

---

[468] Kurt Röttgers: „Das Ritornell", in: Kurt Röttgers u. Monika. Schmitz-Emans: *Spiegel – Echo – Wiederholungen*. Essen: Die Blaue Eule 2008, 7–21.

Theseus hatte ein klares Ziel vor Augen, er wollte, sagt man, den Minotaurus töten. Ariadne hatte den Theseus verführt zu glauben, man verirre sich im (Einweg-) Labyrinth. Und er glaubte anscheinend an ein reales kannibalisches Wesen, das, halb Tier, nicht an das Kannibalismus-Tabu menschlichen Zusammenlebens gebunden zu sein schien, d. h. an die kulturell definierte Grenze zwischen Kultur und Natur, und das deshalb beseitigt werden musste.[469] Tatsächlich ziehen Kulturen diese Grenze je spezifisch; es ist daher zwangsläufig so, dass die eine Kultur die Grenzziehung einer anderen missversteht als Verletzung dieser fundmentalen Grenzziehung zwischen Natur und Kultur. Der Sonnen-Kult der Minoer, symbolisiert in der Figur des Stiers, ist jedenfalls ein hoch vermitteltes kulturelles Element und nicht wilde Naturalität. Was aber in der einen Kultur als Symbol gedeutet erscheint, ist für eine andere pure, bedrohliche Natur. Arché-Glaube und Renaturalisierung eines Symbols gab Theseus den Plan ein, den Minotaurus zu töten. Aber zugleich machte ihn der Arché-Glaube im Labyrinth verirrt und handlungsunfähig. An dieser Stelle kommt der Verführungscharakter der fremden Kultur ins Spiel. Die Verführung ist die andere Seite der Bedrohlichkeit des Fremden. Diese beiden Seiten von Fremdheit sind aber aufeinander angewiesen. Ariadne, das ist die Gestalt der Verführung der Fremden; sie kann den Theseus nur verführen, weil dieser an den Menschenfresser glaubt, aber er glaubt an den Minotaurus genau deswegen, weil die listige Ariadne ihn zu diesem Glauben verführt. Wir müssen uns Ariadne, die Verführerin, wie Johannes, den Verführer, in Kierkegaards „Tagebuch eines Verführers" als jemanden vorstellen,[470] der sein Opfer erkundet und ihm eine Seele bildet. Ariadne kennt die Schwächen der Griechen, zwischen Arché und Telos eine Verbindung zu suchen. Und sie bildet diese Schwäche so, dass der Ursprung in ihren eigenen Händen lag, das Ziel aber als Verführung zur Bedrohtheit wirksam wurde.

Nach den gründlichen Forschungen von Hans Kern war der Ursprung des Labyrinthischen ein komplexer Tanz, der die kosmischen Prinzipien der zyklischen Wiederkehr und der oszillierenden Wiederholung in einer komplexen Struktur aufeinander abbildete.[471] Zwischen dem labyrinthischen Tanz der Minoer und den Irrgarten-Labyrinthen der Neuzeit gab es ein Zwischenglied. Der Tanz wurde von dem griechischen Architekten Daedalos in ein „steinhartes Gehäuse" umgeschaffen, und auch der Name verweist mit dem Wortbestandteil „labyr" offenbar auf „Stein".[472] Dennoch, wie konnte sich der Architekt, der dieses Gebäude geschaffen

---

469 Heidi Peter-Röcher: *Mythos Menschenfresser.* München: Beck 1998.
470 Søren Kierkegaard: *Entweder – Oder,* hrsg. v. Hermann Diem u. Walter Rest. 2. Aufl. Köln, Olten 1968.
471 Hans Kern: *Labyrinthe.* 3. Aufl. München: Prestel 1982.
472 Roland Barthes zitiert M. Detienne mit der Feststellung, dass das Labyrinth „n'est pas fait de pierres, mais éternellement reproduit par les files de danseurs du branle de la grue" und wörtlich:

hatte, selbst so in ihm verirren, dass er sich gefangen glaubte, wie der Mythos vermeldet, und den Fluchtweg nach oben glaubte, antreten zu müssen. Der Architekt war insofern ein typischer Grieche, als er von der Arché, dem Einen Ursprung alles Seienden und alles Geschaffenen, her dachte. Die Griechen suchten nach dem Ursprung und Grund aller Dinge zum Zweck der Orientierung in der Welt und im Handeln. Ursprung und Grund hatte im Begriff der Arché auch die Bedeutung der Beherrschung. Wer seinen Ursprung kennt, beherrscht seinen Weg. Nun hat ein Labyrinth zwar einen Eingang, aber nur wer den Eingang oder Zugang mit dem Ursprung verwechselt, wird die Bewegungen im labyrinthischen Tanz verwirrend finden, weil er den vermeintlichen Ursprung ebenso aus den Augen verliert wie auch die Bewegung in der Nähe des Zentrums ekstatisch zunächst von dort wieder fortgeführt wird. Man musste also Arché-gläubig sein, um sich im Labyrinth zu verirren, d. h. man musste Grieche sein oder einer seiner Nachfahren ohne Sinn für den labyrinthischen Tanz der minoischen Kultur.

Das Ursprungsdenken aber kann sich auf das Performative des Tanzes nicht einlassen. Ein archébesessener Grieche sucht stets nach dem Einen Ursprung und Grund, und wenn er diesen aus dem Blick verloren hat, was im labyrinthischen Tanz unvermeidlich ist, dann glaubt er sich verloren und haltlos verirrt. Seine Orientierung geht stets von der Arché auf ein Telos, ein Ziel, und der beste Weg (methodos) dazwischen ist die gerade Linie, die auf dem kürzesten Weg vom Ursprung zum Ziel führt; insofern ist auch die Spirale nur eine Deformation der geraden Linie und etwas ganz anderes als ein Labyrinth.[473] Noch die Zenonschen Paradoxien beruhen darauf, dass der Weg die gerade Linie ist, die Schritt für Schritt[474] zum Ziel führen soll. Schon Aristoteles brachte aber den Gesichtspunkt ins Spiel, dass zur Bestimmung des Gelingens allen Handelns, d. h. des Insgesamt des Lebens, ein Begriff vonnöten sei, der sich nicht auf eine Verknüpfung von Methodenschritten, sondern auf Ganzheiten bezieht: der Begriff der Glückseligkeit, der nicht mehr ein Ziel hat, sondern der die Ganzheit des Zielerreichungsgetriebes umfassen kann. Aber auch er dachte sich noch Handeln als Linearität. Diese aber versagt im Labyrinth. Davor soll der Leitfaden bewahren, er simuliert die Linearität der Methode in einer Welt der kreisenden Wiederkehr des Gleichen und der fundamentalen Oszillation der Differenz. Die Linie des methodischen Vorgehens kann in jedem

---

„le labyrinthe, est cosa mentale". Roland Barthes: „Les mots du labyrinthe". – In: *Cartes et figures de la terre*. Paris 1980, 94–103, hier 99, Anm. 17.
473 cf. Maurice Bucaille: „Spirale et labyrinthe", in: *The Situationist Times. 4. International Edition*. Kopenhagen 1963, 12–16.
474 Derrida verweist darauf und spielt damit, dass im Französischen „pas de méthode" sowohl „Methodenschritt" heißt als auch „keine Methode". Aber könnte es nicht sein, fragen wir mit Derrida, dass die Schrittigkeit der Methode diese zugleich negiert?

Moment ihrer Verfolgung eine Verzweigung,[475] einen Abweg, anbieten. Nur eine Linie, die permanent hinsichtlich ihrer Linearität kontrolliert würde, wäre davor gesichert; aber dann ergibt sich auf der Ebene der Kontrollgarantie das gleiche Problem. Die Linie bietet kein gesichertes Entkommen aus der rhizomatischen Struktur des Labyrinths.

Wenn das Labyrinth als Linie darstellbar ist, und zwar als eine, die nicht mehr in einem äußeren Raum umherirrt, dann kann auf dieser Linie – unbemerkt auch vom achtsamen Bewusstsein – alles unendlich wiederkehren, man wird die Wiederholung nicht aufdecken können. Im Zentrum des Labyrinths, im Abgrund der Umwegigkeit, hockt nicht mehr ein Minotaurus, sondern „der" *Mensch*, der alles Vorbeiziehende verschlingt. Doch dieser Minotaurus-Ersatz namens Mensch, auch er ist tot, es war aber kein sogenannter Held, der ihn tötete, sondern er verstarb an/ in der Postmoderne. Daher ist seither Anthropologie vergleichbar der kriminologischen Pathologie. Dem ehemals proklamierten Tod Gottes folgte konsequent dieser Ersatzgott, um nach Nietzsche dann den Blick auf den Übermenschen freizugeben, bzw. mit dieser Idee zu experimentieren; denn Nietzsches Übermensch ist nicht der Entwurf einer erlösenden Utopie, sondern nur die Kehrseite der Verendung des Menschen, das Wesen des Menschen ist in der nietzscheanischen Postmoderne sein Verschwinden. Das gelingt nicht mit dem Krampf, das Labyrinth verlassen zu wollen; denn das ist nicht möglich, weil jede Verlassensbemühung nur die Komplexität des Labyrinths steigert, bzw. die Reflexion eines Wegs hinaus selbst nur metalabyrinthisch ermöglicht.

An jedem Punkt auf dem Weg ins Innere des Labyrinths ist Umkehr möglich, aber die Umkehr führt nicht zu den Anfängen, die Verheißung der Ariadne, mit dem Leitfaden die Gewähr des Ursprünglichen in den Händen zu halten, ist eine Täuschung. Ariadne ist wie der Minotaurus eine Illusion des kulturellen Paradigmas des Labyrinths. Wird der Weg der Umkehr, die „Kehre", gewählt, so öffnet sich ein neues, ein verschobenes Labyrinth. Wolfgang Welsch kommentiert die Übergängigkeit: „Daher führen die Übergänge der Vernunft nicht zur Stabilität des Systems, sondern zur Potenzierung des Gespinstcharakters."[476] Gespinst, weil die virtuell bzw. illusionär begleitende Ariadne auch interpretiert werden kann als Arachne, die Spinne, deren Netz aber auch als ein Labyrinth gedeutet werden kann. So ist jeder Punkt des Wegs in oder aus dem Labyrinth so doppeldeutig, wie die minoische Doppel-Axt, die ist die Kehre, der Anfang einer Rückkehr zu den Ursprüngen.

---

475 Jorge Luis Borges: „Der Garten der Pfade, die sich verzweigen", in: ders.: *Erzählungen 1939– 1944*. Frankfurt a. M.: Fischer 1992, 86.
476 Wolfgang Welsch: *Vernunft*. Frankfurt a. M.: Suhrkamp 1996, 753.

Die Struktur des Labyrinths verhindert durch seine verschlungenen Pfade den direkten Weg zum gedachten Ziel und empfiehlt, bzw. erzwingt die Abweichungen und Umwege, die oftmals zurück in die entgegengesetzte Richtung der Zielerreichung führen. Angesichts dessen ist aber nicht Verzweiflung angesagt, sondern die Zielerreichungsvermeidung zu genießen. Der uralte Traum der Menschheit und vor allem der Philosophen, die Vielheit der Wissenswelten und ihrer vielfältigen Verknüpfungen auf eine Einheit zurückrechnen zu können, entpuppt sich als Gestalt eines Labyrinths, aus dem deswegen ein Entkommen nicht möglich ist, weil jedes gelöste Problem in der Welt des Wissens neue Fragen aufwirft, d.h. einen neuen Weg innerhalb des Labyrinths eröffnet. Aber der Zusammenhang dieser Labyrinthe ist selbst ein Labyrinth, so dass auch ein temporär gewonnener Überblick nichts nützt, er ist selbst nur ein Anfang eines neuen, eines Meta-Labyrinths. Man könnte so sagen, dass Ariadne und ihr Leitfaden versagt haben. Ihr methodischer Leitfaden führt uns nicht mehr aus dem Labyrinth hinaus, eine kartographische Repräsentation unserer jeweiligen Lokalität in den Wissenswelten ist nicht mehr möglich. In dieser Situation muss die Orientierung eine strategische sein, gekennzeichnet nicht mehr von Einheit, aber auch nicht von Beliebigkeit. Die Bewegung in labyrinthischen Vielheiten gleicht dem Erwandern einer Landschaft ohne Karte. Solches Erwandern muss auf Einzelheiten achten und diese zu einer sinnerschließenden Bahn arrangieren.

Die oszillierende Bewegung löst die Eindeutigkeit von Aussagen auf. Zwar schwingt das Pendel ewig von links nach rechts und zurück, ob es aber gerade jetzt links oder rechts sei, die Aussage darüber hängt vom Standpunkt des Beobachters ab, schwingt aber auch er rechtwinklig zu der Pendelbewegung, so wird die Lage schwieriger, vor allem wenn man annimmt, dass die Beobachtung eines Beobachters, der schwingt, selbst schwingend ist. So mag man eine bestimmte Einsicht als ‚zwar theoretisch richtig, aber praktisch falsch' beurteilen, aber das ändert sich. Nehmen wir probehalber an, dass in der im Inneren gefundenen Synthese auch Theorie und Praxis wie in einer versöhnenden Dialektik vereint seien, so stünde diese doch unaufhebbar im Kontrast zum Außen des Labyrinths, das selbst nicht darin aufgelöst wäre. So ergibt sich eine Oszillation, die selbst die Alternative einer versöhnenden und einer negativen Dialektik hinter sich lässt. Die Frage, ob im Inneren des Labyrinths das Unheil des Menschenfressers dräut oder das Heil eines Koitus des Differenten, ist eine marginale Frage.

Die Jungmänner und Jungfrauen, wussten nicht, was sie im Labyrinth erwartete, ein Halbstier oder was sonst? Warum gingen sie trotz fehlenden sicheren Wissens ins Labyrinth hinein? Sie gingen deswegen hinein, weil junge Männer und junge Frauen an der Schwelle zum Erwachsenendasein nicht Sicherheit wollen, sondern Wagnis: Kierkegaards verführerische Wirkung des Worts „Verführer". Insofern hat das Labyrinth selbst als solches etwas Verführerisches. Das Labyrinth *ist* die Verführung. Die traurige Gestalt des Minotaurus ist ebenfalls ein Verführter, so wie oben Verführung als Prozess der Gegenseitigkeit geschildert wurde. Einerseits ist es das Ungewisse eines Abgrunds im Inneren des Labyrinths, der die jungen Leute verführt, andererseits aber hat die Initiation in das Erwachsenenleben eine konkrete Gestalt: den Tanz.

Die Verwandlung des Labyrinthischen hat Joseph Vogl an Kafkas *Schloß* aufgewiesen. Der Weg ins Schloss ist dort kein labyrinthisch gewundener, sondern die Gradlinigkeit des Wegs erzeugt in sich eine labyrinthisch-umwegige Linearität. Die Linie ist kein Garant der Eindeutigkeit mehr. Es gibt vielleicht ein Ziel (das Schloss), aber keinen Weg.

> Demnach ist das Labyrinth eine Reihe von Intervallen oder Spatien, oder genauer: Es ergibt sich durch infinitesimale Teilungen, die Abschnitte in kleinere und diese wiederum in kleinere aufteilt. Das Labyrinth ist ein unendlicher Interpolationsprozess, eine beliebig fortsetzbare Intervallierung des Kontinuums. Labyrinthisch ist eine Linie, die in jedem ihrer Punkte anhält und die Richtung wechselt. Sich verzweigt und somit unstetig wird.[477]
>
> Das ergibt das Labyrinth einer Linie, die in allen ihren Punkten ‚irrt', sich verzweigt und die Fortsetzung ihres Wegs unterbricht, ein dauerhaftes Zaudern des Verlaufs.[478]

Damit kehren wir zurück zum minoischen Labyrinth und seinen mutmaßlichen Entstehungsbedingungen als Tanz. Hermann Kern hat überaus plausibel gemacht, dass es in Knosses auf Kreta gar keine Gebäude namens Labyrinth gegeben habe, sondern dass dessen Bilder im kulturellen Missverstehen der Griechen beheimatet sind und dass zweitens der Ursprung des Labyrinths ein Tanz war, vermutlich ein hochkomplexer Tanz, der zwei kosmische Bewegungen ineinander integrierte: die Oszillation (von Tag und Nacht) und die zirkluläre Bewegung in der Folge der Jahreszeiten. Man kann sogar den mathematischen Kalkül rekonstruieren, durch den die Figur des antiken Einweglabyrinths abgeleitet werden kann, was wiederum die Nähe der minoischen Kultur zur Mathematik der Ägypter zeigen würde. Diese Befunde seien momentan außer Acht gelassen, hier geht es vielmehr vorrangig um das Fortleben der minoischen Errungenschaften in den Mythen der Griechen, also zum kulturellen Missverstehen. Nimmt man das kulturelle Paradigma in dieser Form auf, dann kommt man dazu, den Tanz als das eigentliche Paradigma zu würdigen.

Im Rahmen von therapeutischen Überlegungen kommt Henri Maldiney zu der Beschreibung: „Im Tanz aber findet der Kranke eine Befreiung. Der durch den Rhythmus artikulierte Tanzraum, der hinter einem liegt ... wäre falsch zu sagen, die

---

477 Joseph Vogl: *Über das Zaudern*. 2. Aufl. Zürich, Berlin: diaphanes 2008, 89.
478 l. c., 90.

Tänzerin bewege sich durch den Raum. Denn vielmehr bewegt sie sich mitsamt des sich bewegenden Raumes..."[479] Auf die erschießende und im Sozialen ansteckende Wirkung der Musik und des Tanzes verwies bereits Henri Bergson: „Quand la musique pleure, c'est l'humanité, c'est la nature entière qui pleure avec elle. A vrai dire, elle n'inroduit pas ces sentiments en nous; elle nous introduit en eux, plutôt comme des passants qu'on pousserait dans une danse."[480] Sybille Krämer überträgt diesen Gedanken auf den kommunikativen Prozess insgesamt: „Daher ist unsere Kommunikation weniger einer Begegnung zwischen zwei ‚cogitos' vergleichbar als einem Tanz, bei dem ab und zu Berührung möglich, aber auch Vertrauen nötig ist."[481]

Im kulturellen Paradigma des Tanzens (wörtlich oder metaphorisch genommen) kommt eine alternative Bewegungsform zur Geltung, die nicht nur keine Ordnungsstelle einnimmt, sondern deren Regelhaftigkeit in Anknüpfung an Félix Guattari transversal genannt zu werden verdient.[482] Diese kennt als postmoderne Konstitution, bzw. postmoderner Habitus kein heimatliches Bleiben mehr, auch wenn sie nach wie vor von dem Wunsch danach getrieben ist. Es ist ein Kommen und Gehen, ein Flanieren, ein Nomadisieren. Im kommunikativen Text ereignet sich dergestalt eine „offene" Verknüpfung, die Abwege und Querwege vorsehen kann. Während das klassisch-logische Prozedere ein solitäres, ja solipsistisches war, kommt das transversale Prozedere nicht ohne Anstöße und Anstößigkeiten durch den Anderen aus. Denn die transversale Verknüpfung kennt keine dirigierende Grammatik, sondern verfährt situativ oder okkasionalistisch. Nur so kann Kultur Neues, Unvorhersehbares hervorbringen, das sich jedoch dann nicht einfach in das Arsenal der Kulturgüter und Kulturtatsachen einfügen lässt, sondern seine transversale Sperrigkeit, ja Anstößigkeit bewahrt. Dieses ereignet sich unvorhersehbar und nicht planbar im Zwischen von Selbst und Anderem: Der transversale Prozess im Medium (Zwischen) trennt und verbindet die Funktionspositionen des kommunikativen Textes der Kultur. Wolfgang Welsch hat die Idee der Transversalität aufgenommen und zu einem Begriff der „transversalen Vernunft" fortentwickelt. Er betont die Übergängigkeit des postmodernen Vernunftbegriffs: „transversale Vernunft inmitten von Pluralität und Übergängen".[483] Transversale Vernunft" setzt nicht mehr auf Einheit und Vereinheitlichung von Pluralitäten, sondern leitet an, mit und in Verschiedenheiten produktiv umzugehen. Ihr Leitwort ist nicht mehr der vereinheitlichende Überblick über die Verschiedenheiten in der Realität, sondern

---

479 Henri Maldiney: *Drei Beiträge zum Wahnsinn*. Wien: Turia + Kant 2018, 44.
480 Henri Bergson: *Œuvres*. 2. ed. Paris: PUF 1963, 1008.
481 Sybille Krämer: *Medium – Bote – Übertragung*. Frankfurt a. M.: Suhrkamp 2008, 101 f.
482 Félix Guattari: *Psychanalyse et transversalité*. Paris: Maspero 1974.
483 Wolfgang Welsch: *Vernunft*. Frankfurt a. M.: Suhrkamp 1996, 49.

der Durchblick und die Übergänge im Dickicht der Pluralitäten. Durchblick heißt auch: Perspektive; im Durchgang können, ja müssen sich Perspektiven ändern, aber niemals wird eine Perspektive erreicht, die alle anderen einschließt, repräsentiert oder ersetzt.

Die unvermittelte Zweideutigkeit im Übergang ergibt sich veranschaulicht auch im topologischen Modell des Möbius-Bandes. Es ist ein ringförmig geschlossenes Band, das jedoch eine solche Verschlingung aufweist, dass man sich auf der Rückseite wiederfindet, wenn man von einem beliebigen Ausgangspunkt auf der Vorderseite seinem Verlauf folgt, bis man wieder an den Ausgangspunkt, bzw. seine Rückseite, kommt. Erst nach einem zweiten Durchgang kehrt man wieder auf die Vorderseite zurück. Das Möbius-Band als topologisches Modell für den Zusammenhang von Körper und Seele hat kein Inneres. Folgt man seiner Oberfläche, so hat diese wohl Tiefen, d. h. Vertiefungen, die sich jedoch beim zweiten Durchgang als Erhebungen erweisen. Was im ersten Durchgang des Möbius-Bandes als Oberfläche mit Einbuchtungen erscheint, die auf Tiefen verweisen, das ist im zweiten Durchgang die Innenseite als Oberfläche, die zu Auswölbungen emporragt.

5.6 Figuren und Figurationen in kulturellen Prozessen

In den geschilderten Paradigmen kristallisieren sich bestimmte Prozesse zu wiederholbaren Figurationen heraus. Im Folgenden werden die Paradigmen in postmoderner Perspektive in Figuren und Figurationen fortgesetzt; die Darlegungen münden in einer an-archischen Perspektive von Kultur, d. h. einer, die die archische, d. h. ursprungsbezogene Perspektive ebenso aufgegeben hat wie sie auch a-teleologisch verfährt, d. h. vorgegebene oder festgesetzte Ziele der Kulturentwicklung erübrigt.

5.6.1 Distanzierung und Differenzkultur

Wenn Distanz und Differenz hier gemeinsam behandelt werden, so darf damit nicht der Eindruck entstehen, als würden sie identifiziert oder gleichgesetzt – im Gegenteil: Zwischen Distanz und Differenz besteht eine Distanz und eine Differenz. Gewährstexte sind in diesem Abschnitt einerseits Nietzsches „Pathos der Distanz"[484] und Heideggers „ontologische Differenz", und andererseits die daran an-

---

484 Friedrich Nietzsche: *Sämtliche Werke. Kritische Studienausgabe*, hrsg. v. Giorgio Colli u. Mazzino Montinari, Bd. 5. München, Berlin, New York: dtv, de Gruyter, 205, 259, 371.

schließende Philosophie der Differenz bei den postmodernen Autoren wie Derrida, Deleuze u. a. Außerdem ist heranzuziehen der Gesichtspunkt, dass es nachteilig, ja hinderlich sei, dass der Denkende „immerdar an Eine Person gebunden" sei.[485] Die perspektivische Variation, also die Differenz der Gesichtspunkte dient der Erkenntnis, nicht aber eine hartnäckig festgehaltene Identität. Aber ebenso ist eine die Perspektivik relativierende und die Perspektiven integrierende Metaperspektive ausgeschlossen. Figuration dieser Unmöglichkeit ist die Maske. Die Maske verbirgt nicht etwas „Wahres" hinter der Maske, sondern sie performiert die Maskenhaftigkeit. „Maske ist immer Differenz, nie Identität", fasst Corinna Schubert die Maskenphilosophie Nietzsches prägnant zusammen.[486] Die Differenz zeigt sich als Differenz von Maske zu Maske, nie zu etwas „Eigentlichem" hinter der Maske. Die Maske ist ehrlich: „Sie zeigt sich immer nur als Maske und sie zeigt ebenso ihr Funktionieren als Maske."[487] Und sie zeigt sich selbst im Werdensprozess, d.h. des Anders-Werdens. Die Maske ist selbst auch Antlitz, bzw. auch: jedes Gesicht maskiert sich. Insofern verliert sich die Maske in ihrer Spiegelung, sie lässt eine Repräsentation nicht zu, die eine Distanz des Reellen und des Virtuellen vorsehen könnte. Spiegel und Maske haben keine und zeigen keine Tiefe-dahinter. Daher ist auch die Philosophie kein tiefes Schürfen, sondern ein Theater an der Oberfläche; sie ist die Wiederkehr dessen, was an Oberflächen auftaucht, diese Wiederkehr der Differenz verläuft nomadisch und anarchisch. Jean-Luc Nancy erläutert dieses Anarchische: „Diese freie Verstreuung ... ist weder die Diffraktion eines Prinzips noch die vielfältige Wirkung einer Ursache, sondern die An-archie – der Ursprung, der jeder Logik des Ursprungs, jeder Archäologie entzogen ist – eines singulären, mithin wesentlich pluralen Auftauchens ..."[488] Es ist das allgemein illegitime und befreiende Ergreifen von Ereignissen, die die Kontinuität der Geschichte brechen. Die anarchische Freiheit ist nur wirklich als Befreiung, und zwar nicht als Freiheit des transzendentalen Subjekts, weil sich genau dieses als Subjekt erst in Akten der Befreiung erzeugt: Anarchie ist der Ursprung des Subjekts der Differenz.

Jacques Derrida hat bemerkt, dass Heidegger zwar die „ontologische Differenz" kennt (diejenige zwischen Sein und Seiendem), aber die sexuelle Differenz ignoriert (diejenige zwischen Weiblichem und Männlichem), bzw. diese in den Bereich des bloß Empirischen verbannt.[489] Das „Dasein" ist eben eine ontologische, keine anthropologische Kategorie und damit weder männlich noch weiblich, es ist folglich eine Fehlinterpretation, „Dasein" als „den Menschen" zu verstehen. „Der Mensch"

---

485 l. c., Bd 2, 689.
486 Corinna Schubert: *Masken denken – in Masken denken*. Bielefeld: transcript 2021, 165.
487 ibd.
488 Jean-Luc Nancy: *Die Erfahrung der Freiheit*. Zürich, Berlin: diaphanes 2016, 13.
489 Jacques Derrida: *Psyche. Inventions de l'autre*. Paris: Galilée 2008, 15 f.

als anthropologische Kategorie ist gewiss männlich und weiblich, aber der Anthropologie vorgelagert ist die Ontologie des Daseins. Indem nun Derrida die Wichtigkeit der sexuellen Differenz betont, stuft er die „ontologische Differenz" auf eine Nichtigkeit zurück. „... [ist] die *différance* auf eine gewisse und äußerst sonderbare Weise ‚älter' als die ontologische Differenz oder als die Wahrheit des Seins."[490] Aber mit der Differenz von Differenz und différance führt auch Derrida eine vorrangige Quasi-Ontologie der Differenz erneut ein. Und das führt – wie oben bereits zitiert – zu der These: „*Es ist einer Kultur eigen, daß sie nicht mit sich identisch ist. ... mit sich differiert. Es gibt keine Kultur und keine kulturelle Identität ohne diese Differenz mit sich selbst.*"[491] Der Kultur ist die Differenz originär eingeschrieben, bereits in der Differenz von Natur und Kultur, die ihrerseits eine immer erneut in der différance aufgeschobene ist, die eine immer erneut nachträgliche ist, metaphorisch vom Anfang des Unterscheidens an. Insofern hat das Differieren stets die Struktur einer Spur (Anwesenheit eines Abwesenden[492]). Die Spur differiert von allen Ordnungssetzungen.

Die Entfaltung der Differenz ist das Geheimnis des Werdens; und das ist keine Dialektik der Versöhnung, d.h. einer Rückkehr aus dem Anderen in das Selbst. Sie belässt das Andere als Anderes aus dem Jenseits der Gegenwärtigkeit des Textes, m.a.W. sie belässt das Fremde als dem Eigenen jenseitig. Jedoch gibt es ohne diese Differenz keine Erfahrung in dem Sinne einer Begegnung mit dem Andersartigen und schlechthin Unbekannten und Unmöglichen. Maurice Blanchot benennt es mit der „passion du Dehors".[493] Von daher bleibt diese Sehnsucht zu einem Unbekannten jenseits der Präsenz, im kommunikativen Text erscheint sie als Leerstelle. Gleichwohl ist festzuhalten, dass der kommunikative Text im Kulturellen ein pluraler ist, mindestens als Dialog, in dem es jedoch nie zu einer konsensuellen Verschmelzung kommt oder zur diktierten Einigkeit durch Überredung oder Überzeugung, immer ist er beherrscht von der Differenz. „Ainsi, sous la souveraineté de la mystérieuse Différence, choses, noms sont en état d'incessante réciprocité."[494]

Der Pluralismus bewegt zentral das fragmentarische Philosophieren Nietzsches und macht sie zu einer Philosophie des Prozesses und des Werdens. Dessen fragmentarische Diskontinuität zerstört indessen das Werden nicht, sondern provoziert immer wieder seine prozessuale Fortsetzung. Die Welt dieses Prozesses *hat* keinen Sinn, sondern *ist* der Sinn, denn Sinn ist keine Zugabe zur Weltlichkeit, sondern fällt in deren Immanenz. Die Textualität ist in ihrem labyrinthischen Hin

---

490 Jacques Derrida: *Randgänge der Philosophie*. 2. Aufl. Wien: Passagen 1999, 51.
491 ders.: *Das andere Kap. Die vertagte Demokratie*. Frankfurt a. M.: Suhrkamp 1992, 12 f.
492 ders.: *Randgänge der Philosophie*, 53: „Es ist Spur und Spur des Erlöschens der Spur."
493 Maurice Blanchot: *L'entretien infini*. Paris: Gallimard 2006, 66.
494 l. c., 128.

und Her zwischen Selbst und Anderem die Erscheinung der Differenz. Und die Differenz vollzieht die Distanz, das „Pathos der Distanz". Von ihr fällt ein neues Licht auf die These von der Wiederkehr: es ist die Wiederkehr desselben in seiner Differenz. In der Funktionspositionalität von Selbst und Anderem kehrt dasselbe wieder und ist doch nicht mehr dasselbe. Genauer gesagt, ist die Wiederkehr desselben nichts anderes als die Wiederkehr der Differenz. Solche Wiederkehr ist radikaler als die bloße Distanz von Verschiedenem; als Wiederkehr des Aufschubs (différance) ist es die rätselhafte Wiederkehr von Unbekanntem im Eigenen: „das Unbekannte in seiner unendlichen Distanz."[495]

Die Möglichkeit, in Kommunikation die Differenz aufrechtzuerhalten, schließt zweierlei aus: die gewaltförmige Tilgung der Differenz und die liebende Verschmelzung. Im kommunikativen Text ist es die Position des Dritten, die beides zu vermeiden hilft. Jean-Luc Nancy hat in seinem Beitrag *Parallele Differenzen. Deleuze |und| Derrida*[496] festgehalten: Sie [Deleuze und Derrida] „teilen sich'... Sie teilen sich die Differenz."[497] Er spricht hier auch von dem „differenten Denken der Differenz".[498] Um dem Derridaschen Begriff gerecht zu werden: diese Differenz, in die sie sich teilen, setzt keine konsistente und vorgängige Einheit des Sich-Teilenden voraus. Insofern begründet das gemeinsame Teilen der Differenz weder eine Gemeinschaftlichkeit der Differenz noch eine Kontinuität des Differierens – sie setzt gar nichts voraus; daher verwendet Nancy zur Charakterisierung den Begriff bzw. die Metapher der Parallele. Parallelen haben keinen gemeinsamen Ursprung und sie konvergieren nicht in einem gemeinsamen Ziel, gleichwohl ist die Parallelität ein gemeinsames Merkmal der Parallelen. Ihre Gemeinsamkeit ist zugleich die Abwesenheit von Gemeinschaft. Allgemeiner gesprochen: das Werden der Philosophie ist das Werden der Differenz, oder – im Hinblick auf Derrida gesagt –: „die Differenz identifiziert sich nicht."[499] Der Grund ist natürlich, dass sowohl Gemeinschaftlichkeit als auch Differenz philosophische Kategorien sind, m.a.W. sie lassen sich nicht empirisch begründen oder widerlegen. Die verbleibende Frage kann also lediglich sein, welcher Differenzbegriff in kultureller Perspektive aufschlussreicher sein kann: Deleuzes Begriff der reinen Immanenz der Differenz oder Derridas quasi transzendentaler Begriff. Beide erschließen eine Welt der Differenzen.

---

495 Maurice Blanchot: *Das Neutrale. Philosophische Schriften und Fragmente.* Zürich, Berlin: diaphanes 2010, 174.
496 Jean-Luc Nancy: „Parallele Differenzen. Deleuze |und| Derrida", in: *Ouvertüren.* Zürich, Berlin: diaphanes 2008, 31–50.
497 l. c., das deutsche „teilen" entspricht dem französischen „partager" und „diviser".
498 l. c., 33.
499 l. c., 45.

Zur Klärung dieser Frage lohnt sich ein Blick auf den späteren Heidegger in *Differenz und Identität*[500]. So klar der Satz der Identität „A=A" zu sein scheint, gilt es doch von Anfang an zu bedenken: „Wenn das Denken von einer Sache angesprochen, dieser nachgeht, kann es ihm geschehen, dass es sich unterwegs wandelt.[501] Denken erscheint hier nicht mehr als autonome Aktivität eines Subjekts, sondern das Denken wird von einer Sachlage betroffen. Eine „Sache" spricht das Denken an, dieses geht ihr nach, und „unterwegs" kann sich diese und damit die Betroffenheit gewandelt haben. Wenn der Satz der Identität etwas anders besagen soll als eine simple Tautologie, muss es in der Identität von A=A zugleich eine Differenz geben. Diese Differenz tritt dadurch ein, sagt Heidegger mit Bezug auf Platon, dass zwar jedes sich selbst ein Selbiges ist, nicht jedoch für das andere. A=A setzt also eine Dualität und damit die Differenz sozusagen im Herzen der Identität, und zwar vor allem für das Andere desselben, m.a.W. „dem in sich synthetischen Wesen der Identität"[502]. Daher sagt der Satz der Identität nicht nur die Einerleiheit des Einen, sondern ist zugleich eine Aussage über das Sein des Seienden. Als Instanz zu dieser Aussage wird der berühmte Satz des Parmenides angeführt: „τὸ γὰρ αὐτὸ νοεῖν ἐστί τε καὶ εἶναι." Nach Heidegger spricht sich hier Identität selber aus. Nach einigen Zwischenschritten über die Zusammengehörigkeit von Mensch und Sein im Ereignis bestimmt sich Differenz dann als das Zwischen selbst von Sein und Seiendem, und zwar insofern es ein werdendes ist, das nicht einfach besteht, sondern sich als Prozess ereignet. Derrida folgt diesem Gedanken, wenn er die Differenz (différance) nicht als etwas begreift, was zum Subjekt hinzukommt, sondern vielmehr dieses ausmacht. „Sie bringt das Selbst [korrigiert, K.R.] als Beziehung zu sich in der Differenz mit sich, das Selbst als das Nicht-Identische hervor."[503]

Kehren wir zurück zur anderen parallelen Differenz, also zu Deleuze. Bei ihm ist die Figur des Rhizoms, also des wuchernden Wurzelgeflechts, mit seinen proliferierenden Wegen der Prototyp der Differenz; diese Figuration bleibt ganz immanent, weil sie keine Einheiten bildet, die sich von anderen derartigen unterscheiden, von ihnen differerieren müssten. Mit einem Wortspiel könnte man sagen, dass die Differenz bei Deleuze und Guattari nicht monadisch (Einheiten bildend) ist, sondern nomadisch (frei beweglich). Diese Wege sind sowohl unvorhersehbar als auch im Vollzug jeweils uneindeutig. Das Rhizom generiert Vielheiten ohne Zugehörigkeiten und Zwischenräume ohne Füllungen. Die Differenzen bleiben ohne

---

500 Martin Heidegger: *Differenz und Identität. (Gesamtausgabe Bd. 11)*. Frankfurt a. M.: Klostermann 2006.
501 l. c., 33.
502 l. c., 34.
503 Jacques Derrida: *Die Stimme und das Phänomen*. Frankfurt a. M.: Suhrkamp 2003, 112.

dirigierende Allgemeinheiten, die Differenzen siegen über die Einheit(en). In eben diesem Sinne sprach Nietzsche seinerzeit von der immer „neuen Distanz-Erweiterung", die sich dem Denken in seinem Vollzug einbildet.[504] Deleuze gibt eine Quasi-Definition: „Die Differenz ist nicht das Verschiedene. Das Verschiedene ist gegeben. Die Differenz aber ist das, wodurch das Gegebene gegeben ist. Sie ist das, wodurch das Gegebene als Verschiedenes gegeben ist."[505]

In der Kultur ermöglicht das Derridasche Konzept von Differenz nicht nur die Differenz zur Kultur anzusprechen, z. B. als Differenz zu Natur usw., s. o., sondern auch die Kultur als Differenz in sich selbst in den Blick zu nehmen, also eine Kultur der Differenz. Das impliziert die starke These, dass es nichts gibt, was der Kultur vorhergeht und sie motiviert. Kultur ist auch Autopoiesis der Kultur. Aber diese Immanenz der Differenz in oder an Kultur besagt nicht eo ipso, dass es das Wesen der Kultur ausmachte, immer zugleich auch Kultur-Kritik zu sein, wie manche gemeint haben; denn Kritik ist nur eine der Möglichkeiten und Figurationen von Differenz in Kultur. Daneben könnte man nennen: ausufernde Individualisierungen, Ausdruck des (bislang) Unsagbaren, des Unbestimmten, des Ungeregelten und des Unmöglichen, des Ambivalenten und des Rätselhaften, schließlich des Nichtidentischen, des Poetischen und des Metaphorischen. So fängt die Differenz auch das Problem des Anfangens auf: Zwar setzt jeder Anfang eine Differenz zum Vorher, aber auch umgekehrt ist jede Differenz ein Anfangen von etwas anderem.

Ist die Differenz in der Immanenz das Wesen der Mitte, dann schließt das aus, dass sich in dieser Mitte ein Etwas, etwas Substantielles befindet, was aber nichts anderes heißt, als dass dort eine Substanz fehlt: dort ist weder eine durch Anerkennungsbeziehungen von Subjekten konstituierte Gemeinschaftlichkeit noch ein die Spaltung von Selbst und Anderem Heilendes oder Auflösendes beheimatet; denn Kommunikation als Mitte ist immer die asymmetrische Dissoziierung von Selbst und Anderem. Nicht der Konsens fordert diese Mitte, sondern der Dissens und das Missverstehen.

So entsteht der wesentliche Unterschied von Politik und Staatlichkeit mit der Konsequenz, dass Staatlichkeit, d.h. eine hierarchische Ordnung des Miteinanders im Prinzip entbehrlich ist, nicht aber das Politische.[506] Das Politische ereignet sich im Mit des Zwischen. Daher ist Kultur keine Sache des Staates oder staatlicher

---

504 Friedrich Nietzsche: *Kritische Studienausgabe, Bd. 12 (2 [13])*, 73.
505 Gilles Deleuze: *Differenz und Wiederholung*. 3. Aufl. München: Fink 2007, 281.
506 Zu dieser Differenz von staatlicher Politik und dem Politischen s. Kurt Röttgers: „Flexionen des Politischen", in: Thomas Bedorf u. Kurt Röttgers (Hrsg.): *Das Politische und die Politik*. Berlin: Suhrkamp 2010, 38–67; Simon Critchley: *Unendlich fordernd. Ethik der Verpflichtung, Politik des Widerstands*. Zürich, Berlin: diaphanes 2008, 132 ff.; Jean-Luc Nancy: *Politique et au-delà. Entretien avec Ph. Armstrong et J. E. Smith*. Paris: Galilée 2011.

Organisationen, sondern ist nur wirklich als kultureller Prozess im Medium von Selbst und Anderem. Selbst und Anderer sind in Distanz voneinander. Das Medium des kommunikativen Textes verbindet die Differenten, aber vereinigt sie nicht. Die Beziehung ist nur möglich, wenn es Distanz der Differenten gibt. Weil das so ist, ist es auch kein Malheur, wenn in Kommunikation die Distanz auch im wörtlichen Sinne eine Entfernung meint (z. B. im Internet) und im semantischen Sinne ein Missverstehen. Insoweit es einen Mittler, die Position des Dritten im Text, gibt, ist seine Aufgabe nicht die Beseitigung der Differenz, sondern u.U. geradezu deren Aufrechterhaltung[507], zugleich aber die Kultivierung des Umgangs mit Differenz, was auch eine Relativierung der trennenden Bedeutung Differenz beinhaltet.

Wie aber kommt es überhaupt zu Distanz und Differenz? Odo Marquard meinte, dass es die Neuzeit gewesen sei, die die Distanz hervorrief.[508] Dieser Ansicht steht bereits in der Antike die Naturphilosophie von Lukrez entgegen, die, vor der Frage nach dem Ursprung der Differenz gestellt, sagte, dass es das clinamen, d. h. die minimale Abweichung im parallelen Fallen der Atome, sei, was der Ursprung aller Differenz und aller Singularisierung sei.[509] Im Hintergrund dieser Entscheidung zwischen neuzeitlicher Geschichtsphilosophie und antiker Naturphilosophie steht die Paradoxie der Singularität, die Marie-Eve Morin, gewissermaßen Rousseau umspielend, in die Worte fasste: „Um ganz allein zu sein, muss ich auch der einzige sein, der allein ist."[510] Neben die Frage nach dem Ursprung von Differenz (Abweichung, différance) stellt sich diejenige andere nach der Auflösung der Differenz in Einheit. Dazu bemerkte Sigmund Freud hellsichtig kritisch in einem Brief an Georg Groddeck: „Ich fürchte Sie sind auch ein Philosoph und haben die monistische Neigung, alle die schönen Differenzen in der Natur gegen die Lockung der Einheit geringzuschätzen. Werden wir damit die Differenzen los?"[511]

5.6.2 Vom Scheitern zur Zielerreichungsvermeidung

Wenn etwas nicht gelingt, ist die Frage nach den Ursachen des Misslingens nicht ganz abwegig, bzw. auch die Kritik der Beweggründe, die zum Scheitern führten. Gelingt die Aufklärung nicht – ein weiteres Scheitern –, könnte es vielleicht auch an

---

507 Sybille Krämer: *Medium, Bote, Übertragung.* Frankfurt a. M.: Suhrkamp 2008.
508 Odo Marquard. „Entlastungen. Theodizeemotive in der neuzeitlichen Philosophie", in: *Apologie des Zufälligen.* Stuttgart: Reclam 1986, 11–32, hier 15.
509 Michel Serres: *La naissance de la physique dans le texte de Lucrèce.* Paris: Minuit 1977.
510 Marie-Eve Morin: *Jenseits der brüderlichen Gemeinschaft.* Würzburg: Königshausen & Neumann 2006, 197.
511 Zit. nach Käte Meyer-Drawe: *Illusionen von Autonomie.* München: P. Kirchheim 1990, 119.

der Kritik liegen, bzw. deren impliziten Annahmen. Aber darin überlebt die Frage, ob es dieser Kritik der Kritik gelingen wird, auf den geraden Weg des Gelingen-Erstrebens zurückzufinden, oder ob es nicht eine überdauernde melancholische Logik des Verfehlens gibt, für die ein Scheitern gewissermaßen allzu naheliegend ist.[512] Wird sich, fragt man sich dann, das Verfehlte gewissermaßen auf der Rückseite der missglückten Zielerreichung von selbst melden? Der Skeptiker Odo Marquard zieht aus der Ungewissheit, „ob Wissen besser ist als Nichtwissen – so daß er [der Forschende] nicht finden muß und darum beim Suchen ... bummeln und abschweifen darf." Das ist nichts anderes als die „Bereitschaft zur eigenen Kontingenz".[513] Christoph Hubig geht nicht ganz so weit, sondern empfiehlt lediglich statt einer Ausrichtung auf das eine große Ziel eine Vielfalt kleiner Schritte, deren Ausrichtung unterwegs immer wieder korrigierbar ist.[514] Wie auch immer, jedenfalls wäre es angesichts der Ungewissheit der Erfolgsaussicht des einen großen und geraden Wegs in den Labyrinthen des Wissens angezeigt, auf diese Ausrichtung zu verzichten: *Zielerreichungsvermeidung* wäre demnach die Parole und die Figuration der Prozesse im Raum der Kultur.[515]

5.6.3 Umkehr, Perkolationen

Im Scheitern und in der Zielerreichungsvermeidung zeigte sich die Problematik einer kulturellen Ausrichtung auf ein eindeutiges Ziel, Kultur erschien als a-teleologisch. Hier nun sollen Prozess-Figurationen angesprochen werden, die anders verfahren und während des Ablaufs eine Umkehr oder eine Perkolation vorsehen.

Sybille Krämer hat gemeint, „dass allen Medien eine Tendenz zur Zeitachsenmanipulation eigen ist, im Mittelpunkt von Medientechniken steht die Umkehr von Zeitordnungen."[516] Ist eine Zeitumkehr überhaupt möglich, oder verbirgt sich hinter dieser Vorstellung eine zwar reizvolle, aber eben doch nur poetische Fiktion? Diese Frage ist für eine Theorie kultureller Prozesse wesentlich, und sie soll daher im Folgenden etwas ausführlicher diskutiert werden.

---

512 Gerhard Gamm: *Der unbestimmte Mensch.* Berlin, Wien: Philo 2004, 214 f.
513 Odo Marquard: *Individuum und Gewaltenteilung.* Stuttgart: Reclam 2004, 78 f.
514 Christoph Hubig: *Die Kunst des Möglichen III: Macht der Technik.* Bielefeld: transcript 2015, 44 f.
515 Man könnte die Hegelsche Dialektik als eine Figur deuten, die das permanente Verfehlen im Prozess der individuellen Bildungsgeschichten als die eigentliche Figur des kulturellen Prozesses anzusehen lehrt; so Andreas Hetzel: *Zwischen Poiesis und Praxis.* Würzburg: Königshausen & Neumann 2001, 163.
516 Sybille Krämer: *Medium, Bote, Übertragung.* Frankfurt a. M.: Suhrkamp: 2008, 293.

5.6.3.1 Klassische Theorie der Zeit

Nach Isaac Newton sind Raum und Zeit reine, d. h. leere Gedanken(formen) Gottes, in denen dann die Dinge ihren Ort und die Ereignisse ihre Zeitstellen einnehmen. Sie sind in ihrer Temporalität als Sukzession, kausal oder modal als Realisierung bestehender Möglichkeiten zu begreifen. Man hat das als Zeit-Pfeil umschrieben, der vom Urknall in immer höherer Steigerung der Komplexität in die Gegenwart und vermutlich darüber hinaus reicht. Diesem monomanischen Modell widersprach bereits in Newtons Zeiten die Relationaltheorie der Zeit von Gottfried Wilhelm Leibniz: Nur in den Beziehungen der Ereignisse zueinander gibt es Zeit, nicht ohne sie. Zeit ist nicht wie bei Descartes und Newton eine einzige, nämlich vierte Dimension, sondern Zeit ist nur als Relation. Außerdem kommt man wohl nicht ohne die Annahme einer Reversibilität der Zeit aus; denn Experimente können nur dann eine Theorie beweisen, wenn sie ungeachtet ihrer Lokalität auf dem Zeit-Pfeil wiederholbar sind. Außerdem scheint der 2. Hauptsatz der Thermodynamik mit der zunehmenden Entropie eine Richtung der Zeit anzuzeigen, aber es gibt auch negentropische Prozesse, z. B. das sich lebende Leben, schottet sich, solange es besteht, negentropisch gegen die Entropie ab. Zwei weitere Bedenken entstehen aus dem Gedanken einer Eschatologie, der das Erscheinen des Messias in jedem Augenblick für möglich hält, die also *am Ende der Zeit* auf ein jederzeit mögliches Ausscheren aus der Linearität der Zeit in ein Abseits vorsieht, und schließlich die Zeit der Perkolation, deren Sinnbild das Flackern einer Flamme ist, unvorhersehbar und nicht berechenbar oder auf dem Zeit-Pfeil lokalisierbar.

5.6.3.2 Wiederholungen

Pierre-Gilles de Gennes hat durch seine Erforschung des Fließens der Flüssig-Kristalle der Perkolation eine globale Sicht von Raum und Zeit ermöglicht.[517] Es ist ein nicht kausal determiniertes zufälliges Fließen in einer zufälligen Umgebung. Die Perkolation ereignet sich am Rande des Chaos und gibt in Bifurkationen ein Fließen in verschiedene Richtungen, in verschiedenen Geschwindigkeiten und Rhythmen frei. Das lineare Fließen der Zeit ist ein extremer Sonderfall von Perkolation. Perkolative Prozesse entfalten Geschehensfolgen von multidimensionaler Pluralität. In Michel Serres' Interpretation wird so die Pluralität der Zeiten ermöglicht durch eine Anknüpfung an die Leibnizsche Zeitvorstellung. Allgemein denkt Serres nicht mehr in Substanzen, sondern in Relationen, sein Hauptaugenmerk ist folglich auf die Topologie gerichtet.[518]

---

517 Michel Serres: *Éloge de la philosophie en langue française*. Paris: Fayard 1995, 211.
518 ders.: *Éclaircissements (entretiens avec Bruno Latour)*. Paris: Éditions François Bourin 1992, 154.

> D'où mon attirance vers la topologie, science des voisinages et des transformations continues ou déchirées, vers la théorie de la percolation, vers la notion de mélange.⁵¹⁹
>
> Mieux vaut peindre une sorte de carte fluctuante de relations et de rapports, comme le bassin percolant d'une fleuve glaciaire, qui change sans cesse de lit et montre un réseau admirable de bifurcations, dont certaines gèlent ou s'encombrent d'alluviions, pendant que d'autres se débouchent, ou un nuage d'anges qui passent ou la liste des prépositions ou la danse des flammes. ... Chaque voie s'invente.⁵²⁰

Die Wiederholung ist in dem Sinne eine an-ökonomische Struktur, als sie gegen jegliche Äquivalenz-Vorgabe verstößt. In diesem Verstoß zelebriert sie eine schrankenlose Singularität. Hinsichtlich des Verfließens von Zeit heißt das: die Allgemeinheit eines Gesetzes beschreibt die Beharrlichkeit des Fortfließens, dem aber fügt sich unterbrechend die Singularität einer Wiederholung ein. Das ist kein Wandel der Allgemeinheit des Gesetzes, sondern etwas ganz anderes: die Überschreitung der Allgemeinheit, die das kontinuierliche oder auch modifizierte Fortfließen durchlöchert oder filtert. Die Wiederholung ist different, aber nach einem Wort von Gilles Deleuze „indifferente Differenz."⁵²¹ Hier gibt es ein Aufklaffen, ein Chaos inmitten der Ordnungen des Allgemeinen, eine ontologische Falte. Der Beharrlichkeit des Fortfließens fügt sich unterbrechend die Singularität der Wiederholung ein. Nach Michel Serres ist also Zeit gefaltet und geknüllt, weil sie aus einer gewissermaßen amorphen Raserei nach dem Prinzip der Selbstorganisation von Ordnungen hervorgeht, aber eben in sich inhomogen, etwa so wie in der Allgemeinen Relativitätstheorie die Krümmung der Raum-Zeit durch Gravitation.⁵²²

5.6.3.3 Zeit-Wendungen

Bei Heidegger steht für die Wendungen im Fließen der Begriff des Ereignisses. Zum Ereignis aber gehört der Abgrund, die abgründige Zerklüftung inmitten des Seienden, also in einem ursprünglichen Wortsinn das Chaos: das Gähnende, die Kluft. Diese chaotische Kluft im „Zwischen" eröffnet den Ort des Ereignisses:⁵²³ Der Abgrund wird so inmitten des Seienden der gründende Grund für die Wahrheit des Seyns: „Der Grund gründet als Ab-grund."⁵²⁴ Als Bild des Übergangs empfiehlt sich

---

519 l. c., 155.
520 l. c., 156.
521 Gilles Deleuze: *Differenz und Wiederholung*. 3. Aufl. München: Fink 2007, 33.
522 Kevin Clayton: „Time Folded and Crumpled. Time, History, Self-Organization and the Methodology of Michel Serres", in: Bernd Herzogenrath (Hg.): *Time and History in Deleuze and Serres*. London, New York: Continuum International Publishing 2012, 31–49.
523 Martin Heidegger: *Beiträge zur Philosophie (Vom Ereignis)*. Frankfurt a. M.: Klostermann 1989, 285.
524 l. c., 29.

daher der Sprung, aber eben nicht über den Abgrund, sondern in den Abgrund, nämlich als Ur-sprung.

Der Augenblick dieses den Abgrund aufbrechenden Ereignisses inmitten des Seienden „... ist niemals wirklich feststellbar, noch weniger zu errechnen. Er setzt erst die Zeit des Ereignisses."[525] Die Konsequenz ist auch in den Schwarzen Heften (1938/39) ausgesprochen: „Das Seyn ist ‚tragisch' – d. h. es fängt aus dem Untergang als Ab-grund an..."[526]

5.6.3.4 Zeit gibt es gar nicht

Aus der Quantenmechanik des Universums hat Julian Barbour die radikale Konsequenz abgeleitet, dass es Zeit im herkömmlichen Sinn gar nicht gibt. „Es gibt zwar Zeitpunkte, aber keine Ordnung dieser Zeitpunkte, kein Vergehen der Zeit", interpretiert Lee Smolin diese Position.[527] Nur über hohe Wahrscheinlichkeiten lässt sich der Eindruck erklären, es gebe eine Abfolge. Aber, „wenn man nur genau genug hinsieht, gibt es keine Ordnung und keine Kausalität, sondern nur einen Haufen von Zeitpunkten." Die einzelnen Zeitmomente in diesen Haufen existieren immer und ewig. Nichts endet je, weil nichts jemals begann. Die Frage, wohin die Zeit verfließt, wird in dem so gedeuteten Quantenuniversum eine sinnlose Frage; denn hier „fließt" die Zeit überhaupt nicht, sondern stellt sich dar als ein Haufen unverbundener Zeitmomente.

5.6.3.5 Die Anregung durch Lukrez

Die Zeit fließt, wenn überhaupt, nicht linear wie eine abstrakte Skala à la Newton, sondern perkoliert, versickert auf verschiedensten Wegen, und zwar wegen ihrer Relationalität à la Leibniz. Um das zu verstehen, lohnt es sich auf die Naturphilosophie von Lukrez, interpretiert durch Michel Serres, näher einzugehen.[528] Lukrez befreite die Atomtheorie in der Folge von Demokrit von jeder Vorstellung der mechanischen, kausalen Einwirkung fester Körper aufeinander. Mit der Idee des Fließens entwickelt er eine Theorie der Turbulenzen von Atomen, verursacht durch minimale Abweichungen vom parallel fließenden Fallen der Atome: dem clinamen. Das abgründige (= chaotische) Fließen wird durch das clinamen irritiert und zu Strudeln angeregt. Das ereignet sich zufällig, also ohne Kausalursache, aber mit

---

525 l. c., 20.
526 Martin Heidegger: *Überlegungen VII–XI (Schwarze Hefte 1938/39) (Gesamtausgabe Bd. 95)*. Frankfurt a. M.: Klostermann 2014, 417.
527 Lee Smolin: *Im Universum der Zeit*. 2. Aufl. München: Pantheon 2014, 136.
528 Lukrez: *Über die Natur der Dinge. De rerum natura*, 2 Bde. Darmstadt: wbg 2016; Michel Serres: *La naissance de la physique dans le texte de Lucrèce. – Fleuves et turbulences*. Paris: Minuit 1977.

weitreichenden Folgen. Die Atomtheorie des Fließens und der Turbulenzen von Lukrez verabschiedet eine naive und realistische Metaphysik der Dinge. Für Lukrez bilden sich die Dinge erst aus den Zusammenballungen durch die Turbulenzen des Fließens der Atome. Das Fließen aus dem Chaos heraus und die clinametischen Turbulenzen gehen stets einem Gleichgewicht z.B. der Ding-Gestalt voraus. Man könnte das vergleichen mit derjenigen chaotischen Leere im Medium des Zwischen im kommunikativen Text, die allen Subjekt-Konstitutionen vorausliegt. Also könnte man sogar sagen, dass auch der kommunikative Text mit seinen Funktionspositionen Perkolationen und Abweichungen von der Linearität der abstrakten Zeit des Geschehens voraussetzt. Im Sozialen erfüllen Ereignisse die Funktion des clinamens. Also verdanken nicht nur die Objekte sich den ausgelösten Turbulenzen im perkolativen, chaotischen Universum, sondern ebenso sehr die Subjekte: ursprünglich und in ihrem Inneren chaotisch. Atome sind zugleich die kleinsten Einheiten von Zeit, auch diese Zeit-Atome verbinden sich durch minimale Abweichungen voneinander in Berührungen zu stabileren, aber gleichwohl immer noch partiellen turbulenten Einheiten. Lukrez bot mit der Idee eines parallelen Fallens in der Leere eine Alternative, durch die sich die Atome als Atome erst durch das clinamen darstellen lassen, weil sie erst dann eine „anerkennende" Relation eingehen können. Nach Michel Serres' Interpretation ist der von Lukrez angenommene Raum als Leere der Nullzustand der Materie, das Atom der Minimalzustand von Materie und das clinamen der Minimalzustand von Differenz. Ein solcher Raum ist kein metrischer Raum, sondern ein Raum-Fluss, durchzogen von wechselnden, instabilen Gleichgewichtszuständen. Es gibt immer die Abweichung vom Gleichgewicht, die Katastrophe ist dem Gleichgewicht von Anfang an eingeschrieben. Die Modelle von Lukrez sind offene Modellierungen, sie gestatten daher keine statischen, sich von abschließenden Störungen abschließenden Experimente, wie sie die klassische Physik vorsieht.[529] Während diese die beschriebene und erkennbare Welt einkapselt, um Partialprozessen Gesetze zuschreiben zu können, setzt die Physik des Lukrez eine unbegrenzte Welt der Zufälle voraus, für die Wolken, Meteore, das Unberechenbare des Wetters, das Fließen und das Wogen den Anstoß des Erkennens bilden: die Gewitter und Blitze und Donner, der Regen, die Windböen, allgemein die Perkolationen der Bewegungen des Fließens. Die Unendlichkeit von Raum und Zeit hat keine zentrierende Mitte, sagt Lukrez, sondern ist nach allen Seiten hin offen. Auch die Fallbewegung der Atome bewegt sich nicht auf ein Ziel am tiefsten Punkt des Raumes (und der Zeit) zu. Um dieses Fallen recht zu verstehen, müssen wir uns von der metrischen Struktur von Oben/Unten befreien, der unendliche Raum hat kein Unten, und die unendliche Zeit des Fließens und Fallens hat keinen

---

[529] Michel. Serres: *La naissance de la physique dans le texte de Lucrèce*. Paris 1977, 90.

Zielpunkt (telos). Perkolationen sind allgegenwärtig. Und so relativieren sich auch Entstehen und Vergehen. Gestorbene Dinge (und Menschen) machen Platz für Neufigurationen der Atome. Ein anderer Effekt ist, dass die uns bekannte Welt nicht die einzige sein muss, ja kann, weil ihre Zusammenfügung keinem für alles zuständigen Tyrannen und seinen Gesetzen folgt, sondern ein Zufallsprodukt ist. Ihre Ordnung kann zerfallen, allein die Instabilität überdauert.

5.6.3.6 Hindernisse im Fluss

Der Begriff der Perkolation der Zeit avanciert zu einem der wichtigsten Begriffe bei Michel Serres. Eine Schlüsselstelle findet sich in den Gesprächen mit Bruno Latour, in denen Serres ironisch Bezug nimmt auf eine Stelle bei Apollinaire, wo es heißt: „Sous le pont Mirabeau coule la Seine..."[530] wie das Wasser der Seine unter der Brücke davonfließt. An der Phrase von Apollinaire ent-scheidet sich die ganz andere Zeit-Theorie, die Serres entwickelt. Dieses Bild folgt der klassischen, viel zu einfachen linearen Zeit-Auffassung. Serres spottet, Apollinaire sei wohl noch niemals auf einem Schiff gewesen, geschweige denn, dass er die Seine von der Mirabeau-Brücke aus beobachtet habe. Denn sonst hätte er in diesem Fließen eine Gegenbewegung, Turbulenzen beobachten können. Denn nicht alles Wasser unter der Brücke fließt geradewegs in Richtung la Manche, einiges kehrt um und fließt in die Gegenrichtung. Auch die Zeit ist wie dieses Fließen nicht laminar; sie fließt tatsächlich anders: „...le temps coule de manière turbulente et chaotique, il percole."[531] Die Zeit hat nicht die Gestalt einer linearen Ausdehnung, sie folgt eher der Struktur der mathematischen Chaos-Theorie, nach der eine gegebene Unordnung expliziert werden kann, bzw. neu geordnet, und zwar mittels der Fraktale.[532] So erscheinen im Zeit-Fluss Haltepunkte, Brüche, Beschleunigungen, Abzweigungen, Bifurkationen, Verzögerungen, Störungen, Wirbel und Katarakte, mindestens aber offensichtliche Unordnungen. Auf diese Weise kommen darin Lukrez und die moderne physikalische Theorie der Flüssigkeiten überein und sind sich so trotz des Abstands der Jahrhunderte ganz nah: „...la théorie classique [der Zeit] est celle de la ligne, continue ou coupée, alors que la mienne serait plutôt chaotique. Le temps coule de façon extraordinairemement complexe, inattendue, compliquée..."[533]

Die Verwirbelungen (Turbulenzen) führen nicht nur zu Gegenzeitlichkeiten derart, wie Spielzeugschiffchen im Wirbel nach einem Hindernis eine kurze Zeit in

---

530 Michel Serres: *Éclaircissements*, 90.
531 l. c., p. 91.
532 Zur Ordnung durch Unordnung und umgekehrt s. auch Michel Serres: *Hermes V.* Berlin: Merve 1994, 228.
533 Michel Serres: *Éclaircissements*, 89.

Gegenrichtung fahren, sondern u. U. am Standort quasi in Unzeitlichkeit verharren, auch wenn anderes fortfließt, sondern sie führen auch dazu, dass der Zeit-Pfeil ungültig wird und, was wie ein Vorwärts scheint, nichts als ein Kreislauf ist. So glaubt der Nager im Hamsterrad, unentwegt geradeaus zu laufen und niemandem, keinem Beobachter könnte er Glauben schenken, der ihm zuriefe, dass der Kreislauf doch kein Fortschreiten bringt. Könnte der Hamster, fragt sich, seine Position in der Vorwärts-Bewegung berechnen: weiß er, wo genau er ist? Die lineare Ordnung seiner Bewegung ist in Unordnung geraten, sagt der Beobachter, weiß der Hamster das? An raffinierteren Jahrmarkts-Fahrgeschäften ist ersichtlich, wie Turbulenzen auf Turbulenzen aufsitzen können, selbst wenn sich letztlich alles im Kreise dreht. Und auch für die in diesen turbulenten Fahrten Einsitzenden ist ihre gegenwärtige und ihre zukünftige Position nicht berechenbar: Sie sind dem Zufall ausgeliefert. Das gilt umso mehr für die Hemmungen durch Hindernisse im Verkehrsfluss, sei es durch unvorhersehbare Ereignisse, sei es auch durch geregelte Eingriffe wie Verkehrsampeln, sei es auch durch Verdichtungen im Verkehrsfluss selbst. Für Windbewegungen und deren meteorologische Unberechenbarkeiten hat man die Aerodynamik als Verfahren der Reduzierung der Unvorhersehbarkeiten eingesetzt. Aber Windböen sind eben doch auch für Flugzeugpiloten immer noch u. U. katastrophal: sie lassen zuweilen Flugzeuge, vor allem Hubschrauber und Segelflugzeuge, unversehens abstürzen.

Solche Umkehrungen im Bewegungsfluss prägen auch die Bewegungen in einem Labyrinth, sie sind okkasionell, nicht geradlinig, sie gleichen Verirrungen und folgen Verzweigungen, denen eine prägende Gewissheit einer cartesischen Linearität ermangelt. Man kann nicht planen und nichts vorhersagen (imprévisibilité), gleichwohl wird man im Nachhinein sagen könne, warum es so kommen musste, wie es kann. Das Wahre entfaltet sich in einer retrograden Bewegung.

5.6.3.7 Die Faltung

Ferner bemüht Serres die knetende Tätigkeit des Bäckers, er faltet und entfaltet den Teig, er impliziert und expliziert. Das korrespondiert wiederum die Theorie der Implikation und Explikation bei Nikolaus Cusanus. Der Begriff der Faltung tritt erstmalig hervorragend zu Tage in der Philosophie der coincidentia oppositorum des Cusaners. Nach ihr eint die Vorsehung Gottes das Gegensätzliche, sie ist Einfaltung (complicatio) von allem, also auch des Gegensätzlichen.[534] Das ist deswegen

---

534 Nikolaus von Cues: *De docta ignorantia, 1. Buch, XXII (Philosophisch-theologische Schriften)*, hrsg. v. L. Gabriel. Freiburg: Herder 2014, I., 270: „...manifestum est Deum esse omnium complicationem, etiam contradictoriorum, tunc nihil potest eius effugere providentiam; sive enim fecerimus aliquid sive eius oppositum aut nihil, totum in Dei providentiam implicitum fuit."

notwendig, weil seine Vorsehung notwendig und unveränderlich ist, er hätte also auch das Gegenteil dessen, was er vorhersah, vorhersehen können. Denn auch diese Möglichkeit ist in der Einfaltung mitgesetzt, zwar nicht als das Eingefaltete, wohl aber als die Einfaltung, so dass die Ausfaltung des Eingefalteten in der Einfaltung mitgesetzt ist. Wenn ich auch morgen lesen oder nicht lesen kann, „so werde ich, was immer ich tue, der Vorsehung nicht entgehen", weil sie auch das Entgegengesetzte umfasst. „Was ich also tun werde, wird der Vorsehung Gottes gemäß geschehen."[535] Nur auf der Grundlage der Unterscheidung von Einfaltung und dem Eingefalteten ist diese Überzeugung möglich.

Die Koinzidenz des Größten und des Kleinsten kann auf diese Weise mathematisch gezeigt werden, nämlich als Grenzphänomene: der unendlich kleinste Winkel in einem Dreieck fällt mit dem unendlich größten zusammen, weil die beiden Unendlichkeiten das Dreieck mit der Grundlinie des Dreiecks zusammenfallen lässt. Ebenso hat der Kreis mit dem unendlichen Radius eine Krümmung Null, eine Krümmung der Peripherie und fällt so ebenso wie der unendlich kleine Kreis mit dem Punkt zusammen. Anders gesagt: ist die unendliche Einheit die Einfaltung von allem.: „Unitas igitur infinita est omnium conplicatio."[536] Das heißt: diese Einheit eint (kompliziert) alles, so wie man in jeder Zahl die Entfaltung der Eins erblicken kann: Zählung ist Entfaltung dieser Eins. Und: Wie immer man eine Linie teilt, man wird in der Teilung immer den Punkt, d.h. die Eins vorfinden. Es geht also um die Einheit der Gegensätze von Minimum und Maximum in der Faltung. Der Grund entfaltet den Gegensatz, und er kompliziert sie. Der Punkt also entfaltet sich als Linie, oder anders gesagt. In jeder Falte findet sich die Einheit der Faltung, also des Faltens. Für die Zeit, um die es uns ja geht, gilt: Vergangenheit und Zukunft sind Entfaltungen der einen geordneten Gegenwart: „praesentia complicat tempus. ... una est ergo praesentia omnium temporum complicatio. Et illa quidem praesentia est ipsa unitas."[537] Für die Zeit gilt dann, dass die Bewegung die Entfaltung des Ruhezustands ist. Die Einfaltung aller Zeiten hinwiederum („omnium temporum complicatio") steht in der Gegenwart.

Mit der Idee der Faltung gelingt es Cusanus, die Mannig-faltigkeit in der Einheit einer Falte zusammenzufügen; es ist diese Mannigfaltigkeit, also die Viel-falt, die der Faltung ihre Bestimmtheit als Zusammenhang und als Prozess der Relationen zuweist.

Der eine Gott erscheint in der Vielfalt seiner Namen, die Erkenntnis und die Benennung Gottes ist dem Menschen nur in der Ausfaltung („explicatio") zugäng-

---

535 l. c., 275.
536 2. Buch III, 330.
537 l. c., 332.

lich; denn Gott an sich ist die Einfaltung („complicatio") der Gegensätze: seine Vorsehung sieht alles, alles, was geschieht und alles, was niemals geschieht, aber geschehen könnte, aber auch dessen Gegenteil. Die Welt, wie wir sie wissen können, als zentriert im Geist (weder Erde noch Sonne stehen im Mittelpunkt des Universums, sondern der Geist), ist die Explicatio dessen, was in der Einheit des göttlichen Geistes kom-pliziert (eingefaltet) ist.

Nikolaus von Kues bezeichnet die Vielheit in der Einheit, durch die Vieles in die Vielfalt eingeht, als Zusammenfaltung (complicatio). Gemäß der Koinzidenz-Lehre fällt diese Bewegung aber zusammen mit der Ausfaltung der Einheit in das Viele (explicatio): „Der Vorgang des Zählens ist doppelgesichtig: auf das Viele gesehen complicatio, auf die Einheit gesehen explicatio. Die Vielheit ist die Einheit selbst, nämlich explicative, die Einheit ist die Vielheit selbst, nämlich complicative."[538]

Je nach Faltung (pli)[539] in Implikation und Explikation liegen im Raum Paris und Madrid ganz nah beieinander und Vincennes und Colombes ganz entfernt, und in der Zeit sind Lukrez und die gegenwärtige an der Topologie geschulte Physik einander ganz nah. Beide nämlich arbeiten sich an dem Fließen und an den Turbulenzen im Fließen ab.

Die Turbulenzen lassen sich nicht kausal/linear erklären, sondern sind in dem Sinne Zufallsereignisse, sind durch clinamen (minimale Abweichungen) oder durch Hindernisse im Fluss hervorgerufene Abweichungen. Descartes und die ihm folgende metrisch ausgerichtete Physik glaubte, dass der gerade Weg (z. B. wenn man sich im Wald verirrt hat) der sicherste Weg zum Ziel sei (z. B. der Erkenntnis der Wahrheit). Schon für den im Wald Verirrten ist die Linearität nicht optimal, weil sie von allen Unwägbarkeiten des Geländes absieht, d. h. abstrahieren muss. Die von Michel Serres in seinen Büchern favorisierte Methode ist daher die Randonnée, das schweifende und auf alle Abwege achtende Erschließen des Raumes und der Zeiten. Dieser subversiven Methode folgte bereits Rousseau in seinen *Rêveries*, und vor allem Montaigne in seinen *Essais*.

Croissants oder Strudelteig muss wiederholt gefaltet werden, d. h. die Ausrichtung eines Teigstücks wird umgekehrt: was rechts war, wird nach links umgeschlagen. Diese Faltungen werden mehrfach wiederholt, so dass eine entstandene Falte zu einer neuen überlagernden Faltung gefaltet wird: der Teil perkoliert.

---

[538] Karl-Heinz Volkmann-Schluck: *Nicolaus Cusanus. Die Philosophie im Übergang vom Mittelalter zur Neuzeit*. 3. Aufl. Frankfurt a. M.: Klostermann 1984, 49; cf. 51.
[539] Zur Falte s. Gilles Deleuze: *Die Falte*. Frankfurt a. M.: Suhrkamp 2000; und vor allem auch den Bd. Wolfram Pichler / Ralph Ubl (Hg.):*Topologie. Falten, Knoten, Netze, Stülpungen*. Wien: Turia + Kant 2009.

5.6.3.8 Die labyrinthische Vermeidung methodischer Zielstrebigkeit

Perkolative Bewegungen finden auch im Raum theoretischer Prozesse statt. Nach Henning Eichberg realisieren sich diese Bewegungen nicht allein aus Impulsen der Theorie, sondern sind fundiert in bewegten Körpern: „Theorie tanzt."[540] Übergeht man die Theoriebewegungsformen des sogenannten Mainstreams, als da sind die cartesianische Methode, Dichotomisierungen, insbesondere asymmetrische (wie z. B. die Guten gegen die Bösen oder die Geimpften gegen die Ungeimpften), die Matrix der sich theorieförmig ordnenden Welt, der Fortschritt, die Verbindung von Matrix mit Dichotomisierungen zu Hierarchisierungen, die Kausalisierung als Verbindung von Fortschritt und Methode, so kann man dagegen andere Bewegungsformen mit Eichberg aufbieten, erstens „ein spielerisches Durchprobieren theoretischer Möglichkeiten"[541], was man auch die frühromantisch/postmoderne Bewegungsform nennen möchte, zweitens das Paradox, in dem Gegensätzliches nicht ausgegrenzt, besiegt oder negiert wird, eine Form in der bereits, ungeachtet der Statik des Paradoxes, das Perkolative durchscheint, ferner schließt das/der Dritte die Dichotomie und die Hierarchie aus. Besondere Aufmerksamkeit aber verdient die eindeutig perkolative Bewegungsform des Labyrinthischen. Es ist eine Bewegung des Umwegs, dessen Ziel sich am Ende als leer, als ein Nichts herausstellen wird.

Am Gängelband der listigen Ariadne ging Theseus, unser „Held", ins Labyrinth; er glaubte, cartesianisch-methodisch voranzuschreiten, in der Mitte des Labyrinths, eines Einweglabyrinths, das ihm keine richtigen oder falschen Entscheidungen abverlangte, fand er folglich Nichts. Aber zurückgekehrt verkündete er, dass er in der Mitte den Minotaurus gefunden und tapfer erschlagen hätte. Den Spott der Minoer vermeidend, weil er am Gängelband der Methode gehend immer geradeaus gegangen zu sein glaubte oder vorgab, konnte er sich feiern lassen als der, der ein Nichts erschlagen hatte. Der labyrinthische Weg und die labyrinthische Bewegung führen eben nicht geradewegs zu einem vorgefassten Ziel, sondern sind mehrdimensional ineinander verschlungen. Man glaubt, sich dem Ziel zu nähern und entfernt sich von ihm, weil die Mitte durch Mittel verhüllt ist. Man glaubt, sich dem Ziel zu nähern und steigert genau mit dieser Bewegung die Komplikation des Labyrinths. Das ist kein Grund, die labyrinthische Bewegung zu vermeiden und stattdessen den Stillstand zu wählen. Die Komplikation des Labyrinths ist nur die Verschlingung von Implikation und Explikation in der perkolativen Bewegung im Labyrinth. Den Einheitspunkt, sei es als Arché, sei es als Telos, gibt es nicht. Das ist

---

540 Hennig Eichberg: „Bewegungsformen der Theorie. Oder: Die Wissenschaft beim Körper nehmen", in: Henning Eichberg / Jǿrn Hansen (Hg.): *Bewegungsräume. Körperanthropologische Beiträge*. Butzbach-Griedel: Afra 1996, 269–289, hier 269.
541 l. c., 279.

die unwiderrufliche Einsicht der Postmoderne. In ihr hat die autonome Souveränität des Subjekts ausgedient; Ursprung und Ziel als absolute Einheitspunkte sind verschwunden und geben keine Orientierung in den labyrinthisch fortwachsenden Netzen mehr ab. Das Subjekt ist zum verführten Subjekt geworden, aber nicht mehr verführt durch die eine listige Ariadne, sondern durch die in jeder Bewegung sich vermehrende Vielzahl solcher Listgeberinnen. Es ist nicht mehr angezeigt, den kürzesten Weg zum Minotaurus (resp. zum Nichts) zu finden, um die Nichtigkeit zu negieren, sondern die Verführung auf allen Wegen zu genießen, was aber nichts anderes heißt, als in dem Prozess der Bewegung das Zwischen, das Labyrinth als Medium der Verführung zu genießen.[542] So sind Labyrinthe rhythmische Strukturen, die in der minoischen Antike einen Tanz beschrieben; ihre Rhythmik ergibt sich aus der Oszillation von Nähe und Distanz im Tanzvollzug.

So eröffnet sich die doppelte Perspektive auf den geraden kürzesten Weg zu einem vordefinierten oder hypothetisch angesetzten Ziel einerseits, auf eine Auslieferung / Sich-Anvertrauen auf die Vielfalt der Wege andererseits, also auf den Discursus einerseits, das schweifende Erkunden andererseits. „Le temps s'écoule comme un flux qui percole à travers un réseau de possibles." Auf diese Weise bildet sich die reine temporale Pluralität aus: alles ist temporal-plural: die Wellen des Meeres, die Bäume des Waldes, das Lärmen der Gesellschaften, die Arbeiten.[543] Πάντα ῥεῖ ist also nicht unter der Dominanz der neuzeitliche Kausalitätsvorstellung zu deuten als Bewegung *im* Newtonschen Raum, nach der alles geradeaus fließt, sondern modal-relational als eine Perkolation des Fließenden, also als eine quasi-nomadische Raumerkundung und Raumerschließung: das Boot bahnt sich (immer neu) seinen Weg in den unwägbaren Wogen des Fließenden.

5.6.3.9 Rhythmus

Wenn Rhythmus allgemein bestimmt ist als Begegnung zweier Zeiten, zweier Chronien,[544] dann ergibt sich immer dann eine Perkolation, wenn die Zeiten wenigstens partiell asynchron sind. Dann entsteht im Zusammenfließen zweier Fließender eine perkolative Turbulenz. Das lässt sich übertragen auf jegliche rhythmische Turbulenz. Wenn zwei Philosophien in einer hermeneutischen Relation aufeinander stoßen, ergibt sich eine spezifische Rhythmik. Ja, die an-archische Textualität einer solchen Begegnung zweier Texte macht das Wesen der Philosophie aus: Sie ist Störenfried des einfachen und unfraglichen Dahinfließens von Meinungen. Während also die Wissenschaften an der Einrichtung von Ordnungen ar-

---

542 S. dazu auch Kurt Röttgers: *Das Soziale denken*. Weilerswist: Velbrück 2021, 162–173.
543 Michel Serres: *Genèse*. Paris: Grasset 1982, 5.
544 Michel Serres: *Das Verbindende. Ein Essay über Religion*. Berlin: Suhrkamp 2021.

beiten, ist es Beruf der Philosophie zu intervenieren und zu stören. Sie ist der Dritte, bezogen auf die Entwicklung von Meinungsgebäuden und gesicherten Beständen. Sie eröffnet den Blick auf ein Anders- oder Mehr-Leben des Geistes. Geist ist per se perkolativ. In seinem Blick erscheint – zwangsläufig – perspektivisch und nicht objektiv der Raum als Stelle, die Zeit als Moment. Und aus dieser Sicht, die sich erzeugt im turbulenten Moment rhythmischen Zusammenfließens, gibt es keine Transformationsregel in eine Objektivität von Raum und Zeit. In dieser Szene des Hier und Jetzt des perkolativen Ereignisses macht der Fortschritt keinen Sinn mehr; denn jedes Fortschreiten befindet sich immer im Hier/Jetzt des einmaligen Ereignisses; der Weg ist keine Route.

Anders ausgedrückt: Das Ereignis ist derjenige Kontinuitäts-Bruch, durch den ein Abgrund sich eröffnet; in Turbulenzen zieht es in den Abgrund. In den Turbulenzen gibt es weder Identitätsgewähr, noch erscheint der Raum als Ort, bzw. als Nicht-Ort, d.h. als Stelle. Nicht-Ort: Heimat hat aufgehört, alles ist im Übergang ins waghalsig Offene. Der perkolative Taumel „est *l'automouvement du chaos.*"[545] Der Rhythmus der zwei Chronien gewährleistet aber zugleich die Entstehung einer temporalen Ordnung aus dem Chaos heraus, so wie bei Lukrez durch das clinamen, die kleine nicht erwartbare und zufällige Abweichung vom chaotischen Fließen der Atome, minimale Ordnungsstrukturen entstehen. Solche vom Zufall erzeugten minimalen Ordnungen auf den chaotischen Turbulenzen sind die Realität(en).

Begreift man Rhythmus auf diese Weise als turbulente Begegnung, dann versteht es sich, dass es kein objektives Maß des Rhythmus geben kann; in der Musik als Unvergleichlichkeit von Metrum und Rhythmus. Metrisch, sei das Maß Largo, sei es Allegro, kann rhythmisch vielerlei geschehen: immer begegnet ein Fließen einem anderen, überlagert eines das andere, lässt sich von ihm modalisieren. Selbst in militärischer Marschmusik mit ihrem anscheinenden Vorherrschen des puren Metrums begegnen doch auch widerspenstige Synkopen; denn sobald das eindeutige Stampfen eine Melodie bekommt, ist es mehr als bloß metrisch. Selbst wenn man – wie Maldiney es tut – den Rhythmus mit dem Wechsel von Diastole und Systole zu begreifen versucht, bleibt doch klar, dass im Atmen oder im Schlagen des Herzens Diastole und Systole keine festen Gegebenheiten sind, sondern sowohl in Frequenz wie in Amplitude rhythmisch variieren. Das gilt umso mehr, wenn man die labyrinthische Bewegung in diesem Schema zu deuten hat.

Rhythmus zeigt sich nur im Prozess. Das aber heißt: Dort, wo ein geschlossenes „Werk" auftritt, erscheint Rhythmus lediglich entweder im versuchten Nachvollzug des Schaffensprozesses oder aber als eigenständige Suchbewegung. In beiden Fällen

---

545 Henri Maldiney: „L'esthétique des rythmes", in: *Les rythmes. Conférence présentées au colloque sur les rythmes à Lyon en dec. 1967.* Lyon 1968, 225–245, hier 227.

handelt es sich um eine Überlagerung zweier Zeiten. Die eine wird für die andere zum abgründigen Ereignis. Als Ereignis ist es selbst kein Fließen, sondern gewissermaßen ein Konter-Fließen, es zerstört oder stellt das gleichmäßige Fließen infrage: „Le rythme est dans le remous de l'eau, non dans le cours du fleuve."[546]

Der zerstörende, d.h. temporär schweigende Andere des kommunikativen Textes manifestiert die rhythmisierende Potentialität der Wortergreifung, sie tritt rhythmisierend in den fortlaufenden Prozess ein. Obwohl der Rhythmus Sinnartikulation ist, lässt sich nicht von einer Grammatik des intervenierenden Schweigens sprechen: der Rhythmus chaotifiziert wie ein Schrei, er erzeugt das Ereignis, Löcher im reinen Fortschreiten, ein Zero-Phänomen. „Un rythme n'a pas de modèle, hors de lui ni en lui."[547] Der Rhythmus chaotifiziert, zugleich ist er aber die einfache Antwort auf den Abgrund des Chaos; denn er vollzieht den Übergang vom Offenen als Schlund zur Offenkundigkeit des Seins.[548]

Mit Bezug auf Henri Maldiney und Joël Clerget läßt sich das Hereinbrechen fremder Körperlichkeit in den Text am Phänomen des Rhythmus zeigen. Maldiney zitiert (mehrfach) das erste Sonett aus dem zweiten Teil der *Sonette an Orpheus* von Rainer Maria Rilke: „Atmen, du unsichtbares Gedicht ... Gegengewicht, in dem ich mich rhythmisch ereigne."[549] Das lyrische Ich, das sich sowohl dem Metrum des Maßes als auch dem Chaos entzieht, ereignet sich in der Körperlichkeit des Rhythmus, in dem geatmet wird. Dieses Sichereignen ist nicht Gestalt oder gewordenes Werk, sondern es geschieht im Prozess und nur dort. Es geht nicht nur um das Gesagte, sondern um das Sagen. Der Rhythmus sagt nichts, seine Wahrheit ist das Sagen selbst und nicht das Gesagte, es ist auch nicht die Realisierung vorgegebener Möglichkeiten. Es gibt kein Maß des Rhythmus, das der objektiven Zeit entspränge; der Rhythmus folgt keinem Code und keiner Grammatik. Gleichwohl ereignet er sich an oder in jeglichem Text. Wenn man Textualität allein auf die getätigten Aussagen beschränkte, entzöge sich der lebendige Text. Der Rhythmus lässt die Sinnlichkeit und Lebendigkeit zur Geltung kommen. Ein Beispiel von Friedrich Hölderlin für die Bedeutung des Rhythmus: „Nah ist | und schwer zu fassen der Gott". Das ist unsagbar etwas anderes als mit den gleichen Wörtern, aber ohne die Spezifik des Rhythmus die Aussage: „Der Gott ist nah und schwer zu fassen." Da der Rhythmus weder etwas Sagbares sagt, noch aber den Text verlässt in ein Jenseits des Textes, wie etwa das mystische Schweigen, die nackte Gewalt oder die erotische

---

546 l. c., 233.
547 Henri Maldiney: „Une phénoménologie à l'impossible: La poésie", in: *Etudes phénoménologiques = Phenomenological studies* 5/6 (1987), 5–52, hier 51.
548 ders.: „Die Ästhetik der Rhythmen". in: Caudia Blümle u. Armin Schäfer (Hg.): *Struktur, Figur, Kontur*. Zürich, Berlin: diaphanes 2007, 47–76, hier 54.
549 Rainer Maria Rilke: *Gesammelte Gedichte*. Frankfurt a.M.: Insel 1962, 507.

Ekstase, sondern als ein dem Sagbaren immanentes Nichts begegnet, ist er es, der die sinnliche Seite des Textes, seine Körperlichkeit enthüllt.

Hölderlin hatte offenbar ein besonderes Gespür für die Bedeutung des Rhythmus. Isaac von Sinclair hat den späten, den „verrückten" Hölderlin aufgesucht und ihn acht Tage lang in intensive Gespräche verwickelt. In ihrem Roman über die Günderode referiert Bettina von Arnim das, was Sinclair ihr darüber berichtet habe. Hölderlin unterschied demnach ein geistloses Versemachen entlang dem Metrum von einem vom Geist beseelten Rhythmus, ja Geist hat Realität nur im Rhythmus. Aber wegen des Geistes im (lyrischen) Text entspricht dieser auch dem göttlichen Geist der Welt. Daher lautet seine Quintessenz: „Einmal sagte Hölderlin, Alles sei Rhythmus, das ganze Schicksal des Menschen sei ein einziger himmlischer Rhythmus, wie auch jedes Kunstwerk ein einziger Rhythmus sei, und alles schwinge sich von den Dichterlippen des Gottes, und wo der Menschengeist dem sich füge, das seien die verklärten Schicksale, in denen der Genius sich zeige ..."[550] Das sagte der Fremdling Hölderlin, womit wir von der Ausgangsproblematik des Fremden in Gegenübersetzung zur Identität bei dem Gedanken angekommen wären, dass der Fremde im Text das Eigentliche des Eigenen sei, wenn anders der Text eine Artikulation des Geistes sein sollte. In der Sprache der Sozialphilosophie des kommunikativen Textes heißt das: die Sinndimension des kommunikativen Textes (neben Zeit und Sozialem) erschließt sich nur, wenn Fremdheit sich im Text ereignen kann. Das Jenseits des kommunikativen Textes, in dem der Fremde wohnt, muss diesen öffnen, so dass das Fremde als Anderes des Textes in Erscheinung treten kann und damit der Fremde als der Andere. Auch in der Sinndimension kennen wir die Ausgrenzungsgeste: es ist das verbotene Wissen und die verfemte Moral. Nur wenn beides sich Eintritt in das Zwischen des kommunikativen Textes verschaffen kann, sowohl das Jenseits des Wissens und das Jenseits der Moral, dann haben auch die Fremdkörper im Text ihren legitimen Ort, und zwar, wie gezeigt, z.B. durch die Körperlichkeit des Rhythmus, der uns mit dem Fremden tanzen lässt. Der labyrinthische Tanz als Ordnung der Bewegung regelt gleichwohl eine rekursive Ordnung, insofern ein Übergehen vom Chaos zu einer spezifischen Ordnung.

Der Rhythmus des kommunikativen Textes ist in der Mündlichkeit das Atmen im Prozess des Sprechens. In der schriftlichen Form des kommunikativen Textes wird solche Rhythmik durch Interpunktion abgebildet. Eine endlose, ungegliederte Textualität ließe mit der fehlenden Rhythmik auch den Sinn korrodieren. Bezogen auf die Funktionsposition des Selbst ist der Rhythmus sowohl an der Setzung und Genese als auch an der Bewahrung des Selbst beteiligt. Wie soll man das denken,

---

550 Zit. nach Friedrich Hölderlin: *Werke, Briefe, Dokumente.* Stuttgart, Hamburg: Deutscher Bücherbund 1963, 830.

was uns denkt, wie den Sinn erkunden, der den Text rhythmisiert? Es ist der Einbruch des jeden Text begleitenden Schweigens, das den Text von innen her rhythmisiert. Ohne eine eigene Zeichenhaftigkeit und Grammatik ist es doch die Lücke, dieser Bruch im Text, der sinnhaft und be-deutend wirkt. Heideggers „Erschweigen" ist sein Rhythmus, in ihm sagt sich, was niemand (intentional) sagen könnte: die Stimmigkeit (oder nicht) der Stimme. Besonders offensichtlich wird dieser Zug im lyrischen Sprechen, in ihm drängt der Gedanke zur Gestalt, „produziert" den Rhythmus der Textualität.

Ergebnisse: Konnte schon in der Physik nicht mehr von der linearen Zeit eines Zeit-Pfeils ausgegangen werden, und zwar nicht nur durch die Relativität der Zeit in der Speziellen Relativitätstheorie, sondern vor allem durch die Allgemeine Relativitätstheorie mit der Annahme einer Krümmung der Raum-Zeit unter Einfluss der Gravitation, sollte man dann wirklich für die kulturellen Prozesse noch von veralteten physikalischen Modellen ausgehen? Aber auch die durch die Kantsche Revolution der Denkungsart als Anschauungsform eines erkennenden Subjekts trägt nicht sehr weit zur Deutung der Kultur-Zeit. Es waren daher verschiedene Figurationen von Zeit zu prüfen, allerdings ohne das Ziel eine als optimal gegenüber den anderen auszuzeichnen, sondern vielmehr eine temporal plural sich differenzierende Zeit herauszuarbeiten. Im Einzelnen ging es um *Bifurkationen,* die eine Vielzahl von Ausrichtungen, von Geschwindigkeiten und Rhythmen hervorbrachten; um die *Relationalität,* die die Linearität zugunsten eines Zwischen verließ; um differente *Wiederholungen;* um *Zeit-Umkehr* in ereignishaften Zerklüftungen und Turbulenzen; um *Abweichungen* und *Parallelitäten;* um Sickern der Zeit in *Perkolationen*; um labyrinthische Aufteilungen von Zeit-Bahnen; um *Faltungen* und Überlagerungen; um eine „tanzende" Zeit im Rhythmus.

5.6.4 Die biedermeierliche Angst vor der Unruhe

Ralf Konersmann hat in seinem Artikel *Kultur* seines *Wörterbuchs der Unruhe*[551] festgestellt, dass „Kultur" sich deswegen erst spät als Orientierungsbegriff durchsetzen konnte, weil über Jahrhunderte alles Menschengemachte als „Schall und Rauch" galt und alles Getriebe „an seiner eigenen Unruhe" scheiterte.[552] Kultur (Konersmanns exquisite Beispiele für Kultur sind: Altäre, feste Behausungen, Kleidung, Nahrung, Städte...) schuf eine „Behaglichkeit des Lebens". Aber diese

---

551 Ralf Konersmann: *Wörterbuch der Unruhe*. Frankfurt a. M.: S. Fischer 2017, 108–116.
552 l. c., 108.

Kultur der Behaglichkeit scheitert an der Unruhe, der äußeren („andrängende Wildnis") sowie der inneren („Missgestimmtheit und Streitsucht"). Von einer „tumultuarischen Kulturwelt" – so interpretiert Konersmann den Platonischen Mythos – „angeheizte Unruhe" müsse durch „Ordnungen und Bande" gezähmt werden. „Die Kultur, so der Vorbehalt von Platon bis Rousseau, ist eine Welt ohne Maß, eine Welt der ungebändigten und sich aus sich selbst heraus verstärkenden Unruhe,"[553] lautet das pessimistisch-pathetische Fazit Konersmanns. Doch aus diesem Kultur-Fatalismus führt Senecas Rat zunehmender Reflexion heraus. Auch hier ist das erklärte Ziel, die Kultur-Unruhe zu bändigen: Kultur-Kritik mutiert zu Unruhe-Kritik.

Aber die Unrast ist das Movens des Lebens: wer rastet, der rostet nicht nur, sondern seine Ruhe ist Stillstand des Lebens, ist Tod; sich zur Ruhe zu setzen, fördert den Verfall und die Verwesung. Ruhe kann nur die Forderung der vom Besitz Besessenen sein. Er hat alles für ihn Erreichbare erreicht, gehört zu den beati possidentes der vorkapitalistischen Gesellschaft. Die kapitalistische Dynamik der Gesellschaft kann solche Lethargie nicht zulassen.

Auch der Ruheständler wird nicht in Ruhe gelassen, beklagt sich Odo Marquard, man erwartet etwas von ihm, und das bewegt ihn.[554] Philosophie-Aversionen vom napoleonischen Typ versprechen Ruhe und Sicherheit eines ideellen, kulturellen Bestands; doch „Metaphysiker" bedrohen diese Ruhe. Daher setze Napoleon seinen Ehrgeiz darein, die metaphysischen Unruhestifter zu beseitigen. Er selbst sagte im Staatsrat am 24.7.1810: „La tranquillité des peuples et la sûreté des États sont d'un trop grand intérêt pour les sacrifier à des idées métaphysiques."[555] Und schon 1803 soll er gesagt haben: „... il n'y aurait plus de repos pour le monde avant qu'il rût épuisé tous des genres de systèmes que les métaphysiciens peuvent imaginer, et, à cet égard, ils sont inépuisables."[556]

Nicht zu Unrecht bezeichnete Henri Maldiney den Philosophen (und den Künstler, i.e. allgemein den Kulturellen) als „Störenfried": er bringt Unruhe in den

---

553 l. c., 110.
554 Odo Marquard: „Theodizeemotive in Fichtes früher Wissenschaftslehre", in: *Individuum und Gewaltenteilung.* Stuttgart: Reclam 2004, 145–158, bes. 145.
555 Zit. nach Ulrich Dierse: „Napoleons Ideologiebegriff", in: *Archiv für Begriffsgeschichte 22, (1978),* 30–89, hier 42.
556 Joseph Fiévée: *Correspondance et relations avec Bonaparte (Paris 1836).* Bd. 1, 114, zit nach l. c., 54.

festgefügten Kanon des Wissens der positiven Wissenschaften, und er „verwirrt das gute Gewissen...".[557]

Die generelle These von Konersmann, um darauf zurückzukommen, ist: „Unter dem Regime der Unruhe weicht die hergebrachte Orientierung an Zielen und Zwecksetzungen, an Bleibendem und Dauerndem, einer authentischen Ethik des grenzenlosen Wandels und des fortgesetzten Aufschubs..." – m.a.W. der différance.[558] Das Dominium der Unruhe verlangt Flexibilität, selbst auch noch in normativer Hinsicht. Es ist die „Weigerung [Weigerung von wem?] die Dinge auf sich beruhen zu lassen."[559] Für diese Weigerung führt Konersmann den Terminus „Inquietät" ein.[560] Das Gegenbild, das entworfen wird, sei der Mythos, der bestimme: „So ist es und so bleibt es."[561] Aber am Ende wird die Unruhe nicht nur den Mythos sprengen, sondern wird selbst zum Mythos: „Die Unruhe ist das Vertraute und allgemein Erwartete, der Inbegriff des So-ist-es, auf das all die Wertmaßstäbe und Glaubenssätze abgestimmt sind, mit denen uns die Wortmaschine der Unruhe Tag für Tag zu Leibe rückt."[562] Mit seiner These über den Mythos als das „So ist es und so bleibt es" widerspricht Konersmann offensichtlich, ohne es eigens zu sagen, der Theorie des Mythos bei Hans Blumenberg, dessen mythengenealogischen Forschungen die Wandelbarkeit von Mythen im Laufe ihrer vielfältigen Ausdeutungen zu Tage gefördert hat.[563] Konersmann aber sieht den Mythos so an, als zeige er die Wirklichkeit „als geschlossene, sich aus sich selbst heraus verstehende Situation."[564] Gleichwohl erschafft Konersmann selbst den Mythos von Kain, der als unser Urvater alle Merkmale der Unruhe in sich vereint: „unzugehörig schlechthin, ein Vagabund, ein Getriebener", „sein Sein ist nichts als Weggehen".[565] Unser Urvater ist er, weil in ihm die Gleichursprünglichkeit von Unruhe und Kultur verkörpert sei.[566] Die Kultur-Unruhe oder Unruhe-Kultur gebiert ein Bild eines paradiesischen Zustands einer Welt ohne Unruhe, doch kennt sie kein Zurück, sondern schreitet unerbittlich und ohne Rück-Sicht in die „bessere" Zukunft aus. Das Bild ihrer Ruhe inmitten der Unruhe heißt nun „Muße". „Was heute, in den Zeiten der normali-

---

557 Henri Maldiney: „Die Ästhetik der Rhythmen", in: Claudia Blümle / Armin Schäfer (Hg.): *Struktur, Figur, Kontur. Abstraktion in Kunst und Lebenswissenschaften.* Zürich, Berlin: diaphanes 2007, 47–76, hier 47.
558 Ralf Konersmann: *Die Unruhe der Welt.* Frankfurt a.M.: S. Fischer 2015, 9.
559 l. c., 19
560 l. c., 40.
561 l. c., 74.
562 Ralf Konersmann: *Wörterbuch der Unruhe,* 217.
563 Hans Blumenberg: *Arbeit am Mythos.* 3. Aufl. Frankfurt a.M.: Suhrkamp 1984.
564 Ralf Konersmann: *Die Unruhe der Welt,* 99.
565 l. c., 105; 109.
566 l. c., 117; zu Kain ausführlicher Ralf Konersmann: *Wörterbuch der Unruhe,* 84–92.

sierten Unruhe, die Muße sein könnte, ist eigentlich kaum mehr vorstellbar. Wort und Sache scheinen verloren, die Klischees der Freizeit und der Zerstreuung haben sich durchgesetzt."[567]

Diese Schwarzmalerei braucht nicht unwidersprochen zu bleiben. Vor einem halben Jahrhundert bereits hat Joseph Pieper in Anknüpfung an den antiken Begriff der vita contemplativa einen gehaltvollen Mußebegriff zu formulieren versucht und kommt zu dem bemerkenswerten Ergebnis, dass der Bereich der Muße „eines der Fundamente der abendländischen Kultur" sei.[568] Muße hat ein praktisches, Arbeit dagegen ein poietisches Verhältnis zu ihrem Vollzug. Das der Muße eigene Prinzip darf daher das Kulturprinzip genannt werden in Absetzung vom Prinzip kürzester und effektivster Zielerreichung: als solches leitet das Kulturprinzip zum Verweilen an, es wählt Umwege, Digressionen und all die Figurationen, die der vorige Abschnitt thematisiert hat. Die Muße hat im Prozess selbst, nicht in einer vorgesetzten Zukunft seinen Ort und seine Zeit – Muße ist auch eine Zielerreichungsvermeidung.

---

567 Ralf Konersmann: *Wörterbuch der Unruhe*, 136.
568 Joseph Pieper: *Muße und Kult*. 7. Aufl. München: Kösel 1965, 13 f.

6 Kulturen der Fremdheit – die fremden Kulturen

Die Überschrift deutet es an: es gibt fremde Kulturen außer der eigenen und: Fremdheit ist ein Kulturprodukt. Beiden Aspekten wird nachzugehen sein. Dazu wird es zunächst nötig sein, Fremdheit konsequent kategorial von Andersheit zu unterscheiden. Im Rahmen der Sozialphilosophie des kommunikativen Textes waren wir der Trias von Selbst, Anderem und Drittem als sozialontologischen Kategorien begegnet. Die Kategorie des Fremden erscheint demgegenüber der empiristischen Tradition zu entstammen und steht unter Fragestellung, ob der „Fremde" einer ist wie wir, d.h. wie seine Beziehung zur Eigenheit des Eigenen ist. Auch das verwandelt sich unter der Hand zu einer kategorialen Frage, nämlich wie von uns aus die Grenze von Eigenem und Fremdem zu ziehen wäre. Gleichwohl wäre es ein Kategorienfehler zu behaupten, der Fremde sei nur ein bisschen mehr anders als andere Andere, also als gäbe es zwischen dem Anderen (in seiner Textualität von Selbst und Anderem) ein Kontinuum der Annäherung zu dem Fremden (in Unterscheidung zum Eigenen). Diese Kategorienfrage ist als erstes zu klären, indem von der Begegnung mit Fremden als dem „Wilden" mit der Rationalität des Eigenen ausgegangen werden soll.

6.1 Der „Wilde" als Herausforderung für das okzidentale Selbstverständnis

Der Selbe und der Andere sind die Grundlage der Alterität, die sich als Gemeinschaftlichkeit und Gesellschaftlichkeit ausdifferenziert. Der Vorteil dieses Ansatzes im Rahmen einer Theorie des kommunikativen Textes schien es zu sein, dass die Zuschreibung von Selbst und Anderem durch substantielle Eigenschaften nicht möglich ist. Ich erscheint einmal als er Selbst, ein andermal als der Andere. Keins von beiden ist Ich „von Natur aus". Überhaupt erscheint eine „Natur" der Positionen noch gar nicht festgelegt, nicht einmal in der Art einer Geschlechterdifferenz.

Gesellschaftliche Komplexität in einem gewissen Umfang war auf diese Weise darstellbar, zumal der Andere einerseits als Seele eines Selbst erschien, andererseits als ein äußerer Anderer, die auf beiden Seiten wechselseitig reflektiert und iteriert werden konnten. Echte soziale Komplexität jedoch erreichten wir durch die Einführung der Position des Dritten, durch den die Positionen von Selbst und Anderem nicht nur als alternierend besetzt werden konnten, sondern durch den einer in einer Hinsicht ein Selbst mit dem Anderen, in anderer Hinsicht der Andere und in dritter Hinsicht der Dritte sein konnte, und zwar nicht nur alternierend, sondern auch gleichzeitig. Hatten wir uns den kommunikativen Text dimensioniert durch

Zeit, Sprache und Anderen gedacht (mit den respektiven Bezugspunkten Selbst, Gegenwart und vielleicht Indifferenzpunkt von Werten und Bedeutungen), so ist der Dritte in diesem Gefüge nichts anderes als ein anderer Text, vielleicht sogar (aber nicht immer) in der gleichen Gegenwart und mit den gleichen Personen.

So wenig wir uns dazu entschließen konnten, den Dritten als „weiteren Anderen" zu betrachten, ebenso wenig werden wir in diesem Kapitel denjenigen Theorien folgen, die in dem Fremden nur einen Anderen sehen, der noch mehr anders ist als andere Andere, die also Fremdheit als bloße Steigerung der Alterität begreifen möchten. Ebenso wenig aber werden wir den Fremden als eine bloße Steigerung des Dritten ansehen können, z. B. als den Vierten.

Wir werden vielmehr sehen, dass der Fremde alle bisher entwickelten Kategorien unserer Sozialphilosophie und damit auch der Kultur radikaler in Frage stellt als alle bisher neu eingeführten Kategorien.

Das mag auch der Grund sein, warum viele Theorien außerordentliche Schwierigkeiten mit dem Fremden haben. Da gibt es die universalistischen Theorien, die den Fremden als den Noch-nicht-Nostrifizierten begreifen, denjenigen, der (noch) nicht diejenigen universalistischen Kategorien verwendet, die „wir" im Hinblick auf und im Vorgriff auf seine Einsicht, zu der er als Mensch auch kommen wird, bereits vornehmen. Da gibt es die ethno-relativistischen Theorien, die so gerne das Gegenteil des Universalismus sein möchten und es doch nicht können. Sie sprechen vom Eigenwert jeder Kultur, auch der der sogenannten Wilden, die man nicht zu überfremden versuchen dürfe und die man, wenn man sie verstehen möchte, am besten mit ihren eigenen Kategorien verstehen sollte, wenn man es denn nur könnte. Der Ethnorelativismus übersieht, dass er selbst eine ausgesprochen europäische Erfindung ist und dass keine andere Kultur im Hinblick auf andere Kulturen relativistisch ist oder zu sein versucht. Und so ist der Ethnorelativismus mit der für ihn unverständlichen Tatsache konfrontiert, dass er von anderen Kulturen oftmals stärker abgelehnt wird als ein Eurozentrismus.

Wie gesagt, nehmen viele Sozialphilosophien keine grundsätzliche, sondern nur eine graduelle Unterscheidung von Fremdem und Anderem vor. Zu verweisen wäre hier sowohl auf Georg Simmel[569] als auch auf Alfred Schütz[570]. Obwohl Simmel in seinem *Exkurs über den Fremden* innerhalb seiner *Soziologie* sehr viel Bedenkenswertes und Richtiges zur Sozialphilosophie des Fremden beigetragen hat, gibt es bei ihm doch auch die Tendenz, Fremdheit in Termini von Andersheit zu charakterisieren. Nach ihm ist der Fremde unter uns der, der anders ist als wir: der

---

569 Georg Simmel: „Exkurs über den Fremden." in: ders.: *Soziologie*, hg. v. Otthein Rammstedt. Frankfurt a. M.: Suhrkamp 1992 (*Georg-Simmel-Gesamtausgabe Bd. 11*), 764–771.
570 Alfred Schütz: „Der Fremde", in: ders.: *Gesammelte Aufsätze II: Studien zur soziologischen Theorie*. Den Haag: Nijhoff 1972, 53–69.

potentiell Wandernde unter Bodenständigen. Als zugehöriger Fremder ist er nach Simmel die Manifestation der Möglichkeit des Andersseins unter uns. Die ihm zugetraute höhere Objektivität beruht auf der Wahrnehmung unserer Nähe von der Vogelperspektive aus. Genau im Sinne dieser Vermischung der Perspektiven kann Simmel dann den *barbaros* als denjenigen Fall von Fremdheit herausstellen, in dem „dem Anderen gerade die generellen Eigenschaften, die man als eigentlich und bloß menschlich empfindet, abgesprochen werden"[571], also der *barbaros* ist diejenige gesteigerte Form von Fremdheit, in der der Andere aufhört, als Mensch wahrgenommen zu werden: der Fremde als der Mehr-als-Andere.

Andererseits Alfred Schütz: Er stellt seine Erörterungen über den Fremden in den Kontext des Problems der Annäherung des Fremden an eine Gruppe, bietet also sozusagen die Umkehrung der Perspektive gegenüber Simmel; und er nennt diese Annäherung einen „kontinuierlichen Prozeß", den er terminieren sieht in der Übernahme der Orientierungen der Gruppe zu einer Selbstverständlichkeit des vormals Fremden: „Aber dann ist der Fremde kein Fremder mehr, und seine besonderen Probleme wurden gelöst."[572] Für ihn gelten nach dem Prozess der „kontinuierlichen Annäherung", in dem der Fremde zu einem bloß Anderen wird, nur noch die allgemeinen, ja auch sonst in der Phänomenologie hinreichend thematisierten Probleme der Alterität.

Drittens Manfred Sommer. In Anknüpfung an Schütz weist Sommer zwar ebenfalls darauf hin, dass der Andere und der Fremde keineswegs dieselbe Figur sind; aber markanterweise heißt es direkt anschließend bei ihm: „Vielmehr erleben wir die anderen in Graden von Nähe und Ferne, von Vertrautheit und Fremdheit."[573] Diese Grade nennt er auch bezeichnenderweise ein „Vertrautheitskontinuum". Das kulminiert in Sommers einprägsamer Abschlußformel zur Charakterisierung der „Indifferenz von Ich und Anderen": „So kommen wir uns näher, aber doch nicht zu sehr. Und wir bleiben uns fremd, aber doch nicht so ganz."[574] Das ist die Polarität von Ich und Anderem, die eine Fremdheit des Anderen einschließt und ausschließt

Sogar, und das ist dann schon erstaunlich und bedauerlich zugleich, meint Bernhard Waldenfels, die von ihm sonst verwendete Unterscheidung zwischen Anderem und Fremdem kontextbedingt und umstandslos einsetzen zu können in die von Anderem und Drittem und diese rückübersetzen zu können in die von

---

571 Georg Simmel: „Exkurs über den Fremden", 470.
572 Alfred Schütz: „Der Fremde", in: ders.: *Gesammelte Aufsätze II: Studien zur soziologischen Theorie*. Den Haag: Nijhoff 1972, 53–69, hier 69.
573 Manfred. Sommer: „Fremderfahrung und Zeitbewußtsein", in: *Zs. f. philos. Forschung* 38 (1984), 3–18, hier 9.
574 l. c., 18.

Fremdem und Drittem. Auf diese Weise will er „dem Fremden jene Fremdheit zurückerstatten, die aus einem unvordenklichen und unumgänglichen Anspruch erwächst."[575]

In Abkehr von solchen Beispielen aus drei Generationen sozialphilosophischer Reflexion unternehmen es die folgenden Überlegungen, eine deutliche Abgrenzung zwischen den Begriffen des Anderen und des Fremden vorzunehmen, und zwar ohne ein Kontinuum zwischen diesen Begriffen zu postulieren, weil sie erstens verschiedenen diskursiven Traditionen entstammen und zweitens diese Separierung im Rahmen einer Sozialphilosophie des kommunikativen Textes einen präzisen Sinn macht. Dabei könnten doch bereits die unterschiedlichen Herkunftsgeschichten der Begriffe des Fremden und des Anderen ein Indiz ihrer begrifflichen Heterogenität sein. Das Alteritätsproblem ist eine Erblast des Cartesianismus mit seiner Unterscheidung von Subjekt und Objekt einerseits, und seiner Fundierung in der Ontologie von res cogitans, der denkenden Substanz, und der res extensa, der ausgedehnten Substanz andererseits. Das so aufgeworfene Alteritätsproblem ist daher ein ontologisch begründetes Grundsatzproblem und daher eigentlich überhaupt nicht steigerbar in der Weise, dass es Andere gäbe, die radikaler anders wären, mehr res cogitans als andere res cogitantes, die dann so ausgezeichneten Fremden.

Der Begriff und das philosophische Problem des Fremden ist dagegen ein dem Empirismus verdanktes Problem. Baconistischer und die Neue Welt erstürmender Erfahrungsdrang haben es erzeugt. Eines der für die Neuzeit charakteristischen Modelle, Erfahrungen der Fremdheit zu machen, ist die Ausfahrt. Wer ausfährt, will Rückkehr, Rückkehr mit Beute oder nach erfolgreichem Tausch, jedenfalls reicher; dieses ist auch das Modell des Erfahrungen-Machens.[576] Befahrungen der Weite des Raumes geben Erfahrungen, durch die bereichert man aus der Fremde heimkehrt. Maßstab der Erfahrungs-Bereicherung ist das in der Sphäre der Eigenheit gültige System von Wissen und Werten. Die Fremde wird so an-geeignet; ja, selbst solange wir in der Fremde sind, müssen wir – diesem Modell zufolge – Erfahrungen und Bewertungen mit diesen mitgebrachten Kriterien der Aneignung machen. Gold beispielsweise wollten die Spanier aus Mexiko mitbringen, auch wenn es dort keinen besonderen Wert hatte. In dem „Wilden" Mittelamerikas begegnete den Europäern, wenn sie nur wollten, ein Fremdes, das anders als die Moslems Spaniens, Nordafrikas und des Osmanischen Reichs in keiner kulturellen Kontinuität

---

575 Bernhard Waldenfels: „Der Andere und der Dritte in interkultureller Sicht", in: *Studien zur Interkulturellen Philosophie* 5 (1996), 71–83, hier 71, sowie Anm. 1 (82).
576 Vgl. Max Horkheimer / Theodor W. Adorno: *Dialektik der Aufklärung*. Amsterdam: Querido 1947, 58–99; Hinrich Fink-Eitel: *Die Philosophie und die Wilden*. Hamburg: Junius 1994; Tzvetan Todorov: *Die Eroberung Amerikas*. Frankfurt a. M.: Suhrkamp 1985.

mit ihnen stand. Wie unterschiedlich dabei bereits der primäre Umgang mit den Indianern war, zwischen Goldgier (mit dem kuriosen Hintergrund, damit einen Kreuzzug zur Befreiung Jerusalems unternehmen zu wollen), naivem Forscherdrang und Bekehrungswillen bei Columbus[577] und humanistischem Missverstehen bei Las Casas, das kann man bei Todorov oder Fink-Eitel nachlesen.[578] Und dass es die tatsächliche Erfahrung des Fremden überhaupt gar nicht geben kann, ist bereits die leidvolle Einsicht des Weltumseglers Georg Forster in der Südsee gewesen, der entweder die Spuren bereits vorher dagewesener Europäer entdecken oder als philosophische Reiseerfahrung bemerken musste, dass die Europäer selbst bei Erstkontakten überall nur „Europäer" oder „Halb-Europäer" oder „Viertel-Europäer" vorfanden.[579]

Die von Todorov eruierten Vorstellungen dieser Entdecker der Fremden, d.h. Wilden, seien im folgenden zwecks Veranschaulichung etwas ausführlicher geschildert. Columbus beispielsweise wusste schon vor seiner Reise durch einschlägige Literatur, was für Wesen er auf seiner Reise treffen werde: „Zyklopen, Schwanzmenschen und Amazonen"[580]. Todorov beschreibt die Hermeneutik des Columbus folgendermaßen: „Er weiß von vornherein, was er finden wird; die konkrete Erfahrung hat die Funktion, eine Wahrheit zu belegen, die man bereits besitzt..."[581] „Auf See weisen alle Zeichen auf die Nähe des Landes hin, weil das Colóns Wunsch ist. An Land offenbaren alle Zeichen das Vorhandensein von Gold ... Er glaubt, daß diese Länder reich sind, weil er den innigen Wunsch hegt, sie mögen

---

577 Es ist nahezu unglaublich, von welch albernen Vorstellungen dieser Entdecker der Neuen Welt und eines neuen Zeitalters sich leiten ließ; die für die Reise notwendige Zuversicht, dass die Welt kugelförmig sei, verband er mit der Überzeugung, dass das Paradies, in dem Adam und Eva gelebt haben, dort im Osten, wohin er durch seine Westfahrt gekommen war, liegen müsse, dadurch, dass er annahm, die Erde sei nicht gestaltet wie eine Kugel, sondern wie eine Frauenbrust, auf der sich in der Mitte an der Stelle der Brustwarze das Paradies finden lassen werde: Carta a los reyes, 31.8.1498, zit. bei Tzvetan Todorov: *Die Eroberung Amerikas*. Frankfurt a.M.: Suhrkamp 1985, 25.
578 Dazu Todorov: l.c., sowie im Anschluss daran Hinrich Fink-Eitel: *Die Philosophie und die Wilden*. Hamburg: Junius 1994.
579 Georg Forster: *Reise um die Welt*, hg. v. Gerhard Steiner. Frankfurt a.M.: Insel 1983; dazu Marita Gilli: *Georg Forster: L'oeuvre d'un penseur allemand réaliste et révolutionnaire (1754–1794)*. Lille, Paris: Champion 1975; Uwe Japp: „Aufgeklärtes Europa und natürliche Südsee", in: Hans Joachim Piechotta (Hg.): *Reise und Utopie*. Frankfurt a.M.: Suhrkamp 1976, 10–56; Manfred Rösner / Alexander Schuh (Hg.): *Augenschein – ein Manöver reiner Vernunft*. Wien, Berlin: Turia + Kant 1990; ferner Thomas Strack: *Exotische Erfahrung und Intersubjektivität*. Paderborn: Igel 1994.
580 Tzvetan Todorov, 25.
581 l.c., 26; obwohl, wie gleich ersichtlich, Columbus keine Anstrengung unternahm, die Indianer zu verstehen, steht er ihnen mit diesen Denkstrukturen sehr viel näher, als er selbst weiß und als das neuzeitliche Denken zulassen würde.

es sein; seine Überzeugung eilt der Erfahrung immer voraus."[582] Allerdings gibt es einen weiteren Grund für die Vermutung von Reichtümern: Da viele gute Dinge aus heißen Ländern stammen, schließt er von den hohen Temperaturen Mittelamerikas auf das Vorhandensein von Goldlagern: „Ich habe bereits gesagt, daß mir bei der Durchführung der Indienreise [d.h. der Entdeckung Amerikas, K. R.] weder Vernunft, noch Mathematik, noch Weltkarten Nutzen gebracht haben; es ging nur in Erfüllung, was Jesaja vorhergesagt hat."[583] Als Columbus auf seine ersten Wilden trifft, nimmt er sich vor, einige von ihnen nach Spanien zu verschleppen, um sie seinem König vorzuführen und „damit sie sprechen lernen". Später nimmt er an, dass sie allerdings sprechen, nur leider allzu undeutlich, so dass sie nur schlecht zu verstehen seien; immer wieder aber führt er das, was er hört, auf Wörter der spanischen Sprache zurück. Wenn er aber bemerkt, dass es Kommunikationsprobleme mit den Wilden gibt, dann hält er fest, dass er ja nicht deswegen hier sei, sondern um Länder zu entdecken. Todorov spitzt zu: „Colón spricht nur deshalb von den Menschen, die er sieht, weil auch sie letztendlich zur Landschaft gehören."[584] Beobachtungen von Columbus über diese Wilden: „Diese Leute sind sehr fügsam und schüchtern und, wie ich bereits erwähnt habe, vollkommen nackt. Sie kennen weder Waffen noch Gesetze... Sie haben keine Religion und treiben nicht einmal Götzendienst."[585] Daher verschenken die Spanier je eine rote Kappe, rote Schuhe und Handschuhe an diese nackten Wilden. Und vor allem bringen sie ihnen mit dem Christentum das, was ihnen wirklich zum Menschsein im vollen Wortsinn fehlt. Offensichtlich aber wird gar kein Widerspruch zwischen der Bekehrung und der Versklavung dieser Menschen gesehen; so schreibt Columbus an den spanischen König: „Man könnte von hier im Namen der Heiligen Dreifaltigkeit so viele Sklaven schicken, wie man verkaufen könnte, und desgleichen auch Brasilholz."[586] Todorov bezeichnet Columbus' Verhältnis zu den Wilden als bestenfalls das eines „Kuriositätensammlers", und er fasst zusammen: „Colón hat Amerika entdeckt, nicht aber die Amerikaner."[587]

Ganz anders schildert Todorov Cortés: „Cortés will zunächst nicht nehmen, sondern verstehen..."[588] Deswegen sind ihm Dolmetscher wichtig, vor allem die berühmt gewordene Malinche, die nicht nur Wörter übersetzt, sondern eine Ver-

---

582 l. c., 30.
583 Vorr. zum Libro de las Profecías (1501), zit. bei Todorov, l. c., 33; tatsächlich beruhte seine Zuversicht auf einer naiv falschen Interpretation einer richtigen Berechnung des Erdumfangs, cf. 41.
584 l. c., 47.
585 l. c., 48.
586 zit. l. c., 62.
587 l. c., 65.
588 l. c., 122.

mittlerin und Durchmischerin der Kulturen wird. Denn Cortés will nicht nur die Fremden verstehen, er will auch von ihnen verstanden werden, und vor allem möchte er Kontrolle darüber ausüben, wie sie ihn verstehen und vielleicht auch Kontrolle darüber, wie sie missverstehen. Das für Todorov schwer Verständliche ist, dass das Verstehen durch Cortés seinen Willen zur Zerstörung der aztekischen Kultur in keiner Weise gemindert hat („das Paradox des todbringenden Verstehens"[589]). Diese Schwierigkeit Todorovs hat genau damit zu tun, dass ihm die hier bei uns verwendete Unterscheidung des Fremden und des Anderen nicht zur Verfügung steht. So hält er für die einzige Lösung des aufgeworfenen Problems die – wie ich es nennen möchte – Alterisierung des Fremden. Er sagt charakteristischerweise: „Wenn das Verstehen nicht mit einer uneingeschränkten Anerkennung des anderen als Subjekt einhergeht, dann besteht die Gefahr, daß dieses Verständnis zum Zwecke der Ausbeutung, des ‚Nehmens' genutzt wird..."[590]

Klar in der Abgrenzung verfährt dagegen der Spätscholastiker Francisco de Vitoria in seiner Rechtfertigung der Kriege der Spanier gegen die Indianer in dem Werk *De Indis*; die indianischen Herrscher verweigerten ihren Untertanen elementare Menschenrechte, was die Intervention der Spanier rechtfertige, so das Recht auf Ausreise, das Recht darauf, mit den Spaniern Handel zu treiben, das Recht auf freien Verkehr der Ideen (d.h. das Recht der Indios, sich von den Spaniern bekehren zu lassen, das Recht, ohne Tyrannei und ohne Beeinträchtigung von Leib und Leben zu sein). Um diese Rechte zu schützen, seien die Spanier berechtigt, solche umstrittenen Kriege zu führen – wie man sieht, ist der heutige US-Imperialismus mit seinem Interventionismus zugunsten der Menschenrechte noch nicht weit über die Spanische Spätscholastik des 16. Jahrhunderts hinaus. Bei Vitoria kann man weiter lesen: „Obwohl diese Barbaren nicht gänzlich ohne Urteilskraft sind, unterscheiden sie sich doch sehr wenig von den Schwachsinnigen. ... Es scheint, daß für diese Barbaren dasselbe gilt wie für die Schwachsinnigen, denn sie können sich selbst nicht oder kaum besser regieren als einfältige Idioten. Sie sind nicht einmal besser als Vieh und wilde Tiere, denn sie nehmen weder feinere noch kaum bessere Nahrung als diese zu sich."[591] Die Fremden sind einfach noch nicht so weit wie „wir", durch die Kriege mit ihnen helfen wir ihnen auf, so zu werden wie „wir".

Solchen grotesken Wahrnehmungen des Fremden widerspricht prominent Las Casas. Zum einen betont er die Gleichheit aller Menschen vor Gott, zum anderen spricht er den Indianern genuin christliche Charaktereigenschaften von Natur aus zu: Sie sind gehorsam und friedfertig. Das Interessante ist nun, so Todorov, dass

---

589 l. c., 155.
590 l. c., 160.
591 l. c., 181.

man über die Indianer, so wie sie sind, fast nichts erfährt; daher verbreitet sich bei Todorov eine bemerkenswerte Einsicht: die Differenziertheit der Wahrnehmung wächst nicht zusammen mit dem Werturteil der Gleichwertigkeit. Unter Umständen entsteht sogar ein prägnanteres Bild des Fremden unter dem Vorurteil der eigenen Überlegenheit. Las Casas liebt die Indianer, aber er liebt sie auf eine sehr abstrakte Art und Weise. Todorov vergleicht: „Las Casas liebt die Indianer, aber er kennt sie nicht, Cortés kennt sie auf seine Art, obgleich er ihnen keine besondere ‚Liebe' entgegenbringt..."[592]

Cortés' Art, die Indianer zu kennen, entsprang seinem Eroberungskalkül, er musste sie so weit kennen lernen, dass er sie besiegen konnte. Las Casas brauchte die Indianer nicht zu kennen, um sie „lieben" zu können: Solche universale Mitmenschlichkeit kennt keine Fremden mehr. Die Konsequenz war freilich, dass er partiell aufhörte, sich selbst (die Spanier) zu lieben, womit sich unsere These der Korrelation von Fremdheit und Eigenheit bestätigt. Überträgt man nun den Kalkül von Cortés auf den kulturellen und religiösen Sektor, so wird die Sache komplizierter, und man erhält vielleicht die Position Diego Duráns. Er wollte nicht die politischen Strukturen der Indianer besiegen, sondern ihr Heidentum. Dazu reichte es nicht, wie vorherige Bekehrer einfach in den Tempeln der Indianer die Götzenbilder zu beseitigen und an ihrer Stelle Kruzifixe und Heiligenbilder aufzustellen, so dass die Indianer nun zwangsläufig diese anbeteten. Vielmehr musste man die heidnische Religion ganz und gar, d. h. bis in die Seelen der Fremden hinein ausmerzen; um das zu können, musste man es zuvor so gut wie möglich kennen lernen; das Kennenlernen aber erfordert die Sicherung und Erhaltung der indianischen Kultur. Gerade weil Durán zerstören wollte, musste er paradoxerweise erhalten, was er zerstören wollte. So forderte Durán, dass sogar die Träume der Indianer ausgeforscht werden müssten, denn sonst könnte es ja sein, dass sich die Indianer trotz äußerlicher Bekehrung Reservate des Heidentums im Inneren erhielten. Je genauer jedoch Durán die Indianer und ihre Riten, die sie vielleicht hinüberretten könnten in eine christliche Existenz, erforschte, desto mehr verbreitete sich die Einsicht, dass ihre Riten den christlichen in ganz vielen Stücken verwirrend ähnlich, wenn nicht sogar identisch waren. Und je mehr er solche Identitäten entdeckte (immer noch in radikaler Zerstörungsabsicht), desto mehr verbreitete sich die Einsicht, die Las Casas abstrakt postuliert hatte, nämlich dass diese Fremden auf einem dem Christentum sehr ähnlichen Weg waren, und es von daher vielleicht noch ganz andere Gründe gäbe, diese Wurzeln des wahren Glaubens bei ihnen zu erhalten. Aus Todorovs Beschreibung des Werks von Durán stellt sich der Eindruck ein, dass er einer gewesen ist, der den Fremden als Fremden

---

592 l. c., 211 f.

erhalten hat in seiner Einstellung und entsprechend zwischen Feindschaft und Faszination hin und herschwankte: Der Nachteil dieses beachtenswerten Werks von Todorov ist die mangelnde Unterscheidung des Alteritäts- von dem xenologischen Problem. Dadurch gelingt es ihm nicht überall, sich von dem Traum zu befreien, als käme es darauf an, den Fremden zu verstehen, d. h. in der einen oder anderen Weise zu assimilieren, statt ihn als Fremden zu lassen und eine Faszination und ein Abenteuer von ihm ausgehen zu lassen.

Diese Aneignungs-Geste dem Fremden gegenüber ist dem kritischen Vorwurf des Ratiozentrismus und des Eurozentrismus ausgesetzt worden. Man müsse, so die Devise dieser Kritik, das Eigene des Fremden ihm eigen lassen und es nicht durch eurozentristische Aneignung enteignen. Die (universalistische) Kritik dieser Kritik hingegen setzt dabei an, dass sich die ratiozentristische Lebensform nur zufällig in Europa zuerst durchgesetzt habe, dass aber alle Kulturformen, sobald sie mit ihr in Kontakt kommen, deren Überlegenheit, die sich in überlegener Allgemeinheit ausdrückt, spüren und akzeptieren. Die Segnungen der Vernunft dürften den inferioren Kulturformen in der Fremde nicht vorenthalten werden. Insbesondere im Modell der Menschenrechte, aber auch im Modell des freien Marktes gewinnt diese Argumentation die Plausibilität einer guten Begründung, vor der der Respekt gegenüber fremden Lebens- und Kulturformen so etwas wie die Pflege von Reservaten oder Zoos eines noch nicht vernünftigen Lebens hat. Wer sich selbst wirklich eigen wird, der wird gerade dadurch vernünftig, d. h. uns ähnlich. Das Fremde, so ist die Quintessenz dieses Kulturimperialismus der Vernunft, ist im Grunde ein Bekanntes, nur der Erscheinung nach können noch Erkenntnisse in diese Schatzkammer unseres Wissens eingebracht werden. Die Vernunft ermöglicht zwar Erfahrungen, wie uns die Transzendentalphilosophie lehrt, aber sie macht keine und sie braucht auch keine.

Angesichts der Problematik eines Kulturimperialismus okzidentaler Rationalität hat sich ein Kultur-Ethnorelativismus entwickelt, der davon ausgeht, dass Kulturen ihre ihnen eingeschriebene eigene „Rationalität" hätten und dass es keinen Sinn mache, alle Kulturen am Maßstab der unseren zu messen. Fremde Kulturen hätten ihr Eigenrecht und müssten nicht ihre relative Legitimität durch Bezug auf die okzidentale Vernunft erst herstellen. So human gemäß okzidentalen Maßstäben eine solche Einstellung auf den ersten Blick klingt, ist sie doch mit erheblichen Problemen behaftet. Innerhalb der abendländischen Rationalität lässt sich eine solche Haltung des Relativismus nicht als rational ausweisen, und in anderen Kulturen kommt eine solche relativistische Gleichgültigkeit in der Regel nicht vor. Wird aber gerade dieses nun zum universellen Programm gemacht, das besagt, dass alle Kulturen gegeneinander sich kulturrelativistisch verhalten sollten, so wird eben doch – wenn auch als ein Nebengedanke – eine Idee der abendländischen Rationalität auf andere Kulturen normativ übertragen. Wird es aber nicht zum Programm gemacht, so ist es eben nichts anderes als die Privatmeinung eines kulturellen Aussteigers. Mit anderen Worten: die kulturkritische Sehnsucht nach dem Fremden und die Vermutung der Gleichrangigkeit oder gar Überlegenheit des Fremden ist konstitutives Merkmal nur der abendländischen Kultur. Es gibt keinen Standpunkt (außerhalb der Kulturen? oder innerhalb einer bestimmten?), von dem aus die Gleichrangigkeit und Gleichwertigkeit der Kulturen gezeigt werden könnte; so moralisch-honorig eine solche Haltung also zu sein scheint, ist sie doch epistemisch völlig unbefriedigend, und das kann auch die Moral nicht unberührt lassen. Nimmt man aber beispielsweise ein methodisches Merkmal hinzu, das die Gleichrangigkeit der Kulturen außerhalb der Bewertung von einem überlegenen Standpunkt aufzuzeigen vermöchte, dann wird allgemein auf die Übersetzungen der Kulturen ineinander durch die Methode des Verstehens, nämlich des Verstehens fremder Kulturen verwiesen. Aber auch dieses ist höchst problematisch; denn auch auf diese Weise dominiert eben eine Methode unserer Kultur. In diesem artifiziellen Kontext steht das okzidentale Problem des Verstehens. Es als universelle Methode des Kulturkontaktes auszugeben, ist nichts anderes als ein bloß sich selbst verborgener Kulturimperialismus. Das lässt sich an Momenten des Verstehensgriffs noch etwas weiter veranschaulichen.

Beide Problemhorizonte aber werden verwischt, wenn man in dem Problem des Fremden nur eine Steigerungsform des Alteritätsproblems sehen möchte. Es sind beide Probleme methodisch sauber zu trennen. Das hat nun zur Folge, dass ihnen verschiedene Gegenbegriffe zugeordnet werden müssen. Selbst und Anderes, Même et L'Autre, einerseits; Eigenes und Fremdes, Propre et l'Étranger, andererseits. Das Alteritätsproblem soll unterlaufen werden, indem die rationalistische Trennung von Selbst und Anderem aufgegeben und auf diejenigen Phänomene des Zwischenraums achtgegeben werden soll, die ein Selbst und sein Anderes allererst konstituieren. Das Fremdheitsproblem dagegen soll gelöst werden, indem auf der grenzenschaffenden Konstruktivität bestanden wird, die das angebliche Problem des Fremdverstehens deswegen als Scheinproblem entlarven kann, weil die Art der Konstruktion des Begriffs des Fremden die Unlösbarkeit des Problems des Fremdverstehens zwangsläufig involviert.

Die Erkenntnis, dass die Sehnsucht nach dem Fremden ein konstitutives Merkmal der Entfaltung der okzidentalen Rationalität ist, gibt die Vermutung frei, dass dieser Sehnsuchtsinhalt nicht das durch irgendwelche Wesensmerkmale von vornherein als von uns Unterschiedene ist, sondern dass das Fremde ein Konstrukt ist, *unser* Konstrukt. Wenn das Fremde ein Konstrukt des Eigenen ist, dann muss es im Eigenen einen Fremdheitsbedarf geben, ja eine dem Eigenen immanente Fremdheit. Hinrich Fink-Eitel hat in seinem letzten großen Werk *Die Philosophie und die Wilden* gezeigt, dass es das unserer Kultur inhärente Merkmal der Kulturkritik ist, das die Fremdheits-Sehnsucht hervorruft. Das können Robinsonaden sein, sogar Utopien, das können aber auch reale Unternehmungen wie Captain Cooks Reisen sein, die die Philosophie, in Gestalt Georg Forsters, bzw. seiner philosophischen Reisebeschreibung an die Grenze der bekannten Welt, d. h. zur Entdeckung des Neuen, Fremden führten. Man weiß, wohin das die Philosophie brachte. Der sagenumwobene Erdteil wurde nicht entdeckt, d. h. die Philosophie begab sich nicht in das Neue, und die fremde Welt Polynesiens wurde von der Philosophie als eigenes Konstrukt aufgedeckt und damit alle Erwartungen enttäuscht. Die Aufklärung in ihrer Radikalform, die auch die Erfahrung der Fremdheit aufzuklären versucht, entdeckt ihre eigene Konstruktivität und – ganz analog zu Kants radikaler Aufklärung –, dass es das Fremde an sich selbst betrachtet für die Erfahrung nicht gibt. Und dann kann man auf Reisen in die Südsee getrost verzichten und sogar – wie Kant – zeitlebens in Ostpreußen bleiben und dort über fremde Völker schreiben. Dass das Fremde und die Fremden Konstrukte sind, die aus dem Herzen unserer Rationalität entspringen, und zwar insofern die Kritik der Kultur Element unserer Kultur selbst sein kann, lässt annehmen, dass es die Notwendigkeit der Differenz ist, die die Position des Fremden innerhalb unserer eigenen Kultur erstehen läßt.[593] Nicht also vorgegebene wesensmäßige Unterschiede, die vielleicht unüberbrückbar wären oder auch durch das Wunder des Verstehens dann doch überbrückt werden, sind der Ursprung von Fremdheit, sondern ein ureigenstes „Fremdeln", eine Notwendigkeit der Differenz, ohne die auch eine Sphäre der Eigenheit nicht denkbar wäre.

Notwendigerweise leben wir in Differenz, als Männer in Differenz zu Frauen, als Westfalen in Differenz zu Rheinländern, als Behaarte in Differenz zu Kahlköpfigen. Notwendigerweise aber auch leben wir in Vielfalten von Differenzen. Das Bild des Fremden, d. h. die Ausgestaltung der Differenzposition des Fremden ist folglich ein im und aus der kulturellen Eigenheit und ihren spezifischen Diskursen erzeugtes Bild. Es ermöglicht die ganz bestimmte Distanznahme zu etwas, was sonst differenzlos Eigenes wäre. – Und es ermöglicht Übergänge und Übersetzungen: Reisen.

Dass der Fremde eine andere, eben eine Fremdsprache spricht, erschwert, dass er Teilnehmer am gleichen kommunikativen Text ist wie das Selbst, der Andere und schließlich auch der Dritte. Ob das, was der Fremde da von sich gibt, überhaupt eine Sprache ist, ist vielfach strittig gewesen. Wie erwähnt, wollte Columbus den Indianern das Sprechen beibringen, barbaroi sind eigentlich Stammler, und die Deutschen sind für die Slawen die „Stummen" (nemecki). Dass der Fremde eine

---

593 Vgl. Heinz Kimmerle (Hg.): *Das Andere und das Denken der Verschiedenheit*. Amsterdam: Grüner 1987; François Laruelle: *Les philosophies de la différence*. Paris: PUF 1986.

Fremdsprache spricht, ruft die Figur des Übersetzers auf den Plan.[594] Wenn der Fremde spricht, muss übersetzt werden. Übersetzen ist aber ganz etwas anderes als Verstehen. Übersetzen eignet nicht an: Übersetzen kann überhaupt nur gelingen als Verzicht auf Aneignung, d.h. als Verzicht auf die Vorstellung, das, was in einer fremden Sprache vorliegt, ließe sich besser und verständlicher in der eigenen Sprache sagen. Jeder gute Übersetzer ist daher permanent von der Sorge gequält, dass etwas verloren gehe beim Übersetzen.

Ich bin mir selbst eigen und habe Eigentum nur, indem ich Fremde genau von dieser Sphäre der Eigenheit und des Eigentums (propreté und propriété) ausschließe. Selbst im sogenannten Gemeineigentum, etwa der Allmende, ist es klar, dass zwar die Gemeinde dieses Eigentum für alle der Gemeinde bereithält, nicht aber für Fremde. Dieser Ausschluss des Fremden vom Eigenen ist zwar strukturell der Dichotomie von Freund und Feind als Definitien des Politischen bei Carl Schmitt[595] analog; aber da es sich hier nicht um die Definition des Politischen handelt, ist ebenso klar, dass nicht jeder Fremde ein Feind ist: er kann ebenso sehr als Gast erscheinen (oder umgekehrt als Gastgeber). Der Fremde ist der von jenseits der Grenze, die ich konstruiert habe, um die Sphäre der Eigenheit zu markieren. Diese Sphäre der Eigenheit ist von innen her mit Zeichen markiert und von außen durch Fremdheit begrenzt.[596]

Der Fremde ist der, der jenseits der Grenze wohnt, wir vollziehen den Übergang und sind dann in der Fremde, oder er vollzieht den Übergang und ist als Fremder bei uns. Dass er bei uns Fremder ist, zeigt, dass er die Grenze sozusagen mitgebracht hat, die ihn – obwohl unter uns – als Fremden markiert. Nicht erst im Zeitalter universeller Mobilität von Leuten, Dingen, Informationen und Lügen ist diese Fremdheit alltäglich. Immer schon gab es auch beispielsweise in den dörflichen Gemeinschaften agrarischer Gesellschaften die Fremden als diejenigen, deren Eltern oder Großeltern von jenseits der Berge oder von der anderen Seite des Flusses kamen oder die eingeheirateten Frauen, die von dorther kamen. Es gibt Gründe, die

---

594 Immer noch wegweisend Walter Benjamin: „Die Aufgabe des Übersetzers", in: ders.: *Gesammelte Werke I*. Frankfurt a.M.: Zweitausendeins 2011, 383–393; vgl. auch: Alfred Hirsch (Hg.): *Übersetzung und Dekonstruktion*. Frankfurt a.M.: Suhrkamp 1997.
595 Carl Schmitt: *Der Begriff des Politischen*. Berlin: Duncker & Humblot 1963; zur Problematik des Verhältnisses der Kategorien des Fremden und des Feindes bei Schmitt selbst s. Friedrich Balke: „Die Figur des Fremden bei Carl Schmitt und Georg Simmel", in: *Sociologia Internationalis* 30 (1992), 35–59.
596 Dieser Doppelheit entspricht die Doppelheit der Begriffe Mark und Grenze, als einem ursprünglich slawischen Fremdwort: „… stammt aus dem apoln. [Altpolnischen] granica, gran'ca 'Grenzzeichen, Grenzlinie' (poln. granica) und wird auf der gesamten Länge des polnisch-deutschen Grenzgebietes entlehnt…", *Etymologisches Wörterbuch des Deutschen*. Berlin: Akademie-Verlag 1989, I, 602.

Heimat zu verlassen und die Fremde aufzusuchen; aber es gibt ebenso die Alltäglichkeit der Präsenz des Fremden in der Bewegtheit des Daseins, diese Kehrseite ist oft spürbar aber nicht unbedingt sichtbar.

Mit dem Fremden gibt es daher keine Gemeinschaftlichkeiten, aber ebenso wenig eine Gesellschaftlichkeit, und zwar selbstverständlich nicht wegen irgendwelcher empirisch zu erhebender oder ontologisch fixierter Merkmale. Weder Hautfarbe, noch Sprache, noch Geschlecht machen irgendeine Person eo ipso zum Fremden unter Andersfarbigen, Anderssprechenden oder Andersgeschlechtlichen. Nicht in irgendwelchen Sachverhalten, sondern allein in den Operationen der Konstruktion von Grenze liegt die Unterscheidung Fremdheit/Eigenheit begründet.

Die Unterscheidung zwischen Fremdem und Anderem war eingeführt als eine methodisch begründete Unterscheidung. Die Folge war, dass es kein Kontinuum der Andersheit gibt mit einer irgendwo liegenden Grenze, jenseits derer dann Andersheit in Fremdheit umschlüge. Wenn das nun das ganze Problem wäre, dann könnten wir ja die fragliche Grenze immer weiter hinausschieben bis zu dem Punkt, wo zwar vielleicht die fiktiven grünen Männchen vom Mars, aber kein menschliches Wesen mehr als Fremder, und d. h. entweder als Gast oder als Feind begegnen könnte. Alle Menschen wären uns mehr oder weniger Bekannte und Verwandte in einer universalen Menschheitsgemeinschaft und -gesellschaft. Klaus Michael Meyer-Abich geht bekanntlich noch weiter und will auch die nichtmenschlichen Lebewesen in diese universale Gemeinschaft einschließen, zum Beispiel seine Tante.[597] So wissen wir zwar, dass es diese Tendenzen der Durchhumanisierung und ipso facto Durcheuropäisierung der Menschheit gibt. Diesen Tendenzen stehe ich aus deskriptiven und normativen Gründen skeptisch gegenüber, d. h. ich glaube weder, dass dieser Versuch erfolgreich sein kann, noch dass es wünschenswert wäre, dass er erfolgreich wäre. Und zwar vor allem, weil eben die Unterscheidung zwischen Anderem und Fremdem keine einer Setzung einer Grenze auf einem bestehenden Kontinuum ist. Dann ließe sich in der Tat darüber rechten, ob Hautfarbe, Geschlecht oder Trinkfestigkeit ein Diskriminierungsgrund sein können. Aber da der Unterschied zwischen Anderem und Fremdem an keinem bestimmten Merkmal festgemacht werden kann und auch mit Nähe und Distanz nicht direkt etwas zu tun hat, so dass mir selbst die Andere in einer intimen Lebensgemeinschaft fremd sein kann, ja ich mir selbst entfremdet werden kann.[598] Die Einführung der Kategorie

---

[597] Klaus Michael Meyer-Abich: „Naturphilosophische Begründung einer holistischen Ethik", in: Julian Nida-Rümelin / Dietmar v. d. Pfordten (Hg.): *Ökologische Ethik und Rechtstheorie*. Baden-Baden: Nomos 1995, 159–178, hier 72: „Die Kuh ist nicht nur metaphorisch meine Tante, sondern wirklich ..."

[598] Theodor W. Adorno: *Negative Dialektik. (zuerst 1968), Gesammelte Schriften VI*. Frankfurt a. M.: Suhrkamp 1997, 192: „Der versöhnte Zustand annektierte nicht mit philosophischem Imperialismus

des Fremden, in der frühen Kindheit als Fremdeln gelernt, steht quer zu der Unterscheidung von Selbst und Anderem und ermöglicht als Pol die Begründung der Polarität von Eigenheit und Fremdheit. Das hat zur Konsequenz, dass, wenn wir es uns verböten – aus Gründen einer so verstandenen Humanität – die Kategorie der Fremdheit noch zu kennen und zu benutzen, wir auch keinen Begriff von Eigenheit mehr ausbilden könnten. Individualität, insoweit sie nicht in Subjektivität aufgeht, wird uns damit unbegreiflich und erscheint nur noch als Kontingenz einer partikularen Abweichung. Das aber hat dann zur Konsequenz, dass auch die Unterscheidung von Selbst und Anderem einerseits und die von Eigenem und Fremdem andererseits nicht die gleiche Struktur haben. Der Andere steht entweder in einem sozialen Kontinuum der Nähe, das eine Gemeinschaftlichkeit begründet, oder aufgrund eines Bruchs und einer reflexiv wiedergewonnenen Kontinuität in einer Gesellschaftlichkeit, die die Sphäre des kommunikativen Textes, soweit es die Sozialdimension betrifft, begründen. Der Fremde dagegen kennt kein Kontinuum und keine reflexiv auf einem Bruch eines Kontinuums begründete Kontinuität. Der Fremde ist eine freie Konstruktion, die als Hintergrund die Konstruktion der Sphäre der Eigenheit mitkonstruiert – oder umgekehrt: er bildet denjenigen Hintergrund, der mitkonstruiert wird, wenn wir eine Sphäre der Eigenheit für uns entwerfen. So ist der Andere uns nahe oder ferne, er ist Genosse oder Vertragspartner; der Fremde aber ist Resultat einer Konstruktion einer Differenz. Machtverhältnisse stehen ganz und gar auf der Achse von Selbst und Anderem. Über den Fremden – das gehört zur Konstruktion von Fremdheit – haben wir letztlich keine Macht.

Will man erneut die Analogie von Sozialdimension und Zeitdimension des kommunikativen Textes bemühen, so erscheint als dasjenige, was die Konstruktion einer Differenz in der Zeitdimension ausmacht, entweder als „das Neue" oder – in der Vergangenheit – als das Tote, das Erledigte. Das Tote und Erledigte ist insofern – das wissen wir – niemals tatsächlich tot oder erledigt, es kommt wieder. Alles Tote ist qua Konstruktion als Differentes zugleich ein Untotes. Diese Wiederbegegnung entspricht dem Fremden, den wir ja genau so konstruieren, dass wir ihm tatsächlich begegnen und dann den Eindruck der Fremdheit des Fremden bestätigt finden.

---

das Fremde, sondern hätte sein Glück daran, daß es in der gewährten Nähe das Ferne und Verschiedene bleibt..." Bernhard Waldenfels: „Kulturelle und soziale Fremdheit," in: *Studien zur interkulturellen Philosophie*, 9 (1998), 13–35, hier 27: „Was durch die Fremderfahrung ausgeschlossen wird, sind *keine Wirklichkeiten*, als wäre Fremdes Anwesendes von nebenan, das zugänglich würde, sobald die Tür sich öffnet."

6.2 Das Fremde im Eigenen

Oben hatten wir Vergangenheit und Zukunft als die zwei temporalen Distanzierungen von einer Gegenwart der Nähe unterschieden, sowie gesagt, dass im Sozialen diese zwei Richtungen als die von Innen und Außen erscheinen, sowie die Iterationen wie z.B. die Zukunft einer Vergangenheit usw. Solch eine Iteration begegnet auch in der Abgrenzung des Fremdem vom Eigenen. Das aber heißt, dass wir mit einer Fremdheit innerhalb des Eigenen zu rechnen haben.

Julia Kristeva hat ein Buch mit dem bedenkenswerten Titel geschrieben: *Fremde sind wir uns selbst*; doch nur ganz am Schluss kommt sie auf dieses Thema als Problem der Psychoanalyse zu sprechen.[599] Freud hatte zuvor davon gesprochen, dass das Ich nicht Herr im eigenen Hause sei;[600] und schon Novalis bemerkte: „Wir träumen von Reisen durch das Weltall. – Ist denn das Weltall nicht in uns? Die Tiefen unsers Geistes kennen wir nicht – Nach Innen geht der geheimnißvolle Weg."[601] Und Jean Paul bezeichnete wenig später das „ungeheure Reich des Unbewußten" mit der Metapher des „wahren inneren Afrika", das ebenso wie der Kolonialismus im Äußeren zu einer Erkundung, ja Vermessung und Kartographie einlade. Ludger Lütkehaus hat diese Erkundung des inneren Afrikas gedeutet als „innere Kolonisierung, Aneignung und Enteignung".[602] Diese Deutung ist nicht nur wegen der Parallele zum Kolonialismus naheliegend, sondern auch weil Freud selbst die Devise ausgegeben hatte, das Es in das Ich zu überführen, d.h. die Grenze im Inneren zwischen Eigenem (Ich) und Fremdem (Es) zu verschieben. So nennt er den Inhalt des Unbewussten auch die „psychische Urbevölkerung".[603]

Nicht ein „Ich" denkt, sondern „es denkt", betonen Nietzsche, Rimbaud und zuvor auch schon Lichtenberg; die Gedanken stellen sich ein, nicht wenn Ich es will und ein Denken als Täter tue, sondern sie kommen, wenn sie sich ergeben. Ebenso ist auch das Träumen kein intentionaler Vollzug, weswegen es ja auch ehedem üblich war zu sagen: mir träumte. Und der frühe Walter Benjamin hielt fest, dass es die Sprache ist, die sich spricht, nicht ein autonomes, frei wollendes Subjekt.[604] Der

---

599 Julia Kristeva: *Fremde sind wir uns selbst*. Frankfurt a.M.: Suhrkamp 2001, 199 ff.
600 Sigmund Freud: „Eine Schwierigkeit der Psychoanalyse", in: ders.: *Gesammelte Werke XII*. 4. Aufl. Frankfurt a.M.: S. Fischer 1972, 3–12.
601 Novalis: *Schriften, Bd. II*. Darmstadt: wbg 1965, 416 f.
602 Ludger Lütkehaus: „Einleitung", in: Ludger Lütkehaus (Hg.): *Dieses wahre innere Afrika*. Frankfurt a.M.: S. Fischer 1985, 7–41, hier 7.
603 Sigmund Freud: *Gesammelte Werke X*. London: Imago 1946, 294.
604 Friedrich Nietzsche: *Sämtliche Werke. Kritische Studienausgabe V*. München, Berlin, New York: dtv, de Gruyter 1980, 30 f.; Arthur Rimbaud: *Prosa über die Zukunft der Dichtung*. Berlin: Matthes & Seitz 2010 und dazu Joël Clerget: *Je est un autre*. Coaraze: L'amoirier 2015:

Psychoanalytiker/Philosoph Henri Maldiney hebt die Bedeutung des Pathischen hervor und nennt es die Transpassibilität der Existenz als Bedingung der Transpossibilität, d. h. des Handeln-Könnens in gelingender Existenz.[605]

Da das Unbewusste unbewusst ist, weiß das Bewusstsein nichts davon – oder es wird (Freud benutzte dieses Bild) trockengelegt wie im niederländischen Projekt der Trockenlegung der Zuidersee. Das Projekt ist analog zu dem Problem, den Fremden verstehen zu wollen und ihm zugleich seine genuin unverständliche Fremdheit zu belassen. Freud betrieb (erfolgreich?) die Aufklärung derjenigen Teile des Unbewussten, die von einer Verdrängung herrührten. Das wiederum wäre demjenigen Fremden vergleichbar, der seine Existenz als Fremder in der Fremde einer Vertreibung verdankte.

Das aber kann nichts anderes heißen, als dass das Fremde im Eigenen ebenso wie das Fremde im fernen Außen kulturell unerreichbar ist, und nicht weil es ein Nichts wäre, sondern seine Eigenheit (die eigene Eigenheit des Fremden) sich bei jedem versuchten Zugriff (dem Be-greifen-Wollen) in eine neue Unerreichbarkeit zurückzieht.

Es wäre aber ein Kategorienfehler zu glauben und anstreben zu wollen, dass die Fremdheit im Eigenen und die mutmaßliche Eigenheit im Fremden (auch die „Wilden" haben mutmaßlich eine „Seele") sich ähnlich reziprok verhielten wie die von Selbst und Anderem. Der Fremde „weiß" nichts von seiner Eigenheit, bzw. wir können nicht wissen, ob er es weiß. So sind Fremdheit und Eigenheit nicht prinzipiell austauschbare Funktionspositionen im kommunikativen Text wie Selbst und Anderer, sondern die Grenze zum Fremden widersetzt sich jeder (Aus-)tauschbeziehung. Gleichwohl macht es Sinn, eine Spiegelung (Reflektion und Reflexion) als eine Grundfigur zu vermuten, die Eigenes und Fremdes übergreift, weil es die Differenz ist, die auch erst die Unterscheidung von Eigenem und Fremdem ermöglicht.

Das schließt bei dem Fremden die Begegnung nicht aus, aber es schließt aus, dass diese Grenze eines Tages gefallen sein wird und dass der Fremde ein Anderer unserer Gesellschaften geworden sein wird. Die Konstruktion des Fremden ist das Ergebnis einer nicht-reflektierenden Distanznahme, im Unterschied zum gesellschaftlichen Anderen als Ergebnis einer reflektierenden Distanznahme. Im Ergebnis führt die reflektierende Distanznahme zu einer neuen Kontinuität, die nicht-reflektierende Distanznahme ist eine Negation, die eine Grenze erzeugt zwischen der Sphäre der Eigenheit und der der Fremdheit. Eine solche negierende Distanzierung erzeugt zugleich eine Resistenz gegenüber dem Verstehen, den Prozessen der Aufklärung. Anders gesprochen: als konstruktiv jenseits der Grenze möglichen

---

605 Henri Maldiney: *Drei Beiträge zum Wahnsinn*. Wien: Turia + Kant 2018.

Verstehens Liegendes bleibt der Fremde inhaltlich ein Geheimnis. So wäre der angemessene Umgang mit dem Fremden gerade nicht das Verstehen-Wollen, sondern der unaufhebbare Respekt vor dem geheimnisvollen Fremden.

Bisher hatten wir die methodisch formulierte Selbst-Distanzierung zum Fremden und zur Seele lediglich mit einer systematischen Unvollständigkeit begründet. Aber die systematische Unvollständigkeit hat selbstverständlich zu tun mit Phänomenen, die in der zu beschreibenden Realität selbst die Begriffe von Kontinuität und Reflexion unangemessen erscheinen lassen. Es gibt die Ereignisse, und alle Gesellschaften brauchen sie, die die Kontinuität der gesellschaftlichen Abläufe, die Diskurse, die den kommunikativen Text regeln, unterbrechen, z. B. die Gewalt. Wenn man solche ordnungsverletzenden Ereignisse wie Gewalt-Handlungen nicht primär moralisierend oder metamoralisierend betrachten will, dann wird man zugeben müssen, dass sie für die herrschenden Diskurse eigentlich unbegreiflich sind; nichts anderes sagt die geläufige Redeweise von der „sinnlosen Gewalt". Gewalt ist das dem Text ganz Fremde, das, wenn es auftritt, dem Text ein Ende setzt und daher in einem strengen Sinn für den Text unbegreiflich ist und damit so sinnlos wie der Tod für das Leben. Gleichwohl gibt es sozial einen Bedarf an Ereignissen von der Art beispielsweise des Gewalthandelns.

Wenn wir die Figur der Toleranz strukturell nehmen, dann ist in ihr der Versuch der Behandlung des Fremden als eines bloß Anderen zu erblicken, also der Versuch, das zu tun, was nach meinen Ausführungen zum Scheitern verurteilt ist. Heißt das aber nicht, hilflos der Gefahr gegenüberzustehen, dem Fremden offen feindselig zu begegnen? Dass es das nicht heißen muss, soll nun abschließend gezeigt werden.

Zunächst einmal sprechen empirische Befunde gegen diese Befürchtung: lat. hostis (Fremder, Feind) und hospes (Fremder, Gast) sind nicht nur untereinander verwandt, sondern hängen ihrerseits mit slawischen und germanischen Wörtern zusammen, die allesamt den Fremden, im germanischen „Gast" sogar überwiegend mit amikalen Konnotationen, bezeichnen. Wer von jenseits der Grenze kommt, ist nicht zwangsläufig ein Feind. Neben den in vielen Gesellschaften beobachteten Gesetzen der Gastfreundschaft gibt es auch die Faszination und die Lust am Fremden.[606] Der Fremde tritt auch als Verführer auf, ja vielleicht kann überhaupt nur derjenige verführerisch wirken, dem der Nimbus des Fremden belassen worden ist. In politischer Hinsicht ist da an die großen politischen Verführer zu erinnern: Napoleon kam aus Korsika, Hitler aus Österreich und Stalin aus dem Kau-

---

606 Ralf Konersmann bestimmt geradezu als Proprium der von ihm entworfenen Methodik der *Historischen Semantik* die „Neugier nach dem Fremden", die er den Identifikationsgelüsten entgegensetzt; Ralf Konersmann: *Der Schleier des Timanthes. Perspektiven der historischen Semantik.* Frankfurt a. M.: Fischer 1994, 31.

kasus. In erotischer Hinsicht ist an das Exogamie-Gebot zu erinnern. Bleibt das Restbedenken, ob nicht Ausgrenzung des Fremden zwangsläufig dazu führt, dass es keine Garantie für eine humane Behandlung des Fremden gibt. Es wäre eine Verharmlosung des theoretischen Anspruchs, das zu bestreiten. Wenn die Begegnung mit dem Fremden ein Abenteuer sein kann, dann ist es unvermeidlich, dass dieses Abenteuer sowohl die Gestalt einer überraschenden Bereicherung meiner/unserer Existenz haben kann, wie auch die einer Bedrohung und Gefährdung. Und wenn der Fremde als Gefahr wahrgenommen wird, bzw. konstruiert wird, dann ist er als Fremder sogleich ein Feind derjenigen Ordnung, unter der wir uns befinden, leben und der wir unsere Orientierungen verdanken. Allein damit verbunden ist auch die Chance, dass nur er uns aus den Verkrustungen unserer Ordnungen herausführen kann. Als Befreier wäre er zwar bedrohlich, aber nur für die Ordnung, die wir selbst nicht lieben.

Indem ich die Formulierung verwendete, dass der Fremde als Feind konstruiert wird, d. h. auch in Begriffen des Politischen wahrgenommen werden kann, deute ich darauf hin, dass es bei den Konstruierenden liegt, den Fremden so oder so zu konstruieren, und dass man also über die Gründe nachdenken sollte, die dazu führen, dass Fremdheit als Feindschaft erscheint oder noch genauer, dass die Alternativen zur Feindschaft ausgeblendet werden können. Auch für die Politische Theorie von Carl Schmitt ist der Fremde nicht zwangsläufig der Feind, wie manche ihm allzu gerne übel nachreden möchten. Der Fremde ist vielmehr der zur Sphäre des Eigenen Dissoziierte; erst ab einem bestimmten Grad der Steigerung der Differenz der Relationen von Assoziation und Dissoziation wird daraus die das Politische definierende Unterscheidung von Freund und Feind. Nicht jeder Fremde ist ein Feind, sondern nur derjenige, den wir „politisch" behandeln (wollen); wohl aber ist jeder Feind ein Fremder.

Meine These ist, dass es die Kultur ist, die Kultur einer Lebensgemeinschaft oder Gesellschaft, die die Zwangsläufigkeit der Konstruktion des Fremden als Feind untergräbt, d. h. die Kultur erscheint hier als Alternative zum Politischen. Denn was ist die Kultur anderes als die Kultur von Umwegen und die Vermeidung von vermeintlicher Unmittelbarkeit. Damit widerstreitet das Kulturprinzip dem Ökonomieprinzip, das die Erreichung eines Ziels auf dem kürzesten Wege gebietet; denn nach dem Ökonomieprinzip ist das Leben kurz und die Mittel, es zu fristen, knapp. Zögern und Umwege sind Zeitvergeudung, so sagt uns die amerikanische „philosophy", die uns zu beherrschen im Sprunge steht. Tatsächlich ist ein solcher Ökonomismus bereits dem Prinzip jeglichen Lebens entgegengesetzt: denn Leben selbst ist bereits der Widerstreit gegen den kurzen Weg in die Entropie. Jede Kultur als Kultur von Umwegen ist diesem Prinzip allen Lebens im Universum verpflichtet, nämlich in einem umgrenzten Ort, für eine bestimmte Frist durch Prozesse des Stoffwechsels der zunehmenden Entropie Einhalt zu gebieten. Kultur ist nichts anderes als die Vermeidung einer schnellen Zielerreichung (für einen bestimmten Diskurs, in einem bestimmten Text). Also Muße und Umweg.

Es ist ferner anzunehmen, dass die Differenz auch zu einer Spaltung im Eigenen führt, dann ist die Folgerung unausweichlich, dass es auch eine doppelte Fremdheit im Eigenen gibt, Dafür stehen als Platzhalter die Symbolfiguren des Unbewussten einerseits, des Doppelgängers andererseits.

Nach diesen Präliminarien zur Fremdheit und Eigenheit läßt sich nun die Frage nach der fremden Kultur aufgreifen.

6.3 Die unverständliche fremde Kultur

Es ergibt sich die Konsequenz aus dem Ausgeführten, dass die fremde Kultur unverständlich ist, bzw. die provozierende Frage: Haben die Fremden überhaupt eine Kultur, bzw. was berechtigt dazu, ihnen eine solche zuzusprechen? Oder sind die Verlautungen der „Wilden" überhaupt eine Sprache, oder muß man ihnen – wie Columbus annahm – das Sprechen erst noch beibringen?

Aber solche Fragen tauchen nicht nur als theoretische auf, sondern sie lassen sich auch am Beispiel einer absolut sinnlos erscheinenden Gewalt-Okkurrenz darstellen. Solche Gewalt entzieht sich dem Verstehen, ja stellt die Verstehens-Bemühung als solche fundamental infrage. Öffentliche Bekundungen versichern in derartigen Fällen das „Unverständnis". Aber ebenso schnell stellen sich dann die professionellen „Versteher" ein. Man braucht die unverständigen Verstehungen nicht einzeln zu kommentieren, um zu der Einsicht zu kommen, dass innerhalb des dominanten Diskurses kein Platz für dieses absolut Fremde vorgesehen ist. Deswegen ist auch Johan Galtungs Rede von der „kulturellen Gewalt" unangebracht.[607] Galtung will mit diesem Begriff „jene Aspekte der Kultur" benennen, „die dazu benutzt werden können [sic!], direkte oder strukturelle Gewalt zu rechtfertigen oder zu legitimieren."[608] Das entschärft den Gewaltbegriff derart, eine bloße Potentialität der Abbildung im geltenden Diskurs zu sein. Das mag man so bezeichnen, aber der absoluten Fremdheit von sinnloser Gewalt ist man damit keinen Schritt näher gekommen. Daher zögert Galtung zunächst auch, ganze Kulturen „als gewalttätig einzustufen", aber wenig später nennt er dann doch ganze Kulturen als Gewaltkulturen. Er zählt dann auch sechs Bereiche „kultureller Gewalt" auf. Insgesamt aber versagt Galtungs Ansatz, die Fremdheit der Gewalt für den Text anzusprechen. Diesem Abgrund im Text setzt Maurice Blanchot das Bild des Diktators

---

607 Johan Galtung. *Frieden mit friedlichen Mitteln.* Opladen: Leske + Budrich 1998, 341 ff.
608 l. c., 341.

entgegen. Der fremdartigen Unverständlichkeit, dem „uferlosen Raunen" widersetzt sich der „Diktator" mit der „Knappheit des Ordnungsrufes". Er ahnt, dass dem Fremden und Fremdartigen des Textdurchbruchs nur ein Ordnungsdiskurs opponieren kann, dem endlosen und uferlosen Raunen des Widersinns die große Vertrautheit und Fügsamkeit widerspricht „und die große Ruhe der inneren Taubheit".[609]

Friedrich Schlegel hat sich mit dem Vorwurf der Unverständlichkeit in der Zeitschrift *Athenäum* auseinandergesetzt. Das ist insofern besonders interessant, als dieses eine Instanz der Inhärenz des Fremdem im Eigenen zu werden verspricht. Und tatsächlich äußert er sehr bald den Verdacht, dass „die Worte sich selbst oft besser verstehen als diejenigen von denen sie gebraucht werden."[610] Übersetzen wir: Was das Verstehen betrifft, ist der Text im Zwischen von Selbst und Anderem das Medium des Verstehens und folglich die Unverständlichkeit das Auftreten eines fremdem Nichts, das den Subjekten zustößt. Gegen Ende seiner Skizze über die Unverständlichkeit lobt Schlegel, dass das Heil sozialer Verbindung auf solche Unverständlichkeit gegründet ist.[611] Denn die „innere Zufriedenheit" hängt von einer gewissen Dunkelheit und einem abgründigen Chaos ab, die sich gar nicht in Verstand und Verständigkeit, somit in Verstehen auflösen lässt, ohne diesen Zusammenhalt als solchen zu bedrohen. Die Heraufkunft der neuen Zeit ist auf ein Unverstehen seitens der alten gebaut. Die erhoffte und angedachte Kultur-Revolution wird die jetzt bestehenden Unverständlichkeiten in eine große Harmonie münden lassen, hofft der Fortschritts-Optimist Schlegel. „Dann wird es Leser geben die lesen können."[612] In Schlegels Lob einer zeitweiligen Unverständlichkeit, nämlich vor und innerhalb der Großen Kultur-Revolution, schwingt die Hoffnung auf das kommende Große mit, das eben jetzt noch nicht verstanden werden kann. Dieser revolutionäre Fortschritts-Optimismus kann ein Residuum einer Fremdheit nur vorübergehend, nicht aber als grundsätzliches ontologisches Problem anerkennen. In einem ähnlichen Sinne hatte der Zeitgenosse Friedrich Schiller 1785 (frühe Fassung) gedichtet: „Freude schöner Götterfunken. Tochter aus Elisium ... Deine Zauber binden wieder was der Mode Schwerdt getheilt ... – Wenn der große Wurf gelungen, eines Freundes Freund zu seyn..." Es ist der Traum einer Gesellschaft, die durch verbindende Freude zu einer Gemeinschaft von Freunden geworden sein wird.

Hemmo Müller-Suur hat die Überzeugung kritisiert, die der Psychoanalyse zugrunde liegt, dass hinter aller Unverständlichkeit in der Textualität des psychisch

---

609 Maurice Blanchot: *Der Gesang der Sirenen*. Frankfurt a. M.: Fischer 1988, 298 f.
610 Friedrich Schlegel: „Über die Unverständlichkeit", in: *Kritische Friedrich-Schlegel-Ausgabe*, Bd. II. München u. a.: Schöningh 1967, 363–372, hier 364.
611 l. c., 370.
612 l. c., 371.

Kranken ein im Prinzip Verständliches liege, das in der Analyse in den Sinn (im Medium) aufgelöst werden könne und müsse, um Heilung zu ermöglichen. Müller-Suur dagegen hält die gegenteilige Anschauung für therapeutisch sinnvoll, nämlich „daß die Voraussetzung zu diesem besseren Verstehen die aus der Beschäftigung mit dem Schizophrenieproblem erwachsenen Einsicht von der Unverständlichkeit der Schizophrenie ist."[613] Zu vermeiden sind zwei Zuwendungen zu dem psychisch Kranken, nämlich ihn als Körper zu behandeln, oder im Gegensatz dazu als Seele. Die Wahrheit liegt in der Mitte und d.h. im Medium, des Zwischen. Sie kommt als Sinnprozedur ohne die starke Unterstellung einer Verständlichkeit hinter der Unverständlichkeit aus, indem sie den Sinn im Zwischen und nicht mehr im Dahinter annimmt. Henri Maldiney hat sich mit diesem Sinn im Text des Krankem auseinander gesetzt. Er geht davon aus, dass der naturwissenschaftlich-objektivierende Gang der Eigenart des Menschlichen nicht gerecht werden kann. Nicht Ursache/Wirkungs-Zusammenhänge erlauben den Zugang zur Erkenntnis des Menschen, sondern Sinn-Zusammenhänge. Darin ist die Psychoanalyse vorausgegangen, dass sie den Anderen – wie man so sagt – nicht beim Wort nimmt, weil sie ihn überhaupt nicht nimmt, sondern versteht.[614] Die Gemeinsamkeit im Com-prendre läuft darauf hinaus, dem Kranken, dessen Existenz misslingt, in einer Welt zu begreifen, die nicht die seine ist und in der er nicht zu Hause ist, aber auch nicht diejenige des Psychiaters ist. Das ist nur möglich als ein sich ins Offene begebender Dialog. Die Parole parlante, der kommunikative Text ist das Entscheidende, der auf der Suche nach existentiellem Sinn ist; doch dieser Sinn ist bei dem Kranken in Un-Sinn verwickelt: ihm gelingt es nicht, sich auf seine soziale Welt einzulassen. Verstehen aber als Com-prendre hieße Mit-nehmen.

Es stellt sich also die Frage, ob man die Krankheit des Kranken mit naturwissenschaftlichen Methoden erklären und darauf fußend be-handeln oder ob man ihn hermeneutisch verstehen muss, um sein Leiden zu heilen. Es kann sich die Paradoxie ergeben, dass der Patient genau durch das Nicht-Verstehen des Therapeuten in den Sinn des Textes, d.h. in den kommunikativen Text, der beide verbindet, zurückfinden kann. Nur durch die Kultur der Differenz anstelle eines psychiatrischen Einvernehmens ist das möglich, also durch den diskontinuierlichen Sprung in die Sinn-Dimension des Textes statt einer vom Therapeuten vorgesehenen und definierten Kontinuität.

Mit der Kategorie des existentiellen Sprungs hängt auch die Problematik der Übersetzung zusammen. Den Übergang bietet die psychoanalytische Theorie von

---

613 Hemmo Müller-Suur: *Das Sinn-Problem in der Psychose*. Göttingen: Hogrefe 1980, 8.
614 Henri Maldiney: *Drei Beiträge zum Wahnsinn*. Wien, Berlin: Turia + Kant 2018; ders.: „Comprendre", in: *Revue de Métaphysique et de Morale XXX* (1961), 35–89.

Jacques Lacan, die an die Stelle der zweifellos bestehenden Unverständlichkeit der Sachen und Sachverhalte einen Rekurs auf das Verstehen der basalen Strukturen von Eigenem und Fremdem im ge/misslingenden kommunikativen Test setzt.

Das führt uns nun zu den Theorien der Übersetzung des Fremdkulturellen. Das Fremdkulturelle soll in gewohnt Kulturelles übersetzt werden. Andererseits aber steht dem die aus dem Konzept der radikalen Fremdheit sich ergebende Unübersetzbarkeit entgegen. Was ist da zu tun?

Nach Walter Benjamins früher Sprachtheorie in seinem Aufsatz *Über Sprache überhaupt und über die Sprache des Menschen*[615] ist eine Übersetzung des Unübersetzbaren eine wesentliche Aufgabe der Sprache. Alle Sprache übersetzt (μεταφέρει) die Sprache der Dinge in die Menschensprache. Ist aber die Kernaufgabe der Sprache und des Sprechens das Übersetzen, dann darf man folgern: Nur Übersetzbares ist eine Sprache. Der schweigende Text der Fremdheit bewährt sich in seiner Übersetzung. Die Sprachtheorie Benjamins setzt die Medialität ins Zentrum der Überlegungen: in übersetzenden Sprachen setzt sich Sprache mit Sprache (?) in eine Beziehung. Übersetzendes Sprechen übersetzt nicht Textkorpora in Textkorpora, sondern spricht zwischensprachlich, d.h. lässt die Zwischensprachlichkeit in Reinheit hervortreten. Sie übersetzt Sprachlichkeit (langage) in Sprachlichkeit (langage), d.h. relationiert Strukturen. Übersetzung ersetzt nicht Wörter durch Wörter oder Worte durch Worte, sie operiert nicht auf der Ebene der langues, sondern auf der Ebene der Strukturen der parole. Walter Benjamin zitiert Rudolf Pannwitz:

> unsre übertragungen auch die besten gehn von einem falschen grundsatz aus sie wollen das indische griechische englische verdeutschen anstatt das deutsche zu verindischen vergriechischen verenglischen. sie haben eine viel bedeutendere ehrfurcht vor den eigenen sprachgebräuchen als vor dem geiste des fremden werks ... der grundsätzliche irrtum des übertragenden ist dass er den zufälligen stand der eigenen sprache festhält anstatt sie durch die fremde sprache gewaltig bewegen zu lassen. er muss zumal wenn er aus einer sehr fernen sprache überträgt auf die letzten elemente der sprache selbst wo wort bild ton in eins geht zurück dringen er muss seine sprache durch die fremde erweitern und vertiefen man hat keinen begriff in welchem masse das möglich ist bis zu welchem grade jede sprache sich verwandeln kann sprache von sprache fast nur wie mundart von mundart sich unterscheidet dieses aber nicht wenn man sie allzu leicht sondern gerade wenn man sie schwer genug nimmt.[616]

---

615 Walter Benjamin: „Über Sprache überhaupt und über die Sprache des Menschen", in: *Gesammelte Werke I*. Frankfurt a. M.: Wunderkammer 2011, 206–220.
616 l. c., 649.

Das ist der Ort, wo Wörter und Worte aus dem Nichts entstehen, d. h. aus Fremdheit. Nur in solch metaphorisierender Medialität präsentiert sich die Fremdheit der Eigenheit als Erfassung von gemeinsam geteilten Strukturen.

6.4 Wege zum Fremden

Welche Wege führen nun zu dem Fremden? Er wohnt zwar jenseits der Grenze; aber Grenzen lassen sich überschreiten. Es lassen sich vielleicht vier Arten des Umgangs mit dem Fremden unterscheiden: Das Xenophagentum, den Exodus, die Odyssee und den Nomadismus. Das Xenophagentum verspeist den Fremden, nur nebenbei sei angemerkt, dass das hermeneutische Verstehen eine Unterart des Xenophagentums ist: der als fremd konstruierte Text wird verstehend an-geeignet, d.h. verspeist. Der Exodus ist die restlose Auslieferung an das Neue. Alles Alte wurde (in Ägypten) zurückgelassen, die Kontinuität, d. h. die Möglichkeit, überhaupt Schritte des Hinausgehens, des Übergangs über die Grenze zu vollziehen, wird im Extremfall allein durch das Versprechen des Gottes gewährleistet. Ja, selbst dieses Versprechen ist, wie man weiss, nicht zweifelsfrei. Denn dieser Gott ist nirgendwo sonst als in der fragilen Spur seines einst gegebenen Versprechens. Es wird von seiten des Gottes im Prinzip nicht erneuert. Der, der sich in der Bewegung des Exodus auf das Versprechen verließ, kann und muss bei seiner Fahrt ins Neue, bei seiner Erfahrung, seinerseits das Versprechen Schritt für Schritt erneuern. Denn das jeweils erfahrene Neue wird eben dadurch bereits Bestandteil des Alten, wird zu der Salzsäule, auf die der Ausfahrende nicht zurückblicken darf, wenn er ihr nicht verfallen will. Der Exodus liefert sich vollständig aus, er ist menschlich nur aushaltbar durch die Sicherheit eines Versprechens einer transzendenten Macht, die über mir und meinem Fremden steht, dessen Ratschluß aber gleichwohl unergründlich ist, durch den also die Fremdheit nicht aufgehoben, sondern radikal befestigt wird. Ob der Fremde als Feind oder als Gast erscheint, das wird auf eine unergründliche Transzendenz verlagert. Die Auslieferung ist der absolute Selbst-Verlust und die absolute Selbst-Hingabe an das Fremde. Anders die Odyssee, sie kann nur sich selbst vertrauen, und daher irrt sie gewaltig herum. Ihr Umgang mit dem Fremden ist ausgerichtet an Bedürfnissen der Gewinnung von Sicherheiten für den eigenen Weg. Die Odyssee dient der Absicherung von Eigenheit. Was immer man also kritisch zu diesem Modell eines eurozentrischen Imperialismus gesagt haben mag und was auch immer seine Berechtigung als Kritik hat, die Odyssee ist doch zentral ein Modell seiner Kultur.[617] Denn die Sicherheit wird gewonnen durch

---

617 Neben der bekannten Kritik von Max Horkheimer / Theodor W. Adorno in der *Dialektik der*

Vermittlungen, historisch-geographisch durch die Marken, die Grenzländer, die zwischen mir, meiner Eigenheit und meinem Eigentum auf der einen Seite und dem Fremden jenseits der Grenze eingeschoben werden. Zwischen der Eigenwelt und dem eigentums-ordnungsbedrohenden, fremden Wolf wacht der Hofhund, und der ist ein Abkömmling des Wolfs. Die Erfahrungsfigur der Odyssee ist die Ausfahrt mit Irrungen und Wirrungen, aber dem sicheren Ziel der Heimkehr, bereichert und mit Erfahrungen ausgestattet. Solange aber die Bewegung in dieser Bewegungsform nicht heimgekehrt ist, bildet sie Kolonien. In beiden Fällen ist sie die Integration des Fremden in die bewährten Erkenntnisstrukturen. Es ist die Grundfigur neuzeitlicher Erfahrungs-Politik. Wer in dieser Weise den Fremden erfährt, entdeckt also stets nur Variationen des Gewohnten. Das Fremde ist ihm nicht wirklich fremd, es ist es nur im ersten Anschein. Im Grunde aber ist alles überall wie zu Hause.

Und schließlich gibt es das Modell des Nomadismus, der Grenzen nicht topologisch oder über Eigenschaften ontisch fixiert, sondern der, wandernd, die Grenze mit auf die Wanderung nimmt, d. h. Fremdheit flexibilisiert, so dass mal dies mal jenes als fremd erscheinen kann. Der Nomadismus tritt entweder als Nomadismus mit oder ohne Territorium auf. Der Nomadismus mit Territorium bewegt sich in diesem, seine Grenzen sind die Grenzen seiner Lebensform. Aber innerhalb des so definierten Territoriums zieht der Nomade wie ziellos umher und ist doch eigentlich immer zu Hause, d.h. nie in der Fremde. Daher unterscheiden sich für ihn das Neue und das Gewohnte nicht grundsätzlich. Alles Neue ist irgendwie schon bekannt, alles hat Ähnlichkeiten mit dem Altbekannten; nie aber wird es odysseisch angeeignet, sondern es zieht vorbei und irgendwann begegnen wir ihm wieder oder einem Ähnlichen, und wir werden nicht wissen, ob es ein Neues oder ein schon zuvor Gesehenes ist: Erkenntnis ist stets ungewisse Wiedererinnerung. Hier ist Erfahrung in Permanenz gestellt, weil es keine Asservatenkammer des Erfahrenen, kein Kultur-Museum gibt. Die Nomaden ohne Territorium sind die Getriebenen, zu bleiben hieße für sie, sich einer tödlichen Gefahr auszusetzen. Für sie ist daher der Grenzübertritt ins Neue die Normalerfahrung ihrer Existenz. Sie bewegen sich wie auf einem Exodus, nur ohne jedes positive Versprechen, vielmehr allein getrieben durch eine Art Hobbesscher Furcht der permanenten Todesdrohung. Diese Nomaden suchen die Schlupflöcher, ihre Bewegung ist die Flucht, sie suchen die Orte des Neuen auf, jenseits der Grenzen des Gewohnten, zu denen die Verfolger vermutlich

---

Aufklärung sei hier vor allem auf diejenige von Michel Serres verwiesen, in: *Die fünf Sinne.* 2. Aufl. Frankfurt a. M.: Suhrkamp 1994, 165 ff.: Serres stellt hier Odysseus und Orpheus als Alternativen der Kultur einander gegenüber: „Odysseus, klug und berechnend, gewinnt immer; Orpheus, heldenhaft, gewinnt nicht immer, ein Komponist. Wer niemals verlieren will, muß jegliche Kommunikation unterbinden", sagt er mit Anspielung auf beider Verhalten angesichts der Bedrohung durch die Sirenen.

nicht nachrücken werden. Sie werden sich selbst fremd, aber diese Bewegung im Neuen gibt ihnen eine Leichtigkeit und Fröhlichkeit; die Erfahrungen, die sie machen, behalten sie für sich, sie sind ihre Geheimnisse, Fremdheit als verborgene. Aber das sind keine Geheimnisse, die individuell und privat gehabt werden, sondern gemeinsam geteilte Geheimnisse in einem Fluchtraum.[618]

Und sollte nicht kulturelle Vermittlung, die das Fremde zwar ebensowenig hermeneutisch verstehend aneignet, wie sie die Seele nicht in Selbstbewusstsein überführt, einerseits und nomadische Flexibilisierung unserer Fremdheitskonstruktionen andererseits ausreichende Gewähr dafür bieten können, dass die Begegnung zwischen dem Eigenen und dem Fremden ein riskantes Abenteuer bleibt, ohne in eine notwendige Katastrophe münden? Dabei geht es nicht nur um beliebige postmoderne Pluralisierung, die Welt noch ein bißchen bunter zu machen; sondern es geht um mehr: um die angstfreie Konfrontation mit der Differenz. Der Fremde ist eine Chance, ohne die wir in Illusionen der grenzenlosen Verstehens-Appropriation einerseits und der Panhumanisierung andererseits verfallen. „Wenn die Menschheit sprechen könnte, könnte niemand sie verstehen."[619] Dieser Fremde ist eine wirkliche Herausforderung, er ist ein Risiko und die Begegnung mit ihm ein Abenteuer – so wie die Begegnung mit dem Unbewussten als dem Fremden in uns.

6.5 Der Verlust des Fremden

Sowohl unter Gesichtspunkten einer Durchhumanisierung der Menschheit, z. B. durch allgemein zu akzeptierende Menschenrechte, als auch unter den globalisierenden Geboten ökonomischer Rationalität erscheint es wünschenswert, keine Fremden mehr zu kennen oder zu akzeptieren, weil alle Menschen Brüder geworden sein werden oder doch sich gegenseitig als rationale Tauschpartner anerkennen. Mit dieser Tendenz zu einer globalen Welt ohne Fremdheiten, ohne Grenzen und Ausgrenzungen vom Eigenen verschwinden zugleich auch die kulturellen Prozesse der Formierung von Eigenheiten. Denn mit dem Verlust von ausgrenzender Fremdheit schwindet auch das Bewusstsein der differenten Eigenheit. Alles ginge in einer alles nivellierenden Welteinheitskultur unter, die keine Differenzen mehr zu kennen vorgibt oder erlaubt, weil alle Differenz auf Einheit hin reduziert würde. Alle Eigenheit, aber auch alles Eigentümliche und letztlich Eigentum wäre dahin, aber damit zugleich auch alle Kultur, die von der Lebendigkeit

---

618 Gilles Deleuze / Félix Guattari: *Mille Plateaus*. Paris: Minuit 1980; Kurt Röttgers: *Kants Kollege und seine ungeschriebene Schrift über die Zigeuner*. Heidelberg: Manutius 1993.
619 Bernhard Waldenfels: „Kulturelle und soziale Fremdheit", in: Notker Schneider / Ram Adhar Mall / Dieter Lohmar (Hs.): *Einheit und Vielfalt*. Amsterdam, Atlanta/GA: Rodopi 1998, 13–35, hier 31.

der kulturellen Prozesse und ihren Differenzierungen zehrt. Alles soll in der großen Einheit berechenbar werden; die Differenz aber ist Unberechenbarkeit. Von der Differenz lebt die Begegnung mit dem Fremden als Ereignis und Abenteuer, das sowohl in bedrohende Feindseligkeit als auch in befreiende Verführungskraft ausschlagen kann.

Es kann nicht geleugnet werden, dass mit dem Verlust des Fremden derjenige Kulturverlust einher geht, der in der globalisierten Weltgesellschaft à l'Américaine überall zu beobachten ist: eine melting pot Popkultur. Es ist so: Der Fremde ist ein Risikofaktor: Chance und Gefahr zugleich. Die Gegenwart aber mit den Totalisierungen durch Pandemie-Politik, auf Solidarisierungspflichten mit kriegführenden Parteiungen und auf abstinente und nachhaltige Klimapflege setzt sehr einseitig auf illusionäre Risikovermeidung und Sicherheit statt auf Wagnisse und schneidet sich damit nachhaltig von den Möglichkeiten befreiender kultureller Prozesse und der Wandlungsfähigkeit der Gesellschaft ab. Wenn kulturelle Prozesse das Einschlagen von Wegen ins Unbekannte, von Umwegen und vom Verzicht auf Unmittelbarkeiten sind, dann ist Kultur nutzlos, weil sie in keinen sachzwanggebotenen Verwertungen steht. Das praxisrelevante Zielerreichungsgetriebe nach der Logik ökonomischer Rationalität kennt nicht den Umweg oder das Zaudern, was immer die Figur der Reflexion besagte.

Die Relation zum Fremden ist eine grundsätzlich asymmetrische Relation. Insofern ist der kulturelle Prozess offen und sensibel für überraschende Erkenntnisse, die unsere Eigenheit verändern, berühren, bereichern könnten.

Literaturverzeichnis

Adorno, Theodor W. (1977): *Kulturkritik und Gesellschaft I (Gesammelte Schriften 10 – 1)*, Frankfurt a. M.: Suhrkamp.
Adorno, Theodor W. (1988): *Noten zur Literatur (Gesammelte Schriften 11)*, Frankfurt a. M.: Suhrkamp.
Adorno, Theodor W. (1997): *Negative Dialektik. (zuerst 1968), (Gesammelte Schriften VI)*, Frankfurt a. M.: Suhrkamp.
Adorno, Theodor W. (1998): *Gesammelte Schriften 16*, Frankfurt a. M.: Suhrkamp.
Althusser, Louis (1968): *Für Marx*, Frankfurt a. M.: Suhrkamp.
Angehrn, Emil (1985): *Geschichte und Identität*, Berlin, New York: de Gruyter.
Aristoteles (1983): *Physikvorlesung, übersetzt von Hans Wagner*, Darmstadt: wbg.
Arndt, Andreas (2010): „Kultur, Geist, Natur", in: ders.: *Staat und Kultur bei Hegel*, Berlin: Akademie-Verlag, 93 – 104.
Artaud, Antonin (1969): *Das Theater und sein Double.* Frankfurt a. M.: Fischer.
Assmann, Aleida / Harth, Dietrich (Hrsg.) (1991): *Mnemosyne. Formen und Funktionen der kulturellen Erinnerung*, Frankfurt a. M.: Fischer.
Assmann, Jan (1992): *Das kulturelle Gedächtnis. Erinnerung und politische Identität in frühen Hochkulturen*, München: Beck.
Balke, Friedrich (1992): „Die Figur des Fremden bei Carl Schmitt und Georg Simmel", in: *Sociologia Internationalis* 30, 35 – 59.
Barthes, Roland (1980): „Les mots du labyrinthe", in: *Cartes et figures de la terre (Ausstellungskatalog Centre Pompidou)*, Paris, 94 – 103.
Bataille, Georges (1970 – 1988): *Œuvres complètes*, Paris: Gallimard.
Bataille, Georges (1975): „Der verfemte Teil", in: ders.: *Die Aufhebung der Ökonomie*, München: Rogner & Bernhard.
Baudelaire, Charles (1964): *Les paradis artificiels*, Paris: Gallimard.
Baudrillard, Jean (1991): *Die fatalen Strategien*, München: Mathes & Seitz.
Bedorf, Thomas / Herrmann, Steffen (Hrsg.) (2016): *Das soziale Band*, Frankfurt a. M., New York: Campus.
Benjamin, Andrew (1997): „Ursprünge übersetzen: Psychoanalyse und Philosophie", in: Alfred Hirsch (Hrsg.), *Übersetzung und Dekonstruktion*, Frankfurt a. M.: Suhrkamp, 231 – 262.
Benjamin, Jessica (2002): *Der Schatten des Anderen*, Frankfurt a. M., Basel: Klostermann.
Benjamin, Walter (2011): *Gesammelte Werke I*, Frankfurt a. M.: Zweitausendeins.
Bergson, Henri (1946): *Matière et mémoire, 46.ed.*, Paris: PUF.
Binswanger, Ludwig (1955): „Über den Satz von Hofmannsthal ‚Was Geist ist, erfaßt nur der Bedrängte'", in: *Ausgewählte Vorträge und Aufsätze II*, Bern: Francke, 243 – 251.
Blanchot, Maurice (1988): *Der Gesang der Sirenen*, Frankfurt a. M.: Fischer.
Blanchot, Maurice (2006): *L'entretien infini*, Paris: Gallimard.
Blanchot, Maurice (2010): *Das Neutrale. Philosophische Schriften und Fragmente*, Zürich, Berlin: diaphanes.
Blanchot, Maurice (2011): *Vergehen*, Zürich: Diaphanes.
Bloch, Ernst (1962): *Erbschaft dieser Zeit (Gesamtausgabe Bd. 4)*, Frankfurt a. M.: Suhrkamp.
Blumenberg, Hans (1981): *Die Lesbarkeit der Welt*, Frankfurt a. M.: Suhrkamp.
Blumenberg, Hans (1987): *Die Sorge geht über den Fluß*, Frankfurt a. M.: Suhrkamp.
Blumenberg, Hans (1990): *Arbeit am Mythos*, 5. Aufl., Frankfurt a. M.: Suhrkamp.
Blumenberg, Hans (1993): *Wirklichkeiten in denen wir leben*, Stuttgart: Reclam.

Blumenberg, Hans (1998): *Paradigmen zu einer Metaphorologie*, Frankfurt a. M.: Suhrkamp.
Blumenberg, Hans (2001): „'Nachahmung der Natur'. Zur Vorgeschichte der Idee des schöpferischen Menschen", in: ders.: *Ästhetische und metaphorologische Schriften*, Frankfurt a. M.: Suhrkamp, 9–46.
Blumenberg, Hans (2007): *Theorie der Unbegrifflichkeit*, Frankfurt a. M.: Suhrkamp.
Borchardt, Rudolf (1968): *Der leidenschaftliche Gärtner*, Stuttgart: Klett.
Borges, Jorge Luis (1992): „Der Garten der Pfade, die sich verzweigen", in: ders.: *Erzählungen 1939–1944*, Frankfurt a. M.: Fischer.
Bourdieu, Pierre (1987): *Sozialer Sinn*, Frankfurt a. M.: Suhrkamp.
Bourgois, Léon (1896): *Solidarité*, Paris: Armand Colin et Cie.
Brauer, Oskar Daniel (1982): *Dialektik der Zeit*, Stuttgart, Bad Cannstatt: Frommann.
Brechin, Gray (1993): „Grace Marchant and the Global Garden", in: M. Francis and R.T. Hester, Jr. (Hrsg.): *The Meaning of Gardens*, 3. Aufl., Cambridge/Mass., London, 226–229.
Brelet, Gisèle (1949): *Le temps musical*, Paris: PUF.
Brillat-Savarin, Jean Anthelme (1865): *Physiologie des Geschmacks*, Braunschweig: Vieweg, ND Wien, Köln: Böhlau 1984.
Brücher, Gertrud (2004): *Menschenmaterial. Zur Neubegründung von Menschenwürde aus systemtheoretischer Perspektive*, Opladen: Barbara Budrich.
Bucaille, Maurice (1963): „Spirale et labyrinthe", in: *The Situationist Times. 4. International Edition*, 12–16.
Butler, Judith (2001): *Psyche der Macht. Das Subjekt der Unterwerfung*, Frankfurt a. M.: Suhrkamp.
Butzer, Günter / Günter, Manuela (Hrsg.) (2004): *Kulturelles Vergessen. Medien – Rituale – Orte*, Göttingen: Vandenhoek & Ruprecht.
Camartin, Iso (1987): *Lob der Verführung*, Zürich, München: Artemis.
Cassirer, Ernst (1971): *Zur Logik der Kulturwissenschaften*, Darmstadt: wbg.
Cassirer, Ernst (1973 ff): *Philosophie der symbolischen Formen*, Darmstadt: wbg.
Cassirer, Ernst (1990): *Versuch über den Menschen*, Frankfurt a. M.: Fischer.
Cassirer, Ernst (1993): *Geist und Leben. Schriften*, Leipzig: Reclam.
Cassirer, Ernst (2000): *Substanzbegriff und Funktionsbegriff*, Hamburg: Meiner.
Cicero, Marcus Tullius (1994): *Orator*, München, Zürich: Artemis.
Cicero, Marcus Tullius (1997): *Tusculanae disputationes / Gespräche in Tusculum*, Stuttgart: Reclam.
Cixous, Hélène (1977): *Die unendliche Zirkulation des Begehrens*, Berlin: Merve.
Clausjürgens, Reinhold (2020): „Inzest, Parasiten und Anderes", in: Clausjürgens, Reinhold / Röttgers, Kurt (Hrsg.), *Michel Serres: Das vielfältige Denken. Oder: Das Vielfältige denken*, Paderborn: Fink, 117–140.
Clausjürgens, Reinhold (2024): „Von der Moderne zur Post-Moderne. Brüche – Übergänge – Kontinuitäten", in: (Hrsg.): Clausjürgens, Reinhold / Schmitz-Emans, Monika: *Philosophische Exkursionen. (Um-)Wege zu einer Sozialphilosophie der Postmoderne*, Paderborn: Fink.
Clayton, Kevin (2012): „Time Folded and Crumpled. Time, History, Self-Organization and the Methodology of Michel Serres", in: Bernd Herzogenrath (Hrsg.), *Time and History in Deleuze and Serres*, London, New York: Continuum International Publishing, 31–49.
Clerget, Joël (2015): *Je est un autre*, Coaraze: L'Amoirier.
Critchley, Simon (1999): *Ethics – Politics – Subjectivity*, London, New York: Verso.
Critchley, Simon (2008): *Unendlich fordernd. Ethik der Verpflichtung, Politik des Widerstands*, Zürich, Berlin: diaphanes.
Crowley, Martin (2009): *L'homme sans*, Fécomp: Lignes.

Debray, Régis (1981): *Critique de la raison politique*, Paris: Gallimard 1981.
Deleuze, Gilles (2000): *Die Falte*, Frankfurt a. M.: Suhrkamp.
Deleuze, Gilles (2007): *Differenz und Wiederholung*, 3. Aufl., München: Fink.
Deleuze, Gilles / Guattari, Felix (1976a): *Rhizome*, Paris: Minuit.
Deleuze, Gilles / Guattari Félix (1976b): *Rhizom*, Berlin: Merve.
Deleuze, Gilles / Guattari, Félix (1980): *Mille Plateaus*, Paris: Minuit.
Dempf, Alois (1932): *Kultur-Philosophie (Handbuch der Philosophie)*, München: Oldenbourg.
Derrida, Jacques (1986): „Sporen – die Stile Nietzsches", in: Hamacher, Werner (Hrsg.), *Nietzsche aus Frankreich*, Frankfurt a. M.: Suhrkamp, 129–168.
Derrida, Jacques (1992): *Das andere Kap. Die vertagte Demokratie*, Frankfurt a. M.: Suhrkamp.
Derrida, Jacques (1999): *Randgänge der Philosophie*, 2. Aufl., Wien: Passagen.
Derrida, Jacques (2000): *Politik der Freundschaft*, Frankfurt a. M.: Suhrkamp.
Derrida, Jacques (2003): *Die Stimme und das Phänomen*, Frankfurt a. M.: Suhrkamp.
Derrida, Jacques (2005): *Geschlecht (Heidegger)*, 2. Aufl., Wien: Passagen.
Derrida, Jacques (2008): *Psyche. Inventions de l'autre*, Paris: Galilée.
Descartes, René (2005): *Prinzipien der Philosophie*, Hamburg: Meiner.
Diaconu, Mădălina (2005): *Tasten – Riechen – Schmecken. Ästhetik der anästhetisierten Sinne*, 2. Aufl., Würzburg: Königshausen & Neumann.
Diderot, Denis (1984): „Das Paradox über den Schauspieler", in: ders.: *Ästhetische Schriften II*, Westberlin: Aufbau-Verlag, 481–538.
Dierse, Ulrich (1978): „Napoleons Ideologiebegriff", in: *Archiv für Begriffsgeschichte 22*, 30–89.
Dilthey, Wilhelm (1974): *Der Aufbau der geschichtlichen Welt in den Geisteswissenschaften*, Frankfurt a. M.: Suhrkamp.
Diotima (2003): *Il pensiero della differenza sessuale*, Mailand: La Tartaruga.
Eichberg, Henning (1996): „Bewegungsformen der Theorie. Oder: Die Wissenschaft beim Körper nehmen", in: Eichberg, Henning / Hansen Jørn (Hrsg.): *Bewegungsräume. Körperanthropologische Beiträge*, Butzbach-Griedel: Afra, 269–289.
Ellrich, Lutz (1992): „Die Konstitution des Sozialen. Phänomenologische Motive in N. Luhmanns Systemtheorie", in: *Zeitschrift für philosophische Forschung 48*, 24–43.
Erny, Nicola (1994): *Theorie und System der Neuen Wissenschaft von Giambattista Vico*, Würzburg: Königshausen & Neumann.
Esposito, Elena (2002): *Soziales Vergessen. Formen und Medien des Gedächtnisses der Gesellschaft*, Frankfurt a. M.: Suhrkamp.
Fellmann, Ferdinand (1976): *Das Vico-Axiom: Der Mensch macht die Geschichte*, Freiburg, München: Alber.
Fink-Eitel, Hinrich (1994): *Die Philosophie und die Wilden*, Hamburg: Junius.
Forster, Georg (1983): *Reise um die Welt*, hrsg. v. Gerhard Steiner. Frankfurt a. M.: Insel.
Foucault, Michel (2002): „Theatrum philosophicum", in: *Schriften in vier Bänden. Dits et Ecrits, Bd. II*, Frankfurt a. M.: Suhrkamp, 93–122.
Freud, Sigmund (1946): *Gesammelte Werke X*, London: Imago.
Freud, Sigmund (1972): „Eine Schwierigkeit der Psychoanalyse", in: ders.: *Gesammelte Werke XII*, 4. Aufl., Frankfurt a. M.: S. Fischer, 3–12.
Freud, Sigmund (1978): „Über die weibliche Sexualität", in: ders.: *Werkausgabe, in zwei Bden*, 2. Aufl., hrsg. Freud, Anna / Grubrich-Simitis, Ilse, Frankfurt a. M.: S. Fischer, I, 349–363.
Freud, Sigmund (1979): „Das Ich und das Es", in: ders.: *Werkausgabe, in zwei Bden*, 2. Aufl., hrsg. Freud, Anna / Grubrich-Simitis, Ilse, Frankfurt a. M.: S. Fischer, I, 369–401.

Fuhrmann, Manfred (1980): „Die *Querelle des Anciens et des Modernes*, der Nationalismus und die deutsche Klassik", in: Fabian, Bernhard u. a. (Hrsg.): *Deutschlands kulturelle Entfaltung. Die Neubestimmung des Menschen (Studien zum achtzehnten Jahrhundert; 2/3)*, München: Kraus, 49 – 67.
Gadamer, Hans-Georg (1977): *Die Aktualität des Schönen*, Stuttgart: Reclam.
Gadamer, Hans-Georg (1990): *Wahrheit und Methode*, Tübingen: Mohr.
Galtung, Johan (1998): *Frieden mit friedlichen Mitteln*, Opladen: Leske + Budrich.
Gamm, Gerhard (2000): *Nicht nichts*, Frankfurt a. M.: Suhrkamp.
Gamm, Gerhard (2002): „Die Unbestimmtheit des Geldes", in: Geßner, Willfried / Kramme, Rüdiger (Hrsg), *Aspekte der Geldkultur*, Magdeburg: Scriptum, 115 – 136.
Gamm, Gerhard (2004): *Der unbestimmte Mensch*, Berlin, Wien: Philo.
Gamm, Gerhard (2017): „Medium, Mechanismus und Metapher", in: ders.: *Verlegene Vernunft. Eine Philosophie der sozialen Welt*, München: Fink, 48 – 52.
Geertz, Clifford (1987): „Deep Play. Bemerkungen zum balinesischen Hahnenkampf", in: ders.: *Dichte Beschreibung*, Frankfurt a. M.: Suhrkamp, 209 – 260.
Geisen, Richard (2005): *Macht und Misslingen. Zur Ökonomie des Sozialen*, Berlin: Parerga.
Gilli, Marita (1975): *Georg Forster*. Lille, Paris: Champion 1975.
Guattari, Félix (1974): *Psychanalyse et transversalité*, Paris: Maspero.
Güsken, Jessica (2020): „Knoten: lösen, knüpfen, mit der Haut denken", in: Clausjürgens, Reinhold / Röttgers Kurt (Hrsg.), *Michel Serres. Das vielfältige Denken. Oder: Das Vielfältige denken*, München, Paderborn: Fink, 37 – 57.
Habermas, Jürgen (1968): *Technik und Wissenschaft als „Ideologie"*, Frankfurt a. M.: Suhrkamp.
Habermas, Jürgen (1976): *Zur Rekonstruktion des Historischen Materialismus*, Frankfurt a. M.: Suhrkamp.
Hegel, Georg Wilhelm Friedrich (1969): *Werke 3* und *Werke 12*, Frankfurt a. M.: Suhrkamp.
Hegel, Georg Wilhelm Friedrich (1988): *Phänomenologie des Geistes*, neu hrsg. von Clairmont, Heinrich / Wessels, Hans-Friedrich, Hamburg: Meiner.
Heidegger, Martin (1957): *Sein und Zeit*, 8. Aufl., Tübingen: Niemeyer 1957.
Heidegger, Martin (1976): *Gesamtausgabe Bd. 9*, Frankfurt a. M.: Klostermann.
Heidegger, Martin (1977a): *Sein und Zeit (Gesamtausgabe Bd. 2)*, Frankfurt a. M.: Klostermann.
Heidegger, Martin (1977b): *Gesamtausgabe Bd. 5*, Frankfurt a. M.: Klostermann.
Heidegger, Martin (1978): „Metaphysische Anfangsgründe der Logik im Ausgang von Leibniz", in: *Gesamtausgabe Bd. 26*, Frankfurt a. M.: Klostermann.
Heidegger, Martin (1984): *Gesamtausgabe Bd. 45*, Frankfurt a. M.: Klostermann.
Heidegger, Martin (1989): *Beiträge zur Philosophie (Vom Ereignis). Gesamtausgabe Bd. 65*, Frankfurt a. M.: Klostermann.
Heidegger, Martin (2000a): *Logos (Gesamtausgabe Bd. 7)*, Frankfurt a. M.: Klostermann.
Heidegger, Martin (2000b): „Gelassenheit", in: *Gesamtausgabe Bd. 13*, Frankfurt a. M.: Klostermann 2000, 517 – 529.
Heidegger, Martin (2005): *Über den Anfang. (Gesamtausgabe Bd. 70)*, Frankfurt a. M.: Klostermann.
Heidegger, Martin (2006): *Differenz und Identität. (Gesamtausgabe Bd. 11)*, Frankfurt a. M.: Klostermann.
Heidegger, Martin (2009): *Das Ereignis. (Gesamtausgabe Bd. 71)*, Frankfurt a. M.: Klostermann.
Heidegger, Martin (2014a): *Gesamtausgabe Bd. 94*, Frankfurt a. M.: Klostermann.
Heidegger, Martin (2014b): *Gesamtausgabe Bd. 95*, Frankfurt a. M.: Klostermann.
Heinze, Thomas (Hrsg.) (1995): *Kultur und Wirtschaft*, Opladen; Westdeutscher Verlag.
Henrich, Dieter (2003): *Between Kant and Hegel*, Cambridge/Mass., London: Harvard University Press.
Herder, Johann Gottfried [1880]: *Werke*, hrsg. v. Düntzer, Heinrich 9 – 19. Tl. Berlin: Gustav Hempel o. J.

Hetzel, Andreas (2001): *Zwischen Poiesis und Praxis. Elemente einer kritischen Theorie der Kultur*, Würzburg: Königshausen & Neumann.
Hetzel, Andreas (2011): *Die Wirksamkeit der Rede*, Bielefeld: transcript.
Hirsch, Alfred (Hrsg.) (1997): *Übersetzung und Dekonstruktion*, Frankfurt a. M.: Suhrkamp.
Hjelmslev, Louis (1961): *Prolegomena to a Theory of Language*, Madison: University of Wisconsin.
Hölderlin, Friedrich (1963): *Werke – Briefe – Dokumente*, München: Winkler.
Hoffmann, Thomas Sören (2007): *Philosophie in Italien*, Wiesbaden: Marix.
Hofmannsthal, Hugo von (1979): „Gärten", in: ders.: *Gesammelte Werke. Reden und Aufsätze I*, Frankfurt a. M.: Fischer, 577–584.
Hofmannsthal, Hugo von (1980): Reden *und Aufsätze III*, Frankfurt a. M.: Fischer.
Horkheimer, Max / Adorno, Theodor Wiesengrund (1947): *Dialektik der Aufklärung*, Amsterdam: Querido.
Hubig, Christoph (2015): Die *Kunst des Möglichen III*, Bielefeld: Transcript.
Huiziga, Johan (1956): *Homo ludens. Vom Ursprung der Kultur im Spiel*, Reinbek: Rowohlt.
Hüsch, Sebastian (2004): „Wer A sagt, muss auch B sagen?", in: *Conceptus XXXVI*, 105–130.
Huntigton, Samuel (1993): „If not Civilizations, What?", in: *Foreign Affairs*.
Irigaray, Luce (1977): *Ce sexe qui n'en est pas un*, Paris: Minuit.
Irigaray, Luce (1979): *Das Geschlecht, das nicht eins ist*, Berlin: Merve.
Irigaray, Luce (1980): *Speculum. Spiegel des anderen Geschlechts*, Frankfurt a. M.: Suhrkamp.
Irigaray, Luce (1991): *Ethik der sexuellen Differenz*, Frankfurt a. M.: Suhrkamp.
Jamme, Christoph (2012): „Georg Wilhelm Friedrich Hegel", in: Konersmann, Ralf (Hrsg.), *Handbuch Kulturphilosophie*, Stuttgart, Weimar: Metzler, 90–93.
Jannidis, Fotis (1996): „Individuum est ineffabile", in: *Aufklärung 9*, 77–110.
Japp, Uwe (1976): „Aufgeklärtes Europa und natürliche Südsee", in: Piechotta Hans Joachim (Hrsg.), *Reise und Utopie*, Frankfurt a. M., Suhrkamp, 10–56.
Kämpf, Heike (2016): „Fremden begegnen. Zur ethischen Bedeutung des Taktgefühls", in: *ETHICA 24*, 2, 119–132.
Kahlert, Heike (2008): „Differenz, Genealogie, Affidamento: Das italienische ‚pensiero della differenza sessuale' in der internationalen Rezeption", in: (Hrsg.) Becker, Ruth / Kortendiek, Beate: *Handbuch Frauen- und Geschlechterforschung*, Wiesbaden: VS Verlag für Sozialwissenschaften, 94–102.
Kant, Immanuel (1910): *Gesammelte Werke*, hrsg. v. d. Preußischen Akademie der Wissenschaften, Berlin: de Gruyter.
Karsz, Saül (1976): *Theorie und Politik: Louis Althusser*, Frankfurt a. M., Berlin, Wien: Ullstein.
Kern, Hermann (1995): *Labyrinthe*, 3. Aufl., München: Prestel.
Kierkegaard, Søren (1960): *Entweder – Oder*, hrsg. Diem, Hermann / Rest, Walter, 2. Aufl., Köln, Olten.
Kierkegaard, Søren (1976): „Die Wiederholung", in: ders., *Die Krankheit zum Tode* u. a., hrsg. v. Diem, Hermann / Rest, Walter, München: dtv, 327–440.
Kimmerle, Heinz (Hrsg.) (1987): *Das Andere und das Denken der Verschiedenheit*, Amsterdam: Grüner.
Kimmerle, Heinz (1996): „How Can Time Become Time again? How to Repeat what never Has Been?", in: Tiemersma, Douwe (Hrsg.), u. a., *Time and Temporality*, 11–23.
Konersmann, Ralf (1994): *Der Schleier des Timanthes. Perspektiven der historischen Semantik*, Frankfurt a. M.: Fischer.
Konersmann, Ralf (2006): *Kulturelle Tatsachen*, Frankfurt a. M.: Suhrkamp.
Konersmann, Ralf (2008): *Kulturkritik*, Frankfurt a. M.: Suhrkamp.
Konersmann, Ralf (2015): *Die Unruhe der Welt*, Frankfurt a. M.: S. Fischer.

Konersmann, Ralf (Hrsg.) (2017): *Wörterbuch der Unruhe*, Frankfurt a. M.: S. Fischer.
Konersmann, Ralf (2021): *Kulturkritik als Kulturphilosophie. Studienbrief der Fernuniversität in Hagen*, Hagen.
Konersmann, Ralf (2024): „Sehen und Sein. Drei Miniaturen zu Pascal". In: (Hrsg.) Clausjürgens, Reinhold / Schmitz-Emans, Monika, *(Um-)Wege zu einer Sozialphilosophie der Postmoderne. Philosophische Exkursionen. Festschrift für Kurt Röttgers zum 80. Geburtstag*, Paderborn: Fink, 125–134.
Krämer, Sybille (2005): *Gewalt der Sprache – Sprache der Gewalt*, Berlin: Landeskommission Berlin gegen Gewalt.
Krämer, Sybille (2008): *Medium, Bote, Übertragung*, Frankfurt a. M.: Suhrkamp.
Kristeva Julia (2001): *Fremde sind wir uns selbst*, Frankfurt a. M.: Suhrkamp.
Kuch, Hannes / Herrmann, Steffen (Hrsg.) (2010): *Philosophien sprachlicher Gewalt. Grundpositionen von Platon bis Butler*, Weilerswist: Velbrück.
Kuster, Friederike / Bockenheimer, Eva (2021): *Philosophische Geschlechtertheorien. Studienbrief der Fernuniversität in Hagen*, Hagen.
Laplanche, Jean (1988): „Von der eingeschränkten zur allgemeinen Verführungstheorie", in: ders.: *Die allgemeine Verführungstheorie und andere Aufsätze*, Tübingen: edition diskord, 199–233.
Laruelle, François 1986): *Les philosophies de la différence*, Paris: PUF.
Lehmann, Gerhard (1969): „Das philosophische Grundproblem in Kants Nachlaßwerk", in: ders.: *Beiträge zur Geschichte und Interpretation der Philosophie Kants*, Berlin: de Gruyter, 272–288.
Leibniz, Gottfried Wilhelm (1969): *Die philosophischen Schriften*, hrsg. v. C. I. Gerhardt. Berlin 1875ff., VI, 618; dt. Übers. v. H. Glockner, Hamburg: Meiner.
Lévi-Strauss, Claude (2019): *Mythologica I: Das Rohe und das Gekochte*, Berlin: Suhrkamp.
Liebsch, Burkhard (2005): *Gastlichkeit und Freiheit*, Weilerswist: Velbrück.
Liebsch, Burkhard (2012): „Gastlichkeit", in: Konersmann, Ralf (Hrsg.), *Handbuch Kulturphilosophie*, Stuttgart, Weimar, 319–324.
Liessmann, Konrad Paul (1991): *Ästhetik der Verführung*, Frankfurt a. M.: Hain.
Lübbe, Herrmann (1983): *Zeit-Verhältnisse. Zur Kulturphilosophie des Fortschritts*, Graz, Wien, Köln: Styria.
Lübbe, Herrmann (1984): „Der Fortschritt und das Museum", in: *Bewahren und Ausstellen. Die Forderung des kulturellen Erbes in Museen*, München, New York, London, Paris: K. G. Saur, 227–246.
Lütkehaus Ludger (1965): „Einleitung", in: Ludger Lütkehaus (Hrsg.): *„Dieses wahre innere Afrika"*, Frankfurt a. M.: S. Fischer 1985, 7–41.
Luhmann, Niklas (1987): „Tautologie und Paradoxie in den Selbstbeschreibungen der modernen Gesellschaft", in: *Zeitschrift für Soziologie* 16, 161–174.
Luhmann, Niklas (1994): „Die Tücke des Subjekts und die Frage nach dem Menschen", in: Fuchs, Peter / Göbel, Andreas (Hrsg.) *Der Mensch – das Medium der Gesellschaft?*, Frankfurt a. M.:. Suhrkamp, 40–56.
Luhmann, Niklas (1995): *Soziologische Aufklärung VI: Die Soziologie und der Mensch*, Opladen: Westdeutscher Verlag.
Luhmann, Niklas (1998): *Die Gesellschaft der Gesellschaft*, Frankfurt a. M.: Suhrkamp.
Lukrez (2016): *Über die Natur der Dinge. De rerum natura*, 2 Bde., Darmstadt: wbg.
Lyotard, Jean-François (1985): *Grabmal des Intellektuellen*, Graz, Wien: Böhlau.
Mack, Wolfgang / Röttgers, Kurt (2007): *Gesellschaftsleben und Seelenleben. Anknüpfungen an Gedanken von Georg Simmel*, Göttingen: Vandenhoek.

MacCannell, Dean (1993): „Landscaping the Unconscious", in: (Hrsg.) M. Francis and R.T. Hester, Jr., *The Meaning of Gardens*, 3. Aufl., Cambridge/Mass., London, 94–101.
Marcuse, Herbert (1965): *Kultur und Gesellschaft*, Frankfurt a. M.: Suhrkamp.
Maldiney, Henri (1961): „Comprendre", in: *Revue de Métaphysique et de Morale XXX*, 35–89.
Maldiney, Henri (1968): „L'esthétique des rythmes", in : *Les rythmes. Conférence présententées au colloque sur les rythmes à Lyon en dec. 1967*, Lyon: Les Rythmes, 225–245.
Maldiney, Henri (1987): „Une phénoménologie à l'impossible: La poésie", in: *Etudes phénoménologiques = Phenomenological studies 5/6*, 5–52.
Maldiney, Henri (1993): „L'irréductible", in: *L'Irréductible*, Grenoble, (= Revue EPOKHE, Nr. 3), 11–49.
Maldiney, Henri (2007): „Die Ästhetik der Rhythmen", in: Blümle, Claudia / Schäfer, Armin (Hrsg.): *Struktur, Figur, Kontur*, Zürich, Berlin: diaphanes 2007, 47–76.
Maldiney, Henri (2018): *Drei Beiträge zum Wahnsinn*, Wien, Berlin: Turia + Kant.
Mann, Thomas (1919): *Betrachtungen eines Unpolitischen*, Berlin: S. Fischer.
Marquard, Odo (1986): *Apologie des Zufälligen*, Stuttgart: Reclam.
Marquard, Odo (2004): *Individuum und Gewaltenteilung*, Stuttgart: Reclam.
Masson, Jeffrey M. (1984): *Was hat man dir, du armes Kind, getan? Sigmund Freuds Unterdrückung der Verführungstheorie*, Hamburg: Rowohlt 1984.
Meißner, Hanna (2010): *Jenseits des autonomen Subjekts*, Bielefeld: Transcript.
Merker, Barbara (1999): „Bedürfnis nach Bedeutsamkeit. Zwischen Lebenswelt und Absolutismus der Wirklichkeit", in: Wetz, Franz Josef / Timm Hermann (Hrsg.), *Die Kunst des Überlebens*, Frankfurt a. M.: Suhrkamp, 68–98.
Merleau-Ponty, Maurice (1960): *Signes*, Paris: Gallimard.
Merleau-Ponty, Maurice (1986): *Das Sichtbare und das Unsichtbare*, München: Fink.
Meyer-Abich, Klaus Michael: „Naturphilosophische Begründung einer holistischen Ethik", in: Nida-Rümelin, Julian / v. d. Pfordten, Dietmar (Hrsg.): *Ökologische Ethik und Rechtstheorie*, Baden-Baden: Nomos 1995, 159–178.
Meyer-Drawe, Käte (1990): *Illusionen von Autonomie*, München Kirchheim.
Morin, Marie-Eve (2006): *Jenseits der brüderlichen Gemeinschaft*, Würzburg: Königshausen & Neumann.
Müller, Heiner (1981): „Mich interessiert der Fall Althusser...' ", in: *Alternative* 137, 70–72.
Müller-Suur, Hemmo (1980): *Das Sinn-Problem in der Psychose*, Göttingen: Hogrefe.
Nancy, Jean-Luc (1993): *Le Sens du monde*, Paris: Galilée.
Nancy, Jean-Luc (2004): *Singulär plural sein*, Berlin: diaphanes.
Nancy, Jean-Luc (2008): „Parallele Differenzen. Deleuze |und| Derrida", in: *Ouvertüren*, Zürich, Berlin: diaphanes 2008, 31–50.
Nancy, Jean-Luc (2011): *Politique et au-delà*, Paris: Galilée.
Nancy, Jean-Luc (2011b): *Partir – Le départ*, Montrouge: Bayard.
Nancy, Jean-Luc (2016): *Die Erfahrung der Freiheit*, Zürich, Berlin: diaphanes.
Nancy, Jean-Luc (2017): *Was tun?*, Zürich, Berlin: Diaphanes.
Nikolaus von Cues (2014): *De docta ignorantia, 1. Buch, XXII (Philosophisch-theologische Schriften, hrsg. v. L. Gabriel)*, Freiburg: Herder.
Nietzsche, Friedrich (1980): *Kritische Studienausgabe*, hrsg. v. Colli, Giorgio / Montinari, Massimo, München, Berlin, New York: dtv, de Gruyter.
Novalis (1965): *Schriften II*, Darmstadt: wbg.
Novalis (1968): *Schriften III*, Darmstadt: wbg.
Oosterling, Henk (Hrsg.) (1998): *Time and Temporality in Intercultural Perspective*, Amsterdam, Atlanta GA: Rodopi.

Peter-Röcher, Heidi (1998): *Mythos Menschenfresser*, München: Beck.
Pichler, Wolfram / Ubl, Ralph (Hrsg.) (2009): *Topologie. Falten, Knoten, Netze, Stülpungen*, Wien: Turia + Kant.
Pieper, Josef (1952): *Muße und Kult*, München: Kösel.
Plessner, Helmuth (1981): *Grenzen der Gemeinschaft, (Ges. Schriften Bd. V)*, Frankfurt a. M.: Suhrkamp.
Plessner, Helmuth (1983): „Conditio Humana", in: ders.: *Gesammelte Schriften 8*, Frankfurt a. M.: Suhrkamp
Plessner, Helmuth (2003): *Gesammelte Schriften 4*, Frankfurt a. M.: Suhrkamp.
Redecker, Eva von (2020): *Revolution für das Leben*, 2. Aufl., Frankfurt a. M.: S. Fischer.
Renz, Ursula (2002): *Die Rationalität der Kultur*, Hamburg: Meiner.
Rickert, Heinrich (1905): „Geschichtsphilosophie", in: *Die Philosophie im Beginn des 20. Jahrhunderts. Fs: Kuno Fischer II.*, Heidelberg: Carl Winter, 51–135.
Rickert, Heinrich (1924): *Kant als Philosoph der modernen Kultur. Ein geschichtsphilosophischer Versuch*, Tübingen: Mohr.
Rickert, Heinrich (1986): *Kulturwissenschaft und Naturwissenschaft*, Stuttgart: Reclam.
Ricœur, Paul (2004): *Sur la traduction*, Paris: Bayard.
Rigotti, Francesca (2002): *Philosophie in der Küche – Kleine Kritik der kulinarischen Vernunft*, München: Beck.
Rilke, Rainer Maria (1962): *Gesammelte Gedichte*, Frankfurt a. M.: Insel.
Rimbaud, Artur (2010): *Prosa über die Zukunft der Dichtung*, Berlin: Mathes & Seitz.
Rösner, Manfred / Schuh, Alexander (Hrsg.) (1990): *Augenschein – ein Manöver reiner Vernunft*, Wien, Berlin: Turia + Kant.
Röttgers, Kurt (1982): *Der kommunikative Text und die Zeitstruktur von Geschichten*, Freiburg, München: Alber.
Röttgers, Kurt (1993): *Kants Kollege und seine ungeschriebene Schrift über die Zigeuner*, Heidelberg: Manutius.
Röttgers, Kurt (2005): „Woran ist die Ignoretik gescheitert?", in: Keutner, Thomas / Oeffner, Roman / Schmidt, Hajo (Hrsg): *Wissen und Verantwortung. Fs. J. P. Beckmann*, Freiburg, München: Alber, I, 136–177.
Röttgers, Kurt (2008): „Das Ritornell", in: Röttgers, Kurt / Schmitz-Emans, Monika (Hrsg.): *Spiegel – Echo – Wiederholungen*, Essen: Die Blaue Eule, 7–21.
Röttgers, Kurt (2009a): „Arbeit am Mythos des Labyrinths", in: Leila Kais (Hrsg.): *Das Daedalus-Prinzip*, Berlin: Parerga 2009, 13–37.
Röttgers, Kurt (2009b): *Kritik der kulinarischen Vernunft*, Bielefeld: transcript.
Röttgers, Kurt (2010): „Flexionen des Politischen", in: Bedorf, Thomas / Röttgers, Kurt (Hrsg.): *Das Politische und die Politik*, Berlin: Suhrkamp, 38–67.
Röttgers, Kurt (2012): *Das Soziale als kommunikativer Text. Eine postanthropologische Sozialphilosophie*, Bielefeld: Transcript.
Röttgers, Kurt (2016a): „Gründe und Abgründe", in: Gehring, Petra / Röttgers, Kurt / Schmitz-Emans, Monika (Hrsg.), *Abgründe*, Essen: Die Blaue Eule, 19–26.
Röttgers, Kurt (2016b): *Identität als Ereignis. Zur Neufindung eines Begriffs*, Bielefeld: Transcript.
Röttgers; Kurt (2018): „Seher des Unsichtbaren" in: Gehring, Petra / Röttgers, Kurt / Schmitz-Emans, Monika (Hrsg.): *Das Unsichtbare*, Essen: Die Blaue Eule, 9–22.
Röttgers; Kurt (2021): *Das Soziale denken. Leitlinien einer Philosophie des kommunikativen Textes*, Weilerswist: Velbrück.
Röttgers, Kurt (2022): *Monetäre Textualität*, Marburg: Metropolis.

Rosenberg, Alfred (1939): *Der Mythos des 20. Jahrhunderts*, 143.–146. Aufl., München: Hoheneichen.
Rossanda, Rossana (1989): „Zur Frage einer weiblichen Kultur", in: *Feministische Studien* 1, 71–98.
Rothacker, Erich (1971): *Geschichtsphilosophie*, München: Oldenbourg.
Rothacker, Erich (2008): *Probleme der Kulturanthropologie*, 2. Aufl., Bonn: Bouvier.
Rousseau, Jean-Jacques (1967): *Lettre à M. d'Alembert sur son article Genève*, Paris: Garnier-Flammarion.
Rousseau, Jean-Jacques (1978): „Brief an Herrn d'Alembert über seinen Artikel „Genf" im VII. Band der Enzyklopädie und insbesondere über den Plan, ein Schauspielhaus in dieser Stadt zu errichten", in: ders.: *Schriften I*, München: Hanser.
Rousseau Jean-Jacques (1995): „Discours sur l'origine et les fondements de l'inégalité parmi des hommes", in: ders.: *Schriften zur Kulturkritik*, 5. Aufl., Hamburg: Meiner, 61–317.
Rousseau, Jean-Jacques (1995): *Schriften zur Kulturkritik*, 5. Aufl., Hamburg: Meiner.
Rousseau, Jean-Jacques (2010): *Du contrat social. Vom Gesellschaftsvertrag*, Stuttgart: Reclam.
Rüsen, Jörn (1998): „Ethnozentrismus und interkulturelle Kommunikation", in: *Interkulturalität. Grundprobleme der Kulturbegegnung*, Mainz: Studium Generale der Johannes Gutenberg-Universität, 27–43.
Rumohr, Karl Friedrich von (1978): *Geist der Kochkunst*, Frankfurt a. M.: Insel.
Said, Edward (1996): „Kultur und Identität – Europas Selbstfindung aus der Einverleibung der Welt", in: *Lettre International* 34, 23–25.
Schäfer, Martin Jörg (2013): *Die Gewalt der Muße. Wechselverhältnis von Arbeit, Nichtarbeit, Ästhetik*, Zürich, Berlin: Diaphanes 2013.
Scheler, Max (1947): *Die Stellung des Menschen im Kosmos*, München: Nymphenburger.
Scheler, Max (1971): „Kultur und Religion", in: ders.: *Frühe Schriften*, Bern, München: Francke, 343–354.
Schlegel, Friedrich (1967): „Über die Unverständlichkeit", in: *Kritische Friedrich-Schlegel-Ausgabe, Bd. II*, München u. a.: Schöningh u. a., 363–372.
Schlegel, Friedrich (1982): *Theorie der Weiblichkeit*, hrsg. V. Menninghaus, Winfried, Frankfurt a. M.: Insel.
Schmitt, Carl (1987): *Der Begriff des Politischen. Text von 1932 mit einem Vorwort und drei Corollarien*, Berlin: Duncker & Humblot.
Schmitz-Emans, Monika (1999): *Die Literatur, die Bilder und das Unsichtbare*, Würzburg: Königshausen & Neumann.
Schnabel, Johann Gottfried (1972): *Der im Irr-Garten der Liebe herum taumelnde Cavalier*, München: Heyne.
Schnädelbach, Herbert (2008): „Geist als Kultur? Über Möglichkeiten und Grenzen einer kulturtheoretischen Deutung von Hegels Philosophie des Geistes", in: *Zs. f. Kulturphilosophie* 2, 187–207.
Scholtz, Gunter (1991): „Bedeutsamkeit: Zur Entstehungsgeschichte eines Grundbegriffs der hermeneutischen Philosophie", in: ders.: *Zwischen Wissenschaftsanspruch und Orientierungsbedürfnis*, Frankfurt a. M.: Suhrkamp, 254–268.
Schubert, Corinna (2021): *Masken denken – in Masken denken*, Bielefeld: transcript.
Schürmann, Volker (1999): *Zur Struktur des hermeneutischen Sprechens*, Freiburg, München: Alber.
Schütz, Alfred (1972): „Der Fremde", in: ders.: *Gesammelte Aufsätze II: Studien zur soziologischen Theorie*, Den Haag: Nijhoff 1972, 53–69.
Schusky, Renate (1978) „Der Garten als Buch – das Buch als Garten", in: Baumgart, Wolfgang (Hrsg.): *Park und Garten im 18. Jahrhundert*, Heidelberg: Winter, 93–99.
Sen, Amartya (2007): *Die Identitätsfalle. Warum es keinen Krieg der Kulturen gibt*, München: Beck.

Serres, Michel (1974): *Hermès III: La traduction*, Paris: Minuit.
Serres, Michel (1977): *La naissance de la physique dans le texte de Lucrèce*, Paris: Minuit 1977.
Serres, Michel (1981): *Der Parasit*, Frankfurt a. M.: Suhrkamp.
Serres, Michel (1982): *Genèse*, Paris: Grasset.
Serres, Michel (1992): *Éclaircissements (entretiens avec Bruno Latour)*, Paris: Éditions François Bourin.
Serres, Michel (1994a): *Der Naturvertrag*, Frankfurt a. M.: Suhrkamp.
Serres, Michel (1994b): *Die fünf Sinne. Eine Philosophie der Gemenge und Gemische*, Frankfurt s. M.: Suhrkamp.
Serres, Michel (1994c): *Hermes V*, Berlin: Merve.
Serres, Michel (1995): *Éloge de la philosophie en langue française*, Paris: Fayard.
Serres, Michel (2001): *Hominescence*, Paris: Le Pommier.
Serres, Michel (2021): *Das Verbindende. Ein Essay über Religion.* Berlin: Suhrkamp.
Simmel, Georg (1989a): *Einleitung in die Moralwissenschaft (Gesamtausgabe Bd. 3)*, Frankfurt a. M.: Suhrkamp
Simmel, Georg (1989b): *Philosophie des Geldes (Gesamtausgabe Bd. 6)*, Frankfurt a. M.: Suhrkamp.
Simmel, Georg (1992): „Exkurs über den Fremden." in: ders.: *Soziologie*, hrsg. v. Rammstedt, Otthein, Frankfurt a. M.: Suhrkamp 1992 (*Georg-Simmel-Gesamtausgabe Bd. 11*), 764–771.
Simmel, Georg (1995): „Weibliche Kultur", in: *Gesamtausgabe Bd. 7*, Frankfurt a. M.: Suhrkamp, 64–83.
Simmel, Georg (1996): *Hauptprobleme der Philosophie der Kultur (Gesamtausgabe Bd. 14)*, Frankfurt a. M.: Suhrkamp.
Simmel, Georg (1999): „Grundfragen der Soziologie", in: *Gesamtausgabe Bd. 16*, Frankfurt a. M.: Suhrkamp, 59–149.
Simmel, Georg (2001): „Weibliche Kultur", in: *Gesamtausgabe Bd. 12*, Frankfurt a. M.: Suhrkamp, 251–289.
Simmel, Georg (2003): *Gesamtausgabe Bd. 15*, Frankfurt a. M.: Suhrkamp.
Simmel, Georg (2004): „Metaphysik der Faulheit. Ein Satyrspiel zur Tragödie der Philosophie", in: *Gesamtausgabe Bd. 17*, Frankfurt a. M.: Suhrkamp, 392–397.
Smolin, Lee (2014): *Im Universum der Zeit*, 2. Aufl., München: Pantheon.
Sommer, Manfred (1984): „Fremderfahrung und Zeitbewußtsein", in: *Zeitschrift f. philos. Forschung* 38, 3–18.
Sommer, Manfred (1985): *Husserl und der frühe Positivismus*, Frankfurt a. M.: Klostermann.
Sommer, Manfred (1999): *Sammeln*, Frankfurt a. M.: Suhrkamp.
Sommer, Manfred (2002): *Suchen und Finden*, Frankfurt a, M.: Suhrkamp.
Sommer, Manfred (2016): *Von der Bildfläche*, Berlin: Suhrkamp.
Spengler, Oswald (1988): *Der Untergang des Abendlandes*, 9. Aufl., München: dtv.
Starobinski, Jean (1971): *Jean Jacques Rousseau: La transparence et l'obstacle*, Paris: Gallimard.
Steenblock, Volker (2012): „Tradition", in: Konersmann, Ralf (Hrsg.): *Handbuch Kulturphilosophie*, Stuttgart, Weimar: Metzler 384–387.
Stegmaier, Werner (2012): *Nietzsches Befreiung der Philosophie*, Berlin, Boston: de Gruyter.
Stekeler-Weithofer, Pirmin (2004): *Was ist Denken?*, Leipzig: Verlag der Sächsischen Akademie der Wissenschaften.
Stekeler-Weithofer, Pirmin (2010): „Die Seele der menschlichen Gesellschaft. Staat und Kultur als Momente der Idee bei Hegel", in: Arndt, Andreas / Zovko, Jure (Hrsg.) *Staat und Kultur bei Hegel*, Berlin: de Gruyter, 25–43.
Strack, Thomas (1994): *Exotische Erfahrung und Intersubjektivität*, Paderborn: Igel 1994.

Straub, Jürgen (Hrsg.) (1998): *Erzählung, Identität und historisches Bewußtsein. Die psychologische Konstruktion von Zeit und Geschichte*, Frankfurt a. M.: Suhrkamp.
Straub, Jürgen / Renn, Joachim (Hrsg.) (2002): *Transitorische Identität. – Der Prozesscharakter des modernen Selbst*, Frankfurt a. M., New York: Campus.
Todorov, Tzvetan (1985): *Die Eroberung Amerikas*, Frankfurt a. M.: Suhrkamp.
Vico, Giambattista (2009): *Prinzipien einer neuen Wissenschaft über die gemeinschaftliche Natur der Völker*, Hamburg: Meiner.
Vogl, Joseph (2008): *Über das Zaudern*, 2. Aufl., Zürich, Berlin: diaphanes.
Vogl, Joseph (2010/2011): *Das Gespenst des Kapitals*, 3. Aufl., Zürich: diaphanes.
Volkmann-Schluck, Karl-Heinz (1984): *Nicolaus Cusanus. Die Philosophie im Übergang vom Mittelalter zur Neuzeit*, 3. Aufl., Frankfurt a. M.: Klostermann.
Walahfried Strabo (2003): *De cultura hortorum. Über den Gartenbau*, hrsg. v. O. Schönberger. Stuttgart: Reclam.
Waldenfels, Bernhard (1971): *Das Zwischenreich des Dialogs*, Den Haag: Nijhoff.
Waldenfels, Bernhard (1994): *Antwortregister*, Frankfurt a. M.: Suhrkamp.
Waldenfels, Bernhard (1996): „Der Andere und der Dritte in interkultureller Sicht", in: *Studien zur Interkulturellen Philosophie* 5, 71–83.
Waldenfels, Bernhard (1998): „Kulturelle und soziale Fremdheit," in: *Studien zur interkulturellen Philosophie* 9, 13–35.
Weber, Max (1988): *Gesammelte Aufsätze zur Wissenschaftslehre*, 2. Aufl., Tübingen: Mohr.
Welsch, Wolfgang (1996): *Vernunft*, Frankfurt a. M.: Suhrkamp.
Welsch, Wolfgang (1998): „Transkulturalität", in: *Interkulturalität. Grundprobleme der Kulturbegegnung*, Universität Mainz, 45–72.
Wust, Peter (1946): *Ungewißheit und Wagnis*, München, Kempten: Kösel.
Westerkamp, Dirk (2012): „Geist, objektiver", in: Konersmann, Ralf (Hrsg.): *Handbuch Kulturphilosophie*, Stuttgart, Weimar: Metzler, 325–329.
Wittgenstein, Ludwig (1967): *Philosophische Untersuchungen*, Frankfurt a. M.: Suhrkamp.

Personenregister

Adorno, Th. W.   12, 119f., 139, 208
Alembert, J.-B. le Rond d'   38, 52, 91
Alexander   70
Althusser, L.   150
Apollinaire, G.   173
Arendt, H.   90
Ariadne   99, 152–155, 157f., 177f.
Aristoteles   36, 50, 67, 97, 156
Arnim, B. von   181
Artaud, A.   52, 109
Augustinus   140
Austin, J. L.   107

Badiou, A.   142
Barbour, J.   171
Barthes, R.   21
Bataille, G.   24, 33, 93, 106
Baudelaire, Ch.   110, 149
Bedorf, Th.   98
Benjamin, A.   138
Benjamin, J.   13
Benjamin, W.   9, 12, 53, 57, 65, 147, 149, 200, 207
Bergson, H.   135f., 160
Binswanger, L.   15
Blanchot, M.   163, 204
Blixen, K.   74
Bloch, E.   151
Blumenberg, H.   14–16, 21, 48, 51, 69, 128, 184
Borchardt, R.   48
Bourdieu, P.   3
Bourgeois, L.   97
Brauer, O. D.   30
Brechin, G.   46
Brelet, G.   5
Brillat-Savarin, J. A.   134
Buruma, I.   111
Butler, J.   13

Camartin, I.   125f.
Cassirer, E.   17, 24
Cassirer", E.   25
Cassirer, E.   25–28, 53, 81f., 116–118, 123

Cicero, M. T.   10
Cixous, H.   71
Clausjürgens, R.   90
Clerget, J.   180
Columbus, Chr.   190f., 196, 204
Constant, B.   38
Cortés, H.   191–193
Critchley, S.   89f.

Daedalus   155
Debray, R.   93
Deleuze, G.   108f., 162, 164–166, 170
Deleuze, G./Guattari, F.   48
Demokrit   171
Dempf, A.   96
Derrida, J.   71, 74, 76, 79, 86, 97, 125, 156, 162–166
Descartes, R.   11, 36, 169, 176
Diaconu, M.   73, 130
Dilthey, W.   104f.
Diotima   71, 78f.
Duchamp, M.   85
Durán, D.   193
Durkheim, E.   83

Eichberg, H.   177
Epikur   49

Fichte, J. G.   28, 102
Fink-Eitel, H.   190, 195
Fischer, Kuno   40
Forster, G.   190, 196
Foucault, M.   21, 23, 108, 109
Freud, S.   12, 74, 87, 119, 137, 167, 200f.
Fuhrmann, M.   62

Gadamer, H.-G.   65, 124
Galilei, G.   35
Galtung, J.   204
Gamm, G.   53, 129
Geertz, C.   12
Gennes, P.-G. de   169
Goethe, J. W. von   122

Gorgias 142
Groddeck, G. 167
Guattari, F. 160, 165
Günderode, K. von 181

Habermas, J. 102
Harsdörffer, G. P. 49
Hegel, G. W. F. 22, 28f., 31–33, 41, 53, 68, 89, 101–105, 109, 118, 141, 147f., 150f.
Heidegger, M. 7f., 13f., 17–19, 28, 49, 60, 79f., 90, 140f., 144f., 147, 161f., 165, 170, 182
Henrich, D. 22
Herder, J. G. 13, 94–96
Herrmann, St. 98
Hertz, H. 117
Hetzel, A. 29, 54, 84f., 98f., 142, 146, 150
Hirsch, A. 107
Hitler, A. 202
Hjelmslev, L. 3
Hobbes, Th. 209
Hoffmann, Th. S. 48
Hofmannsthal, H. von 15, 39, 48f.
Hölderlin, F. 180f.
Horkheimer, M. 208
Hubig, Ch. 141, 168
Huizinga, J. 122–124
Humboldt, W. von 62
Huntington, S. 61, 112f.
Hüsch, S. 143
Husserl, E. 140

Irigaray, L. 74–77

Jamme, Chr. 28
Jean Paul 200

Kafka, F. 159
Kain 184
Kämpf, H. 65
Kant, I. 11–13, 25f., 30, 41f., 57, 61, 63, 68f., 102, 116f., 121, 144, 182, 196
Karl der Große 47
Kern, H. 155, 159
Kierkegaard, S. 1, 103, 126, 143, 155, 158
Konersmann, R. 17, 74f., 83f., 88, 98, 182–184, 202

Krämer, S. 160, 168
Kristeva, J. 200

Lacan, J. 76, 87, 207
Laplanche, J. 138
Las Casas, B. de 190, 192f.
Latour, B. 173
Lehmann, G. 69
Leibniz, G. W. 47f., 62, 79, 169, 171
Lévi-Strauss, C. 21, 45
Lewin, K. 21
Lichtenberg, G. Chr. 6, 200
Liebsch, B. 3
Liessmann, K. P. 126
Locke, J. 37
Lorrain, Cl. 49
Lübbe, H. 85, 89, 96
Luhmann, N. 13, 100, 143
Lukrez 125, 167, 171–173, 176, 179
Luther, M. 31
Lütkehaus, L. 200
Lyotard, J.-F. 60

MacCannell, D. 46
Maldiney, H. 9, 126, 146, 151, 159, 179f., 183, 201, 206
Malinche 191
Mann, Th. 63
Marcuse, H. 119
Margalit, A. 111
Marquard, O. 106, 167f., 183
Marx, K. 103, 150
Mead, H. 102
Merleau-Ponty, M. 98
Meyer-Abich, K. M. 198
Minotaurus 152–155, 157, 159, 177f.
Montaigne, M. de 176
Morin, M.-E. 167
Müller, H. 60
Müller-Suur, H. 205f.

Nancy, J.-L. 28, 97, 103, 162, 164
Napoleon 85, 183, 202
Newton, I. 169, 171, 178
Nietzsche, F. 6, 60, 62f., 71, 89, 134, 138, 149, 157, 161–163, 166, 200

Nikolaus von Cues 106, 174–176
Novalis 131f., 200

Odysseus 209
Orpheus 209

Pannwitz, R. 207
Parmenides 165
Pieper, J. 121f., 185
Platon 71, 78, 83, 89, 142, 165, 183
Plessner, H. 43f., 64

Rickert, H. 15, 40–42, 44
Rigotti, F. 130
Riley, R. B. 46
Rilke, R. M. 180
Rimbaud, A. 6f., 200
Rossanda, R. 74
Rothacker, E. 14, 16
Rousseau, J.-J. 12, 36–38, 45, 50–52, 91f., 98f., 121, 167, 176, 183
Rumohr, K, F. von 130

Sais, E. 111
Schäfer, J. 120
Schahrayâr 70
Scheherazade 70
Scheler, M. 42–44
Schiller, Fr. 119, 205
Schlegel, A. W. 78
Schlegel, C. 77f.
Schlegel, D. 77
Schlegel, Fr. 28, 71, 77f., 121f., 205
Schmitt, C. 58, 197, 203
Schmitz-Emans, M. 107
Schnabel, J. G. 47
Schnädelbach, H. 30
Schubert, C. 162
Schupp, J. B. 121

Schütz, A. 187f.
Sen, A. 113f.
Seneca 183
Serres, M. 50, 64, 125, 129–131, 169–174, 176, 209
Simmel, G. 16f., 25, 63, 65–68, 72f., 80–82, 84, 106, 122, 126, 187f.
Sinclair, I. von 181
Smolin, L. 171
Sokrates 78
Sommer, M. 188
Spengler, O. 63
Spinoza, B. de 29
Spranger, E. 16
Stalin, J. 202
Starobinski, J. 52
Steenblock, V. 91
Stegmaier, W. 134
Stekeler-Weithofer, P. 28f., 89

Theseus 152–155, 177
Todorov, T. 190–194

Vico, G. 34–36
Vitoria, F. de 192
Vogl, J. 97, 159
Voltaire 37

Wagner, H. 50
Walahfrid Strabo 47
Waldenfels, B. 188
Weber, M. 15, 120
Welsch, W. 71, 96, 114f., 157, 160
Westerkamp, D. 101
Winckelmann, J. J. 62
Wittgenstein, L. 107, 124, 130
Wust, P. 144

Zenon 156

Sachregister

Abgrenzung 189
Abgrund 8f., 56, 144f.
absoluter Geist 101
Agrikultur 10
Aisthesis 131
Aletheia, ἀλήθεια 145
Alteritätsproblem 195
Anarchie 162
Andersheit 186
Aneignung 194
Anerkennung 97
Anfang 9
Anfangen 148
Anfängliches 141
animal symbolicum 116, 118
Anschlüsse 22, 142
Anthropologie 42–44, 157
Anthropozentrik 19, 23
Arbeit 118–122
Arché, ἀρχή 18, 156
Asubjektivität 148
Aufmerksamkeit 16
Aufsprengen 150
Ausdruck 3–5
Ausgrenzung 203
Ausschließungen 110
Autonomie 11f., 144
Autopoiesis 166

Band, soziales 86, 95–97
Bedeutsamkeit 14–17, 33
Befreiung 56
Bemühen 10
Bewusstsein 14
Block 56
Bühne 5, 13, 52

Cartesianismus 189
Chaos 8, 179–181
clinamen 167, 171f., 176, 179
coincidentia oppositorum 174
colere 10
contrat social 38, 50, 92

cultura 9f., 16, 49
cultura animi 10

Dasein 79
Dezentrierung 12
Diagrammatik 106
dialegesthai, διαλέγεσθαι 149f.
Dialektik 109, 147, 149f., 158
Dialektik im Stillstand 149
différance 71, 163–165, 167, 184
Differenz 75, 77f., 86, 161, 163f., 166f., 196, 199, 201, 210
Diktator 204
Diskriminierung 198
Distanz 161
Domestizierung 36, 63
Doppelgänger 13, 99
Dritter 50, 186
Durchhumanisierung 198, 210

Eden 50
Eigenheit 193, 197, 201
Eigentum 197
Eindruck 4
Einheit 42, 75, 178
Empirismus 189
Endlichkeit 15, 66
Energeia, ἐνέργεια 25
Entfremdung 32, 81
Entropie 169
Entsetzen 54f.
Epochè 7
Epochenschwelle 21
Erbe, kulturelles 94
Ereignis 8f., 12–14, 18, 24, 56, 89, 109, 141, 145, 170, 179, 202
Erfahrungen 189
Ergon, ἔργον 25
Erinnerung 136f.
Erlebnis 104
Erotik 45, 47, 50
Ethnorelativistismus 187
Exodus 208f.

Faltung 174–176
Faulheit 122
Feinde der Menschheit 59
Feindschaft 202, 203
Feld 21
Feminismus 73
Fest 52, 91–93, 120
Flexibilisierung 210
Folter 56
Form, symbolische 17, 116
Fortschritt 69, 149
Fragen 145
Fragmentarik 78
Fraktal 90
Französische Revolution 92
fraternité 58, 79
Freiheit 102
Fremder 187, 195, 199
Fremdheit 65, 87, 115, 155, 181, 186 f., 192, 193, 197, 199, 201
Fremdheits-Sehnsucht 195
Fremdheitskonstruktionen 210
Fremdkulturelles 207
Fremdsprache 196
Fremdverstehen 192, 194
Freude 92
Freund/Feind-Unterscheidung 58, 197
Frühromantik 78

Garten 39, 46, 48 f.
Gartenkunst 47, 50
Gastlichkeit 133
Gedächtnis 137 f.
Gedenken 135 f.
Gefahr 203
Gegen-Gewalt 54
Geheimnis 202, 210
Geist 16, 31 f., 42 f., 80, 101, 104, 116, 181
Geist, absoluter 101
Geist, objektiver 101–105
Geist, subjektiver 101
Geisteswissenschaften 105
Gemeinsamkeit 91
Gemeinschaft 64
Gemeinschaftlichkeit 198
Genossen 133
Genossenschaft 134

Geschichtenerzählen 86
Gesellschaftlichkeit 198
Gesellschaftsvertrag 37
Gespräch 83
Gewalt 54 f., 202, 204
Gewalt, revolutionäre 57
Glückseligkeit 67
Gott 13
Grenze 69, 186, 197, 208
Grund 8

Handeln 156
Heidentum 193
Historismus 17
homo faber 118
Hortikultur 44 f.
Humanität 95

Ich 12 f., 200
iconic turn 107
Identität 12, 74, 86, 88, 165
Identität, kollektive 94
Identität, soziale 113
Imaginäres 76
Immanentismus 17
Initiation 154
Innewerden 137 f.
Interkulturalität 87, 110
Intersubjektivität 12 f., 25, 117
Irrgarten 155
Irrwege 145

Jenseits 54

kategorischer Imperativ 144
Klostergarten 47
Kluft 8
Kommunikationskultur 28
kommunikativer Text 2, 12 f., 19, 53, 56, 58, 65, 78, 120
Konstruktion 199
Konstruktion des Fremden 201
Konstruktion von Grenze 198
Konstruktivität 196
kopernikanische Wende 11
Kredit 67
Krieg der Kulturen 112 f.

Kritik   75, 117
Kritik der Gewalt   57
Kulinarik   45, 50, 129, 131
Kultur, moderne   41 f.
Kultur, weibliche   70, 72–74
Kultur, zerrissene   41
Kultur der Differenz   206
Kultur des Herzens   57
Kultur-Kritik   166
Kultur-Revolution   59, 71
Kultur-Verluste   49
Kultur von Umwegen   203
Kultur-Werte   85
Kulturalismus   50
Kulturbetrieb   17
kulturelle Tatsachen   83 f.
kulturellen Gewalt   204
kultureller Prozess   10
Kulturelles   19
Kulturimperialismus   194
Kulturkritik   98, 195
Kulturmanagement   66
Kulturnation   94
Kulturphilosophie   40, 44
Kulturpolitik   18, 60
Kulturprinzip   59, 66, 203
Kulturprozess   81
Kulturrelativismus   94
Kulturrevolution   78
Kultursystem   105 f.
Kulturwerte   40
Kulturwissenschaft   40

Labyrinth   11, 95, 99, 152–159, 163, 168, 174, 177 f.
Leben   105, 116
Lebensprozess   81
Leib   43
Leistungsprinzip   119
Leitfaden   95
Leitkultur   114
Lesen   49
Liebeslabyrinth   153
Linearität   156
Linie   156 f.
Lippen   76
List der Vernunft   148

Logos, λόγος   34, 142, 152 f.
Luxus   52

Management-Kultur   66
Markt, freier   194
Maske   162
Medialität   19–22, 25, 53, 207
Medium   21, 53
Meinen   22
Mensch   19 f., 23, 44, 95, 118, 157
Menschenrechte   192, 194
Menschheit   94
Metapher   35 f., 128 f.
Metaphorik   128
metapherei, μεταφέρει   207
Mikro-Politik   70
Mimetik   75
Mischungen   130
Mit-Teilung   27
Mitte   19, 21, 103
Mittel   67
Möbius-Band   161
Moderne   11
moderne Kultur   41 f.
mondo civile   34 f.
mondo naturale   34
monetäre Textualität   125
Moral   54
Moralisierung   59
Moralität   101
Multikulturalismus   111
Multikulturalität   114
Muße   119–122, 184 f.
Musealisierung   84, 136
Museum   84
Müßiggang   121
Musik   108
Mystik   56
Mythos   123, 152, 184

Nachahmung der Natur   50, 51
Nationalität   93 f.
Natur   11, 155
Natur, zweite   43
Natur-Schutz   49
Natur und Kultur   11, 36, 39–46, 49 f., 55, 63 f.
Naturbegriff   38

Naturvertrag 50
Naturzustand 36 f., 39, 45
Neues 13
Neukantianismus 17
Nomadismus 208 f.
Normativität 96

objektive Kultur 73
objektiver Geist 41, 101–105
Odyssee 208 f.
Ökonomieprinzip 59, 66, 203
Ordnung 181
Orientalismus 111
Oszillation 158

Paradoxie 99
Parallele 164
Parasit 50
pelein, πέλειν 10
Perkolation 18, 90, 99, 168 f., 171–173, 176–179, 182
Perspektive 161, 162
Phantasmaphysik 109
Philosophia, φιλοσοφία 10
Philosophie 18
Physis, φύσις 34, 40, 51
Pluralismus 87
Pluralität 113, 149
Pneuma, πνεῦμα 31
Poiesis, ποίησις 40
Politik 58, 97
Politikfeld 61
Politisches 58 f., 166
polos, πόλος 10
Positionalität, exzentrische 43 f.
Positivismus 14
Postmoderne 6, 11, 19–21
Präsentozentrismus 17
Prozess 103, 163
Prozess, kultureller 10

Randonnée 176
Rasse 134
Rationalität 194
Rätsel 147
Recht 57
Rede 10

Reflexion 31, 98 f.
Relativismus 194
Religion 42
revolutionäre Gewalt 57
Rhizom 90, 99, 157, 165
Rhythmus 178–182
Ritornell 154
Romantik 13
Rückfall 56
Ruhe 183 f.

Sachzwang 68
Schrift 108, 138
Schrott 136
Seele 5, 80
Sehertum 6
Selbst 12, 28
Seyn 8 f., 18
Sinn 6, 16, 28, 106, 120 f., 206
Sinn von Gewalt 55
Sinndimension 16
sinnlose Gewalt 204
Sitten und Gewohnheiten 89
Sittlichkeit 29
soziale Identität 113
soziales Band 86, 95–97
Sozialphilosophie 12
Spiel 119, 122 f.
spiritus 31
Sprache 7
Sprung 8, 206
Spur 56, 163, 190, 208
Struktur mit Dominante 151
Subjekt 11–13, 23, 30, 32, 100, 127
Subjekt/Objekt 11
subjektiver Geist 101
Subjektzentrierung 11
Subversion 9
Subversion des Politischen 60
Supplement 74
symbolische Form 17, 24 f., 116
Symphilosophieren 77 f.

Takt 64–66
Tanz 11, 72, 146, 152 f., 155 f., 159 f., 178, 181
Techne, τέχνη 50
Telos, τέλος 18, 156

Sachregister

Text 6
Textprozess 19
Textualität, monetäre 125
Theater 13, 91 f.
Theorie der Weiblichkeit 74
Tier 42
Toleranz 202
Traditionen 89 f.
Tragödie der Kultur 25, 81
Transparenz 91
Transpassibilität 146
Transpossibilität 146
Transversalität 160
Transzendentalismus 17
Turbulenzen 171–174, 176, 178 f., 182

Übergang 8, 69
Übermensch 157
Übersetzer 197
Übersetzung 107, 207
Überwachung 21
Umwege 52, 59, 68, 70
Unausdrücklichkeit 65
Unbestimmtheit 43
Universalistismus 187
Unmittelbarkeit 51–53, 99, 203
Unruhe 184
Untergang 9
Unübersetzbares 207
Unverständlichkeit 205
Ur-sprung 8
Ursprung 2, 10, 18, 33, 53, 75, 80 f., 86, 91, 95, 98, 100, 107, 110, 113, 124 f., 135, 155 f., 159, 162, 164, 167, 178, 196
Utopie 139

Verführer 202
Verführung 124, 126, 155, 159
Vergessen 138
Verkettung 97
Vermischung 36, 103
Vermittlung ohne Vermittler 53
Vernunft 152
Vernunft, transversale 160

Verstehen 41, 106, 192, 204 f.
Vielheiten 75
Volk 14
volonté générale 12, 38

Wagnis 144, 158
Wahrhaftigkeit 52
Wechselwirkung 83
weibliche Kultur 70, 72–74
weibliches Schreiben 71
Weiblichkeit 78
Weisheit 10
Welteinheitskultur 210
weltoffen 42
Weltoffenheit 43 f.
Wende, kopernikanische 11
Werke 84
Wert 40–44
Widersprechen 142
Widerspruch 150
Widerspruch, überdeterminierter 151
Widerspruch, ungleichzeitiger 151
Wiederholung 1, 46, 93, 103, 170
Wiederkehr 164
wîhu âtum 31
Wilde 37, 189, 191
Wir 28

Xenophagentum 208

Zeit 9, 100, 169, 171
zerrissene Kultur 41
Ziel 18
Zielerreichung 67
Zielerreichungsvermeidung 158, 167 f., 204
Zivilisation 61 f., 70, 72
Zivilreligion 38
Zoon logon echon, ζῷον λόγον ἔχων 116, 140
Zoon politikon, ζῷον πολιτικόν 97
Zügellosigkeit 6
Zweck 67
zweite Natur 43
Zwischen 9, 20, 24, 82, 98, 206

www.ingramcontent.com/pod-product-compliance
Lightning Source LLC
Chambersburg PA
CBHW062020220426
43662CB00010B/1408